从传统走向现代

中国传统政治思想与观念转型研究

孙晓春——著

天津出版传媒集团

天津人民出版社

图书在版编目(CIP)数据

从传统走向现代：中国传统政治思想与观念转型研
究 / 孙晓春著. -- 天津：天津人民出版社, 2023.5
ISBN 978-7-201-18133-2

Ⅰ.①从… Ⅱ.①孙… Ⅲ.①政治思想史-研究-中
国-古代 Ⅳ.①D092

中国版本图书馆 CIP 数据核字(2022)第 028706 号

从传统走向现代：中国传统政治思想与观念转型研究

CONG CHUANTONG ZOUXIANG XIANDAI : ZHONGGUO CHUANTONG ZHENGZHI SIXIANG YU
GUANNIAN ZHUANXING YANJIU

出　　版　天津人民出版社
出 版 人　刘　庆
地　　址　天津市和平区西康路 35 号康岳大厦
邮政编码　300051
邮购电话　(022)23332469
网　　址　reader@tjrmcbs.com

责任编辑　金晓芸
特约编辑　燕文青
装帧设计　明轩文化 ·李晶晶

印　　刷　天津新华印务有限公司
经　　销　新华书店
开　　本　710 毫米×1000 毫米　1/16
印　　张　21
字　　数　290 千字
版次印次　2023 年 5 月第 1 版　2023 年 5 月第 1 次印刷
定　　价　88.00 元

观念变革何以重要（代序）

自中共十一届三中全会确定了改革开放的政策,我们国家重启了现代化进程。自那以后,现代化一直是学界共同关心的主题。"现代化",也有人称之为"近代化"。英文 modernization 一词,既可以译为近代化,也可以译为现代化,我们所说的近代化与现代化实际是一回事儿。

现代化是席卷整个世界的历史过程, 这一过程始于近代的英国革命,此后,现代化潮流渐次扩展到了世界其他地方。中国的现代化过程开始于 19 世纪中叶,也就是林则徐、魏源、曾国藩、李鸿章、张之洞生活的那个时候。虽然当时人们还不知道"现代化"或"近代化"这个概念,但是,随着西方列强的东来和近代文化的传播,中国在事实上被卷入了近代化的历史过程。

现代化是改变我们生活方方面面的过程, 其波及的方面是如此广泛。以至于生活在不同的社会位置上、知识背景各不相同的人们,对现代化的理解也不尽相同。中国现代化的目标是什么,怎样实现中国的现代化? 从 20 世纪 80 年代以来,学界同仁便各有各的想法。在经济学家看来,中国的现代化首先应该把经济搞上去,法学家、政治学家认为中国现代化的当务之急是加强法治建设,一些人口问题专家会认为,要实现现代化就得少生孩子。不过,在我们这些搞思想史研究的人看来,现代化首先要从观念变革做起。

近代哲学家有一个说法:人是理性的存在者。在我们的理性所能达到的境界里, 人是我们这颗星球上唯一以文化规范维系群体生活的物种。我们全部社会生活的意义与目的,都是由人自己为自己规定下来的。

在拥有现实社会生活的同时，在我们的观念世界中，还有一个理想的社会状态，我们都在追求着"应该"的社会生活。我们为自己规定生活目的，为应该的社会生活而努力，便是我们社会生活的意义所在。如果这一说法不误，对于现代化进程中的中国社会来说，观念变革的重要性便很是清楚了。要在我们这片土地上建设一个现代社会，我们首先要建立起一整套关于现代国家的观念。没有现代价值理念的引领，要进入现代社会将是相当困难的事情。

还是三十多年以前，那时我们这些人还年轻，我参加了国家教委（现已更名教育部）主持召开的全国高校纪念"五四"运动七十周年学术讨论会，在小组讨论时，有幸聆听了著名历史学家戴逸先生的一席话。戴先生说，以往我们讲欧洲近代史，都是从英国的圈地运动开始，我们对欧洲近代史的理解是不完整的。其实，在圈地运动以前，欧洲发生了许多事情，如文艺复兴和宗教改革，我们把它们放在中世纪史里讲了。文艺复兴和宗教改革解决的是思想文化领域的问题，这是后来发生的所有事情的前提。欧洲的近代化首先解决的是观念问题。由于时间久远，我只能述及戴先生的大意。戴先生这番话最值得回味之处，就是把从文艺复兴到英国革命看作是连续的历史过程，一旦把它们拆分开来，有些东西就有可能在有意无意之间被忽略了。

近代以来的社会变革，不仅体现为科学技术的进步、生活发展水平的提高、生活方式的改变和制度安排的完善，更为重要的是发生在思想文化领域的变革。这一变革最早发生在西方。文艺复兴时期的人们回到古典时代，唤醒了古典时代的人文精神；1517年以后长达两个世纪的宗教改革，使得人们重新定义了上帝与教会、上帝与个人之间的关系，从而使得宗教宽容与自由在社会生活中成为可能。随之而来的便是人们对待社会生活的态度、参与社会生活的方式的改变，这一点，马克斯·韦伯在其所著《新教伦理与资本主义精神》一书里说得十分清楚。发生在思想文化领域的变革，是近代以来全部社会变革得以实现的前提。

现代社会生活是在一整套现代价值理念规范下运行的。现代人对社会生活的理解，较之以往时代的人们有着本质的不同，如果人们的思想观念仍然停留在中世纪以前的水平,即便是在欧洲,现代化也是遥不可及的事情。历史告诉我们,没有哪一个国家可以在不变革传统的情况下实现现代化,现代化在本质上是与传统告别,而不是传统的延续。

　　近代中国的历史是中国社会从传统走向近代或现代的历史,鸦片战争、洋务运动、戊戌变法、辛亥革命与五四运动,构成了这段历史的主线。梁启超把这一历史时期的社会变化分为器物层、制度层和观念层几个阶段,就社会变化的内容来说,或许用技术、经济、政治和思想观念来概括这几个阶段更为适切。把近代中国的历史与欧洲近代的历史过程相对照,便不难发现,我们与欧洲的最大不同,就是欧洲的近代化是从观念变革开始的,在中国,具有观念变革意味的五四新文化运动却发生在一系列重大历史事件之后。历史不容假设,如果像五四新文化运动那样的思想革命发生在近代之初,近代中国的历史又会是怎样的情形?这是我们无法知道的。

　　一般说来,历史总是循着某种必然性发展的。不过,在普遍必然性支配下的历史,又是由许多偶然事件构成的,这些偶然事件,决定了相当长一段时期的历史走向。假如说在 1840 年,不是英国人的战舰打到了广州的珠江口,而是清王朝的木帆船载着大清炮队打到了英国的朴次茅斯或伦敦港并打败了英国人,也许直到今天,西方人都在努力地学习中国。遗憾的是,这样的事情并没有发生。从中国被卷入现代化的历史进程时起,学习西方近代先进文化便是预先决定了的事情。毛泽东同志曾经说道:"自从 1840 年鸦片战争失败那时起,先进的中国人,经过千辛万苦,向西方国家寻找真理。洪秀全、康有为、严复和孙中山,代表了中国共产党出世以前向西方寻找真理的一派人物。"(毛泽东:《论人民民主专政》)他对近代中国历史的理解是深刻的。

　　那么,近代中国人为什么要学习西方?合乎逻辑的答案只有一个:中国传统的思想文化中缺少现代化所需要的思想资源,不足以推动清末的中国社会从传统走向现代。现代价值理念是以自由、平等、法治、民主、正义为核心的一整套的观念体系。虽然我们有理由说,自由、平等、公正是人类普遍的道德诉求,可是仅道德诉求本身并不足以规范和约束社会生活。只有经过思想家的努力,把这些道德诉求形成理论表达出来,使之成为可以理解并且为人们普遍接受的公共常识的时候,才会具有约束公共生活的效力。这项工作是近代思想家完成的,在很大程度上是由于启蒙时代思想家的努力。如果说文艺复兴时期人们的贡献在于从古希腊、罗马文化里重新找回自由、平等、代议制等思想元素,启蒙时代思想家的贡献则是对这些思想元素做了重新阐释,从而完成了观念的再造。近代思想家对自由、平等、民主、法治的理解,是希腊、罗马时代的人们未曾达到的境界。

中国传统思想文化缺少现代化所需要的思想资源,主要体现在古代思想家缺少对自由、平等、法治、正义这些道德诉求的恰当表达。仅以"自由"为例,战国时期的诸子百家,只有道家学派的庄子认识到了自由的重要。可是,庄子所理解到的自由却是"洒心去欲,而游于无人之野"(《庄子·山木》)。这种自由得以实现的前提,是人类群体生活的消解,这不符合人是群体生活的动物这一本质。于是,在中国传统话语中,"自由"就成了放浪形骸的代名词。至于先秦儒家,由于群体本位的思想方式,他们更多强调的是个人对于君主专制政治的服从。虽然孟子曾有"深造之以道,欲其自得之也"(《孟子·离娄下》)一语,西方汉学家将其解释为带有自由主义色彩的"为己之学"(狄百瑞),然而,"自求得之"不过是通过个人修养以适应现实的政治环境,为自己营造一个稍许宽裕的心境,这不是自由。根据笼子的大小来确定个人的心灵空间,与根据人的理性来改造笼子是全然不同的两回事儿。

冯友兰先生在说到13—14世纪的文艺复兴时,将其概括为"回到古代去"的运动。那时的人们,只是通过这样一场运动,就从古典文化里找到了倡导个性解放、反对愚昧迷信的人文主义精神,开启了解放思想的历史过程。在秦汉以后的中国历史上,曾经有过许多次"回到古代去"的运动。魏晋时期的玄学家为了辨析名理而回到了春秋战国时代,他们找到了道家学派的老庄;唐宋时期的儒家学者为了重建道统,也曾回到春秋战国时代,韩愈找到了孟子,宋代理学家找到了《周易》的形而上学思维;到了明末清初,以黄宗羲、顾炎武、王夫之为代表的思想家反思秦以后的君主专制政治,也大多从先秦儒家那里寻找思想武器。然而,历代思想家所做的这些努力,都没有引发真正意义上的观念变革,中国传统社会也没有因为他们的努力而发生质的改变。究其原因,就是以儒家为主体的传统文化缺少推动社会变革的思想元素。无论历代思想家为传统的瓶子装进多少新酒,最终还是毛泽东同志所说的那种"中国封建主义的文化",即所谓的"旧学"(毛泽东:《论人民民主专政》)。到了近代,引领中国现代化的价值观念,只能通过学习西方近代思想文化来获得。

学习西方近代文化的过程,就是变革传统思想观念的过程,这对于有着悠久历史文化传统的中国社会来说,并不是一件容易的事情。近代中国与日本是鲜明的对照。近代历史上,日本与中国是约略同时接触到西方文化的。可是,只经过一次明治维新,日本就完成了从传统社会向近代社会的转变。但在中国,在洋务运动运动以后是一系列的重大历史变故,中国社会仍然在近代化的道路上蹒跚前行。一个重要的原因,就是日本自古以来就善于在文化方面仿效他者。盛唐时期派到中国的遣唐使带去了班田制,还有儒家思想和佛教,价值层面的日本文化是从古代中国输入的。于是,当福泽谕吉提出放弃儒家思想、脱亚入欧的主张时,并没有引起日本社会的反感,对于日本人来说,脱亚入欧,不过是换一个老师,再抄一次作业。福泽谕吉的头像后来被印到了日本的纸币上。

而中国却不一样。传统中国有自己原生的价值体系。在我们这个世界上,没有哪个民族愿意放弃自己固有的价值观念。按照文化人类学的观点,拥有自己的价值观念和文化传统的民族,总是认为自己的生活方式是最好的。这与一个有主见的人从来不肯轻易放弃自己的想法是一样的道理。所以,在西方文化被列强携来中国以后,近代中国人在逐渐感知西方国家的强大的同时,也在不断进行着抵抗。当出使英国的郭嵩焘说现在的夷狄和从前不同,他们也有二千年文明的时候,便引来了满朝士大夫的唾骂。(见梁启超:《五十年中国进化概论》)近代中国历史上曾经发生过的旧学与新学之争,在本质上就是中国传统思想文化对近代文化的抵抗。

近代中国人对西方近代思想文化的认识和理解始于思想界。战国时期的孟子说："天之生此民也,使先知觉后知,使先觉觉后觉也。"(《孟子·万章上》)在人类历史的每一个重要时刻,文明的进步都是由那些富有智慧的人引领的。以严复、康有为、梁启超、章太炎、孙中山为代表的近代思想家就是这样一群人。面对"三千年未有之变局"(李鸿章语),他们既不像传统的士大夫那样株守旧物,也不像普罗大众那样茫然无知,而是要学习和理解近代的西方,从根本上改变传统中国的面貌。正是在这一意义上,他们才可以被誉为那个历史时代"先进的中国人"。

中国近代的思想家把自由、平等、法治、民主等观念引入中国的同时,他们也要凭自己的能力,对这些概念做出理解阐释,从而使这些"舶来品"在中国话语背景下成为可以理解和接受的知识。近代思想家的工作是如此重要,他们对近代思想文化的理解,意味着对中国思想传统的变革,更是对中国社会未来的理性设计。近代中国社会变革过程中所发生的一切,都应该从他们的思想学说中寻求原因。

在中国近代历史上曾经有过重要影响的那些思想家,大都是在传统的文化背景下生长起来的,他们基本的知识构成是儒家经术,他们熟悉的是传统的儒家话语,同时他们又面对着难以克服的语言障碍,除严复以外,大多是通过"舌人"的转译来了解西方近代思想观念的。即使是严复翻译的那些著作,今天看来也未尽精当。中国近代思想家所能做的,只能是把他们接触到的概念,置于原本熟悉的话语体系中加以理解。于是,中国近代思想家对自由、平等、民主这样一些价值观念的理解与其本来的意义便有了不同。例如,英语中的 liberty(自由)最初被译为"民权",直到严复《群己权界论》一书印行时才纠正过来。近代思想家所说的自然权利(natural right)被理解为"天赋人权",于是"每个人都有与生俱来的权利"这一命题又生出了人的权利究竟从哪来的话题。平等在康有为那里被理解为没有差别,于是消灭差别亦即"去界"就成了实现平等的必然途径。(见康有为:《大同书》)中国近代思想家对近代思想观念的误读远不止这些。

在历史上,由于语言、思维方式的原因,一种思想学说在传播过程中被误读或曲解是经常发生的事情。例如,法国的卢梭曾深受洛克的影响,但是卢梭对洛克讨论过的许多问题都有自己的理解。在洛克思想学说中,"自然状态"本来是一种理论假定,但在卢梭的笔下,却更像是往古曾经有过的历史片段;洛克所说的自然权利,在卢梭那里也变成了人民主权,于是卢梭理想中的政治图景,便不再是个人权利的表达,在权力与权利之间划定一条清晰的界线,而是主权者对于当政者的权力予夺。当卢梭的思想主张传播开来的时候,便决定了法国革命必然与英国革命有所不同。如此说来,中国近代思想家对西方近代思想文化的误读也是再正常不过的事情。

如何理解和对待我们的思想传统,是我们在现代化的历史过程中必须面对的问题。这个问题,至迟戊戌维新时期的人们便已经意识到了。张之洞提出的"中体西用"之说,代表了当时思想界相当一些人的想法。这一想法的基本精神,就是在援用来自西方的"新学"的同时,在价值层面尽可能地保持自己的思想传统。要做到这一点,就必须在中国传统思想与西方近代思想之间找到一些契合之点,以便实现二者的有效对接。为此,中国近代思想家做了许多有益的尝试,他们从中国传统思想中找到了一些与西方近代价值观念相近或类似的概念和主题,并对之做了新的解释,进而证明西方人倡导的那些东西,是中国社会本来就有的。在这方面,康有为是一个典型的例子。在戊戌维新时期,为了说服清王朝的统治集团同意变法,便把西方的君主立宪与《周礼》里的"三询"扯到了一起,理由是,二者都是"君民共治"。再到后来,康有为作《大同书》,在这部奇书中,康有为又说,孔子"讥世卿"、秦汉以后历代王朝的"布衣卿相"就是西方人所说的平等,并且断言,历史上的中国是最为平等的国家。在康有为、梁启超那一班人中,闹出如此笑话的不在少数。在用传统话语解释西方近代思想观念时,中国思想家曲解了西方近代思想观念,反过来,当他们把所理解到的近代观念附会于中国传统思想时,又误读了中国传统思想文化。于是,中国的思想传统中哪些东西需要继承,哪些东西需要批判,这个问题便留给了我们。

现代化是一个历史过程,观念变革也是一个过程。生活在现时代的我们,也仍然处于这一过程之中。近代思想家曾经讨论过的问题,我们仍然要讨论,他们没有解决的问题更需要我们去解决。党的十六届六中全会通过的《中共中央关于构建社会主义和谐社会若干重大问题的决定》,明确提出了"建设社会主义核心价值体系"的战略任务,党的十八大又进一步明确,富强、民主、文明、和谐,自由、平等、公正、法治,爱国、敬业、诚信、友善,是社会主义核心价值观的基本内容,这表明,当代中国人已经真正认识到了观念变革之于社会进步的重要。

当社会主义核心价值观的建构进入现代化议程的时候,必然引至对现代化的认识不断深入。中共二十大提出的"中国式现代化",体现了生活在现时代的我们对于中国现代化的理解水平。正如二十大报告所说,"中国式现代化,是中国共产党领导的社会主义现代化,既有各国现代化的共同特征,更有基于自己国情的中国特色。"这就是说,中国的现代化可以从两个方面来理解。首先,现代化的中国应该具备现代国家的基本要素,在这一意义上说,从传统走向现代仍然是中国现代化的基本方向。其次,现代化的中国也应该具有自己的特色。现代国家不是某种单一模板的复制品,而是各自基于自己的实际情况建立起来的。也正是由于这一原因,现代世界才呈现出多元的特征。现代化的中国应该是多元化的现代世界的一员。

当代中国的现代化建设,要求我们为思想观念的变革做出更多的努力,审慎地对待以往思想家留给我们的思想遗产。一方面,需要我们在源头上理解现代价值观念的基本内涵,弄清中国现代化不可或缺的思想观念究竟是什么;另一方面,也需要我们准确理解中国传统政治思想,尤其是对近代中国的政治思想做好正本清源的工作,从而实现中国传统政治思想与观念的现代转换。

2023 年 2 月 15 日草于天放居

目 录

中国传统政治思想的内涵及其历史发展

中国传统政治思想是人类思想遗产的重要组成部分,在两千多年的时间里,它约束、规范着中国古代社会的政治过程,在根本上决定了中国古代社会政治生活的质量。在世界各民族的历史上,没有哪个国家的历史发展可以与其文化传统相割裂,也没有哪个国家的现代化仅仅是其思想传统的延续。当下的中国社会正处于现代化的历史进程中,这一进程实际上是近代以来中国社会历史进程的延伸。如何对待中华民族的文化传统,特别是如何对待作为中国古代政治价值观念源泉的中国传统政治思想?中国传统政治思想在怎样的意义上能够成为现代社会生活的思想资源?这都是需要我们认真对待的思想主题。

一、中国传统政治思想形成时期的社会历史环境

在思想的历史上,决定思想进程及其内涵的主要因素,一是人们的思想方式,一是思想家生活于其中的社会历史环境。与前者相比,后者显然更为重要。这是因为,特定的历史条件,限定了人们思想的视野,决定了人们感受生活的方式,也决定了人们思考问题的方式。于是,在不同的社会历史环境下就产生了各不相同的思想成果,每一个民族也就有了不同于其他民族的政治观念。在东西方的历史上,思想的突破几乎是同时发生的,希腊哲学家所关心的道德问题,也曾是春秋战国时期的思想家关注的主题。然而,在他们的身后,却是两种完全不同的思想传统。中西方政治思想所以走上各不相同的发展道路,所以成为相互有别的思想传统,原因固然是多方面的,但归根结底决定于中西方古代社会特定的历史环境。

中国传统政治思想是在中国古代社会特定的历史环境中产生、发展的,影响中国传统政治思想的内涵与发展进程的主要有以下几个方面的因素。

首先,在中国传统政治思想形成时期,地理环境对人们的思想观念有着决定性的影响。

关于地理环境在历史发展中的作用,20世纪50年代以后,受苏联学术界的影响,理论界大多认为,地理环境对于人类社会的发展没有决定性的影响。这一观点主要来自斯大林的《论辩证唯物主义和历史唯物主义》一文,斯大林认为,地理环境对于人类社会的发展不具有决定作用,"只是加速或者延缓社会发展进程"。其理由是:"社会的变化比地理环境的变化发展快得不可比拟,欧洲在三千年内已经更换过三种不同的社会制度:原始公社制度、奴隶占有制度、封建制度;而在欧洲东部,即在苏联,甚至更换了四种社会制度。可是,在同一时期内,欧洲的地理条件

不是完全没有变化，便是变化极小，连地理学也不愿提到它。"斯大林这一说法是有问题的。当然，决定人类社会历史进步的主要因素在于人类社会内部，但是，在生产力发展水平极其低下的远古时代，生活在不同地区的人们，最初都是依赖于特定的自然条件生活的，一定地区的地形与地貌、气候、物产等地理条件，在很大程度上影响了生活在这些区域里的人们可能的生活方式，最终使得生活在不同地理条件下的人们走上了不同的发展道路。恩格斯在《家庭、私有制和国家的起源》一书中论及历史上欧洲大陆与美洲大陆的文明形态和历史发展状况时，尤其强调了地理环境的决定性作用。地理环境对于中国古代社会的政治经济结构、思想文化的影响不可忽视。

　　关于地理环境对中国古代思想家的影响，冯友兰先生曾经说：中国是一个大陆国家，"从孔子的时代到上个世纪末，中国思想家没有一个人有过到公海冒险的经历"。他们的生活经历完全不同于希腊的苏格拉底、柏拉图和亚里士多德。①古代中国人面对的是相对封闭的地理环境，在当时的技术手段与交通条件下，北方的大漠、西部的天山和帕米尔高原，东方和南方浩瀚的海洋，在很长的历史时期里，都是人们无法跨越的地理屏障。直到西汉中期张骞出使西域，古代中国人才跨越了葱岭（帕米尔高原），与西域各国建立起了联系。相对于中国传统政治思想形成的春秋战国时期，这已经是很晚的事情了。

　　中国古典文明是在黄河流域生长起来的，在相对封闭的地理条件下，古代中国人所感觉到的世界与希腊人有着很大的不同，战国时期的荀子曾经说过一句很有意思的话，叫"四海之内若一家"（《荀子·王制》）。荀子所说的这个"四海之内"，是以想象中的东海、南海、北海和西海为边界的广袤陆地，也是中国古代思想家所感觉到的"世界"的范围，这是古希腊思想家无论如何也不会有的想象。除去"四海之内"，中国古代思想家还常常使用"天下"的概念，"天下"也是古代思想家所能感觉到的世界，冯友兰先生认为，"天下"这个概念可以直接翻译为"世界"，这个说法

---

① 参见冯友兰：《中国哲学简史》，北京大学出版社，1985年，第22页。

有一定的道理。中国古代思想家之所以把世界表述为"天下"或"四海之内"，在很大程度上是地理条件影响的结果。[①]

在中国古代的地理条件下，思想家所感觉到的世界是一个广袤的空间，因此，当人们开始思考社会政治生活的时候，其所理解到的国家与古希腊哲学家也有着很大的不同。中国古代思想家认为，在他们所能想象得到的空间里，国家应该是一个统一的整体，这个国家只能有一个权力中心，如战国七十子后学所说，"天无二日，土无二王，家无二主，尊无二上"（《礼记·坊记》）。所以，虽然春秋战国时代的思想家看到的是小邦林立的现实，但在他们的观念中却逻辑地存在着一个统治全"天下"的政治结构。到了后来，这种观念便发展成为传统儒家的"大一统"观念，这是生活在地中海沿岸的古希腊思想家无论如何也不会有的。例如，柏拉图和亚里士多德在谈到国家什么样的规模为好这一问题时，认为国家"它既不要太小，也不要仅仅看上去很大，而要让它成为一个够大的且又统一的城邦"[②]城邦的规模应该以能够自足为限。这表明，早在中西方政治思想发生的时候，由于地理环境的差异，思想家对社会政治生活的理解便已经有了很大的不同。

其次，中国早期国家形成的特殊道路及中国早期国家内部的君主专制制度，是中国传统政治思想形成时期的政治环境。

关于中国古代国家的产生，20世纪50年代以来，有一个近似常识的说法，认为中国古代的国家也像雅典人的国家那样，由于生产的发展导致氏族内部私有制的产生，从而出现了阶级分化，在阶级矛盾不可调和的时候产生了国家。这一用来说明国家起源、描述国家产生的历史过程的惯用公式，并不符合马克思主义经典作家关于国家起源的理论，也不符合中国古代社会的实际。

实际上，关于国家的产生道路，恩格斯在《家庭、私有制和国家的起源》一书中至少讨论了三种模式，其中包括由氏族组织演变为国家的雅

---

① 参见孙晓春：《中国传统政治哲学的社会历史环境分析》，《史学集刊》，2004年第2期。

② ［古希腊］柏拉图：《理想国》，郭斌和、张竹明译，商务印书馆，1986年，第137页。

典模式，通过部落征服进入国家的德意志模式和由家长制家族进入国家的罗马模式。虽然恩格斯把雅典人的国家看作"一般国家形成的一种非常典型的例子"①，但恩格斯从来没有说古代国家的产生只有雅典这一种模式。在描述罗马人的国家和德意志人的国家产生的历史过程时，恩格斯没有机械地套用雅典国家产生的模式，也没有说可以用雅典国家产生的模式来说明世界所有民族国家形成的历史过程。

中国早期国家的形成过程有其特殊性，这一历史过程既不同于古希腊的雅典，也不同于恩格斯说的德意志人的国家和罗马人的国家。关于这一问题，我们认为，中国古代国家产生的道路，兼具德意志人和罗马人的国家的特点，中国古代国家是在家长制家族尚未解体的情况下，通过部落征服形成的。②

与古希腊人相比，生活在黄河流域中心地带的华夏民族有着一个十分显著的不同，那就是，由于商品经济的不发达，在早期国家产生之前，以血缘关系维系的父家长制家族并没有分解为以一夫一妻及其子女为主要成员的个体家庭。直到早期国家产生之际，父家长制家族仍然完整地保留了下来。

关于雅典人的氏族组织瓦解的原因，恩格斯说："海上贸易以及附带的有时仍然进行的海上掠夺，使贵族们发财致富，并使货币财富集中在他们手中，由此而日益发展的货币经济，就像腐蚀性的酸类一样，渗入了农村公社的以自然经济为基础的传统的生活方式，氏族制度同货币经济绝对不能相容，阿提卡小农的破产是与保护他们的旧的氏族联系的松弛同时发生的。"③按照恩格斯的这一观点，古代雅典人的氏族组织瓦解的主要原因，就是发达的海上贸易和商品经济的发展，这在很大程度上是由我们在前面所说的地中海沿岸的地理环境决定的。

然而，在中国早期国家产生的过程中，所缺少的恰恰就是恩格斯所说的那种能够瓦解氏族组织的"腐蚀性酸类"。由于大陆的地理条件，远

---

①③《马克思恩格斯选集》第四卷，人民出版社，1972年，第107页。
②参见孙晓春：《中国早期国家形成问题初论》，《天津社会科学》，1999年第3期。

古时代生活在黄河流域的华夏民族不可能有地中海沿岸国家那样频繁的海上贸易和商品交换,原有的父权家长制家族也就不能分化为以一夫一妻为单位的个体家庭,以血缘关系和土地公有制度维系的家长制家族公社得以长期保留了下来。

氏族组织与国家的差别在于,国家以地域划分它的国民,而氏族组织却是以血缘来确定它的成员。远古时期部落之间频繁的征服战争,使得原有氏族组织的性质发生了改变。从史书的有关记载来看,在远古时期,部落之间的征服战争是频繁发生的事情。如《史记·五帝本纪》记载,黄帝曾经"与炎帝战于阪泉之野,三战,然后得其志",有人认为,黄帝、炎帝时期已经建立了部落联盟,如果这一说法成立,以黄帝、炎帝为首领的部落为主体的部落联盟,应该是通过部落之间的征服战争建立起来的。再如《尚书·舜典》记载,在舜担任部落首领的时候,也曾"流共工于幽州,放驩兜于崇山,窜三苗于三危,殛鲧于羽山,四罪而天下咸服"。实际上,这些事件也带有部落战争的性质。①

部落之间战争的结果,往往是胜利的一方成为统治者,而被征服的一方则在整体上沦为被统治者,由于征服者对被征服者的统治,使得原有的氏族组织逐渐具有了地域的特征。以血缘关系维系的家长制家族也逐渐向国家组织演变。这实际上就是"家长制家族国家化"的过程。春秋时期的人们曾经对这一过程有过十分形象的描述,叫作"天子建国,诸侯立家,卿置侧室,大夫有贰宗,士有隶子弟"(《春秋左传》桓公二年)。在一个部落通过征服战争获得对黄河流域中心地带的统治地位以后,这个部落的最高首领也就是最高家族长便成了专制国家的君主,而家族长下面的各级首领也相应地变成了国家的各级官员。与此同时,在父系家族组织内部,家长的绝对权力也就演变为君主的绝对权力。中国早期国家从产生的时候起,便形成了君主专制的政治体制。从夏商周三代到春秋战国时期,中国早期国家循着君主专制的道路循序渐进地

---

① 关于中国古代国家产生之前的部落之间的征服战争,以及部落战争在国家产生过程中所起的作用,参见孙晓春:《中国早期国家形成问题初论》,《天津社会科学》,1999 年第 3 期。

发展着。

古希腊哲学家亚里士多德在其所著的《政治学》一书中，说到了他所知道的六种政体，这六种政体是君主政体、贵族政体、共和政体、平民政体、寡头政体和僭主政体，对于这些政体的特点及优劣、每一种政体所适应的社会环境，亚里士多德都做了分析。亚里士多德之所以能够对多种类型的政体进行讨论，一个重要的原因就是当时希腊城邦政体的多元存在，在希腊城邦中，既有实行民主政体的雅典，又有实行专制政体的斯巴达，当然，斯巴达的专制政体与中国古代的君主专制政体还是有区别的。这样的制度环境，使得思想家把注意力集中在政体问题上，什么样的政体才是好的政体成为思想家尤其关注的问题。

中国古代思想家所面对的制度环境却不同于古希腊，对于春秋战国时的诸子百家来说，他们所能看到的政治制度只有一种，就是从家长制家族结构中延续下来的君主专制制度。这样的制度环境在很大程度上限制了思想家的视野，在春秋战国时期，除去道家学派中的庄子表达了无政府观念以外，他们之中的大多数都不能像希腊哲学家那样去思考什么样的政体是好的政体，而只能在承认君主专制制度的前提下，去思考如何才能实现对国家的良好治理，从而实现社会秩序的稳定。虽然古代思想家也有人讨论过政体问题，如汉唐时期人们对郡县制与分封制的争论，但这些争论也仍然是在承认君主专制制度合理性的前提下发生的。早期国家形成以后，君主专制这一基本的政治环境，在根本上决定了中国古代思想家的认知路向。

由于部落征服在中国早期国家形成过程中发挥的作用，早期国家也在很大程度上带有部落征服的特征。在家长制家族长期存留的历史条件下，部落战争中的被征服者，不像古希腊那样，以个人为单位沦为奴隶，而是整个部落沦落为被统治的状态。于是，在早期国家内部，便有了统治的部落与被统治的部落之间严格的界限，到了早期国家的各项政治经济制度趋于完备的西周时期，这种界限便发展成为严格的国野制度。从《周礼》《孟子》及《左传》等历史文献的记载来看，当时，征服者，亦即国家的统治者，居住于都邑，就是人们通常所说的"国"，都邑里的居民称为"国人",而处在被统治地位的部落则居住在城郊以外的乡村,是为"野",居住在野里的居民因此被称为"野人"。一般说来,国人享有当兵、入仕、受教育的权利,而野人只能力于稼穑。"在中国早期国家形成的初期,黄河流域的中心地带出现的那些城堡,其军事与政治意义远远大于经济意义,它不仅具有防御外部入侵的功能,也起着镇压被征服者反抗的作用。"①

中国早期国家的这一特点,在很大程度上影响了思想家对国家的理解。古希腊思想家柏拉图在说到城邦的性质时,曾经把城邦看作是具有伙伴关系的人们组成的"公共住宅区",这个住宅区就叫作"城邦"。②在希腊人的观念中,城邦(亦即后来人们所说的国家)就是公共设施。但中国古代思想家却不是这样看待国家的。在中国古代思想家看来,国家就是征服者对被征服者进行统治的结构。能够有效地镇压被统治者的反抗,实现稳定的社会秩序就是统治者在政治上的最大成功。

最后,以土地公有为基本特征的村社土地制度是中国传统政治思想产生时期的经济环境。

如前所述,在中国早期国家形成之际,原有的家长制家族并没有分化为以一夫一妻为单位的个体家庭,因此,个体所有制也就是人们通常所说的私有制还没有确立。氏族时期遗留下来的家长制家族,在经济上便是一个共耕团体,即所谓的"公社"。恩格斯曾就这种家长制家族公社的特征论述说:"它包括一个父亲所生的数代子孙和他们的妻子,他们住在一起,共同耕种自己的田地,衣食都出自共同的储存,共同占有剩余产品。"③家长制家族在中国早期国家形成以后,依然长期存留了下来,直到春秋时期,我们仍然能够在历史文献中看到这种父系大家族的影子。

在中国古代的家庭公社内部,最主要的生产资料——土地——是

---

① 孙晓春:《中国传统政治哲学的社会历史环境分析》,《史学集刊》,2004 年第 2 期。

② 参见[古希腊]柏拉图:《理想国》,郭斌如、张竹明译,商务印书馆,1999 年,第 57—58 页。

③ 《马克思恩格斯选集》第四卷,人民出版社,1972 年,第 54 页。

由大家庭所有的，也可以说是为国家所有的。最初，土地是由大家庭的成员共同占有，共同耕种，产品在成员之间共同分配。《诗经》中"十千维耦""千耦其耘"的诗句，所描述的应该是父系家族公社成员共同劳动的场景。随着父系家族内部个体家庭的生长，土地逐渐由共同耕种转变为在个体农户之间平均分配，这就是《周礼》《孟子》等文献中记述的"以岁时稽其人民，而授之田野"（《周礼·地官·遂人》），"方里而井，井九百亩""八家皆私百亩"（《孟子·滕文公上》）的井田制度。

关于井田制，中国历史上是否存在过这一制度，学术界曾有不同的看法。有人认为，历史上不可能有孟子所说的那种"豆腐干"状的方块田，但大多数学者认为，《孟子》《周礼》中记载的井田制，与马克思、恩格斯所说的农村公社的土地制度可以相互印证。其实，确认中国古代是否有井田制的关键，并不是是否存在孟子所说的那样整齐划一的方块田，而是中国古代是否存在把土地在个体农户中间定期分配的土地制度。从历史文献的有关记载来看，这种土地制度是确实存在的。村社土地制度的长期存留，造就了成千上万的小农，特别是在春秋战国时期井田制度逐渐瓦解以后，出现了大量的"五口之家，耕田百亩，百亩之收不过百石"的个体小农。而后，以一家一户为生产单位的小农经济便成了战国秦汉以后中国社会的经济基础。

然而，小农经济具有天然的不稳定性，个体农民往往会因天灾人祸而破产，而小农经济恰恰又是专制国家的经济基础。当春秋战国时期的思想家开始思考社会政治生活的时候，他们所看到的正是原有的村社制度趋于瓦解，个体小农逐渐成为独立的生产、生活单位的情形。如何稳定小农经济，使个体农民的生存条件不至恶化，从而实现社会秩序的稳定，成为思想家共同关心的主题。因此，实行平均主义政策和抑商政策，以实现个体家庭的稳定，成为许多思想家的主张。在战国时期百家争鸣的历史条件下，虽然曾有过许许多多的思想流派，但是这些思想流派在实行平均主义政策这一点上却大多是一致的。可见以个体小农为主体的经济环境对中国古代思想家的影响之深。

二、中国传统政治思想的历史发展

从现有的文献资料来看，古代中国人的政治观念发生于商周之际，《尚书》中保留的西周初年的文献，系统表达了西周初年的人们"敬天保民、明德慎罚"的思想观念，是中国传统政治思想可追溯的源头。春秋战国时期是中国传统政治思想形成的重要历史时期。这一时期与希腊政治思想形成的时间大体相当，因此有人称这一时期为东西方历史上"思想突破"的时期。春秋战国时期所以成为中国古代社会"思想突破"的时期，是由许多方面的原因促成的。除去前面我们说过的商周以来中国早期国家政治、经济条件以外，春秋战国时期，文化的积累及知识的增长也达到了较高的水平。例如，成书于公元前 1 世纪的《九章算术》，收录了 246 个数学问题，这些问题根据性质和解法，分为方田、粟米、衰分、商功、少广、均输、勾股等九章，其中大多数问题都与人们在社会生活中遇到的应用性问题有关。《九章算术》虽然成书于公元前 1 世纪，但可以确信，其中收录的数学问题是在长期的历史过程中积累下来的，它体现了春秋战国时期人们对这些数学问题的理解。虽然从逻辑化的程度来看，《九章算术》远未达到古希腊欧几里得的《几何原本》那样的水平，但是这部著作所反映的当时人们在数学方面的修养，却是中国传统政治思想形成时期不可忽视的文化背景。

春秋时期，语言文字也发展到了较高的水平。中国古代文字始见于商代，商代后期的甲骨文及西周初期的金文，虽然已经能够记录语言和表达观念，尤其《尚书》中保留的商周时期的文献，所表达的思想观念更为清晰，不过商周时期文献的一个显著特点，就是语言较为简略，并且单音节的词居多，还不足以记录和表达人们复杂的思想活动。到了春秋战国时期，语言文字已达到了这样的水平，使得人们可以通过语言文字清晰完整地表达自己的思想，并且可以把思想家的思想主张准确地记录下来，这为中国传统政治思想的形成创造了必要的条件。

春秋末年，孔子开创了"私人办学"之风，打破了以往"学在官府"的格局，到了战国时期，思想界出现了前所未有的繁荣局面。一些对社会政治生活有着深刻理解的人，招收弟子，讲述自己的思想主张，阐发自己对社会政治生活的认识，从而形成了以儒家、墨家、道家、法家为主要代表的思想流派。这些思想流派在中国政治思想史上有着重要的地位。

春秋战国时期是中国传统政治思想形成、发展的重要阶段。后世中国传统政治思想的发展过程中，人们所使用的基本概念，如"仁""义""忠""信""礼""智""道""德"等，都是这一时期的思想家提出来的。许多对中国传统政治思想的发展及中国古代社会的政治生活有着重要意义的思想主题，如人性的善恶、人治与法治、王道与霸道、天人合一与天人相分、君道与臣道等，也都是这一时期的思想家提出并加以讨论的。后世中国传统政治思想的发展，实际上就是围绕春秋战国时期思想家提出的这些思想主题反复论辩、认识不断深化的过程。

公元前 221 年，秦统一了中国，春秋战国时期小邦林立的社会状态宣告终结，中国社会走上了统一的中央集权国家的道路。尽管秦汉以后的中国社会也曾经历过如魏晋南北朝、五代十国那样的大分裂，但统一的多民族国家始终是中国社会发展的基本路向。

秦汉以后，中国传统政治思想的发展也呈现出某些新的特点。首先，由于统一的历史进程的完结和中央集权体制的确立，战国时期百家争鸣的局面已不复存在，"别黑白、定一尊"成为专制主义政治统治的客观需要，这也意味着春秋战国时期的百家之学面临着社会的选择。至于哪一种思想学说能够成为这个社会的统治思想，则取决于诸多错综复杂的因素，如某思想学说的理论内涵、统治者的偏好、某一种思想被付诸统治实践而导致的后果，等等。秦汉之际，法家的刑名之学和黄老道家以清静无为、与民休息为主旨的思想学说曾一度获得了政治上的统治地位，到了西汉中期，汉武帝采纳董仲舒的建议，罢黜百家，独尊儒术，儒家思想成为政治上的统治思想，此后，儒学成为中国传统政治思想和政治文化的主体。

儒家思想成为中国传统政治思想的主体,有其内在的合理性。在中国古代社会里,儒家思想是最容易为人们所接受的思想学说。传统儒家既不像法家那样站在君主的立场上,一切以君主的利益为主导,主张极端的君主专制统治,也不像道家那样,否认人类社会政治生活的合理性,把"小国寡民"或者无君无臣的天放生活视为理想的社会状态。传统儒家试图在无政府与极端的君主专制之间找到一个恰当的位置, 一方面,他们承认国家及社会政治生活的合理性,另一方面,他们也认为君主应该以合乎道德的方式对待臣民。儒家追求的是符合道义的政治。在这一意义上说,儒家思想在两汉以后成为政治上的统治思想,是那个历史时代最为恰当的选择。

秦汉以后的中国政治思想史,是先秦时期诸子百家的思想学说逐渐合流的历史。虽然秦汉以后占据统治地位的思想学说只有一种,但春秋战国时期儒家以外诸多思想流派的思想学说中最有价值的成分还是由后世的思想家继承了下来,并且逐渐与儒家伦理政治学说融为一体。例如,汉代思想家如贾谊、晁错、董仲舒等人的思想主张,便带有法家刑名之学的成分,而魏晋时期的玄学思潮则是儒家伦理观念与道家形而上学思维相结合的产物。如果说春秋战国时期思想界的特征是百家争鸣,百家合流便是秦汉以后政治思想发展的基本趋向。

如果说历代思想家都有着对优良社会生活的追求的话,那么战国时期的思想家与秦汉时期的思想家对优良社会生活的理解是有差别的。秦汉以后,随着中央集权体制的统一国家的确立,社会生活内容较之以往发生了重大的变化。在战国时代,人们更多讨论的是什么样的政治生活才是理想的社会生活,如何才能实现这样的政治生活,到了秦汉时期,统一已经变成了现实,人们的注意力便转移到如何维护稳定的社会秩序、维护统一的局面这一主题上来。因此,秦汉时期的思想家很少像春秋战国时期的思想家那样,热衷于对理想的社会生活的构想,而是把安治天下,实现对国家的有效治理作为他们首要关心的问题。在这一时期,思想家和政治家曾经就国家的许多政治、经济政策展开了广泛深入的讨论,如土地制度与赋税制度、纲常伦理与道德教化、国家的农商政策与民生、分封与郡县哪一种制度更有利于国家统一等，思想家就这些问题各抒己见，从而为统一多民族国家的发展提供了理论支持。

随着汉唐时期思想文化的发展，中国传统政治思想也开启了哲理化的进程。在春秋战国时期，儒家学派对社会政治生活的道德层面有着强烈的关注，他们期望符合道义的政治生活，即所谓"天下有道"，但是在对道义原则的理解上，先秦儒家却是更多地诉诸经验性的历史过程，在道义原则是什么，人们为什么要遵守道义原则这一问题上，先秦儒家的代表人物孔子、孟子、荀子都认为，"道"是"先王之道"，所谓"先王之道"，就是历史上那些圣王留下来的治国经验和治理原则，要实现符合道义的社会生活，就只能回归于先王之治。先秦儒家把道义原则理解为先王之道的同时，也就相应地缺少在终极意义上对道义原则的理论阐释。与先秦儒家相比，道家学派则倾向于在本体论的层面上理解"道"，他们把道看作是天地万物的本原，以及自然界与人类社会由以运行的最高法则。儒家经典《周易》也有相似的观点，认为"形而上者谓之道，形而下者谓之器"（《周易·系辞上》），虽然道家与《周易》在普遍必然性的层面上理解和把握了"道"，但是他们却没有对社会政治生活中的道德问题形成深刻的理解。这样，道家、《周易》的形上思维与儒家的道德关注相互融通，便成为两汉以后政治思想发展进程中的必然趋向。

在中国传统政治思想的哲理化进程中，汉唐时期的思想家有过许多重要的努力。他们都认识到，仅仅是把"道"等同于"先王之道"，并不足以证明"道"是至高无上的法则，也不能给出现实生活中的人们遵守道义原则的理由。所以，需要在更抽象的水平上来理解道义原则。汉代董仲舒所说的"王道之三纲，可求于天"（《春秋繁露·基义》）、"天不变，道亦不变"（《汉书·董仲舒传》），魏晋玄学家对"名教"与"自然"关系的论辩，及至后来唐代韩愈的道统论，都是汉唐时期政治思想哲理化过程中具有标志性意义的理论环节。到了两宋时期，以周敦颐、程氏兄弟、张载及朱熹为代表的理学的形成，标志着这一思想进程的完结。

两宋时期是秦汉以后中国传统政治思想发展最为重要的历史阶段，由于宋代实行重文轻武的政策，思想文化领域有了相对宽松的环境，宋代出现了秦汉以后少有的思想繁荣局面。这一时期思想界的繁荣,首先表现为思想流派的众多。如以王安石为代表的荆公新学,以陈亮、叶适为代表的浙东功利主义学派,以陆九渊为代表的心学,以程朱为代表的性理之学,等等,对元明以后的中国社会有着重要影响的几个思想流派都出现在这一时期。

宋代思想家思维水平也达到了很高的程度。在西方思想史上,许多近代思想家才提出来的问题,宋代思想家就已经开始讨论了。例如,陆九渊所说的"宇宙便是吾心,吾心便是宇宙"①,与欧洲近代哲学家贝克莱所说的"存在就是被感知"实际上是同一个问题,都是强调作为认识主体的人在表达客观世界过程中所起的决定作用。陆九渊的心学为明代中期的王阳明所继承并有所发展,成为宋明理学内部一个重要的思想流派,即陆王心学。陆王心学强调人的主体意识,这在一定程度上促进了晚明文人士大夫阶层对于社会政治生活的独立思考,从而形成了明末清初的社会批判思潮。

明清之际被认为是中国古代社会"天崩地解"的时代,明王朝被李自成领导的农民起义推翻,旋即清军入关,清王朝取代了明王朝,成为中国古代社会最后一个封建王朝。社会生活的沧桑巨变促发了思想家对社会政治生活的深入思考。以黄宗羲、顾炎武、王夫之、唐甄为代表的思想家,对秦汉以后的君主专制政治进行了深刻的反省。和以往时代的人们不同的是,这一时期的思想家不仅仅着眼于前朝覆亡的教训,而且对秦以来的君主专制政治进行批判和反省,特别是对秦汉以来权力日益集中而导致的君主滥用权力、暴政频繁发生有着十分清醒的认识。围绕如何限制君主权力、实现善政善治这一主题,清初思想家提出了许多有益的设想。例如,鉴于明代废宰相而无善政的教训,主张设立宰相以分割君主权力。又如,根据中国古代君主常常把个人偏好凌驾于万民之上,以"君主之是非为是非"的事实,黄宗羲主张效仿三代的学校体制,设立学校以公是

---

① (宋)陆九渊:《陆九渊集》卷三十六,中华书局,1980年,第483页。

非，把判断是非的标准从君主手中剥离出来。在当时的历史条件下，这无疑是富有意义的设想。如果这一时期的思想家所做的努力能够持续下去，中国传统政治思想很有可能进入新的境界。遗憾的是，由于清王朝自康熙、雍正年间在思想文化领域实行的一系列的禁锢政策，使得这一思想过程没有持续下来。

　　中国传统政治思想的历史发展是一个循序渐进的过程。自春秋战国至明末清初，中国传统政治思想始终是按照自身的逻辑发展的，特别是在秦汉以后，儒家思想成为中国社会的统治思想，虽然历史上曾经发生过魏晋南北朝、五代十国那样的社会大分裂，曾有过少数民族入主中原的历史时期，在某些历史时期，儒家思想也曾受到过佛教、道教的挑战，但是儒家思想之于中国传统思想的主体地位并没有发生改变，以儒学为主体的中国传统政治思想自身不断完善的过程没有中断，古代中国人基本的价值观念也没有发生改变。如果中国社会的政治经济环境没有发生本质的改变，中国传统政治思想也将按照其自身的逻辑发展和演进下去。只是在鸦片战争以后，中国社会开始了近代化的历史过程，中国传统政治思想原有的发展过程遂告终结。

三、中国传统政治思想的内容及其特点

（一）中国传统政治思想的内容

　　中国传统政治思想是历史上的思想家和政治家对社会政治生活认识、理解的结晶。民国初年梁启超在其所撰《先秦政治思想史》的"序论"中说："中国学术，以研究人类现世生活之理法为中心，古今思想家皆集中精力于此方面之各种问题。以今语道之，即人生哲学及政治哲学所包含之诸问题也。盖无论何时代何宗派之著述，未尝不归结于此点。"随后，

梁启超又明确地说,他这本书不讨论中国古代的人生哲学,而是"专言政治哲学"①。可见在梁启超看来,中国政治思想实际上就是中国政治哲学。20 世纪 80 年代,徐大同、陈哲夫等先生编著的《中国古代政治思想史》一书的"前言"就中国政治思想史的研究对象说,"政治思想史的研究对象是:历史上各个阶级和政治集团对社会政治制度、国家政权组织以及各阶级朴素关系所形成的观点和理论体系;各种不同政治思想派别之间的斗争、演变的更替的具体历史过程;各种不同政治思想对现实社会政治发展的影响和作用"②。刘泽华先生认为,"政治思想史除了研究国家和法的理论外",也应该包括政治哲学问题、关于社会模式的理论、治国方略和政策等方面的内容。同时,刘先生还认为,在政治思想史研究中,还应该把伦理道德问题和政治实施理论及政治权术理论作为重要的研究内容。上述说法对于我们理解中国传统政治思想的内容无疑具有重要的启示意义。

我认为,如果按理论维度来划分,把中国传统政治思想分为以下两个层次的内容似乎较为妥当:一是中国传统政治哲学,二是历代思想家的治国方略。

《大英百科全书》把政治哲学解释为"有关公共目的、信念的理性判断和估价",简言之,就是关于社会政治生活的应然性判断,政治哲学的核心主题是人们应该有什么样的政治生活。作为理性的存在者,人实际上生活在双重的世界里。一方面,我们每个人都生活在现实的世界里,我们所拥有的全部资源,都是由我们生活于其中的现实世界所提供的;另一方面,在我们的观念中,现实的生活又是不尽如人意的,每一个人都在追求更加优良的生活。生活在历史时代的人们在这一点上与我们是相同的。当古代思想家开始对社会政治生活进行思考的时候,无论是中国的孔子、孟子,还是古希腊的苏格拉底、柏拉图,他们所关注的都是应该有什么样的政治生活这样的问题,虽然他们生活在不尽相同的社会历史条

① 梁启超:《先秦政治思想史》,中华书局,2016 年,第 5 页。
② 徐大同、陈哲夫等:《中国古代政治思想史》,吉林人民出版社,1981 年,第 2 页。

件中,但对于这个问题却有着近乎相同的认识,都倾向于认为,社会政治生活必须在道德上来得正当,只有符合道德的生活才是真正有价值的。在中国古代的儒家那里,这种政治生活是符合道义的生活,亦即"王道",而在古希腊哲学家那里,这种政治生活便是符合正义的生活。于是,道义与正义便成为中国古代思想家与古希腊思想家所认可的道德原则和政治评价标准。

以往说到政治哲学,人们大多从古希腊的政治哲学说起,但却很少提到中国传统政治哲学。甚至直到现在,仍然有人认为中国古代没有政治哲学,理由之一就是中国古代没有古希腊那样的哲学。其实,要反驳这个说法并不难,一个简单的逻辑就是,如果能够证明中国古代有自己的哲学,就没有理由说中国没有政治哲学。

一般来说,哲学是一门关于世界观和方法论的学问,哲学的基本问题就是物质与精神、存在与思维的关系问题。这一说法看似有道理,但实际上却是很有问题的。在东西方哲学史上,仅仅说明"世界是物质的还是精神的"的哲学从来没有过,无论是在中国,还是在古希腊,当思想家开始讨论哲学问题的时候,他们的主观目的都是要探讨什么样的生活才是优良的社会生活,什么样的政治才是好的政治。哲学从它产生的时候起,始终有着深刻的政治和伦理意义,优良的社会生活始终是思想家的核心关注。

事实上,就在希腊哲学家讨论什么样的政治生活是正当的这一问题的时候,中国思想家也在讨论相同的问题。以孔孟为代表的先秦儒家,以及以老庄为代表的道家,不约而同地提出了"道""道义"的概念,虽然儒、道两家对于"道"的概念有着不同的理解,但是他们都认为只有符合"道"或者"道义"的社会生活才是正当的。实际上,符合道德原则的生活是中国古代思想家和古希腊哲学家共同的追求。

梁启超当年把中国政治哲学当作中国政治思想史的内容,在某种意义上是对的。不过,他把中国政治哲学当作中国政治思想史的全部内容却不尽准确。实际上,中国古代思想家理解社会政治生活的时候有两个维度,除去对应该的社会政治生活做出判断,在较为抽象的水平上说什么样的政治才是好的政治以外,人们还往往着意于说明现实的政治生活是什么。有些时候,人们还会针对特定的政治、经济问题提出一些对策性的建议,这些建议虽然也含有应该的内容,但并不属于在一般层次上对社会政治生活的理解,这些思想内容只能算作是具体的治国方策,算不得政治哲学。

另外,梁启超关于中国政治哲学内容的说法也是有问题的。梁启超说:"我国自春秋战国以还,学术勃兴,而所谓'百家言'者,盖罔不归宿于政治。其政治思想有大特色三:曰世界主义,曰平民主义,曰社会主义。此三种主义之内容,与现代欧美人所倡导者为同为异,孰优孰劣,此属别问题。要之,此三种主义,为我国人凤所信仰,无论何时代何派别之学者,其论旨皆建设此基础之上。此三种主义,虽不敢谓为我国人所单独发明,然而最少亦必为率先发明者之一。"①梁氏此说的要害,是把他所知尚少的西方近代政治思想与中国传统政治思想简单比附,结果不仅误解了西方近代政治思想,也误解了中国传统政治思想。

在某种意义上说,政治哲学是关于政治的伦理学,它所关注的始终是政治的道德层面,同时,政治哲学也是关于政治的形而上学,思想家所能做的,不过是通过逻辑的方式来理解和把握社会政治生活必须遵循的普遍原则,从而为社会政治生活规定道德的目的和评价标准。只有在这一问题得到解决的时候,人们在其他层面对政治生活所做的判断才有意义。如果我们的说法不错,在中国历史上,历代思想家有关社会政治生活的道德层面所做的判断,在最抽象的水平上对普遍道德法则的认识以及对理想社会的构想,都应属于政治哲学的范围。一些学者所说的中国古代的国家与法的理论,例如,古代思想家关于人类社会为什么要有国家和君主,亦即为什么要有权力和法律,国家和法律的本质是什么等问题的认识,都属于政治哲学的范畴。中国古代思想家围绕这些主题所做的判断,是中国传统政治思想的核心结构,也是传统中国社会政治价值观念的源泉。思想家在这方面的认识,一旦为整个社会所接受,便将在根本

---

① 梁启超:《先秦政治思想史》,中华书局,2016年,第4页。

上规范社会政治生活的基本走向。

关于中国传统政治哲学包含哪些内容，一时难以说得清楚。不过，如果从主要的方面来把握，以下三点应该是中国传统政治哲学的主要内容。

首先是中国传统的人性论。

在前面，我们曾经阐述了中国古代与古希腊在政治思想形成时期社会历史条件的差别。实际上，除去前面曾经说过的政治、经济方面的差异以外，两个社会的人文环境也有着明显的差别。其中明显的一点就是，希腊苏格拉底时期的哲学有荷马的前提，而中国古代则没有。在古希腊，荷马时代的诗人撰写了大量的诗篇，而希腊哲学家对于道德问题的理解，在很大程度上得益于荷马。荷马大约生活在公元前 7 世纪中叶，在他身后大约一百五十年以后，希腊人才开始了哲学的思索，荷马时期的诗人用叙事诗的语言表达了他们对于社会生活的理解，建构了善、美德这样一些基本的道德理念，通过对诸神与世界秩序的描写，荷马创造了一个概念化了的世界。在柏拉图时代及后来相当长的一段时间里，他们的诗篇一直是人们谈论的主题。在早期的希腊，人们基本的道德理念都来自荷马。在很长的一段时间里，荷马被认为是道德的权威，雅典人甚至制定了一部法律，规定每隔四年，应该让他的作品由朗诵者在所有雅典人的庆典上进行表演。[①]从荷马的诗篇中，希腊人获得了对于诸神、诸神与人之间的关系、人类社会应该遵循的道德原则及个人的荣誉和利益、正义与非正义等基本的道德理念。苏格拉底时期的哲学思想在很大程度上是以对神及神人关系的理解为前提的。

与古希腊的政治哲学不同，中国传统政治思想中没有荷马的前提。从商代的甲骨卜辞及西周春秋时期的历史文献来看，当时的中国人虽然也有神的观念，但大体上仍然停留在万物有灵的阶段，先秦文献中，记载神话的典籍最主要的是《山海经》，但《山海经》全书并没有提供一个完整的神话体系，其主要内容是志怪而不是叙述历史，更不是表达有关神的

---

① 参见［美］特伦斯·欧文：《古典思想》，覃方明译，辽宁教育出版社，1998 年，第 7 页。

观念。对于春秋战国时期的思想家来说，早期神话传说中的"神"并没有融入他们的观念世界，特别是先秦儒家，更有"不语怪力乱神"的传统，汉代司马迁在写《史记》时，也说"《山海经》所有怪物，余不敢言之也"（《史记·大宛列传》）。

由于荷马的前提，"神"是古代希腊人理解道德问题的门径。柏拉图更把神理解为道德的本原，在谈到荷马时代诗人的作品时，柏拉图指出，诗人有关神的描述是不真实的，他们不应该让年轻人听到诸神之间的明争暗斗，"为了培养美德，儿童们最初听到的应该是最优美高尚的故事"[①]。在柏拉图看来，神不能有任何缺点，应该是完美无缺的道德典范。由于中国传统政治思想没有荷马的前提，春秋战国时期的思想家不像柏拉图那样，把神看作是完美无缺的道德典范，所以，他们对道德问题的理解是从人而不是从神开始的。由于这样的原因，人性问题便成为春秋战国时期思想家们争论的焦点，而对于人性善恶的判断始终是中国传统政治思想重要的逻辑支点。中国古代思想家对于社会政治生活的理解依赖于一个前提："人的本质是什么？"因为只有我们认识到了人是什么，我们才能知道在由人构成的社会里应该有什么样的政治生活。中国古代的思想家们十分精确地捕捉到了这一关键性的问题。出于对人的本质的不同理解，他们对社会政治生活也就做出了各不相同的设计。思孟学派认为人的本性是善良的，因而把优良的社会生活寄希望于人的道德自觉，由圣人明君"以不忍人之心，行不忍人之政"；荀子及战国法家认为人性恶，因而强调礼法规范对于人的社会行为的约束作用，主张实行以外在规范与强制为基本特征的礼治和法治。

其次，道义问题是中国传统政治哲学的核心主题。

与希腊哲学家探求正义原则的努力相似，中国古代思想家也提出了"道义"的概念。在以儒家思想为主体的中国传统政治思想中，道义既被看作是社会政治生活必须遵循的原则，也是用来判断好的政治与不好的政治的标准。从春秋战国时期的思想家对"天下有道""天下无道"的讨

---

① [古希腊]柏拉图：《理想国》，郭斌和、张竹明译，商务印书馆，1986 年，第 73 页。

论,到两宋思想家有关道义与富强的论辩,贯穿于这一漫长的思想过程的是思想家的道德努力,在中国政治思想史上,"道"是什么?道义原则在怎样的意义上是人们必须遵循的普遍法则,什么样的政治才是符合道义的政治,是思想家长期论辩的思想主题。尽管思想家对这一问题有着不同的看法,但有一点却是一致的,那就是,人们在主观上都希望社会政治生活在道德上来得正当。而思想家对这些问题的认识,又在某种程度上规范着中国传统社会的政治生活。

再次,正当地运用权力是思想家所面对的永恒的主题。

如何约束现实生活中的权力,如何保证社会生活中的权力不被滥用,是古往今来的人们共同面对的思想主题。人类社会从野蛮走向文明的过程,实际上就是社会生活中的权力逐渐受到有效约束的过程。在东西方政治思想史上,这也是思想家持续努力探索的问题。在中国政治思想史上,由于没有"公共权力"的概念,思想家有关如何约束权力这一问题的讨论,主要体现在天人关系、君道、臣道这样一些议题上。

在中国古代社会里,君主是最高的统治者,也被人们普遍认为是政治权力的终极所有者。因此,古代思想家对君主应该如何使用手中权力这一问题的讨论,实际上所体现的就是人们对社会生活中的权力如何不被滥用的认识。虽然中国古代思想家不像西方思想家那样更多地关注制度安排方面的问题,但是,他们却对君主个人的道德品质予以了深切的关注。如战国思想家孟子所说,就是"君仁莫不仁,君义莫不义,君正莫不正,一正君而国定矣"(《孟子·离娄上》),中国古代思想家在把权力不被滥用的希望寄托于君主个人道德品质的同时,他们似乎也意识到,君主个人的道德品质并不是绝对可靠,于是思想家也寻求着某种可以约束君主权力的力量。汉代董仲舒的天人感应学说便是古代思想家在这方面的尝试,遗憾的是,直到明清之际,中国古代思想家仍然没有找到约束现实生活中的权力的可靠方法。

中国古代思想家有关君主应该如何运用手中权力的讨论,也隐含着另一个深刻的政治伦理问题,就是统治者应该如何对待民众的问题。由于中国古代没有经历过古希腊的雅典和罗马共和国那样的民主制度,所以在古代中国人的观念中,民众从来没有被认为是权利的主体,而只是政治统治的对象。不过即便如此,古代思想家也还是认识到了至关重要的一点,即民众的生存条件是否稳定,是国家治乱兴衰的关键。这是除去先秦法家以外,中国古代大多数思想家的共同认识。基于这样的认识,中国古代大多数思想家都主张统治者应该用符合道德的方式对待民众,统治者应该承担起改善民众生活条件,至少不导致民众生活条件恶化的责任。这样,"为民"也在某种意义上被古代思想家看作是政治的目的与评价标准。

中国传统政治哲学是中国古代社会价值观念的源泉,在秦汉以后的中国社会中,人们的价值观念主要是从传统儒家的伦理政治学说中获得的。在几千年的时间里,传统儒家的道义观念日益为人们所接受,从而发挥着规范人们的政治行为及历代王朝的治理过程的作用。

中国传统政治哲学包含的是古往今来的人们共同关心的那些思想主题,在更抽象的水平上来理解,这些思想主题可以归结为一个问题,即什么样的政治生活才是真正优良的。这是生活在任何社会历史条件下的人们都必须回答的问题。人们对这个问题做出了什么样回答,也就在怎样的程度上理解了社会政治生活。而人们如何理解社会政治生活,也将在根本上决定其社会政治生活的质量。

在政治哲学以外,中国传统政治思想的另一方面的内容便是历史上思想家与政治家在特定历史条件下提出的治国方略。

在中国古代社会里,由于社会历史环境的不断变化,不同历史时期往往有着各不相同的社会生活内容,人们面对的社会主题也各不相同。而每一历史时期人们所面对的社会问题,都在一定程度上考验着思想家和政治家的智慧。如何在新的社会历史条件下实现对国家的有效治理,从而为社会提供稳定的秩序,实现国家的长治久安,是思想家和政治家共同关心的问题。面对特定历史时期社会生活中存在的问题,诸如防止土地兼并、徭役税赋的合理负担、边境安全、实现善政善治等,思想家和政治家常常提出自己的思想主张。这些思想主张具有鲜明的时效性和可操作性,一旦被付诸专制国家的治理实践,往往能够收到立竿见影的效果。

历史上思想家和政治家的治国方略，大都是思想家在特定历史条件下提出来的思想主张，虽然不像传统政治哲学所蕴含的思想主题那样具有一般的和普适的属性，但是由于其与中国传统社会治理过程之间的密切联系，这些治国方略往往凝聚着中国传统社会弥足珍贵的治理经验。

(二)中国传统政治思想的若干特点

通常我们所说的特点,实际上是一个比较的概念,中国传统政治思想的特点,是不同于西方政治思想而具有的独特的品质。与西方政治思想相比,中国传统政治思想的特点主要有以下几个方面。

第一,人文主义的思想传统。

如前所述,中国传统政治思想不像古希腊政治哲学那样有荷马的前提,在中国传统政治思想发生之际,人们对于神的理解大体上停留在万物有灵的水平上，这一点可以从商代的甲骨卜辞及西周初年政治家、思想家的有关言论中得到证实。20世纪30年代以来,学界曾经有过一个十分流行的说法,认为中国的商周时期是神权时代。[①]不过从商周时期人们对神的理解及商周两代的历史实际来看,这一时期的社会政治并不具有神权政治的基本特征。[②]世俗权力在商周两代始终在社会政治生活中占据着支配地位。当春秋战国时期的思想家开始思考社会政治生活的时候,他们所面对的也是神的观念不很发达的人文背景,这一时期的思想家大都很少说怪力乱神之类的事情, 即使有墨子曾经主张 "天志""明鬼",但他的思想学说在本质上也不是神学的。在这一意义上说,中国传统政治思想从产生的那一天起,便确定了人文主义的发展路向。从先秦

[①] 商周时期是神权时代的说法，较早的论著可参见陶希圣:《中国政治思想史》(上册),新生命书局,1945年,第17页。20世纪80年代出版的一些政治思想史论著,如徐大同等先生编著的《中国古代政治思想史》(吉林人民出版社,1981年)也持这种观点。

[②] 参见孙晓春:《商周时期不是神权时代》,《吉林大学社会科学学报》,1987年第2期。

两汉直至明清之际,每一历史时代的思想家群体都把注意力集中于人类社会政治生活本身,人们都相信,优良的社会生活只能通过社会生活的主体——人的努力才能实现。所以,中国古代思想家既不像柏拉图那样,在观念世界里塑造出一个完美无缺的神的形象,也无须像欧洲中世纪的思想家那样去着意于论证上帝的存在,阐释上帝的意志。中国古代思想家对社会政治生活的理解是从理解人的本质开始的。

在中国历史上,也曾有过一些宗教,在某些特定的历史时期,这些宗教甚至产生了广泛的社会影响。其中有些宗教是本土形成的,如汉代的太平道、五斗米道,魏晋南北朝时期的道教;也有的宗教是外来的,如汉魏以后的佛教、唐代的景教、元明时期的拜火教等。在某些特定的历史时期,这些宗教甚至一度对儒家思想的统治地位形成了冲击。但尽管如此,最终没有哪一种宗教获得政治上的统治地位,也没有哪一种宗教的教义能够为中国传统社会的政治生活提供基本的价值观念,为历代王朝的国家治理提供指导原则。宗教始终无法取代儒家伦理政治学说的统治地位。

中国传统政治思想的人文主义特征,也在古代中国人的观念世界里充分体现出来。在古代中国人的观念中,宗教并不具有至高无上的权力,世俗的君主权力才是真正至高无上的。虽然古代思想家偶尔也会把君主权力的来源归结于“天”和“天命”,例如先秦儒家的思孟学派和汉代董仲舒所主张的君权天授论,不过,古代中国人所说的“天”或者“天命”更多的是一个象征普遍必然性的概念而不是一个神的概念,尽管有些时候人们也会对“天”做出庸俗化的解释,将”天”理解为有自己的意志和偏好,能够对人世间的善政或暴政进行赏罚的存在,但即使在董仲舒那里,“天”也不是一个神的概念,他只不过是人们在认识能力相对不足的情况下,把人的道德情感赋予了天,进而说明“天”或“天命”是约束君主权力的力量。长远地看,去除“天”的神秘色彩是中国传统政治思想基本的发展路向。

由于人文主义是中国传统政治思想一以贯之的传统,这在客观上决定了中国传统政治思想的发展历程也与西方政治思想有所不同。例如，在欧洲中世纪晚期的文艺复兴运动中，思想家和艺术家通过回到古代，唤醒了古希腊的人文主义精神，从而为欧洲社会走向近代提供了思想文化的动力。但在中国，由于人文主义一直就是中国传统政治思想的基本特征，中国社会没有经历过宗教神学占统治地位的历史阶段，像欧洲中世纪晚期那样的文艺复兴也就无由发生。

第二，群体本位的价值取向。

群体本位是中国传统政治思想区别于西方政治思想传统的另一个重要特点。在政治思想史上，思想家对于社会政治生活理解的不同，在很大程度上是由于人们对于个人与群体关系的不同理解。人类社会是由个人组成的群体，于是人们认识和理解社会政治生活便有了两个不同的路径：或者站在个人的立场上来理解社会政治生活，或者站在群体的立场上来理解社会政治生活。由于认知路向的不同，人们对社会政治生活也就有了不同的理解。中国古代思想家大都是站在群体的立场上理解社会政治生活的。

中国古代思想家用来表达社会政治生活主体的概念都是集合的概念。中国古代思想家用来说明社会政治生活主体的概念主要有"君""臣""民"这三个。关于"民"，见诸历史文献的有众民、庶民、民众、众庶、百姓等诸多说法，这表明，古代中国所说的"民"，指的从来就不是个体意义的民众，古代思想家所说的"臣"，也不是用来形容个人的概念，至于古代思想家所说的"君"，虽然现实生活中的君主只有一个，似乎是一个表达个体的概念，但实际上，"君"是众多君主的集合，这是因为，当春秋战国时期的思想家倡导"欲为君，尽君道"（《孟子·离娄上》）的时候，当时社会上也存在着许许多多的君主。把社会生活的主体分解为处在不同社会位置上、利益有着不同重要性的群体，是中国古代思想家理解社会政治生活的基本路径。

从群体本位的认识出发，除先秦道家的庄子等极少数的思想家之外，中国古代思想家大多认为，相对于个人利益，整体利益有着绝对的优先性。社会生活中的每一个人都应该把自己的利益置于整体利益之下。在古代思想家看来，群体是社会生活中每一个人须臾不可离的生存条件,如果离开了群体,任何个人都无法生存下去,用荀子的话说,"离居不相待则穷"(《荀子·富国》)。因此,个人的价值只有在群体生活中才能实现。于是,维护群体利益、个人利益服从群体利益也就成了天经地义的事情。

由群体本位的认知路向所决定,中国古代思想家对于公私之间的关系以至社会公共生活也有着独特的理解。在中国古代思想家看来,代表个人利益的"私"与群体意义的"公"是截然对立的。由于群体生活的需要,每个人都应该放弃自己的个人利益,而把群体利益作为自己的目的,即所谓"破私立公",用宋代理学家的话,就是去除自己的"私意"。彻底去除私意,"大公无私"是人们应该达到的最高的道德境界。

中国传统政治思想中"破私立公"的观念迥然有别于西方政治思想。发源于希腊、罗马的西方政治思想传统,由于人们是用个体本位的观念理解社会政治生活的,因此有着不同于中国思想传统的公共观念。在西方传统中,"公共"被认为是私人生活以外的领域,只有弄清什么是私人的,才能知道什么是公共的。而中国传统思想则不然,在古代中国人的观念中,只有破除了个人的,才会有公共的,在整体利益面前,个人利益永远是微不足道的。这种观念体现在政治层面,便是国家至上。

应该说明的是,群体本位的价值取向,是在中国古代社会特定的社会历史条件下形成的。在中西方两种政治思想传统没有发生接触的时候,这种认知路向的差别并没有更多的意义,它只是生活在不同社会历史条件下的人们对社会政治生活不同的理解方式。只是到了近代,当西方近代思想文化传入中国,并且在中国社会中传播以后,这种认识差别才有了真实的社会意义。

第三,专制主义是中国传统政治思想基本的特征。

如前所述,由于中国早期国家形成的特殊道路,中国古代国家自其产生之日起,便走上了君主专制的发展道路。特别是在秦统一中国以后,随着中央集权的政治体制的确立,君主专制制度日益强化成为中国古代社会基本的发展趋势。这样的历史环境也在根本上影响了思想家对于社会政治生活的认识和理解。

人的社会存在决定社会意识。中国古代社会的君主专制制度的存在，使得历史上的思想家大多在观念上认为君主具有至高无上的权力，君主是国家的所有者，而国家和臣民则是君主的私有财产或附属物。基于这样的认识，中国古代思想家也常常把君主作为价值中枢和价值判断的基准，用法家的话说，君主就是"管分之枢要"，用儒家的话说，"无父、无君，是禽兽也"。中国传统社会的道德原则实际上是依据这样的认识建立起来的。

中国古代社会里，除道家学派的庄子及其少部分继承者以外，大多数思想家都强调君主利益的绝对优先性。虽然历代思想家在不断地尝试约束现实生活中的君主权力，有些时候，一些思想家也强调君主应该尽到爱民、养民的责任，甚至以君主是否能够尽到这一责任作为区分明君与暴君的标准，但是古代思想家提出这些思想主张的时候，都不否认君主专制制度是合理的。在"什么样的政治是好的政治"这一问题上，他们从来没有在君主专制制度之外去寻求答案。直到明清之际，像黄宗羲、顾炎武这样一些有见识的思想家，虽然对秦以来的君主专制政治多有批判，但是他们仍然把好的政治寄希望于现实生活中本不存在的圣王明君。中国传统政治思想并没有因为明清之际思想家的社会批判精神而发生质的改变。

四、中国传统政治思想与中国古代社会的政治生活

人类社会生活是在文化规范下运行的，在每一个历史时代，社会政治生活的质量都取决于其制度安排，而一个社会有什么样的制度安排又在根本上取决于人们对社会政治生活有什么样的认识和理解。在这一意义上说，每一历史时代的政治生活，都与那个历史时代流行的政治思想密切相关。中国传统政治思想自其产生的时候起，便影响着中国古代社

会的政治生活,并且决定着中国古代社会政治生活的质量。中国传统政治思想对于中国古代政治生活的影响主要表现为三个方面。

首先,输出价值观念。

中国古代社会是宗教神学不发达的社会,因此世俗的思想文化始终在人们的社会生活中起着主导作用,人们的政治价值观念主要来自世俗的思想学说。诸如"天地所以为此天地""人所以为人",以及"人们应该有什么样的政治生活"等至关重要的问题,都是由思想家回答的。就中国古代社会的历史实际而言,以儒学为主体的传统政治思想向社会输出的价值观念,基本适应了中国古代社会政治生活的需要。

在东西方政治思想史上,中国传统政治思想与古希腊政治思想有着一个十分重要的共同点,二者都强调人的重要性。如普罗泰戈拉在《论真理》中说"人是万物的尺度",而中国古代的儒家也认为,天地之间人最为贵,而人所以为人的根本原因,就在于人类所特有的道德属性,"有气,有生,有知,亦且有义"(《荀子·王制》)。因此,传统儒家认为,每个人都应该养成良好的道德品质,人们应该拥有符合道义的生活。出于这样的认识,传统儒家重视个人的道德修养,把修身看作是优良的社会政治生活的必要前提。特别是在儒家的伦理政治学说占据支配地位以后,传统儒家所倡导的"修身、齐家、治国、平天下"的认识路线,获得了广泛的社会认同。在古代思想家的认识中,符合道义原则的政治生活只能通过道德品质良好的人才能实现,因此,修身绝不仅仅关乎个人的美德,而且关系到社会政治生活的整体质量。

以儒学为主体的中国传统政治思想的基本价值指向是群体本位。在世界各民族的思想史上,思想家对于社会政治生活的认识和理解,归根结底来自其对个人与群体亦即个人与社会关系的理解。中国古代思想家更多地看到了群体之于个人的优先性和重要性。在中国古代社会大多数思想家的认识中,个人是群体的一分子,个人的价值只有在群体生活中才能实现,即使是个人道德品质也只有在群体生活中才有意义。如表面上看,"仁"是纯粹的个人修养和美德,但据《说文解字》"仁,从人从二",离开了人与人之间的关系,将无法理解"仁"的意义。中国古代思想家认为，在社会生活中，如果每个人都承担起自己应该承担的社会角色，尽其应尽的道德义务，即所谓为人君、为人臣、为人父、为人子等，人们便会拥有优良的社会生活。

群体本位的价值指向，决定了古代思想家对社会政治生活的理论设计。在两汉以后，传统儒家所倡导的"君君、臣臣、父父、子子"（《论语·颜渊》），始终是为人们广泛接受的政治信念。在历代思想家那里，好的政治应该是能够为社会提供良好秩序、君臣父子各得其宜的政治。在古代思想家看来，政治在道德意义上的正当性，只能以个人在社会生活中尽到了自己的道德义务来说明。在为中国古代社会的君主专制政体提供理论支持的同时，这样的价值信念也促成了中国古代文人士大夫"先天下之忧而忧，后天下之乐而乐"的情怀。当然，群体本位的价值指向也有其消极的一面，那就是社会成员个人的重要性在这种思想背景下往往无法得到应有的重视，这一点容留下文说明。

其次，阐释政治生活。

中国古代社会的政治制度，是在漫长的历史过程中形成并发展的，在中国传统政治思想发生的时候，由夏商以来形成的君主政体已经是既定的事实。对于思想家来说，如果君主专制政体及依托这种政体而运行的政治秩序是他们必须面对的事实，那么，在理论上说明现实政治生活的合理性便是他们必须承担的历史责任。

作为理性的存在者，人类是需要理由的动物，如果人们在社会生活中必须面对国家这一政治设施，那就必须给出国家所以存在的理由。在这一意义上说，思想家不仅要在理论上说明有组织的社会生活的合理性，而且还必须把对这种合理性的论证传播于整个社会，从而使社会成员明白一个至关重要的道理：在无政府状态下不可能实现优良的社会生活，所以人们必须接受国家、接受文明时代的政治结构。

为了说明国家存在的理由，中国古代思想家曾经有过各种各样的努力。《周易·序卦》中说道："有天地然后有万物，有万物然后有男女。有男女然后有夫妇，有夫妇然后有父子。有父子然后有君臣，有君臣然后有上下，有上下然后礼义有所错。"（《周易·序卦》）按照这一说法，国家便是源于自然的进化过程，这无非是要说明现实的君主政体是必然的和正当的。此外，中国古代思想家也把国家及君主政体与"天命"联系在一起，例如，早在春秋时期便有人说"天生民而树之君"（《左传》文公十三年），而战国时期的孟子与汉代董仲舒则有"天以天下予尧舜，尧舜受命于天而王天下"（《春秋繁露·尧舜汤武》）的说法。总之，历代思想家的论证方式及其内容虽各有不同，但他们的主观用意却是相同的，他们都认识到了社会政治生活的必要性，而且都试图为现实生活中的政治找到可以被接受的理由。

在中国古代社会里，思想家有关现实政治生活合理性的论证，对于维系社会政治生活有着至关重要的意义。当古代思想家在理论上说明君主专制政体的合理性的时候，他们一方面为生活在特定历史条件下的人们提供了一个接受政治生活的理由，另一方面，也为古代社会的统治者提供了维持既定的政治生活的理由。在这样的社会心理背景下，国家乃至于君主专制政体的合法性获得了社会大众的广泛认同，于是中国古代社会的政治生活便有了赖以依存的心理秩序。

最后，约束政治过程。

在中国政治思想史上，除去先秦法家那样主张极端君主专制的学派，大多数思想家都赋予社会政治生活以道德的内涵。特别是以孔子为创始人的儒家，倡导符合道义的政治而拒绝暴政，在古代思想家看来，以君主为核心的统治集团在治理国家时，应该信守道义原则，承担起对社会的道德责任，"仁人者，正其谊不谋其利，明其道不计其功"（《汉书·董仲舒传》）。与此同时，历代思想家进行着一项共同的努力，即在思想的世界里建立起为他们所认可的政治评价标准，并且用这些标准品分社会政治过程。虽然由于社会历史环境及思想家个人的思维方式等方面的差异，在不同历史时期及不同的学派那里，思想家用来评价政治生活的标准各不相同，但在总体上，道义、秩序、富强是大多数思想家的追求，对思想家个人来说，无论他们从上述哪一个方面审视社会政治生活，对中国古代社会政治过程的影响都是积极的。

如何约束现实生活中的权力，防止社会生活中的权力被滥用，是政治思想史的永恒主题。从很早的时候起，中国思想家便意识到了这一问题的重要性。虽然在传统中国的话语体系中没有"公共权力"的概念，古代思想家也不可能像近代人那样径直地讨论如何约束权力的问题，但中国古代思想家有关君道、臣道等问题的讨论，已经充分体现了他们对这一问题的关注。

关于如何防止君主滥用手中的权力，历代儒家曾经有过诸多设想。战国时期的孟子强调君主个人的道德修养，希望由道德品质良好的人执掌权力，"惟仁者宜在高位"，从而防止暴君污吏"播其恶于众"(《孟子·离娄上》)。其所寻求的是对于君主权力的"道德约束"。

不过，古代思想家也意识到，君主个人的道德品质并不可靠，在君主权力之外，应该有一种能够约束君主行为的力量。于是，便有了西汉董仲舒的"天谴论"和明末清初思想家限制君主权力的主张。从春秋公羊学的天人感应学说出发，董仲舒提出了以"天人相与"为主要内容的"天谴论"，把自然界发生的"灾变"与现实生活中统治者的"失政"联系起来，认为专制君主应该对"天谴"有所警惧，自觉地修明政治。直到明清之际，在如何约束君主权力这一问题上，思想家仍然在努力寻求着答案。

确实地说，思想家对于社会政治生活的道德诉求，并不能直接地导向现实政治生活的"有道"。但毋庸置疑的是，古代思想家的道德努力，始终是对中国古代社会政治生活的约束，由于这种约束的存在，中国古代社会的政治过程才有可能不断地从野蛮或不怎么文明走向文明，才使得中国古代社会的政治生活的质量不至于极其低下。

五、中国传统政治思想的价值及其局限

中国传统政治思想是人类思想遗产的一部分，我们有理由假定，优良的政治生活是东西方思想史上所有思想家的共同追求。如果在较为抽象的水平上审视，便不难发现，在历史上，东西方思想家所面对的实

际上是共同的思想主题，即什么是优良的政治生活及怎样才能实现这种政治生活。只不过，由于社会历史环境、道德习俗、语言及思想方式等不同的原因，生活在不同的历史条件下的人们对于这一问题做出了各不相同的回答。

　　政治思想的历史实际上是不同时代的人们对话的历史，对生活在当代的我们来说，这场对话无疑还在继续，因为优良的社会生活是我们不可放弃的追求，古代思想家曾经面对的主题我们仍然在面对，古代思想家曾经回答过的问题我们还要回答。这是传统政治思想之于现时代的全部意义所在。当然，就对社会政治生活的认识和理解而言，我们与古代思想家已经有了很大的不同，古代思想家的许多具体的思想主张也已成为思想的陈迹，甚至已经不符合现代中国人的道德理念，但是对当代中国社会的现代化与政治发展来说，传统政治思想肯定含有值得我们珍视的思想资源。因此，严肃地对待中国传统政治思想，准确地理解中国传统政治思想的价值及其局限，有着十分重要的意义。

　　在如何对待中国传统思想文化这一问题上，有两种极端的思想倾向。一种是以"拿来主义"的态度对待西方文化，并且一味否定自己思想传统的价值；另一种则是近年来十分流行的"回归儒学"的主张，论者认为，"当下中国治理秩序之转型或者再造"应该回归于儒家，并且把儒家思想传统概之为"儒家宪政主义"。①前一种观点学界已经多所评析，而后一种观点较之前者显然更有诱惑力。

　　中国有一句名言："不要在倒脏水时把孩子一起倒掉。"时至今日，就对中国传统政治思想的态度而言，这句话仍然有着原则性的指导意义。其实，鲁迅先生当年所说的并不是最糟糕的情况。在笔者看来，最糟糕的情况是倒脏水时把孩子倒掉而把脏水留下了，所谓"儒家宪政主

---

　　① 参见姚中秋：《儒家宪政民生主义》，http://www.china-review.com/sao.asp? id=28545。同时可参见姚中秋：《儒家宪政主义源与流》，http://liberalqiufeng.blog.sohu.com/177492739.html，以及姚中秋在凤凰卫视所做的讲座：《儒家与宪政主义传统》，http://talk.ifeng.com/online/video/detail_2012_07/19/16148434_0.shtml。

义"便属于此类情况。在这里，我们姑且不论这种观点在学理和知识方面的错误，至少有一个十分严肃的问题需要回答：假如当代中国社会的转型必须回归儒家，那么，我们如何面对戊戌、辛亥以来思想界为中国社会进步所做的努力？传统的儒家思想是否足以支撑高质量的现代社会政治生活？问题的关键还是如何理解和把握中国传统政治思想的价值与局限。

中国传统政治思想是否具有值得珍视的思想资源，回答是肯定的。由于其内涵的丰富，中国传统政治思想的价值无疑是多方面的，我们在这里只能检其要者加以叙述。我们认为，中国传统政治思想在以下几个方面尤其值得我们珍视。

首先，中国传统政治思想的人文主义品质。

古代中国是宗教神学不很发达的国家，直至中国传统政治思想形成的春秋战国时期，中国人的观念中还没有形成一个至上神的概念，而儒家的创始人孔子则更以"不语怪、力、乱、神"（《论语·述而》）而著称。在中国古代思想家的观念中没有一个神的世界，尽管由于认识能力的不足，古代思想家有些时候也会诉诸天命，甚至有些时候也会对天人关系做出庸俗化的解释，但中国古代思想家所说的天，在本质上是本然意义的天而不是神。如孟子所说，"莫之为而为者，天也；莫之致而至者，命也"（《孟子·万章上》），在古代思想家看来，推动人类社会政治生活进步的决定性力量在于社会内部，社会生活质量的提高只能靠人们自己的努力。正是这种人文主义精神使得中国古代社会没有经历过欧洲中世纪那样的宗教神学统治。可以确信，在走向现代化的当代中国，这种人文主义的思想传统仍然能够为我们的社会进步提供源源不断的思想动力。

其次，中国传统政治思想蕴含的经世致用精神。

经世致用是中国古代思想家一以贯之的学风。在古代思想家的观念中，思想学术的价值在于有益于天下国家，所以学者治学应该以经国家、定社稷、序人民为目的。如果离开了经治天下的目的，即使是再深奥的学问也没有意义。"诵诗三百，授之以政，不达；使于四方，不能专对；虽多，亦奚以为?"(《论语·子路》)孔子所倡导的经世致用学风为后世的儒家继承了下来,即使是宋代理学家,也不是仅仅空谈性理,如周敦颐、程颢等,在担任地方官时都政绩斐然,颇有令名,程氏兄弟更把"穷理致用"作为治学的宗旨,认为"读书将以穷理,将以致用也。今或滞心于章句之末,则无所用也。此学者之大患"①。在中国古代社会,经世致用被历代思想家当作治学的目的,这也使得中国传统政治思想成为贴近社会政治生活的知识体系。

最后,中国传统政治思想中的重民观念。

在中国传统政治思想发生的时候,生活于早期国家的政治环境下的思想家和政治家便意识到了民众在社会政治生活的决定性作用,于是便有了商周之际产生的重民观念,这一观念为春秋战国时期的儒家继承下来,经过孟荀等人的阐发,形成了系统的"民为国本"的思想。在传统儒家的观念中,国家、君主与民众三者之中,民众有着更为重要的地位,"民为贵,社稷次之,君为轻"(《孟子·尽心下》),尽管"民贵君轻"与近代权利观念有着本质的不同,但中国古代思想家对于民众重要性的认识却是相当深刻的。

基于对民众重要性的认识,中国古代思想家强调统治者"为民谋利"的社会责任。这就要求统治者尽其所能改善民众的生存条件,至少能使民众"养生丧死无憾也"(《孟子·梁惠王上》)。欲使民众的生存条件得到改善,统治者便不能与民争利,不能用自己手中的权力劫夺民众的财富。如西汉董仲舒所说:"天亦有所分予,予其齿者去其角,傅其翼者两其足……故受禄之家,食禄而已,不与民争业,然后利可均布,而民可家足,此上天之理,而亦太古之道。"(《汉书·董仲舒传》)

如果说优良的社会政治生活是人们的共同追求,那么判断好的政治与不好的政治的重要标准之一,就是国家及国家的统治者是如何对待民众的。中国古代思想家把"为民"看作政治的目的,其积极意义是显而易见的。当一个国家的政治结构持续努力改善民众的生存条件的时候,便

① (宋)程颢、(宋)程颐:《二程集》,王校鱼点校,中华书局,1981年,第1187页。

意味着民众在某种程度上受到了正当的对待,这样社会便在某种意义上可说是良序的社会。

在充分认识中国传统政治思想的理论价值的同时,我们也应该看到传统政治思想自身的局限。笔者认为,中国传统政治思想的局限主要体现在以下几个方面。

首先,中国传统政治思想的局限之一是用"所有"的观念理解国家。

中国早期国家是在家长制家族没有瓦解的基础上产生的,在早期国家产生之际,最初家长制家族内部的家长权力直接演变为君主的绝对权力,家长制家族内部的各级家族长便成为国家各级行政结构的长官。由这样的历史环境所决定,中国古代思想家很难理解到社会政治生活的公共性。

中国古代思想家,特别是作为中国传统政治思想主体的儒家,是通过家庭认识社会的,他们正确地认识到家庭是构成国家的基本要素,"天下之本在国,国之本在家"(《孟子·离娄上》)。但与此同时他们并没有意识到社会政治生活与家庭生活之间的差别,在他们看来,国就是家的扩大,人的全部社会关系不过是家庭内部伦理关系的延伸,人们社会政治生活领域里的行动原则与家庭内部的伦理原则在本质上是一致的,"资于事父以事君,而敬同"(《礼记·丧服四制》)。出于这样的认识,中国古代思想家观念中的国家并不是公共的财富(common wealth),而是君主个人的所有物,"国者,君之车也"(《韩非子·外储说右下》),对于社会政治生活至关重要的法律也不是公共的权威,而只是君主维护其政治统治的工具,如《管子》一书的作者所说:"有生法,有守法,有法于法。夫生法者君也,守法者臣也,法于法者民也。"(《管子·任法》)尽管在有些时候,传统儒家也倡导"天下为公",但在更多的时候,"天下为公"的观念只是作为一种道德理想来表达的,而不是在制度层面上的社会构想。

其次,中国传统政治思想的另一个局限是缺少对个人权利的关注。

前面说过,中国传统政治思想的价值指向是群体本位,中国古代思想家从很早时候起,就意识到了群体生活的重要意义,"人生不能无群"(《荀子·王制》),这一价值指向的积极意义自不待言,但是,中国古代思想家在强调群体生活的重要的时候,他们却忽略了个人的重要性。在传统儒家的典籍中,诸如"民""庶民""众民""百姓""群众"这样一些用来代指民众的概念,都不是个体的概念,这表明,中国古代思想家所体认到的作为社会政治生活主体的人,在本质上是整体的存在,而不是以个体为单位的存在。两汉以后,历代儒家都十分重视民众的利益,但是,人们所理解到的不过是作为整体的民众的利益,古代思想家在最大限度上肯定了作为整体的民的价值的时候,也在最大限度上消解了个人的利益。

中国传统政治思想没有关于个人权利的概念。虽然在很多时候,思想家都主张统治者应该"为民谋利",但在逻辑上,权与利是相分离的,在任何时候,民众生存条件的改善都不被认为是民众应有的权利,而被看作是统治者的赐予或者善政的结果。直到明末清初,思想界仍然按照这样的方式理解着民众。当古代思想家忽略了民众作为个人的重要性时,也就消解了社会大众参与社会政治生活的权利与机会。而民众个人的权利没有受到充分尊重又是中国古代社会政治动乱周期性发生的根本原因,中国古代思想家始终没有认识到这一问题的症结。

最后,重视政治过程而忽视制度安排是中国传统政治思想的另一局限所在。

人类社会的政治生活实际上可以分为两个层面,一是规范政治生活、调解人们的权利与义务的制度安排,一是依托于既定的政治、经济制度而运行的政治过程。就对社会政治生活的质量的影响而言,前者显然更为重要。古希腊思想家亚里士多德在《政治学》一书中之所以把当时希腊城邦中存在着的各种政治制度作为主要的讨论对象,原因就在于他看到了制度之于社会政治生活的重要性。与古希腊思想家不同,中国古代思想家则更加看重政治过程而很少讨论国家的政治体制。①在中国古代思想家看来,特别是在传统儒家看来,好的政治与不好的政治不过是由于道德品质不同的人实行了各不相同的治国之术而导致的结果,所以他们信奉人治而反对法治,"有治人,无治法"(《荀子·君道》),即使间或有

---

① 中国古代思想家也曾有过关于封建与郡县的讨论,类似的问题虽然也可以看作是有关国家政体的讨论,但与亚里士多德所讨论的政体显然不在一个层面上。

某些思想家说到法治(如先秦法家)，他们所主张的法治也不是制度安排意义上的法治。

中国古代思想家认为，人是政治过程中最为重要的要素，因此他们把个人修身看作是优良的政治生活得以实现的门径。古代思想家强调个人修身特别是强调君主的修身并不是完全没有意义，因为在任何历史时代，权力由道德品质良好的人掌握总是要比操控于恶棍之手好得多，而个人的心性修养无疑是提高道德品质的可靠途径，如果社会生活中的每个人都能加强道德修养，从理论上说，社会政治生活也就有了良好的道德环境。可是，古代思想家无疑过高地估计了道德修养之于社会政治生活的意义。他们没有想到的是，道德品质很重要，但它在社会政治生活中却常常变得不可靠。

传统儒家追求符合道义的政治，古代思想家似乎也意识到，要实现这种政治就需要有效地防止权力被君主及大大小小的官吏滥用。传统儒家所以强调个人修养，在某种程度上也是出于这个方面的考虑。但是，中国古代社会的历史事实告诉人们，没有合理、有效的制度约束，一旦传统政治中的那些阴暗的东西与人的本性中固有的消极因素纽结在一起，个人的道德品质将变得苍白无力。遗憾的是，直到明清之际，中国古代思想家仍然没有发现制度安排之于社会政治生活的意义。

由于中国传统政治思想自身的局限，在中国社会被卷入世界性的近代化潮流时，中国传统政治思想在整体上显现了诸多的不适应。这使得鸦片战争以后的中国社会及中国思想界经历了一个向西方学习的过程，在这一过程中，中国传统政治思想的发展、演进过程在事实上中断了。这是因为，传统政治思想已经不能适应近代中国社会的历史需要，它无法为人们提供民主、平等、法治这样一些促使中国社会走向近代的价值规范。中国传统政治思想自身演进过程的中断有其合理性。在这一意义上说，中国传统政治思想在本质上是古代的或中世纪的，我们只能从传统政治思想中汲取有益于现代社会政治生活的思想资源，而不应该把回归儒家传统作为我们的努力目标和发展方向。这才是对待中国传统政治思想的审慎态度。

中国传统政治思想转型的历史逻辑

如前所述,中国传统政治思想是在中国古代特定历史条件下形成的,在春秋战国以后两千年的时间里,中国传统政治思想起着向社会输出价值观念、规范政治过程的作用。然而,在中国社会被卷入近代化的历史潮流以后,中国传统政治思想也开始了向现代思想转型的过程。那么,到了近代,中国传统政治思想为什么会遇到转型的问题,中国传统政治思想转型的历史必然性及其逻辑何在? 首先应该从近代中国的历史进程说起。

一、近代中国的历史进程

周秦以后的中国社会始终是按照自身的逻辑发展的，与之相应，中国传统政治思想也经历了循序渐进的发展过程。如果没有外部因素的干扰和影响，中国传统社会与中国传统政治思想都将按照自身的逻辑发展下去。1840 年的鸦片战争，使传统中国的发展逻辑发生了中断，毛泽东在论及这一历史过程时说："中国的封建社会继续了三千年左右。直到19 世纪的中叶，由于外国资本主义的侵入，这个社会的内部才发生了重大的变化。"①这一论断无疑是符合中国社会历史实际的。

近代中国发生深刻变化的直接原因是西方列强的东来。关于这一点，毛泽东指出："帝国主义列强侵略中国，在一方面促使中国封建社会解体，促使中国发生了资本主义因素，把一个封建社会变成了一个半封建的社会；但是在另一方面，它们又残酷地统治了中国，把一个独立的中国变成了一个半殖民地和殖民地的中国。"②毛泽东的这一论述，是我们认识和理解近代中国历史进程的钥匙。按照这一论述，近代中国社会的历史进程实际上包含两个方面：其一是历史进步的过程，即中国由封建社会转变为半封建社会的过程，也就是中国社会走上近代化道路的过程；其二是国家主权沦落的过程，即传统中国从独立的主权国家沦落为半殖民地的过程，这是我们在主观心理层次上最难以接受的。客观地说，中国社会近代化的过程与主权沦落的过程是同时进行的，在某种意义上可以说，这两个过程实际上是扭结在一起的。那么，为什么这两个过程会扭结在一起，其深层的原因只能在中国传统社会中寻求。

毛泽东在《中国革命和中国共产党》一文中曾对周秦以来的中国社会做了十分精辟的分析，他指出，中国古代社会在进入封建时代以后，

①②《毛泽东选集》第二卷，人民出版社，1991 年，第 626 页。

"其经济、政治、文化的发展，就长期地陷在发展迟缓的状态中。这个封建制度，自周秦以来一直延续了三千年左右"。而导致中国封建社会发展缓慢的根本原因，一是"自给自足的自然经济"，二是专制主义的政治统治，"在封建国家中，皇帝有至高无上的权力，在各地方分设官职以掌兵、刑、钱、谷等事，并依靠地主绅士作为全部封建统治的基础"。这一论断揭示了一个十分重要的道理，那就是，当整个世界走进 18 世纪的时候，中国社会在政治、经济及思想文化等方面开始远远地落在了西方国家的后面。虽然有理由认为，如果没有西方列强的入侵，中国也将缓慢地进入资本主义社会，但这并没有作为真实的历史过程发生过。事实上，在鸦片战争以后，随着西方近代文化在中国的传播，中国社会才被卷入了近代化的历史进程。

关于近代中国的历史，以往人们一般认为，中华民族在历史上一直是处于领先地位的，只是在近百年间才落伍了。就中国社会的历史实际而言，近代以后的中国没有跟上世界发展的潮流，乃至与西方国家之间的距离被迅速拉大，这是不可否认的事实。但造成落后的原因却是秦汉以后的中国社会在君主专制的政治体制下社会发展的长期停滞，也就是毛泽东所说的"长期地陷在发展迟缓的状态中"。有一个重要的时间点，可以用来说明传统中国社会发展的长期停滞状态，这个时间点就是 17 世纪中叶。

17 世纪 40 年代，中西方都发生了有着深远历史意义的事件。在中国是居于塞外的后金趁着明末的社会动乱入主中原，建立了清王朝。中国历史上文明程度较低的民族对中原地区的征服又上演了一次。清军入关以后实施了一系列残酷的政治经济政策，清王朝的统治是建立在对各族人民血腥镇压的基础上的，如顺治年间的剃发令和圈地令，康熙、雍正年间的文字狱和禁海令①。清王朝这一系列的倒行逆施,严重阻碍了中国社会的发展。与这一时期的中国社会相对照,17世纪上半叶的欧洲却是另一种情形。1640年开始的英国资产阶级革命,是欧洲社会走上现代化道路的开端。此后,法国、德国等主要的欧洲国家都相继发生了资产阶级革命,建立了近代的民主政治体制,开始了现代化的历史进程。可见,在明末清初的时候,中国社会已经远远落在了欧洲各国的后面。而导致中国社会落后的诸多因素,却是在这以前便存在了。

1840年以后的中国社会所面对的是千古以来未曾有过的局面。这主要是因为同样有着悠久的历史传统,并且已经完成了近代的社会革命与技术革命的西方殖民者的东来。这一时期的欧洲,开始于18世纪60年代的第一次工业革命已经基本完成。资本主义生产完成了从工场手工业向近代大机器生产的过渡。这场以机器取代人力、以大规模工厂化生产取代个体工场手工生产的技术革命,极大地解放了社会生产力,欧洲社会因此而驶入了现代化的快车道。然而,这一时期的清王朝却仍然停留在闭关锁国的状态下,中西方国家在社会发展水平方面的鲜明反差,是中国近代史上所发生的诸多历史事件的历史前提。中国近代史上发生的每一个重大的历史事件,都应置于这一前提下加以解释。

近代中国社会的历史进程是从传统农业社会逐渐走上近代化道路的过程。②鸦片战争、洋务运动、戊戌变法、辛亥革命及五四运动便是构成这一历史进程的最为主要的环节。在1840年以后的几十年时间里,还有太平天国、义和团运动这两次有着重要影响的历史事件,在以往的近代史研究中,人们常常把太平天国、义和团运动与辛亥革命相提并论,称之

---

① 禁海令并不是清王朝的独创。海禁实际上始于明代宣德年间,而清王朝建立以后把明朝这一政策继承了下来。据载,雍正年间,由于与罗马教廷之间的礼仪之争,清朝开始禁止传教士入内地传教,并禁止本国民众与外国人进行贸易,这被认为是清王朝闭关锁国政策的开始。到了乾隆年间,更是施行所谓的"一口通商"政策,即从京城到沿海各省,除广州一地外,均被禁止与西洋进行贸易。清王朝的闭关锁国政策直到鸦片战争以后才有所改变。

② 关于这一点,社会学界一般认为,中国的现代化过程是从1840年以后开始的,而史学界则有人把1840年以后的历史称为近代化的历史,二者描述的实际上是相同的历史过程。

为中国近代史上的三次高潮,不可否认,太平天国和义和团运动,确实是中国近代特定历史条件下诸多社会矛盾交织的结果,但是这两次事件与辛亥革命却有着全然不同的意义。简言之,辛亥革命是在民主的价值理念指导下发生的社会革命,而太平天国和义和团运动却不具备这方面的意义。如果以近代化作为理解中国近代史的历史线索,这两个事件显然不是近代中国历史进程的主要方面。

如果说近代中国的历史进程是从传统的农业社会走向近代的过程,那么这一过程是伴随着原有的闭关锁国状态的打破而发生的,在这一意义上说,中国的近代化也就是中国社会摆脱闭关锁国的状态,认识和理解外部世界的过程。

直到鸦片战争开始的时候,中国人对西方世界基本是一无所知的。关于这一点,蒋廷黻在其所著的《中国近代史》一书的总论中说得十分清楚。"中华民族到了19世纪就到了一个特殊时期。在此之前,华族虽已与外族久已有了关系,但是那些外族都是文化较低的民族。纵使他们入主中原,他们不过利用华族一时的内乱而把政权暂时夺过去。到了19世纪,这个局势就大不同了,因为在这个时候到东亚来的英、法、美诸国绝非匈奴、鲜卑、蒙古、倭寇、满人可比。原来人类的发展可分为两个世界,一个是东方的亚洲,一个是西方的欧美。两个虽然在19世纪以前曾有过关系,但是那种关系是时有时无的,而且是可有可无的……到了19世纪,来和我们找麻烦的不是我们东方世界里的小弟们,是那个素不相识而且文化根本互异的西方世界。"[1]蒋廷黻这段话道出了一个十分重要的事实,那就是,19世纪中叶来到东方的西方列强,与历史上的周边少数民族有着本质的不同。然而,道光年间的人们,无论是清王朝的统治集团,还是文人士大夫,对西方国家都一无所知。因此也不知道应该如何与西方国家交往。

在19世纪以前,中国与西方国家的接触并不多。虽然明代万历年间曾有耶稣会士利玛窦来到中国从事传教活动,清代康熙年间有南怀仁、

---

① 蒋廷黻：《中国近代史》,上海古籍出版社,2006年,第1页。

汤若望等传教士来到中国并且在清廷任职，但当时明清两朝与西方国家并没有国家层面的接触和交往。在鸦片战争以前，虽然来到中国从事贸易活动的西洋商人渐多，但其贸易活动主要限于广州一地。到了乾隆年间，随着英国东印度公司在华贸易规模的日益扩大，英国人意识到了与清王朝建立外交关系的需要。1792年，英国政府任命马戛尔尼（George Macartney）为全权大使，以庆祝乾隆皇帝八十大寿为名出使中国，次年，马戛尔尼抵达中国，向清王朝提出了建立外交关系的请求，但是因为双方在礼仪问题上争持不下，这一请求遭到了清王朝的拒绝。至于马戛尔尼这次出使中国因何失败，学界有各种各样的说法。有人说，马戛尔尼使华所以没有达成预期目的，是翻译水平过低造成的。①就当时中西方交流的情况来看，由于语言的原因而导致沟通不畅是可能的，但这显然不是主要原因。关于英国使团建交要求被拒的原因，近年也有人认为是乾隆皇帝当时已经意识到了英国可能侵华，所以拒绝了英国方面的请求，这一说法是牛津大学教授亨利埃塔·哈里森（Henrietta Harrison，一译沈艾娣）提出来的②，也不是很可靠。就清王朝当时的境况来说，其统治集团能否料到英国后来会侵犯中国是很成疑问的，乾隆皇帝并不是一个高瞻远瞩的皇帝，更何况中英之间的战争是在他身后几十年才发生的。

　　关于马戛尔尼中国之行失败的原因，蒋廷黻有关19世纪以前清王朝对待西方国家态度的描述具有一定的参考价值。蒋廷黻认为，当时清王朝所以和西方国家没有邦交，"还有一个缘故，那就是中国不承认别国的平等。西洋人到中国来的，我们总把他们当作琉球人、高丽人看待。他们不来，我们不勉强他们。他们如来，必尊中国为上国而以藩属自居。这个体统问题、仪式问题就成为邦交的大阻碍，'天朝'是绝不肯通融的"③。那时中国没有外交概念，对待外夷只有两种策略，一是剿，一是抚，"他们贪利而

────────────

　　① 参见马谧挺：《马戛尔尼总结使华失败原因：翻译水平过低导致》，http://news.ifeng.com/history/zhongguogudaishi/detail_2012_01/21/12112950_1。

　　② 参见崔莹：《牛津教授：乾隆已经意识到英国可能侵华》，Http://cul.qq.com/a/20150119/010032.html。

　　③ 蒋廷黻：《中国近代史》，上海古籍出版社，2006年，第1页。

来，天朝施恩给他们，许他们做买卖，借以羁縻与抚绥而已。假若他们不安分守己，天朝就要'剿夷'"①。蒋氏此说有一定道理。

乾隆年间英国公使马戛尔尼使华失败，英国试图与清王朝建立邦交的请求被拒绝，一方面是因为当时中国人对西方国家缺少了解，把与西方国家的关系与历史上中原地区与匈奴、契丹、朝鲜等少数民族的关系等同起来，另一方面则是因为当时中国尚处于经济上自给自足的状态，清王朝统治者根本没有意识到与西方国家商业往来的必要性。这可以从乾隆皇帝写给英国国王乔治三世的回信中看得出来："奉天承运皇帝敕谕曰英吉利国王知悉，尔国远在重洋，倾心向化，特遣使恭赍表章，航海来廷，叩祝万寿，并备进方物，用将忱悃。朕批阅表文，词意肫恳，具见尔国王恭顺之诚，深为嘉许……至尔国王表内恳请派一尔国之人住居天朝，照管尔国买卖一节，此则与天朝体制不合，断不可行……天朝抚有四海，惟励精图治，办理政务，奇珍异宝，并不贵重。尔国王此次赍进各物，念其诚心远献，特谕该管衙门收纳。其实天朝德威远被，万国来王，种种贵重之物，梯航必集，无所不有。尔国之正使等所亲见。然从不贵奇巧，并无更需尔国置办物件。"②

据载，马戛尔尼以后，英政府还曾在清嘉庆年间派使者来华，商谈两国建立邦交事宜，还是没有达成。于是，在鸦片战争爆发以前，清王朝与西方国家建立邦交便已经全无可能。有人说，因为清王朝拒绝了马戛尔尼使团建立邦交请求，使清王朝失去了变得富强的机会。这一说法虽然不无道理，但需要说明的是，在乾隆、嘉庆年间，清王朝根本没有意识到富强的必要性。在清王朝统治者看来，封建贵族统治下的中国是世界上最富庶、强大的国家，他们根本没有必要与西方国家进行贸易和交往。中国社会与西方国家交往的需求是在鸦片战争以后才逐渐被清王朝统治者意识到的。

蒋廷黻在其所著《中国近代史》一书中评述 19 世纪的中英关系时

---

① 蒋廷黻：《中国近代史》，上海古籍出版社，2006 年，第 2 页。

② 梁廷楠：《粤海关志》，文海出版社，1935 年排印本，第 1673—1678 页。

说："中西的关系是特别的。在鸦片战争以前，我们不肯给外国平等待遇；在以后，他们不肯给我们平等待遇。"①其实，不仅仅是英国，在清王朝的统治下，凡是在鸦片战争以后来到中国的西方列强，都没有给予中国平等的待遇。这之中最为重要的原因，就是鸦片战争以后，凡是清王朝与西方国家之间的战争，大都以清王朝的失败告终，与西方国家平等交往已经成为不可及的奢望。

　　在中国近代史上，中国的闭关锁国是在战败的情况下被动打开的，打开闭关锁国的过程实际上就是清王朝统治下的中国社会主权沦丧的过程。清王朝在第一次鸦片战争失败以后，于 1842 年与英国签订了《南京条约》，条约规定，开放广州、厦门、福州、宁波、上海五处港口为通商口岸，把香港割让给英国，另外清王朝还要赔偿军费银二千一百万两。次年补签的《虎门条约》又加入了英国兵船可以停靠通商口岸、允许英国在五个通商口岸设立租界的条款，尔后，美国和法国又通过《中美望厦条约》和《中法黄浦条约》获得了与英国同等的权利。到了第二次鸦片战争，中英双方签订《天津条约》，条约中规定，新增九江、汉口等九个通商口岸，英国商船可以在长江各口岸往来。自此以后，随着清王朝与美、德、俄、日等列强一系列丧权辱国条约的签订，中国社会本来闭锁的大门终于被彻底打开，中国也逐渐变成了半殖民地国家。如果说从传统的、封闭的农业社会走向近代是一个历史进步的话，近代中国社会的这一进步却是伴随着国家主权沦丧而发生的。这对于中华民族来说无疑是一个难以接受的痛苦过程。

　　近代中国社会的历史进程也是中国人学习和接受西方近代先进文化的过程。毛泽东在论及近代中国人向西方学习的过程时说："自从 1840 年鸦片战争失败那时起，先进的中国人，经过千辛万苦，向西方国家寻找真理。洪秀全、康有为、严复和孙中山，代表了中国共产党出世以前向西方寻找真理的一派人物。"并指出，那时人们学习的是"西方资产阶级民主主义的文化，即所谓新学。包括那时的社会学说和自然科学，和

---

① 蒋廷黻：《中国近代史》，上海古籍出版社，2006 年，第 4 页。

中国封建主义的文化即所谓旧学是对立的"①。这段话对于我们理解中国近代社会的历史进程与政治思想有着十分重要的意义。

近代中国向西方学习的过程始于鸦片战争时期。

如前所述，由于清王朝的闭关锁国政策，在鸦片战争以前，中国人对西方世界所知甚少。例如，被誉为"开眼看世界"第一人的林则徐，在就任两广总督以后，主持翻译了英国人慕瑞编撰的《世界地理大全》，将之定名为《四洲志》，是当时清王朝内部对西方了解较多的人，但是，他在写给道光皇帝的一份奏折中却说："夫震于英吉利之名者，以其船坚炮利而称其强，以其奢靡挥霍而艳其富。不知该夷兵船笨重，吃水深至数丈，只能取胜外洋，破浪乘风，是其长技。惟不与之在洋接仗，其技即无所施。至口内则运调不灵，一遇水浅沙胶，万难转动。是以货船进口，亦必以重资请土人导引，而兵船更不待言矣……且夷兵除枪炮之外，击刺步伐，俱非所娴，而其腿足裹缠，结束紧密，屈伸皆所不便，若至岸上，更无能为，是其强非不可制也。"②从这段话可以看出，林则徐虽然知道英国军队"船坚炮利"，但是他对近代科学技术并没有准确的认知，至于英国人"腿足裹缠……屈伸皆所不便"的说法更是毫无根据的传言。中国人对西方了解的程度，已经预先决定了鸦片战争的结果。

不过，中国人毕竟从鸦片战争时期起，开始了向西方学习的过程。林则徐主持编写的《四洲志》后来转给了魏源，魏源在此基础上编撰了《海国图志》。魏源在这部著作中提出，为了对付西方列强的侵入，应该效仿西方国家的先进技术，"师夷之长技以制夷"。"师夷之长技以制夷"曾是十分古老的话题，这一主张至迟可以追溯到西汉时期的贾谊。鸦片战争时期的有识之士又重新把这一话题提了出来，表明人们已经看到了当时中国在西方国家面前的劣势地位，这是近代中国向西方学习过程的开端。

20 世纪 20 年代，梁启超应《申报》之邀，写了一篇题为《五十年中国

---

① 《毛泽东选集》第四卷，人民出版社，1991 年，第 1469—1470 页。

② 林则徐全集编辑委员会编：《林则徐全集》第三册，海峡文艺出版社，2002 年，第 186 页。

进化概论》的文章,这篇文章对近代中国向西方学习的过程做了概括性的说明。梁启超在文中说:"近五十年来,中国人渐渐知道自己的不足了。这点子觉悟,一面算是学问进步的原因,一面也算是学问进步的结果。"[1]梁启超把近代中国向西方学习的过程分为三个阶段,第一个阶段主要是学习西方的器物,这一过程始于鸦片战争时期,曾国藩、李鸿章等人主导的洋务运动是这一阶段的重要标志。洋务派向西方国家学习的主要是近代技术,但"思想界受的影响很少"。第二个阶段是人们学习西方的制度,由于中日甲午战争的失败,人们把注意力从经济、技术转移到政治制度上来。于是有了康、梁倡导的戊戌变法和孙中山领导的辛亥革命。第三阶段是学习西方的思想文化。梁启超说:"从甲午战争到民国六七年间止,约二十年的中间,政治界虽变迁很大,思想界只能算同一个色彩。简单说,这二十年间,都是觉得我们政治、法律等,远不如人,恨不得把人家的组织形式,一件件搬进来,以为但能够这样,万事都有办法了。革命成功将近十年,所希望的件件都落空,渐渐有点废然思返,觉得社会文化是整套的,要拿旧心理运用新制度,决计不可能,渐渐要求全人格的觉悟。"[2]梁启超的这一说法基本上符合近代中国的历史实际。

梁启超对近代中国人向西方学习过程的概括,有一些内容还没有说到。实际上,鸦片战争以后,以求富强为主旨的洋务运动,是在经济层面上向西方学习的过程。为了学习西方国家在声、光、电、化、轮船、火车、机器、枪炮等方面的先进技术,洋务派创建了新式企业,从而把近代经济要素引入了中国。这对于以农立国的中国社会来说,意义无疑是重大的。它预示着以农业为主要生产部门的中国传统社会走上工业化道路的历史趋向。

中日甲午战争的失败,宣告了洋务派自强新政的破产。此后,如梁启超所说,人们逐渐把注意力转移到了制度层面上来,实际上也就是从经济技术的层面转移到政治的层面上来。康有为在给光绪帝的上书中论及

---

① 李华兴、吴嘉勋编:《梁启超选集》,上海人民出版社,1984年,第833页。

② 李华兴、吴嘉勋编:《梁启超选集》,上海人民出版社,1984年,第833—834页。

为什么要变法时说，"臣窃闻东西各国之强，皆以立宪法开国会之故，国会者，君与国民共议一国之政法也。盖自三权鼎立之说出，以国会立法，以法官司法，以政府行政，而人主总之，立定宪法，同受治焉。人主尊为神圣，不受责任，而政府代之。东西各国，皆行此政体。故人君与千百万之国民，合为一体，国安得不强？吾国行专制政体，一君与大臣数人共治其国，国安得不弱"①。在当时，持这种观点的不止康有为一人，郑观应在《盛世危言》一书中也表达了同样的观点，郑观应把国家所以富强的原因分为体和用两个方面，"育才于学堂，论政于议院，君民一体，上下同心……此其体也；轮船火炮，洋枪水雷，铁路电线，此其用也。中国遗其体而求其用，无论竭蹶步趋，常不相及"②。按照郑观应的说法，中国社会贫弱的根本原因，就是"遗其体而求其用"，只知道学习西方国家的技术而忽略了西方国家的制度优势。若干年以后，梁启超在与时人述说戊戌变法的理由时，也仍然是这般说法，可见，中国贫弱的根本原因在于传统的专制制度，是这一时期人们的共识。于是，在戊戌维新失败，改良政治的希望破灭以后，终于发生了孙中山领导的辛亥革命。

作为中国近代历史上真正意义上的社会革命，辛亥革命推翻了持续两千多年的君主专制统治，建立了共和体制的民国，在这一意义上说，辛亥革命完成了它的历史使命。不过，在另一个意义上说，辛亥革命又不是一场成功的社会革命，这主要表现在辛亥革命以后，中国社会的根本问题并没有得到解决。辛亥革命以后窃取政权的袁世凯及随后建立的北洋政府，并没有为中国社会带来真正的民主。袁世凯恢复帝制的闹剧，以及后来北洋军阀统治时期的贿选，乃至军阀之间的派系纷争，种种历史事实均表明，中国社会原有的问题不仅没有解决，反倒变得更加复杂。人们终于认识到，仅仅是社会革命还不够，要在根本上解决中国社会所面临的问题，必须从思想文化方面入手。于是，近代中国人向西方的学习便进入了思想观念的层面。

---

① 汤志钧编：《康有为政论集》，中华书局，1981 年，第 338 页。
② 郑观应：《盛世危言》，辽宁人民出版社，1994 年，第 13 页。

辛亥革命以后，西方近代思想文化在中国社会的传播有了便利的条件。其后的若干年里，以陈独秀、鲁迅、李大钊、胡适为代表的知识分子，大张旗鼓地宣传近代民主思想，以科学、民主为旗帜，主张建立真正的民主国家，反对北洋军阀的政治统治，对中国封建时代的社会制度和传统的儒家思想进行了深刻的批判。新文化运动时期的先进知识分子，提倡科学，反对迷信；倡导新道德，反对传统儒家的纲常伦理；提倡民主，反对专制；提倡新文学，反对旧文学。这是自秦汉以来未曾有的思想解放运动。

五四时期，西方近代的各种思想学说如自由主义、无政府主义、新村主义等都传到了中国，这些思想学说在思想界都曾产生过一定的影响。不过，对中国社会思想观念的变革最有意义的便是马克思主义在中国的传播。马克思主义所以能够在中国社会落地生根，并且成为后来中国革命和建设的指导思想，一方面是因为马克思主义是科学的世界观和方法论，是最适于中国社会发展并且最容易为中国人民所接受的先进的思想学说，另一方面，也是与中国共产党人的长期努力分不开的。这是五四新文化运动的真实意义所在。

近代中国人向西方学习的过程，与中国社会从传统走向近代的历史进程是同步的。近代中国人从西方近代文化中理解到了什么，中国社会也就发生了什么变化。近代中国人对西方文化的认识是从技术、经济层面开始，而后逐渐延伸到政治及思想文化层面，这也是中国社会从传统走向近代的步骤。从技术、经济扩展到政治与思想文化，可以说是一个完整的历史过程，但是站在现代人的立场上，这一历史过程却很是值得回味。

反思近代中国社会的历史进程，我们不妨把中国近代社会的历史与西方国家近代化的过程加以比较。一直以来，关于西方近代史，我们习惯上是自英国圈地运动讲起，认为是圈地运动导致了英国社会经济结构的变化，而经济的变化最终引发了英国的资产阶级革命，而后又有了18世纪开始的工业革命。但我们对西方国家的近代化过程的认识是不全面的。实际上，在英国圈地运动以前，欧洲社会发生了许多事情，其中最重要的便是 14 世纪的文艺复兴和 16 世纪的宗教改革,过去我们一直是把文艺复兴和宗教改革放在中世纪史里讲的,这就割断了这两个运动与欧洲近代化的历史过程之间的联系。实际上,正是文艺复兴和宗教改革,使得欧洲人的思想观念发生了本质的变化。如果把文艺复兴、宗教改革与后来的欧洲各国的社会革命联系在一起就不难发现,欧洲近代化的历史过程是从观念世界开始的,至于以后的社会革命和工业革命,实际上都是观念变革带来的结果。而在中国近代化的历史进程中,思想观念的变化却是在技术、经济、政治等一系列社会变化之后才发生的,也就是说,当中国社会被卷入近代化的历史潮流的时候,中国人在观念上并没有任何准备。在 19 世纪中叶中西方文化发生碰撞的时候,中国人对近代国家还没有任何理解。假如近代中国的历史也是从思想观念的变革开始的,那么,近代中国社会的历史进程将会是另一种情形。然而,历史不容假设,中国近代化的历史进程,决定了中国的社会现代化必然是一个长期的过程。

人类社会的群体生活是在文化的规范下运行的。作为理性的存在者,人们总是在追求有目的的生活,而人类社会生活的目的恰恰是人们自己为自己规定的。对每一个历史时代的人来说,能够拥有什么样的社会生活,在很大程度上取决于他在观念上认为自己应该有什么样的社会生活,以及什么样的社会生活才是真正有价值的生活。在这一意义上说,近代中国的历史过程之所以不尽如人意,思想观念变革相对滞后是最为主要的原因。

鸦片战争以来中国社会从传统走向近代的历史过程,充分证明了思想观念之于社会政治生活的重要意义。五四时期以陈独秀、李大钊等为代表的先进思想家,高扬科学、民主的旗帜,猛烈批判传统儒家的纲常伦理,标志着那一时期的人们已经认识到了观念变革的重要性。但是,在一个世纪以后的今天,我们却发现,尽管五四时期先进的知识分子曾对中国传统的思想文化展开了深刻的批判,但是,观念问题仍然是我们走向现代法治国家首先需要解决的问题。至少,当今的中国社会面临着建构社会主义核心价值体系的任务。这一方面是由于五四时期强烈的反传统倾向，另一方面也是因为我们对现代价值理念的认识和理解不够充分。有一个至为简单的常识，现代国家必须有现代的思想文化，对当代中国人来说，如果走向现代化是我们必然的选择，那么要拥有现代的政治生活，就必须构建起能够引导中国社会走向现代的价值体系。而现代的政治价值观念不可能是凭空生成的，当我们着力建构社会主义核心价值体系的时候，我们需要做的既不是像五四时期思想家那样强烈地批判传统，也不是时下某些人所说的回归传统。我们需要做的只能是，站在现代人的立场上，重新认识和理解中国传统政治思想，从中国传统政治思想中汲取有益的思想资源，在批判地继承中国传统政治思想的前提下，建构与现代社会政治生活相适应的价值理念。而做好所有这一切的前提，便是对近代以来的东西文化论争加以深刻的反省。

二、中学、西学之争：传统与现代的观念冲突

关于近代以来中国社会的思想文化变革，一个无法回避的问题就是近代历史上的中学与西学之争。在近代中国的历史上，思想文化领域里发生的分歧是与近代中国的历史过程相伴生的，但是其影响却远远超出了近代历史的范围，甚至也在很大程度上影响着当今中国的理论界和学术界。在某种意义上，当下人们争论的中国发展道路问题，与发生在近代中国的东西文化论争也有着某种内在的逻辑联系。所以，如何理解近代史上的中学与西学之争，是我们能否实现中国传统政治思想现代转换的关键。

前面说过，近代中国的历史是向西方学习的历史，这一历史过程实际上就是中国社会向西方近代文化开放的过程，也是近代中国人认识西方近代文化并进一步理解本民族文化传统的过程。在中国近代史上，每当具有标志性意义的历史事件发生的时候，总是有一些先进的思想家和政治家引领着观念变革的潮流，如鸦片战争时期的林则徐、魏源，戊戌维新时期的郑观应、康有为，辛亥革命时期的孙中山、章太炎，五四时期的

陈独秀、李大钊、胡适，如果没有这些思想家的努力，近代中国的历史或将是不一样的面貌。

孟子曾经说过一句话，叫作"先知觉后知""先觉觉后觉"（《孟子·万章上》），中国近代那些"先知先觉"的思想家，似乎也在做着同样的事情，不过，近代思想家所遭遇的历史环境却不同以往，他们所遇到的阻力即使是生活在"仁义充塞""率兽食人"的战国时代的孟子也不能与之相比。这是因为，在秦汉以后两千多年的时间里，中华民族已经形成了以儒学为主体的文化传统，而且中国文化一直以其丰厚的内涵影响着周边国家和地区，确切地说，古代中国是一个文化输出的国家。更何况，中国人素来重视"华夷之别"，按照这样的观念，西方舶来的东西，尤其是西方的思想学术，都是与中国传统相悖的。所以，在如何看待西方近代文化以及如何实现自强的问题上，观念的分歧是不可避免的。

当近代历史上的一些有识之士尝试着把西方文化介绍到中国来的时候，便遇到了相当一些人的反对。梁启超在《五十年中国进化概论》一文中曾经讲过这样一段故事，"光绪二年有位出使英国大臣郭嵩焘，做了一部游记，里头有一段，大概说：'现在的夷狄，和从前不同，他们也有二千年的文明'"。可是当这部书传到北京以后，"把满朝士大夫的公愤都激动起来了，人人唾骂，日日奏参，闹到奉旨毁版才算完事"[1]。这件事情可以说明，当西方近代的思想文化传入中国的时候，中国人向西方学习所遇到的阻力。

近代历史上思想分歧之严重是前所未有的，在这七八十年间发生的每一个具有重要历史意义的事件，都伴随着激烈的观念冲突。当有人主张"师夷之长技以制夷"时，便有人指斥坚船利炮是奇技淫巧；当洋务派欲开办新式学堂，聘请西人教习讲授近代天文、算学知识时，清流一族便说："立国之道，尚礼义不尚权谋；根本之图，在人心不在技艺。"[2]随着时间的推移，人们在观念上的分歧愈发明显，最初有关西洋技术的争论，后

---

① 李华兴、吴嘉勋编：《梁启超选集》，上海人民出版社，1984年，第833页。

② 中国近代史资料丛刊：《洋务运动（二）》，上海人民出版社，1961年，第30页。

来便蔓延成为"旧学"与"新学",亦即"中学"与"西学"之争。亏得出身清流尔后又转身投入洋务阵营的张之洞老到,提出了一个"旧学为体、新学为用"的原则(后来人们把这句话译解为"中学为体,西学为用"),这场争论才算有了一个各方都可以接受的结果。

"中体西用"是一个原则性的说法,当时各方对此说都感到很是受用。倡西学者喜欢的是"西学为用",他们可以从这句话里找到向西方学习的理由;守旧物者看重的则是"中学为体",以为这是维护王道伦常的根本原则;清王朝的统治者则很有一种旧学新学皆为所用、天下士人尽入彀中的感觉,这也是张之洞的《劝学篇》大受慈禧太后褒扬的原因所在。我们猜度张之洞的本意,他应该是赞同引进西学的,但引进西学的目的还是要维护中国传统的纲常伦理和君主专制制度,也就是说,学习西方近代文化不能伤及中国传统文化的政治内核。张之洞的想法有些天真了,此后中国社会的历史进程及思想界的中西文化之争,恰恰是围绕政治的主题展开的。

近代史上的"中学"与"西学"之争,实际上是中西方两种文化传统全方位的碰撞。最初人们所看到中国与列强之间在技术、经济方面的差异,只不过是一个表象,中日甲午战争以后,随着思想文化领域的日益活跃,人们认识的触角逐渐延伸到了政治层面上来。张之洞的《劝学篇》发表于1898 年 5 月, 一个月以后发生了戊戌变法, 十三年之后发生了辛亥革命,终结了秦汉以来的帝制。清末社会的大多数人是怎么想的,我们无从得知,但我们能够知道,康有为、梁启超、孙中山、章太炎等人已经悟出了一个道理,中国的问题就在于陈腐的政治体制。就如梁启超在《政变原因答客难》中所说:"不变其本,不易其俗,不定其规模,不筹其全局,而依然若前此之支支节节以变之,则虽使各省得许多督抚皆若李鸿章、张之洞之才之识,又假以十年无事,听之使若李鸿章、张之洞之所为,则于中国之弱之亡,能稍有救乎? 吾知其必不能也。"[①]

"西化"观念是在戊戌维新时期萌生的,当时人们虽然没有像后来的

---

① 李华兴、吴嘉勋编:《梁启超选集》,上海人民出版社,1984 年,第 83 页。

胡适等人那样明确地提出"全盘西化"的概念,也没有像鲁迅先生那样直白地主张"拿来主义",但已经有人主张"一切繁礼细故,猥尊鄙贵,文武名场,恶例劣范,诠选档册,谬条乱章,大政鸿法,普宪均律,四民学校,风情土俗,一革从前,搜索无剩,唯泰西者是效"①。"唯泰西者是效"实际上就是后来人们所说的"全盘西化"。

　　五四以后,"西化"乃至"全盘西化"的概念逐渐明确起来。很有意味的是,五四新文化运动的几位主将,如胡适、陈独秀、鲁迅等人,无一不是西化论者,陈独秀认为,"无论政治学术道德文章,西洋的法子和中国的法子,绝对是两样,断断不可调和迁就的""若是决计革新,一切都应该采用西洋的新法子,不必拿什么国粹、什么国情的鬼话来捣乱"②。被誉为中国文化革命主将的鲁迅先生则呼吁青年不要读中国书,他最为经典的主张就是"拿来主义"。不过,强烈反对西化论的杜亚泉、梁漱溟等也都是饱学之士,他们对中国文化的出路也就是中国社会的出路的看法全然不同于西化论者。例如,梁漱溟便认为,中国文化是人类文化的理想归宿,远比西洋文化来得"高妙",并且认定世界未来的文化就是中国文化复兴,梁先生的这些观点,在其所著《中国文化要义》一书中阐述得十分清楚,梁先生的主张简言之就是"回归传统"。到了20世纪20年代,虽然因为国民革命军北伐等一系列的历史事件,东西文化论战有所沉寂,但随着1929年胡适《中国今日的文化冲突》一文的发表,1934年陈序经《中国文化之出路》一文的刊发,以及随后王新命、何炳松等十教授的《中国本位的文化建设宣言》(下文简称"《建设宣言》")的面世,西化与回归传统两种观点的交锋进入了高潮。此后,20世纪五六十年代海外新儒家对西化论的反省,及80年代以来国内学术界有关中国传统文化与现代化问题的讨论,大抵是这场中西文化论战的余绪或者旧话重提。

　　更值得回味的是,20世纪30年代那场西化与本位文化两种观点的交锋中,政府的力量也加入了进来,刊发十教授《建设宣言》的《文化建

---

① 刘泱泱编:《樊锥集 毕永年集 秦力山集》,湖南人民出版社,2011年,第16页。
② 林文光选编:《陈独秀文选》,四川文艺出版社,2009年,第124页。

设》杂志,是由 CC 派首领陈立夫主持的中国文化建设协会主办的,这个《建设宣言》也是在陈立夫授意下出炉的,据说在《建设宣言》刊发以后,中国文化建设协会就函告各地分会,对本位文化建设的主张做"广泛深切之研究"。[①]按常理,北伐以后建立起来的民国政府,在政体形式上与辛亥革命以前的帝制没有什么渊源关系,它也是近代中国人在接受了西方近代的价值理念的前提下建立起来的,那么在东西文化论战中,国民党政客支持本位文化建设一派,显见其用意已经不在文化本身。

近代以来中国思想界关于中西文化的不同看法,所反映的恰恰是人们对于中国向西方学习的历史过程的各自理解。只要这个过程没有完结,有关中西文化的不同理解也就会继续。当今的中国社会正处于转型时期,建设社会主义现代化国家仍然是我们努力的目标,因此,如何理解历史上的中学与西学之争或者东西文化之争,对于我们理解中国传统政治思想,建构当代中国的价值体系尤为重要。

首先,我们应该用系统的观点理解近代中国的历史,从而对近代以来的中西文化之争给出一贯的解释。

在近年来有关近代以来东西文化之争的讨论中,人们更多注意到的是五四以后的西化与本位文化之争,但却忽略了一个重要的事实:近代以来中国思想界的观念冲突,是伴随着中国从传统的封闭状态走向世界的过程发生的,鸦片战争与五四新文化运动是连续的历史过程,洋务运动前后发生的围绕采西学、制洋器、学西技的思想论争,与五四以后的西化与本位文化之争也是连续的过程。

如果把洋务运动前后的中西学之争与五四以后的文化论战理解为连续的过程,便不难发现,在近代中国的历史上,所有那些主张学习西方文化的动议和主张,都与近代史上那些重要的历史事件有着紧密的联系,其历史与逻辑的一致性是不容忽视的。如果说观点相互对立的双方代表着各不相同的思想倾向的话,那么,每一种思想倾向在近代中国整

---

① 参见郑大华:《30 年代的"本位文化"与"全盘西化"的论战》,《湖南师范大学社会科学学报》,2004 年第 5 期。

体的历史进程中各自起了什么作用，则需要我们审慎地评估。

其次，历史上中学与西学之间的差别，首先是传统与近代的差别，用毛泽东的话说，就是封建主义与近代民主主义的差别，所以，我们应该更多地用时代的而不是地域的观点来看待近代历史上的中学与西学之争或者东西文化之争。

早在 20 世纪 40 年代，冯友兰先生曾就近代中国的历史过程说过这样一段话："科学的进展突破了地域，中国不再是孤立于'四海之内'了，她也在进行工业化，虽然比西方世界迟了许多，但是迟化总比不化好。说西方侵略东方，这样说并不准确。事实上，正是现代侵略中世纪。要生存在现代世界里，中国就必须现代化。"[①]冯先生的这段话，或许有人不同意，不过这段话却揭示了一个理解近代中国历史的重要视角：中西文化的差别不仅是地域的，而且是时代的。

鸦片战争时期的魏源提出"师夷之长技以制夷"的时候，便已经表明了中国的本土思想资源不足以应对变化了的世界，对于近代中国人来说，无论是怀着何种主观动机，是先师法列强尔后战而胜之，还是如胡适、陈序经等人所主张的充分世界化和现代化，接受和学习现代文化都是明智的选择。如果执拗于"以忠信为甲胄，以礼义为干橹"[②]，只能使中华民族游离于国际社会的主流之外。一个民族如果游离于主流的国际社会之外，便将无法分享人类文明的共同价值，这是近代中国历史留给我们最为深切的历史教训。

近代以来中西方思想文化传统相互碰撞的过程中，中国的思想界所面对的不仅仅是如何向西方学习的问题，更为重要的是，在逐渐接受近代西方政治思想的时候，应该如何对待我们自己的思想传统，如何理解中西方两种政治思想传统之间的关系的问题。对于这个问题，曾有过形形色色的答案，如张之洞的"中体西用"，鲁迅先生的"拿来主义"，还有近几十年间海外新儒家所主张的"返本开新"，正可谓仁者见仁，智者见智。

---

① 冯友兰：《中国哲学简史》，北京大学出版社，1985 年，第 35 页。
② 中国近代史资料丛刊：《洋务运动（二）》，上海人民出版社，1961 年，第 30 页。

现在看来,要求得关于这一问题的令人满意的答案,着实不太容易。对于我们这个时代的人们来说,为了更加准确地理解中国传统政治思想,需要我们有更加广阔的学术视野。

三、在比较的视野下理解中国传统政治思想

中国传统政治思想,是人类共同思想遗产的一部分。当今世界上,每一个有着悠久思想文化传统的民族,都对人类共同的思想遗产有所贡献,同时,也都分享着人类的思想遗产。中国传统政治思想与源自古希腊的西方政治思想是有着重要影响的两种思想传统,它们产生于各不相同的社会历史环境,在近两千年的时间里,都发展到了很高的水平,并且在它们传播所及的范围内,起到了向社会大众输出价值观念、规范政治过程的作用,为社会政治生活提供了可靠的理论支持。当我们这个民族被卷入近代化的历史潮流以后,中国传统思想与西方近代思想之间的冲突与融合便成为必然的历史现象。如何看待中国传统的思想文化,特别是如何评估中国传统政治思想,便成为我们必须认真对待的思想主题。

按照传播学的观点,历史上每一种有着持久生命力的思想文化都有其传播的过程,但在特定的历史时期内,每一种思想文化的传播又都有其界域。历史上,中国传统政治思想对于东亚地区曾经有过广泛的影响,进而形成了人们所说的"儒家文化圈"。所谓"儒家文化圈",实际上就是历史上中国传统思想文化传播的范围。在另一面,儒家文化圈也可以被理解为一个相对封闭的区域,正是由于这个相对封闭区域的存在,才有了今天我们所说的中国思想文化的民族特征。在近代以前相当长的历史时期内,这个区域内所有国家和民族的政治生活都是在中国传统政治思想的影响下运行的。在近代以前,以儒学为主体的中国传统政治思想,对东亚地区各民族的政治生活有着十分重要的影响。这种情况在西方文化

东来以后才发生了改变。

　　虽然中西方政治思想之间有着诸多差异,但二者之间并不缺乏可供比较的思想主题。我们有理由假定,在终极的意义上,历史上的思想家所思考的是相同的问题,那就是,什么是优良的社会生活,怎样才能实现优良的社会生活。他们都试图说明,什么样的政治生活在道德的意义上是正当的,统治者应该怎样运用自己手中的权力,国家应该如何对待它的国民。只不过由于语言以及思想方式的差别,生活在不同历史条件下的人们对这些问题有着各自的理解,也有着各不相同的表达方式。正是由于这些共同的思想主题的存在,中西方政治思想的比较便有了真实的基础。而我们所要做的便是发掘那些中西方政治思想中的共同主题,再看一看中西方思想家对这些主题给出了什么样的答案,他们的思想主张在怎样的程度上符合现代人的理性。

　　从比较的视角出发,把中国传统政治思想置于现代语境下解读,是我们民族思想观念进步的需要。在当代世界上,任何一个民族的思想文化,如果想要成为人类共同的思想遗产中有价值的一部分,它就必须在某种程度上能够与其他民族的思想文化有共通之处,也就是说,在这个民族的思想文化里,不应该有无法用当今世界流行的话语解释的成分。否则,这种思想文化便只能是没有意义的存在。

　　我们所以要通过中西方政治思想比较的方式来理解中国传统政治思想,无非是基于这样的理由,我们所讨论的是古往今来的人们共同关心的思想主题,对于生活在不同历史时代、不同社会历史条件下的人们来说,这些思想主题有着相同的意义。所以,我们不仅仅要弄清历史上的思想家曾经说了些什么,而且要在对中西方思想家的思想学说准确解读的基础上,弄清楚我们自己要说些什么。生活在当下的我们要比以往时代的人们幸运得多,这是因为,当我们对东西方思想史上那些永恒的主题进行思考的时候,我们有着更为广阔的学术视野和思想空间,有着更多的思想资源可供我们参考。虽然目前的中西方政治思想比较研究还远未达到我们期望的水平,但假以时日,中西方政治思想的比较研究一定能够进入更高的境界。

　　实际上,中西方政治思想的比较和相互参照,在很早的时候就发生了。冯友兰先生在叙述中国哲学的研究状况时说:"在清朝末年,中国人把中国哲学作一门学问来研究之后,也就是中国哲学开始反思的时候,人们开始觉得,中国哲学中原来的术语很不够用。于是,人们开始在佛学中找术语用。"①中国政治思想史与冯先生所说的情形十分相似,作为一门学问,对中国政治思想史的专门研究也始于近代,梁启超撰写的《先秦政治思想史》,是最早的一部政治思想史,据说,梁任公最初曾想写一部中国政治思想史,后来因为某种原因而止笔于先秦。可以想见,当时,梁启超也一定感到中国传统典籍中有关政治的术语明显不够用,所以他只能从中国传统学术以外去找寻一些术语来用。其实,"中国政治思想"这个概念也是借过来的。

　　当梁启超提出"中国政治思想"这个概念的时候,他本人是从比较的视角出发来理解中国传统政治思想的。梁启超的《先秦政治思想史》作于1922年,而在此之前,梁启超也曾对西方思想史做了大量的研究工作。早在清光绪二十八年(1902),梁启超撰写了《生计学说沿革小史》《论希腊古代学术》等论著,系统介绍了亚里士多德、边沁、培根、笛卡尔、孟德斯鸠等思想家的思想学说。可以说,梁启超对西方政治思想的认识和理解,恰恰是其能够理解先秦政治思想的理论前提。梁启超对先秦政治思想的理解,大都与其对西方政治思想的理解有关。例如,梁启超在这本书的"序言"中说:"我国自春秋战国以还,学术勃兴,而所谓'百家言'者,盖罔不归宿于政治。其政治思想有大特色三:曰世界主义,曰平民主义或民本主义,曰社会主义……此三种主义,为我国人夙所信仰,无论何时代何派别之学者,其论旨皆建设于此基础之上。"②今天看来,梁启超把先秦时期的政治思想概括为世界主义、社会主义和平民主义,显然说得不对。不过,梁启超这段话却证明了一点,即他对中国政治思想的认识在很大程度上来自对西方政治思想的理解。

---

①　冯友兰:《中国哲学史新编》第一册,人民出版社,1982年,第36页。
②　梁启超:《先秦政治思想史》,中华书局,2016年,第4页。

在改革开放以来的四十年间，中国政治思想史研究实现了质的飞跃，一个十分重要的原因，就是中西方政治思想比较研究的展开。近年来，学界同人在中西方政治思想比较研究方面成果颇丰，人们在中西方思想史中发现了许多可供比较的思想家和思想主题，如韩非与马基雅维里、孔子与马基雅维里、先秦儒家与古希腊哲学家、老子与柏拉图、董仲舒与阿奎那，中国传统的道义观念与古希腊的正义论、儒家与古希腊哲学家的中庸思想、中西方的法治思想、中国传统的民本思想与西方近代的民主思想等，比较范围广泛而且深入。需要说明的是，现今我们对中国政治思想的理解之所以比梁启超生活那个时代更为准确和深刻，是因为我们对西方政治思想的理解更为深刻。正是西方政治思想研究的进步，才使得我们能够把人类共同思想遗产的重要组成部分——中国传统政治思想，置于更广阔的思想文化背景下加以认识。

四、中国传统政治思想的现代转型的必然性及其含义

中国传统政治思想所以面临着现代转型的问题，主要有以下几个方面的原因。

首先，中国近代历史进程中观念变革的滞后，使传统政治思想的现代转型之于当代中国社会的政治发展变得十分重要。

近代以来的历史进程，如毛泽东所说，是以康有为、孙中山等人为代表的先进的中国人向西方寻求真理的过程。当近代中国学习、理解和接受近代的思想文化，并且致力于改造传统的中国社会，推动中国社会进步的时候，在事实上也开启了中国传统政治思想与西方政治思想碰撞、融合的过程，而中西方政治思想的融合，也意味着近代中国人的观念变革。然而，如前所说，在中国从传统走向近代的历史过程中，观念变革又是滞后的，具有观念变革意义的五四新文化运动是中国近代历史进程的最后一个环节，这意味着，鸦片战争以后中国社会从传统走向近代的每

一个历史环节,都不是在近代的价值理念的引导下发生的。五四时期以陈独秀、李大钊、吴虞为代表的思想家高扬科学、民主的旗帜,猛烈地批判儒家的纲常伦理,极大地促进了近代中国社会的观念变革。这一时期的人们具有强烈的反传统倾向,但他们不知道,科学、民主是从西方近代思想文化中获得的观念,其在中国社会落地生根的前提,恰恰是这些价值观念能够在中国现实语境下被人们理解和接受。所以对五四时期的思想家来说,他们所要做的不仅仅是要批判传统,而且还要在科学、民主等价值观念与中国传统政治思想之间建立起桥梁,从而使科学、民主为人们广泛接受成为可能。五四时期的人们忽略了这至关重要的一点,以至于建构与当代中国现代化的发展需要相适应的价值体系,仍然是有待我们完成的任务。

其次,中国传统政治思想的现代转型是建构当代中国特色社会主义核心价值体系的需要。

中国传统政治思想,是在中国古代特定历史条件下产生、发展起来的,中国历史上的思想家对于社会政治生活的理解,是在中国古代君主专制制度的背景下形成的,这在客观上决定了中国传统政治思想所包含的基本的价值观念,与近现代政治思想之间存在本质差别。当今的中国社会正处于转型时期,转型时期的中国社会政治发展的核心任务,就是进一步加强社会主义民主政治建设,而中国传统思想本身显然与这一社会发展需要是不相适应的。当代中国社会的政治发展虽然不可能与传统思想文化完全割裂,但是当代中国社会主义民主法治建设绝不会是向传统的回归。唯一可能的是,从当代中国政治发展的需要出发,深入发掘中国传统政治思想中那些有益于现代社会政治生活的思想资源并且加以改造,从而建构出能够规范当代中国政治生活的价值体系。

至于中国传统政治思想中是否存在有益于当代中国政治发展的思想资源,我们的回答是肯定的。冯友兰先生在说到中国哲学的现代意义时指出:"任何民族或任何时代的哲学,总是有一部分只相对于那个民族或那个时代的经济条件具有价值,但是总有另一部分比这种价值更大一些,不相对的那一部分具有长远的价值。"①冯先生的这句话,也同样适用于对中国传统政治思想的理解。冯先生所说的"只相对于那个民族或那个时代的经济条件具有价值"的思想,应该是指历代思想家在特定的历史条件下,围绕特定的社会主题而形成的认识,而"不相对的那一部分",则是历代思想家有关人类社会生活的最一般的问题展开的讨论。限于社会历史环境及人们认识能力方面的原因,历史上的思想家对这些问题的认识虽然带有时代的特征,并在理论上不可避免地带有局限性,但是由于思想家所讨论的是古往今来人们共同面对的问题,思想家对这些问题的认识对现时代的人们来说仍然有启示性的意义。当我们致力于建构现代核心价值体系的时候,我们需要知道以往思想家对我们所关心的问题有过什么样的认识,他们对社会政治生活的理解在怎样的程度上仍然有益于我们的政治生活。

在最抽象的层面上说,优良的社会生活是古往今来的人们共同的追求,只是由于社会历史环境以及思维方式和认识水平的差异,不同历史时代的人们对于优良的社会生活的理解有所不同。因此,在什么才是真正有价值的社会生活,社会政治生活应该遵循什么样的原则,对国家应该遵循什么原则加以治理,社会政治生活目的何在这样一些问题上,历史上的思想家有着与我们不尽相同的认识。所以,历代思想家的思想学说尽管对现时代的人们来说仍然具有启示意义,却不能直接用来规范和指导现实的政治生活。我们必须在深入理解中国传统政治思想的基础上,对这些问题形成我们自己的认识和理解。在这一意义上说,传统政治思想是我们建构现代价值理念过程中不可忽视的思想来源,但它并不能等同于现代的价值观念。

最后,中国传统政治思想所以需要实现现代转型,也是由于中国近代思想家对中国传统政治思想和西方近代政治思想有着不同程度的误读。前面说到,近代中国人是从中日甲午战争以后开始在政治的层面学习西方近代思想的,这主要是因为从甲午战争到《辛丑条约》签订,清王朝在对

---

① 冯友兰:《中国哲学简史》,北京大学出版社,1985 年,第35—36 页。

外战争中的一系列溃败，使得人们逐渐认识到，仅仅是在经济与技术的层面上效仿西方，并不足以使中国变得富强。五四时期，陈独秀在追述中日战争以后思想界发生的变化时说："甲午之役，军破国削，举国上中社会，大梦初觉，稍有知识者，多承认富强之策，虽圣人所不废。康、梁诸人，乘时进以变法之说，耸动国人，守旧党泥之，遂有戊戌之变。沉梦复酣，暗云满布，守旧之见，趋于极端，遂积成庚子之役。虽国几不国，而旧势力顿失凭依，新思想渐拓领土，遂由行政制度问题一折而入政治根本问题。"[①]戊戌以后，西方近代的自由、平等、民权等价值观念渐次传入中国，这些观念通过康有为、梁启超、严复等思想家和政治家的介绍，在思想界逐渐传播开来。特别是严复，在1898年至1909年间，陆续翻译了赫胥黎的《进化论与伦理学》（严译为《天演论》）、约翰·密尔的《论自由》（严译为《群己权界论》）、斯宾塞的《社会学原理》（严译为《群学肆言》）、孟德斯鸠的《论法的精神》（严译为《法意》）等著作，这些著作被译为中文以后，中国思想界对近代西方的价值观念有了初步的认识和理解。

　　不过，近代思想家在把西方近代的价值理念引入中国的时候，由于语言及固有的知识结构方面的原因，对这些价值观念也不同程度地发生了误读，一个突出的表现就是，中国近代的思想家在对西方近代的思想观念进行诠释的时候，往往要到中国传统政治思想中去寻找根据，甚至把中国传统政治思想中的某些概念与之相比附。例如，严复在阐释近代西方的自由观的时候，便把自由与《庄子·逍遥游》中的"自由"观念相比附，康有为在《大同书》中表达的对平等的理解，也在很大程度上存在着对近代平等观念的曲解，以为传统的中国社会是至为平等的社会，甚至认为传统的儒家思想与近代的平等观念没有二致。[②]

---

① 林文光选编：《陈独秀文选》，四川文艺出版社，2009年，第22页。
② 关于近代思想家对自由、平等的误读，将在后文详细说明。参见孙晓春、施正忠：《近代中国自由观建构的传统话语背景——政治哲学视阈下的庄子自由观及其影响》，《探索与争鸣》，2017年第6期；孙晓春、杜美玲：《近代中国思想界对"平等"的误释——以康有为〈大同书〉为例》，《探索与争鸣》，2015年第8期。

　　可以说,科学与民主是五四新文化运动的旗帜,但中国近代思想家对"民主"也存在着某种误解,这种情况在康有为、梁启超和孙中山身上都有所体现。例如戊戌变法时期的康有为,当时他无疑已经接受了近代民主的价值理念,可是,出于推崇先王之道的思想习惯,或许也是出于某种策略性的考虑,他又把民主说成是中国古已有之的先王之道,"先王之治天下,与民共之"①,把《周礼》一书记载的"询国危""询国迁""询立君"附会为西方的议会制度。再如辛亥革命前的孙中山,也往往把民主与中国传统的"民本"混同起来,例如他在 1895 年起草的《香港兴中会章程》第二条便说:"本旨宜明也……务使举国之人皆能通晓,联智愚为一心,合遐迩为一德,群策群力,投大遗艰。则中国虽危,无难救挽,所谓'民为邦本,本固邦宁'也。"②在说明发动民主革命以推翻清王朝统治的理由时,孙中山又把这场革命与古代的汤武革命等同起来,并且把自己比喻为吊民伐难、为民做主的周公。③总之,中国近代思想家对于民主的理解,在很大程度上带有传统民本思想的色彩。

　　中国近代思想家对上述近代价值观念产生误解,一方面是因为他们接触西方政治思想时日尚浅,因而对这些价值观念的理解不够准确;另一方面,则是由于近代中国人对于中国传统政治思想的理解也不够准确和深入,当他们从近代思想家的著作中接触到自由、平等、民主等近代价值观念的时候,他们只是想使这些观念在中国语境下得到解释,但却不知道应该以这些观念作为理解中国传统政治思想的尺度。这样,从中国传统思想中找到某些与之相近的概念加以比附,便成为他们理解近代价值观念的唯一门径。于是,对近代价值理念和中国传统政治思想的双重误读也就成为不可避免的事情。要实现中国传统政治思想的现代转型,我们首先要做的是正本清源,从而实现对中国传统政治思想的准确理解。

---

　　① 汤志钧编:《康有为政论集》,中华书局,1981 年,第 114 页。

　　②《孙中山全集》第一卷,人民出版社,1981 年,第 22 页。

　　③ 参见《孙中山全集》第一卷,人民出版社,1981 年,第 226 页;《孙中山全集》第三卷,人民出版社,1981 年,第 329 页。

　　对于生活在现代的我们来说,中国传统政治思想的现代转型,是近代以来观念变革的历史进程的延续,是中国社会走向现代的需要。我们认为,中国传统政治思想转型的含义应该从以下几个方面来理解。

　　首先,中国传统政治思想转型,在本质上是当代中国人的观念变革。

　　我们所讨论的中国传统政治思想转型不是传统政治思想本身的转型,这是因为,中国历代思想家所阐发的思想学说是历史的存在。在中国古代历史上,不同时期的思想家所面对的是不同的历史环境,不同时期的思想家在认识水平上也有所不同,这决定了每一历史时期的思想家对于社会政治生活也有着不同的认识和理解。因此,中国传统政治思想在不同的历史时期有着不同的内容与特点,不同时期的政治思想也就有了不同的内容。

　　中国传统政治思想也是伴随着每一历史时期人们的知识增长而发展的。据春秋战国时期人们的说法,上古时期流传下来的典籍有"三坟五典""八索九丘",按照晋人杜预的解释:"伏羲、神农、黄帝之书,谓之《三坟》,言大道也。少昊、颛顼、高辛(喾)、唐(尧)、虞(舜)之书,谓之《五典》。"①关于"三坟五典",我们已难以知其详细,但可以肯定的是,这些典籍所包含的是那个历史时代的人们的知识。到了春秋战国时期,这些典籍所能提供的知识已不足用,于是有了先秦诸子和六经。先秦经籍中的许多概念和术语,到了汉唐时代,人们理解起来已经相当困难,于是有了注、疏。汉唐学者注解经传,实际上就是用当时流行的话语重新解读以往的思想学术,通过这样的方式,以往思想家的思想学说才能够在新的话语背景下得到解释,成为能够为时人理解和掌握的知识。此后,宋代的王安石、二程、朱熹,以及清代的马瑞辰、孙诒让、刘逢禄、孙星衍等学者,所以在注释儒家经典方面做了大量的工作,也是因为在他们看来,以往人们对儒家经籍的理解已经不合时宜,因此需要依据他们所拥有的知识做出新的解释。②通过诠释儒家经典, 历代学者在学理上也实现了某种进

---

　　①《左传》昭公十二年杜注,《十三经注疏》,中华书局,1980 年,第 2064 页。

　　② 参见孙晓春:《比较视野下的中国传统政治思想》,《学习与探索》,2013 年第 10 期。

步，其对社会政治生活的理解也愈益深刻。

　　中国传统政治思想的历史演进，在实质上是不同历史时代的人们观念的进化，在每一时代的人们那里，以往思想家的思想学说已经成为他们所面对的思想遗产，他们只能在认识、理解前人的思想遗产的基础上，对社会政治生活形成自己的理解，从而形成与他们所生活的时代相适应的价值观念。对于生活在现代的我们来说也是如此，虽然我们已经进入了全新的历史时代，但观念进化的历史过程却仍然在继续。传统政治思想对我们来说也是需要认识、理解和继承的思想遗产。只不过，与以往时代的人们相比，我们所面对的思想遗产内容更加丰富，其中既有古代和近代的政治思想，也有西方近代以来的政治思想，更为重要的是，我们还有马克思主义理论为指导。我们也有着比以往任何历史时代的人们更为广阔的文化视野，我们比以往时代的人们更加了解自己所生活的这个世界，我们也有着以往时代的人们不曾具备的知识。如果说传统政治思想本身是不可改变的思想遗产，但是我们却可以在马克思主义的指导下，重新认识和理解前人留给我们的思想遗产，从而建构属于我们这个时代的价值观念。

　　其次，传统政治思想的现代转型，不是儒家传统的恢复或重建。

　　当代中国的社会主义核心价值体系构建，不可能与我们自己的思想传统割裂，这是一个尽人皆知的常识。但这只是问题的一个方面，而另一方面，我们也必须看到，以儒家思想为主体的中国传统政治思想并不足以保证现代中国人高质量的社会生活。这里值得一提的是近几十年海内外新儒家在重新阐释传统儒学方面的努力。

　　兴起于 20 世纪三四十年代的新儒家，是当时我国学术界有关中国传统文化的乐观主义情绪的代表，美国学者墨子刻（Thomas A.Metzger）在其所著《摆脱困境——新儒学与中国政治文化的演进》一书中曾引述了沈有鼎先生在 1937 年南京召开的中国哲学协会会议上讲的一段话："无论如何，哲学在中国将有空前的复兴，中华民族将从哲学的根基找到一个中心思想，足以扶持中国民族的更生。"沈有鼎先生断言，"中国的第三期文化将要产生"①,"第三期文化一定要重新回归第一期的精神,那社会性的、健康的、积极的、创造性的精神……每一次新的文化产生,是对旧的文化的反动,是革命,同时是回到前一期的文化精神,是复古。只有革命是真正的复古,也只有复古是真正的革命"②。沈有鼎先生的这段话,虽然不是新儒家的全部观点,但从中却可以体会出新儒家的基本思路。

早期的新儒家已经意识到中国社会走向现代的合理性,儒家文化第三期发展的主张,也表明他们承认了清末以来中国社会变革和思想变革的合理性。如沈有鼎先生所说,复古就是革命,这个"复古"并不是常识意义上的复古,而是要把儒家的政治思想传统与现代文化衔接起来。20世纪五六十年代海外新儒家"返本开新"的主张遵循的便是这一思路。

在近年来的中国传统政治思想研究中,一些学者为了证明回归儒家传统的合理性,不惜对中国传统政治思想中的许多概念加以曲解。例如,有的学者认为,传统儒家的政治义理就是"宪政主义",把孔子所说的"'孝乎惟孝,友于兄弟',施于有政,是亦为政,奚其为为政"(《论语·为政》)解释为"中国历史上基层社会之自我治理的第一次理论表达",把汉代春秋公羊学的"春秋决狱"说成是"宪政主义的政治立场",并且进一步得出结论说:"儒家之宪政主义并不只停留于理念,而由儒家士大夫付诸实践,并形成于中国的宪政主义政治传统。"③还有人说,明代专制政体下的儒家士大夫已经有了宪政理念,并且有了行宪努力,所举证据便是明末刘宗周"至君尧舜"和君道无为的政治理想。④这些说法全然不顾传统儒家经典的本来意义。实际上,说者所引证的孔子的那句话,其本来的意

---

① 按照新儒家的一般说法,儒家文化第一期是是从先秦到两汉时期的儒学,第二期是两宋至于清代。

② [美]墨子刻:《摆脱困境——新儒学与中国政治文化的演进》,颜世安、高华、黄东兰译,江苏人民出版社,1996年,第209页。

③ 姚中秋:《儒家宪政论申说》,《天府新论》,2013年第4期。

④ 参见任文利:《明专制政体下儒家士大夫的宪政理念与行宪努力——从刘宗周之末世谏诤看》,《天府新论》,2013年第4期。

义是强调个人修身的重要性，意思是说，如果一个人能够事亲尽孝，并且以良好的道德品质影响他人，即使没有从政，也起到了从政的效果，根本没有自治的含义。至于西汉董仲舒的《春秋决事比》，大部已经散佚，从保存下来的几个典型事例来看，不过是董仲舒从《春秋》经传中为某些刑事案件的判例找到了一些理论依据，与"宪政"根本扯不上关系。更何况，说者所谓的"宪政"，在本质上也是近代的舶来品，它在怎样的程度上能够与儒家传统相契合，这本身便是一个问题。

以儒学为主体的中国传统政治思想是否包含有益于现代公共生活的思想资源？答案显然应该是肯定的。同时，关注当代中国的政治发展，注重从传统政治思想中发掘思想资源，也是每一个从事中国传统政治思想研究的人的共同愿望。但问题在于，中国传统政治思想或者儒家政治思想在怎样的程度上能够与现代政治文化实现对接，或者在怎样的程度上能够实现儒家思想的现代转换。

新儒家把传统的儒家思想与现代政治文化对接的愿望无疑是良好的，确切地说，如果真的能够从中国传统政治思想中找到与现代民主政治通约的思想元素，那将是再好不过的事情。但是，新儒家这种努力能够有意义的前提，却是对中国传统政治思想的准确解读。因为，按照逻辑，就像苹果树可以与梨树嫁接但却不可以与茄子嫁接一样，在思想文化领域中，只有那些有着相同属性的元素才可以结合在一起，比如正义、平等、民主、法治、自由这样一些近代以来推动整个世界进步的价值理念。中国传统政治思想中是否也存在与之相同或者相近的观念？如果有的话，这些观念在怎样的程度上能够成为现代政治生活的思想资源？中国传统政治思想的现代转型，并不是回到以往思想家的认识中去，而是要把这些观念从中国传统政治思想中唤醒，在批判继承的基础上，形成属于我们时代的价值观。

这里，我们很有必要回顾一下中共十八届三中全会做出的关于全面深化改革的决定，该决定指出："改革开放是决定当代中国命运的关键抉择，是党和人民事业大踏步赶上时代的重要法宝。""实践发展永无止境，解放思想永无止境,改革开放永无止境。"①对于我们所讨论的中国传统政治思想现代转型,该决定有着十分重要的指导意义。党的十一届三中全会以来的历史经验告诉我们,改革是现代化的必由之路,而解放思想,以开放的心态对待现代文明则是改革得以成功的前提。中国传统政治思想的现代转型,既不是"回归儒家传统",或者如学界某些人所主张的那样"回到康有为",也不是以简单的"拿来主义"的态度看待西方近代以来的思想文化,而是要站在现代人的立场上,根据我们的理性,重新审视中国传统政治思想,深入发掘中国传统政治思想所包含的与现代社会政治生活密切相关的思想主题,再根据我们对这些主题的理解,重构属于我们时代的价值理念。

---

① 《中共中央关于全面深化改革若干重大问题的决定》,《中国经济网》2013 年 11 月 18 日,http://www.ce.cn/xwzx/gnsz/szyw/201311/18/t20131118_1767104.shtml。

中国传统政治思想与当代中国自由观的建构

由古代中国人群体本位的思想方式所决定，以儒家思想为主体的中国传统政治思想缺少对"自由"的理解。只有先秦道家学派的庄子曾经对自由的观念有所表达，但庄子所主张的自由与现代的自由观也有着很大的不同。自由观念为中国思想界广泛理解和接受是近代以后的事情。但是由于中国传统思想观念的影响，中国近代思想家在接受自由的价值理念的时候，也曾发生过诸多误读。思想观念的演进是一个历史的过程，当代中国社会自由观的构建，在很大程度上有赖于我们对传统政治思想的认识和理解。

一、缺少自由要素的传统儒家思想

儒家思想是在传统的中国社会中占统治地位的思想,传统中国的政治文化缺少自由要素的主要原因就是传统儒家的伦理政治学说不具有自由的思想要素。实际上,儒家思想缺少自由的要素,并不是说历史上的思想家没有对自由的渴望,事实上,作为理性的存在者,生活在古代社会的人们和我们一样,在主观心理层次上都有着对自由的追求,但是思想家的责任并不是仅仅把对自由的追求停留在心理层面上,他们需要把心理层次的自由追求上升到理论形态,从而在思想的层面上表达出来,并使之成为规范和影响社会政治生活的价值理念。传统儒家的伦理政治学说缺少对自由的理解。

(一)传统儒家观念中的个人

人类是群体生活的动物,从很早的时候起,思想家便认识到了人的这一属性。例如,古希腊哲学家亚里士多德便说:"人类自然就是趋向城邦生活的动物","凡隔离而自外于城邦的人,他如果不是一只野兽,那就是一个神祇"。①这与中国古代思想家所说的"人生不能无群"有着相同的意义。在历史上的思想家们认识到群体生活的价值的同时,他们所面对的一个问题便是如何理解作为社会政治生活主体的人,如何理解个人与群体之间的关系。由于社会历史条件和思想方式的差异,中国古代思想家与古希腊思想家对于这一问题有着不同的理解。

印度学者沙尔玛在其所著《西方政治思想——从柏拉图到格劳秀斯》一书中引述了英国学者埃内斯特·贝克尔的一段话:"希腊人从不厌倦地告诫他们自己,在他们所生活的共同体中,个人具有什么样的价值,

---

① [古希腊]亚里士多德:《政治学》,吴寿彭译,商务印书馆,1965 年,第 7—9 页。

并且要对公共生活施加自己的影响。"①贝克尔的这句话可以从古希腊的历史文献中找到证据，伯利克里在伯罗奔尼撒战争期间的一次讲演中便说："我们的城邦是全希腊的学校。我认为世界上没有人像雅典人这样，在个人生活的许多方面如此独立自主。"②在雅典人的观念中，城邦是由独立的个人组成的共同体，从他们祖先那时候起，"这块土地直到如今仍保持其自由"③，每一个普通公民，除了忙于个人事务，都可以"对国家大事做出公平的裁断"。雅典人也认为个人对于城邦负有义务，每个人都应该关心城邦的公共事务，"一个不关心公共事务的人不是没有野心的人，而是一个无用之人"④。每个人所以应该关心城邦的公共事务，是因为他们自己就是城邦的目的。

与古希腊思想家不同，中国古代的儒家却是站在群体的立场上理解个人与群体关系的。先秦儒家是中国历史上最早对社会生活中的道德问题进行思考的思想家群体，他们所以倾向于从群体的角度来理解个人，是因为他们看到了一个无可辩驳的事实：群体是个人得以生存、发展的基本条件，一旦离开了群体，任何个人都将无法生存下去。如荀子所说"离居不相待则穷"（《荀子·富国》），群体是每一个人得以生存的前提，所以良好的社会生活得以实现的必要条件就是"明分使群"。先秦儒家看到的是群体的重要性。

从群体本位的认知路向出发，传统儒家把人看作是社会关系下的存在，每一个人都是一定社会角色的载体。中国古代思想家所理解到的人是带着各种身份符号的人，在最早的历史典籍中，用来表达"人"的都是

① R.P，Sharma，*Western Political Thought: Plato to Hugo Grotius*，Sterling Pubishers Private Limited，1984，p.3。
② ［古希腊］修昔底德：《伯罗奔尼撒战争史》，徐松岩等译，广西师范大学出版社，2004年，第101页。
③ ［古希腊］修昔底德：《伯罗奔尼撒战争史》，徐松岩等译，广西师范大学出版社，2004年，第98页。
④ ［古希腊］修昔底德：《伯罗奔尼撒战争史》，徐松岩等译，广西师范大学出版社，2004年，第100页。

"君""臣""民""父子""夫妇"这样一些概念，虽然《尚书·尧典》的某些文本有"历象日月星辰，敬授人时"一语，但"敬授人时"原本是"敬授民时"，是唐人为避李世民讳改的。儒家有关"人"的问题的讨论，始于战国时期的孟子，为了对人性的善恶做出判断，孟子及后来的荀子都把"人"理解为一个类概念，孟荀是儒家思想史上最早讨论人的问题的思想家。

　　但是，由于古代中国人重视参验的思维方式，尽管孟子和荀子所说的"人"本应是一个抽象的概念，可是他们又把概念化的"人"与现实生活中的人联系起来加以理解。于是，在有关人性问题的讨论之外，孟子、荀子更多使用的还是君、臣、庶民这样一些带有社会身份的概念。例如孟子在说到圣人与普通民众的差别时便说："人之所以异于禽兽者几希，庶民去之，君子存之。"（《孟子·离娄下》）孟子所说的"庶民"，也不是个体意义上的概念。战国儒家是站在群体的立场上理解人的。

　　由于群体本位的认知路向，儒家把个人理解为整体的一部分，群体相对于个人有着绝对的优先性。这决定了先秦儒家更多强调的是个人对群体的义务而不是权利。《论语·颜渊》载齐景公问政于孔子，孔子回答说："君君、臣臣、父父、子子。"孔子这句话很有深含意，一方面，他强调的是每一个人都负有与其社会身份相应的道德义务，都应该做符合其社会身份的事情。另一方面，从语言结构上说，"君君""臣臣"这样的双迭语句，第一个字应该是作动词用，那么"君君、臣臣、父父、子子"也就意味着，要以对待君主之礼对待君主，以对待臣下之礼对待臣下，以对待父亲的方式对待父亲，以对待儿子的方式来对待儿子，也就是说，每个人都应该受到与其社会身份相应的对待。儒家倡导的君臣父子之间的关系原则，是依据现实的人际关系理解出来的。

　　传统儒家把个人理解为群体的组成部分，因此在个人与群体关系方面，儒家认为群体的价值绝对优先于个人，因为群体利益的绝对重要性，每个人都应该内省、修身，使自己成为符合群体生活需要的人。这一思想可以追溯到孔子，《论语·里仁》载孔子的话说："见贤思齐焉，见不贤而内自省也。"孔子的学生曾子也说："吾日三省吾身。为人谋而不忠乎？与朋友交而不信乎?传不习乎?"(《论语·学而》)先秦儒家的这一思想为后世儒家继承下来,特别是到了宋明时期,理学家更为明确地指出:内省、修身的关键就在于节制个人的欲望,"只要去人欲,存天理,方是功夫。静时念念去人欲,存天理,动时念念去人欲,存天理"(《传习录·门人陆澄录》)。在以往的思想史研究中,往往有人把理学家所倡导的"存天理、灭人欲"解释为"禁欲主义",认为理学家"宣扬'存天理,灭人欲',实行'窒欲'的主敬方法,禁锢人们的身心,宣传愚孝愚忠"①。这是个不小的误会。其实,为了实现优良的社会生活,人们必须节制自己的欲望,是历史上的道德哲学家近乎一致的认识。在古希腊,柏拉图便认为"节制"是美德的重要方面,一个正义的人应该是理性支配欲望,而不应为欲望所支配。宋代理学家的"天理""人欲"之说,所阐述的是与古希腊思想家相同的道理。

传统儒家所倡导的修身不是单纯的个人问题,修身之所以有意义,是因为修身可以使人养成遵守礼制的习惯。儒家所说的礼,是指具有广泛适用性的群体生活规范。在群体生活中,每个人的视听言动都应该符合礼的规范,"非礼勿视,非礼勿听,非礼勿言,非礼勿动"(《论语·颜渊》)。如果社会生活中的每一个人都能自觉地遵守礼制,必然在整体上提高群体生活的质量,"一日克己复礼,天下归仁焉"(《论语·颜渊》)。传统儒家认为,在群体生活中,遵守道德原则是个人无可逃脱的义务。对个人来说,无论生活在什么样的社会位置上,都应该以"从道"为己任,"欲为君,尽君道,欲为臣,尽臣道"(《孟子·离娄上》)。

"从道"对个人有着很高的道德要求,一方面,它要求人们能够对是非做出正确的判断,另一方面,又要求人们在任何情况下都敢于坚持真理,不畏权势,不从流俗,"君子立志如穷,虽天子三公问正,以是非对"(《荀子·大略》)。战国时期的孟子、荀子都曾反复阐述过"从道"的重要性,他们认为,"从道"是比"从君"更为重要的事情,君子应该"从道不从君"(《荀子·臣道》)。"志意修则骄富贵,道义重则轻王公"(《荀子·修身》),对于个人来说,"从道"既是一种崇高的道德境界,也是每个人在群

---

① 吴乃恭:《宋明理学》,吉林文史出版社,1994年,第7页。

体生活中义不容辞的道德责任。

（二）缺少自由要素的儒家政治思想

把儒家思想与自由联系起来，是 20 世纪 50 年代前后的事情。[①] 1949 年，胡适在一次讲演中说："'自由'这个意义，这个理想，'自由'这个名词，并不是外来的，不是洋货，是中国古代就有的。"在这次讲演中，胡适把中国古代的谏官解释为"批评政治的自由"，把孟子的"民贵君轻"之说、韩愈的排佛主张都说成是"宝贵的自由主义精神"[②]。胡适的这个讲演很短，对这些观点也没有具体的论证环节，只可备为一说。真正使儒家与自由主义之间关系成为一个有争议的学术问题的是五六十年代以后的海外新儒家。1955 年，台湾新亚研究所出版了唐君毅的《中西人文精神之返本开新》一书，这本书后来重印时改名为《中国人文精神之重建》，书中用很大的篇幅讨论了儒家思想的自由传统。作者在该书"自序"中说，百年来的中国所以没有实现国家富强、科学发达、政治民主，"皆由中国之传统文化精神之好的方面，未与西方文化之好的方面相整合，而互相牵制抵消其力量所生之悲剧"[③]。基于这样的想法，唐君毅宣称，他所倡导的中西方人文精神返本开新，就是要"把西方传来之科学知识、国家观念、自由民主之观念，融摄于中国之人文思想中，以消除、融解由中西文化之冲击而生的中国人思想上精神所感之矛盾与冲突"[④]。坦白地说，唐君毅的主观愿望不错，但问题是，怎样才能把西方现代的价值观念摄入到中国人文思想之中，这是自严复、梁启超以来中国思想界一直未能解决的难题。对此，唐君毅似乎找到了一条最简捷路径，说"自由"本来就存在于传统儒家的思想中。

---

① 近代严复在论及自由问题时，虽然也曾说自由与《大学》的絜矩之道相近，但严复还是比较谨慎，并没有肯定地说儒家的絜矩之道就是自由。
② 胡适：《在台北中山堂的讲演》，《新生报》，1949 年 3 月 28 日。
③ 唐君毅：《中国人文精神之重建》，广西师范大学出版社，2005 年，第 7 页。
④ 唐君毅：《中国人文精神之重建》，广西师范大学出版社，2005 年，第 8 页。

　　以为西方近代的某些思想成分在中国传统思想中本来就有，是近代以来中国思想界十分流行的思想倾向，也可以说是一种学术习惯，这种倾向可以追溯到戊戌维新时期的维新派。当年康、梁主张变法的时候，便认为西方近代的议会、宪法在中国古已有之，严复在翻译约翰·密尔的《论自由》时，也曾想在中国古代文献中寻找自由的踪迹，他只找到了庄子。再到后来，梁启超作《先秦政治思想史》，也说西方近代思想中的世界主义、平民主义和社会主义在中国古已有之。不过，那个时候，梁启超还算谨慎，没敢说自由为儒家思想所固有。新儒家比梁启超那一代学人胆子大了许多。

　　唐君毅以后，从儒家思想中发掘自由观念，甚至直称儒家思想为"自由主义"逐渐成为一种时尚。近些年来，随着新儒家的著作和观点的流传，内地学界也有相当一些学者热衷于讨论儒家与自由主义或自由儒学的问题。①这些学者的论证方法也大多模仿海外新儒家，先是从传统的儒家思想中找寻自由的基因，进而论证儒家思想可以与近代自由主义相结合。

　　值得一提的是，一些欧美"汉学家"也加入到发掘儒家自由主义传统的队伍中来，其中影响较大的便是美国哥伦比亚大学的狄百瑞（William Theodore de Bary），狄百瑞长期从事东方语言与文化的教学与研究，著有《明代思想中的个人与社会》（Self and Society in Ming Thought）、《道学与心学》（Neo-Confusion Orthodoxy and Practical Learning）等著作，1982年，狄百瑞受香港中文大学新亚书院之邀，赴港做了一个题为《中国的自由传统》的讲座，其讲稿后来被译为中文由香港中文大学出版，2016年，又由中华书局印出在内地发行。一时间，许多内地的"新儒家"学者对这本书趋之若鹜。狄百瑞说："对西方人来说，若把'自由主义'放在狭窄的文化层面来加以定义，那么，这只会破坏它的理想，而且必定失败；相同

---

① 近年来，内地学者关于儒家自由主义传统的论著不胜枚举，较有代表性的有：朱富强：《辨识儒家社会的高次元自由精神——兼论儒家规范与自由主义的相容性》，《云南大学学报》，2018 年第 4 期；赖功欧：《道德个体与契约个体——中西思想比较视阈下的"儒家与自由主义"》，《江西社会科学》，2010 年第 8 期。另外，要了解更多有关儒家与自由主义关系研究，参见壬溪："儒学现代转型与儒家自由观念建构"学术研讨会综述》，《管子学刊》，2018 年第 4 期。

地,对于新儒家的了解也一定不可以把它限于某一学派的说法。如果认为自由主义只存在于过去的西方,认为它是舶来品,不能与中国的生活及文化方式融合的话,那么这也可能因此反而破坏了让它从自己的根本自然地滋长的机会,也破坏了今日世界和平生存而必然要接受的文化交流。"①实际上,狄百瑞对于儒家思想与自由主义的理解,与传统的新儒家并无二致,只不过,由于中国传统思想文化方面的知识相对有限,狄百瑞有关儒家自由传统的论证更为粗放,但鉴于该书在学界的影响,我们还是要对狄百瑞的观点加以辨正。

判断儒家思想是否属于自由主义思想传统,或者说传统儒家思想是否具有自由的特质,首先要解决的是由以判断的依据。我认为,判断这一问题的基本方法,便是要看儒家对于个体的认识在怎样程度上与近代自由主义思想家相一致。这是因为,在东西方政治思想史上,对自由的理解最为恰当的是近代自由主义思想家,而现今学界有关自由问题的讨论,也大都是以近代自由主义思想家的自由观为基点的。这一方面要求我们对西方近代思想家的自由观有较为准确的理解,另一方面更要求我们对儒家伦理政治学说的准确理解。

如果把儒家思想与近代自由主义思想家的思想学说相比较,便不难发现,儒家思想并不具有自由主义的思想元素,或者说,儒家思想并不属于自由的思想传统。

首先,传统儒家观念中的个人不是权利的主体,缺少权利诉求是传统儒家与近代自由主义思想的本质差别。

近代自由主义思想家有关自由的讨论首先是基于对权利的考虑。约翰·密尔在《论自由》一书中开宗明义地说:他所要讨论的主题"不是所谓意志自由,不是这个与那被误称为哲学必然性的教义不幸相反的东西,这里所要讨论的乃是公民自由或称社会自由,也就是要探讨社会所能合法施用于个人的权力的性质和限度"②。近代思想家关于自由的认识前

<hr>

① [美]狄百瑞:《中国的自由传统》,李弘祺译,中华书局,2016年,第133—134页。

② [英]约翰·密尔:《论自由》,许宝骙译,商务印书馆,2019年,第1页。

提，是在观念上承认每一个人与生俱来的权利。虽然近代思想家对于自由的理解也是各自相异，但是，权利却是所有思想家认可的理论前提。

判断传统儒家的伦理政治学说是否属于自由的思想传统，其前提是对近代的自由主义思想做出准确的理解。狄百瑞在《中国的自由传统》一书中，引述了他的同事查尔斯·弗兰克尔（Charles Frankel）有关自由主义的一段话，狄百瑞把弗兰克尔关于"自由主义"的解释概括为文化自由主义、政治自由主义、经济自由主义、哲学自由主义、由自制与妥协所表现出来的自由性格或网格、自由的教育这六个方面。①按照狄百瑞的说法，弗兰克尔是美国的自由主义与人文学界"有力的发言人"，不过，从思想史的角度看，弗兰克尔对自由主义的概括显然未及近代自由观念的本质。

受弗兰克尔的影响，狄百瑞也试图从上述六个方面来论证儒家的自由传统，"在儒家传统中找到与上述各项相对应的说法或态度并不困难"，虽然狄百瑞也说，"任何认真探讨，希望作满意的比较，都应该涉及两者之间的重要不同。即儒家的自由传统与西方自由主义之间的相似性也必须大打折扣"。②但试图证明儒家思想具有自由的思想倾向却是他的本心。狄百瑞认为，儒家的自由倾向主要体现为"宋明两代'自我'的广义观念以及独特的个人主义基础"③。为了证明儒家确有自由主义的思想倾向，狄百瑞又试图从语言学方面找到证据："在'自由主义'这个词里，'自由'这个'自'字是指'自我'（self）的意思，通常与'己''身'或'私'等字合用。"而在"中国古文的用法里，'自'也有'由，从或自'的含义，因此它颇近似英文的'auto'"。④然后，狄百瑞又对传统儒家倡导的"自求得之"的"为己之学"做了一番"自由主义"的解释。

在语言翻译的层面上，中国古典文献中的"自"或"自我"确实可以译为英文的 self 或 auto，但是二者在伦理学上却有着全然不同的内涵。在

---

① 参见［美］狄百瑞：《中国的自由传统》，李弘祺译，中华书局，2016 年，第 8—9 页。

② ［美］狄百瑞：《中国的自由传统》，李弘祺译，中华书局，2016 年，第 9 页。

③ ［美］狄百瑞：《中国的自由传统》，李弘祺译，中华书局，2016 年，第 12 页。

④ 参见［美］狄百瑞：《中国的自由传统》，李弘祺译，中华书局，2016 年，第 57 页。

西方近代思想家那里,人被理解为自律(autonomy)的主体,而自律的前提是每一个人都被当作目的而不是手段,如康德所说:"在全部被造物之中,人所愿欲的和他能够支配的一切东西都只能被用作手段;唯有人,以及与他一起,每一个理性的创造物,才是目的本身。所以,凭借其自由的自律,他就是道德法则的主体。"因此,"若非把它用作目的",绝不可以单纯地把人用作手段。①康德这一观点的实质,是强调每一个人都是自律的主体,这是个人在社会生活中履行道德义务、参与符合道德的社会生活的先决条件。

传统儒家观念中的"自我"却是另一种情形。在传统儒家的观念中,"自我"是与"私"意义相近的概念,而"私"与"公"又是互不兼容的,去私是个人履行道德义务、拥有符合道德的社会生活的前提。从春秋战国时期的儒家开始,人们就一直在讨论如何通过"去私"而与道德原则认同的问题,而古代大多数思想家的共识便是去私而立公。

儒家思孟学派所倡导的"自求得之",也需要在"去私"的理论前提下加以理解。《孟子·离娄下》:"君子深造之以道,欲其自得之也。自得之,则居之安;居之安,则资之深;资之深,则取之左右逢其原。故君子欲其自得之也。"这便是所谓传统儒家"为己之学"的原始出处。不过,狄百瑞据此认为儒家思想具有自由的思想倾向却是错的。狄百瑞忽略了一个关键性的问题,那就是孟子这句话是否具有自由的思想倾向,并不在于他所说的"自求得之"本身,而在于他如何看待作为道德主体的个人。

关于上面引述的孟子这句话,东汉赵岐解释说:"造,致也,言君子学问之法,欲深致极竟之以知道意,欲使己得其原本,如性自有之然也。"②赵岐的这一说法基本符合孟子原意。所谓"深造以道"而"自求得之",就是在主观心理层次上与道认同,"使己得其原本,如性自有之",便是个人与道认同的最高境界,也就是说个人成为完全符合道德的人,对于这样的人来说,道德法则已经彻底融入了他的身心,就像是先天生成的一样。

---

① 参见[德]康德:《实践理性批判》,韩水法译,商务印书馆,1999年,第95页。
②《孟子正义》,《诸子集成》(第一册),中华书局,1954年,第329页。

那么，当道德修养达到这一境界时，作为道德主体的自我究竟是被实现了还是被消解了呢？虽然孟子、赵岐都没有说清楚，但是如果将其与传统儒家的公私观念相对照，"自求得之"的结果还是消解了个人。这一点可以从宋代理学家那里得到证明。

《朱子语类》卷十六载有朱熹与其学生的一段问答，其学生敬之对朱熹说："诚意、正心，诚意是去除得里面许多私意，正心是去除得外面许多私意。诚意是检察于隐微之际，正心是体验于事物之间。"朱熹回答说："到得正心时节，已是煞好了。只是就好里面又有许多偏。要紧最是诚意时节，正是分别善恶，最要着力，所以重复说道必慎其独。若打得这关过，已是煞好了。到正心，又怕于好上要偏去。如水相似，那时节已是淘去了浊，十分清了，又怕于清里面有波浪动荡处。"狄百瑞在《中国的自由传统》一书中引述了朱熹的许多话，可却没有注意到这一段。朱熹与其弟子的这段话，意在解释《大学》的"诚意""正心"两个概念，实际上，《大学》的"诚意""正心"与孟子的"深造乎道""自求得之"有着相同的意义，都是有关个人的道德修养的问题，不同之处在于，孟子所说的是道德修养的重要性，而《大学》所说的则是获得道德修养的途径和方法。虽然先秦两汉儒家的思想学说与宋代理学家有所不同，但他们对于道德问题的基本理解并无二致。按照朱熹及其弟子的理解，"诚意""正心"的意义就在于去除私意，所以，与道德原则认同，也就是思孟学派所说的"自求得之"的过程，在本质上就是消解自我意志的过程。

传统儒家重视个人的道德修养，主张通过道德修养实现与道德法则的认同，所强调的是个人的道德义务。在逻辑上，一个人如果实现了与道德法则的认同，便或多或少地获得了某种自由，孔子所说的"随心所欲不逾矩"（《论语·为政》）说的就是这个道理。那些认为儒家的"为己之学"具有自由倾向的人们，或许强调的便是这一点。在我看来，这并不能说明儒家思想具有自由的思想倾向。这是因为，儒家并不是用自由的观点理解道德法则的。

在东西方思想史上，几乎所有认为人类应该拥有符合道德的社会生活的思想家，都认为社会生活中的个人应该遵守道德法则，遵守道德法则是个人无可逃脱的义务。例如，德国近代思想家康德便认为："道德法则之所以被思想为客观必然的，乃是因为它对每一个具有理性和意志的人应当都有效。"①因为道德法则是"定言命令"，因此，每一个人都有实践道德法则的义务。在表面上看，在人应该遵守道德法则这一点上，康德与传统儒家的观点似无差别。但是，康德所说的道德法则却与传统儒家有着本质的区别。在康德那里，道德法则的前提是自由，"在思辨理性的所有理念里面，自由是我们先天地知道其可能性却仍然不理解的唯一理念，因为它是我们所知道的道德法则的条件"②。康德认为，以自由为前提条件的道德法则不是来源于直接经验，而是人的理性，"它不是任何经验的事实，而是纯粹理性的唯一事实"，"纯粹理性只是自为地实践的，并且给予(人)一条我们称为道德法则的普遍法则"。③也就是说，道德法则是人类理性所能认识到的普遍必然性，人类认识和理解道德法则的过程，就是自由的人依据自己的理性为自己立法的过程，而道德法则的意义就在于维护人的自由。

　　传统儒家虽然也强调道德法则的重要性，但是，传统儒家对道德法则的理解却与康德有着本质的不同。历代儒家所理解到的道德原则，大体上有两个层面，一是具有价值内涵的道义原则，二是现实生活中的礼义规范。当先秦儒家讨论道义原则与礼的重要性的时候，他们都不约而同地认为，这些道德规范都是历史上的先王留下来的遗产，"人生而有欲，欲而不得，则不能无求，求而无度量分界，则不能无争。争则乱，乱则穷。先王恶其乱也，故制礼义以分之。以养人之欲，给人之求"(《荀子·礼论》)。在先秦儒家看来，现实生活中的人们所能做的一切就是恪守先王留下的礼义原则，他们或者说"王者之制，道不过三代，法不二后王，道过三代谓之荡，法二后王谓之不雅"(《荀子·王制》)，或者说"尧舜之道，不以仁政，不能平治天下。今有仁心仁闻，而民不被其泽，不可法于后世者，

① [德]康德：《实践理性批判》，韩水法译，商务印书馆，1999年，第38页。
② [德]康德：《实践理性批判》，韩水法译，商务印书馆，1999年，第2页。
③ [德]康德：《实践理性批判》，韩水法译，商务印书馆，1999年，第32—33页。

不行先王之道也"(《孟子·离娄上》)。总之,道德法则不是源自人的理性,而是经验性的历史过程。虽然传统的儒家思想与康德的道德哲学都具有义务论的倾向,但是,二者对于道德义务的理解却有着本质的不同,在康德那里,个人的道德义务是每一个人对于普遍道德法则的义务,而普遍道德法则又是以自由为条件的,而传统儒家所理解到的道德义务却是"事亲""忠君",也就是等级结构下人对人的服从。

其次,传统儒家的伦理政治学说所以不具有自由的思想倾向,在于传统儒家反对思想文化领域的多元化,否认思想多元化之于人类社会政治生活的价值。

思想自由是近代自由主义思想的重要方面。约翰·密尔在论及思想自由的重要性时说:"迫使一个意见不能发表的特殊罪恶乃在它是对整个人类的掠夺,对后代和对现存的一代都是一样,对不同意于那个意见的人比对抱持那意见的人甚至更甚。假如那个意见是对的,那么他们是被剥夺了以错误换真理的机会;假如那意见是错的,那么他们是失掉了一个差不多同样大的利益,那就是从真理与错误冲突中产生出来的对于真理的更加清楚的认识和更加生动的印象。"①如果说思想自由是社会自由的重要标志的话,思想观念的多元存在便是自由的基本条件。

中国历史上曾经有过思想文化多元的历史时代,即百家争鸣的战国时期,但是,生活在那个环境下的思想家却很少意识到思想观念多元化的价值。关于这一点,刘泽华先生曾经评述说:"从表面上看百家相争,很有点民主气氛。但如果分析一下每家的思想实质,就会发现,绝大多数在政治上都鼓吹君主专制,思想上都要求罢黜他说,独尊己见,争着搞自己设计的君主专制主义。"②这一说法是符合历史实际的。例如,儒家学派的代表人物孟子便认为"杨墨之道不息,孔子之道不著,是邪说诬民,充塞仁义也",因此把"正人心,息邪说,距诐行,放淫辞"(《孟子·滕文公下》)看作是自己的责任。思想家参与争鸣的目的不是为了百家共存,而是为

---

① [英]约翰·密尔:《论自由》,许宝骙译,商务印书馆,2019年,第19—20页。
② 刘泽华:《先秦政治思想史》,南开大学出版社,2019年,第199页。

了"别黑白,定一尊"。战国时期的思想家对待思想多元化的态度,决定了战国时期思想观念多元状态不可能长期持续下去。

秦统一中国以后,战国思想家对待思想多元化的态度,终于演化为专制国家在思想文化领域的专制政策,董仲舒在其著名的《举贤良对策》中说:"今师异道,人异论,百家殊方,指意不同。是以上亡以持一统,法制数变,下不知所守。臣愚以为诸不在六艺之科孔子之术者,皆绝其道,勿使并进,邪辟之说灭息,然后统纪可一而法度可明,民知所从矣。"(《汉书·董仲舒传》)董仲舒的这一建议被汉武帝采纳了,这是中国古代社会的统治者为统一人们思想观念的最有成效的一次努力,相比于秦王朝"敢有藏《诗》《书》、百家语者,悉诣守尉杂烧之,有敢偶语《诗》《书》者弃市,以古非今者族"(《史记·秦始皇本纪》)的做法,汉王朝的做法显然温和许多,但拒绝思想观念的多元存在却是其共同的本质。

在中国古代社会中,儒家思想在不同的历史时期有不同的表现形式,两汉的经学、宋明时期的理学、清代的新汉学等,甚至在某些时候儒学内部还出现了一些小的思想流派,如宋明时期的程朱理学、陆王心学、浙东事功主义学派,这些学派之间也会围绕某些主题展开论辩,但是这些思想、学术派别只是局限在儒家的范围之内,在总体上,传统儒家拒绝多元的思想文化的本质并没有改变。

可是,认为儒家思想具有自由倾向的学者在这一问题上却另有一种解释:"如果我们把'自由的'解作宽容或心胸开放,那么,朱子对高等教育的态度还有一面可以称之为'自由的'。在《白鹿洞书院揭示》中,他便认为学习过程的起点在于'博闻之',而朱熹的学问在后来大家的评价中也是以其强调'博学'而给人印象最深。"①狄百瑞把朱熹的"博学"解释为自由的理由,便是朱熹在《学校贡举私议》一文中,曾就宋王朝的科举考试内容提出的改革建议,为了纠正王安石科举只考《诗经》《书经》和《周礼》,而且以其所著《三经新义》为准的偏狭之失,朱熹主张放宽科举考试范围,于三经之外,扩展到《周易》《仪礼》《春

---

① [美]狄百瑞:《中国的自由传统》,李弘祺译,中华书局,2016年,第51—52页。

秋》、大小戴《礼记》及诸史，荀子、扬雄、王充、韩非、老子、庄子的著作也列入了学校学习、考核内容。狄百瑞据此认定，朱熹"主张应该推动根据于自发性及承担相互责任的原则的自由教育"，朱熹的本意就是"实践的人要不断地自我发现，相互讨论，并促进社会的更新。这些过程的最高点又不外是'学以为己'的理想"。①狄百瑞的这一说法并不符合朱熹的思想实际。

与王安石相较，朱熹所主张的书院教学与科举考试范围虽然广泛了许多，但这并不足以证明朱熹是主张实行"自由教育"的。事实上，朱熹所以主张扩大书院教育与科举考试的范围，无非是让生员扩充知识，即所谓的"博学"，而博学并不是要实现思想自由。即使朱熹主张书院把诸子作为教学和考试内容，也并不意味着他在价值的层面上承认了荀、韩、老、庄的思想学说，他所以把荀、韩、老、庄列为"当读之书"，是因为在他看来，"诸子之学同出于圣人，各有所长而不能无所短，其长者固不可以不学，而其所短亦不可以不辨也"②。也就是说，阅读诸子的目的在于辨其短长，从而有助于理解和领会儒家经典，以便达到"士无不通之经，无不习之史，而皆可以为当世之用"的目的。朱熹把荀、韩、老、庄的著作列为当读之书的初衷，只不过是在他看来这些书中还有些许内容可用，并不是在价值的层面上肯定它们的全部。

实际上，在拒斥异端、反对思想文化领域多元性这一点上，朱熹与先秦两汉儒家没有什么不同。这可以从朱熹对郑厚《艺圃折中》的驳难中得到证明。郑厚，字叔友，为南宋著名史学家郑樵的从兄，学者称"溪东先生""湘乡先生"，具有强烈的批判孟子的思想倾向，被认为是历史上"诋孟"最为强烈的人，所著《艺圃折中》也被斥为异端而遭禁毁。朱熹曾对郑厚《艺圃折中》做过系统的驳难。郑厚在谈论孟子辟杨、墨，韩愈排佛、老的史事时说："韩愈欲无释老，孟子欲无杨墨，甚哉未之思也。天不唯庆云瑞雪、景风时雨，而霜雹降焉；地不唯五谷桑麻而黄稗钩吻生焉……古今

① [美]狄百瑞：《中国的自由传统》，李弘祺译，中华书局，2016年，第54页。
② (宋)朱熹：《晦庵先生朱文公文集》卷六十九，六安涂氏求我斋本。

岂有无小人之国哉,作《易》者其知道乎?"①郑厚这段话的本意,不是在价值层面上肯定佛、老、杨、墨的思想学说,他也认为佛、老、杨、墨是异端,只不过认为它们的存在有其理由,思想界应该承认它们的存在,要在根本上消灭这些异端是不可能的。对于郑厚的这番言论,朱熹反驳说:"孟子欲无杨、墨,韩子欲无释、老,岂爱摩顶放踵利天下为之? 一则为义之偏,其过至于无君,一则为仁之偏,其过至于无父,先王大道由是榛塞。孟子辞而辟之,然后廓如也。释氏生西竺,汉明帝始求事之,老氏生周末,西汉窦后始好尚之,自晋梁以及于唐,其教显行,韩公力排斥之,然后大道得不泯绝,有识之士谓洪水之害,害于人身,邪说之害,害于人心,身之害为易见,尚可避者,心之害为难知,溺其说者,形存而生亡矣。"②把儒家以外的其他思想流派和宗教视为异端,必欲去之而后快,是历代儒家一贯的态度,而朱熹在这里所表达的拒绝思想文化领域多元化的态度尤为强烈。随着元明以后程朱理学的官学化,中国传统政治思想也愈益僵固。

最后,儒家思想所以不具有自由的思想倾向,也体现为崇尚圣贤、禁止个人独立思考的学术传统。

"崇圣是中国传统文化的核心",在传统中国人的观念中,圣人是沟通天人的中介, 是真善美的化身。"普遍的崇圣观念形成于春秋、战国,定型于秦汉"③,而中国传统文化的圣贤崇拜,主要体现在传统儒家的伦理政治学说中。圣贤崇拜所以成为中国传统政治文化的特点,在中国传统政治思想形成之际,神的观念不发达是重要的原因。如果把中国传统思想形成时期的文化背景与古希腊相对照,便不难发现二者之间的差异。

在古希腊,早在荷马时代以前,便已经形成了系统的神话传说,到了荷马时代,以荷马为代表的诗人撰写了大量的史诗,他们用叙事诗而不是哲学的语言表达了对于社会生活的理解,建构了善、美德这样一些基本的道德理念,通过对诸神与世界秩序的描写,荷马创造了一个概念化

---

①② (宋)朱熹:《晦庵先生朱文公文集》卷七十三,六安涂氏求我斋本。

③ 刘泽华:《论由崇圣向平等、自由观念的转变》,《天津社会科学》1993 年第 4 期。

的世界。从荷马的诗篇中,希腊人获得了有关诸神、诸神与人之间的关系、人类社会应该遵循的道德原则及个人的荣誉和利益、正义与非正义等一系列的道德信念。荷马以后,当思想家开始用哲学的方式思考社会政治生活的时候,人们在观念中仍然认为神是正义、真理的来源。柏拉图在《理想国》一书中便曾借苏格拉底之口诘问色拉叙马霍斯:"诸神是正义的吗?"当对方做出肯定的回答以后,柏拉图便断言说:"不义者为诸神之敌,正义者为诸神之友。"①出于这样的想法,柏拉图反对像荷马时代的诗人那样,用写实的手法把神描述为有私利、有情欲的东西,而应该把神理解为完美无缺的存在。总之,在古希腊人的观念中,神是至高无上的存在,当希腊思想家追问正义何在、善从何来的时候,神便被看作是所有这些美好东西的本原。

然而,当中国古代思想家开始思考社会政治生活的时候,他们缺少古希腊那样的荷马的前提,尽管商周时期的人们也形成了关于神的观念,但是从商代甲骨卜辞所反映的情况来看,这一时期,人们对于"神"的认识基本停留在万物有灵的水平上。直到春秋战国时期,还没有形成一个至上神的观念,因此神明便不可能成为古代中国人观念中的道义、至善的本原。但是当春秋战国时期的儒家把符合道义的生活作为理想追求的时候,他们又必须为道义原则规定一个来处,于是先王便成为先秦儒家崇尚的对象。中国古代思想家与古希腊思想家的重要差别,就是他们把信奉神明的情结用在了圣王身上。

先秦儒家的政治哲学是在有关圣王的叙事的基础上建构起来的。先秦儒家所推崇的圣王,主要是尧舜和夏商周三代的开国之君即禹、汤、文、武。在先秦儒家看来,这些圣王统治的历史时代,便是完美无缺的社会生活样本,恢复圣王统治时期的政治生活,便是他们的理想追求。就像古希腊的柏拉图主张把神看作是完美无缺的存在一样,为了证明历史上的圣王具有超乎常人的品质,先秦儒家杜撰了大量的圣王故

---

① [古希腊]柏拉图:《理想国》,郭斌和、张竹明译,商务印书馆,1986年,第39页。

事。①在先秦儒家看来，这些圣王的治国方法虽然各有不同，但是其基本精神却是一致的，"先王之道"是一脉相承的，"古今一也，类不悖（原文有误，兹据王念孙说改）"（《荀子·非相》）。按照古代中国人的思维方式，"先王之道"是以人为载体传承下来的，可是先秦儒家所能找到的圣王却止于夏商周三代的开国之君，由于春秋战国时代的社会生活不尽如人意，极力推崇圣王的孔孟都知道，圣王谱系已经无法接续下去。到了战国时期，在已经无法找到圣王的情况下，孔子本人被列入了圣人的行列。把孔子当作圣人来看待，始于孟子，在说到孔子何以为圣人时，孟子说："可以仕则仕，可以止则止，可以久则久，可以速则速，孔子也。古圣人也，吾未能有行焉，乃所愿则学孔子也……自有生民以来，未有孔子也。"（《孟子·公孙丑上》）在另一处，孟子又说："伯夷，圣之清者也；伊尹，圣之任者也；柳下惠，圣之和者也；孔子，圣之时者也。孔子之谓集大成。"（《孟子·万章下》）孟子虽然没有把孔子与尧、舜、文、武相提并论，但却认为孔子要比历史上的伯夷、伊尹等"圣臣"更为圣明。既然圣王不再，孔子就是无可企及的圣人。

　　孔子之于中国传统文化的重要性是不言而喻的。在孔子之前，人们所称道的尧、舜、文、武，其思想观念与历史事迹相当模糊，而孔子则不然，作为中国历史上最早对社会政治生活中的道德问题予以关注的思想家，孔子对符合道德的政治生活做出了较为系统的阐释，正是从孔子开始，人们对什么样的社会生活是符合道德的生活才有了清晰的答案。在这一意义上说，孟子推尊孔子为"圣人"并不错。但问题是，当孔子被看作"圣人"以后，他也就成了人们崇拜的偶像。孔子思想变成了不可疑易的真理和价值判断的标准。人们全部的思想活动必须从理解孔子开始，推尊孔子的结果是对于人们思想活动的限制。

　　两汉以后，孔子成为历代王朝尊崇的对象。《汉书·高帝纪》载汉高祖十二年十一月，高祖"自淮南还过鲁，以太牢祠孔子"，是为古代帝王祭孔

---

　　① 参见孙晓春、王磊宁：《圣王故事与先秦儒家的政治哲学》，《政治思想史》，2020 年第1 期。

之始。汉平帝元始元年，封孔子后人孔均为褒成侯，"追谥孔子曰褒成宣尼公"（《汉书·平帝纪》）。两汉以后，除某些少数民族政权外，历代王朝都尊孔子为先圣，孔子被追谥的尊号也愈来愈多。在思想文化领域的专制主义统治日益强固的中国古代社会，当孔子被推尊为先圣，孔子思想被认定为真理的时候，解释孔子思想观念不仅是专门的学问，也日益成为一种政治上的特权，这种特权主要体现在对儒家经典的解释上。西汉王朝自汉武帝时起"立五经博士，开弟子员"（《汉书·儒林传》），每一种经说都有严格的"家法"，生员在学习儒家经典时不得逾越。唐宋以后，为了适应科举考试的需要，儒家经典一直是学校、书院主要的教育内容，人们在教学活动中必须恪守正统经说，严格禁止人们凭借自己的主观意向对儒家经典做出解释。

　　研习经典必须恪守经说家法，是历代儒家一致的认识。南宋时期，为改变神宗熙宁以来科举考试内容过于狭窄的状况，朱熹作《学校贡举私议》，在阐述了应该适当放宽各类书院的教学、考试内容的主张以后，朱熹又明确地强调说："其治经必专家法者，天下之理固不外于人之一心……故治经者必因先儒已成之说而推之。"①这段话的意思是说，学者在理解儒家经义时，必须恪守先儒成说，而不可以根据见闻而臆断。至于每一部经典应该遵守谁的经说，朱熹开列了一份详细的清单。同时，朱熹还一再强调说，科举考试时，当一部儒家经典的经说多于两家的时候，应试生员必须在"经义卷子第一行内一般声说，将来答义则以本说为主而旁通他说以辨其是非，则治经者不敢妄牵己意而必有据依矣"②。朱熹的这篇文章，是被狄百瑞当作朱熹主张自由教育的证据的。狄百瑞可能只是看到了朱熹在文中列出的"当读之书"较王安石宽泛，但却没有详审全文，他忽略了一个重要的问题，那就是朱熹是否主张自由教育，并不能以其所认定的"当读之书"的数量来说明。事实上，在反对人们的独立思考这一点上，朱熹与王安石没有不同，只不过朱熹划定的"思想笼子"比王安石大了些而已。不能不说，狄百瑞犯了一个很多西方"汉学家"都会犯

---

①② （宋）朱熹：《晦庵先生朱文公文集》卷六十九，六安涂氏求我斋本。

的错误,断章取义地引用历史文献并且随意解释。

传统儒家崇尚圣贤、拒绝个人独立思考的传统意味着,在人们承认孔子思想为真理、解读六经是理解真理的基本途径的前提下,人们在认识孔子、解读六经的过程中却没有独立思考的权利,这样,认识孔子、解读六经就变成了某种权力,而掌握这种权力的人也就成了思想的知识的权威。这与欧洲宗教改革之前的情形很是相似。发生于16世纪的欧洲宗教改革,重要内容之一就是承认每个信徒以自己的方式自由理解和解释《圣经》的权利,自此,人们无须依赖教会人士去获得自己的信仰,每个人都可以凭借自己的理性获得真理。权威是中世纪的知识原则,思想自由是从承认每一个人的独立思考权利开始的。传统儒家所以不属于自由的思想传统,崇尚权威,拒绝个人独立思考恰恰是其关键所在。

(三)陆王心学对主体意识的唤醒及其局限

关于儒家思想与自由的关系, 最值得关注的是宋明时期的陆王心学。作为传统儒学发展演变的最后一个形式,陆王心学的思想方式与两宋以前的儒学有着很大的不同。在认识论的层面上,陆王心学对作为人的主体意识的"心"有着新的理解,特别是到了晚明时期,王学对于主体意识的唤醒在一定程度上起到了否定偶像、促使人们独立思考的作用,而王学中一些具有极端倾向的思想家如李贽,更表达出强烈的社会批判精神。由于这样的原因,近年来在有关儒家思想与自由主义关系的讨论中,一些学者把王学作为自由主义思想加以解读。那么,陆王心学在怎样的意义上具有自由的思想倾向,如何认识陆王心学的基本属性,是很值得我们讨论的问题。

1.心即理也:陆王心学的认识论突破

陆王心学是在批判程朱学派的过程中发展起来的,在认识论的层面上, 较之理学中占主流地位的程朱学派, 以它们对人的主体意识——"心"有着颠覆性的理解。

心学的思想源头可以追溯至战国时期思孟学派的"良知"之说。孟子在论及人的本质时曾说："人皆有不忍人之心。"（《孟子·公孙丑上》）孟子所说的"心"，很接近后来人们所说的"理性"或"主体意识"，有些时候，孟子又把"心"称为"良知良能"，在孟子看来，"良知良能"是每个人与生俱来的理性能力，"人之所不学而能者，其良能也，所不虑而知者，其良知也。孩提之童无不知爱其亲者，及其长也，无不知敬其兄也。亲亲，仁也；敬长，义也；无他，达之天下也"（《孟子·尽心上》）。在孟子看来，"良知良能"归根结底是人的道德本心，这种道德本心是人之所以为人的根本所在，"无恻隐之心，非人也；无羞恶之心，非人也；无辞让之心，非人也；无是非之心，非人也"（《孟子·公孙丑上》）。总之，道德理性是人之所以为人的基本属性。

在先秦儒家那里，还有一个与"心"相关联的概念——"智"，这个概念指的是个人的理解能力，如孟子便说："仁之实，事亲是也；义之实，从兄是也；智之实，知斯二者弗去是也；礼之实，节文斯二者是也……"（《孟子·离娄上》）在思孟学派看来，人的道德理性是拥有符合道德的社会生活的前提。因为人是有理性的个体，所以每个人都可以对是非善恶做出自己的判断而不假外求。"仁义礼智，非由外铄我也，我固有之也。"（《孟子·离娄上》）也就是说，道德理性是人能够拥有符合道德的政治生活的前提，因为道德理性是每个人都具备的，所以拥有符合道德的政治生活对于每个人来说都是可能的。不过"智"和"心"与优良的社会生活究竟关系如何，思孟学派及汉魏儒家并没有在学理上说清楚。

对"心"的更为深刻的理解始于南宋陆九渊。针对程朱学派把道德法则外化为天理，把"天理"理解为客观必然性的思想倾向，陆九渊指出："宇宙便是吾心，吾心即是宇宙。"①陆九渊认为，作为普遍道德法则的"天理"，并不是独立于人的主体意识的存在，而是主体思维的结果。"道塞宇宙，非有所隐遁。在天曰阴阳，在地曰刚柔，在人曰仁义。仁义者，人之本心也。"②陆九渊虽然也认为天理是普遍的道德法则，但这个法则不是存

---

① （宋）陆九渊：《陆九渊集》卷三十六，中华书局，1980年，第483页。
② （宋）陆九渊：《陆九渊集》卷一，中华书局，1980年，第9页。

在于人心以外,而是存在于人心中。陆九渊的这一观点为明代王阳明继承下来。王阳明认为:"心即理也。此心无私欲之蔽,即是天理。"①按照陆王的理解,人们所以能够理解作为道德法则的天理,并不在于天理的存在,而在于人具有理解天理的理性能力。

　其实,在把"道"或"天理"视为普遍的道德法则这一点上,陆九渊与程朱之间并没有分歧,他们的分歧点是"道"存在于何处。简单地说,就是陆九渊不同意程朱学派把天理与人心分而为二,认为天理存在于人心之外的观点,而认为天理就在人心,人心就是天理。到了明中叶,王阳明又对陆九渊的观点做了进一步的发挥:"充天塞地中间, 只有这个灵明……我的灵明,便是天地鬼神的主宰。天没有我的灵明,谁去仰他高?地没有我的灵明,谁去俯他深? 鬼神没有我的灵明,谁去辨他吉凶灾祥?天地鬼神万物离去我的灵明,便没有天地鬼神万物了。"②王阳明的这段话说得十分清楚, 即便如程朱把天理看作天地所以为此天地的终极原因,但在王阳明看来,这个原因也是人们在观念世界里理解出来的,如果离开了人这一认识主体,这个终极原因就是没有意义的无。

　在对作为普遍道德法则的天理的理解方面,和程朱学派一样,陆王也遵循了思孟学派的"天人合一"的思想方式,但陆王对于"天人合一"却有他们自己的理解。在陆九渊看来,程朱学派虽然也同意"天人合一",但是他们对"天人合一"的理解是有问题的,程朱学派的天理人欲之言,实际上是把天理与人心分为两事,"天理人欲之言,亦自不是至论。若天是理,人是欲,则天人不同矣。此其原盖出于老氏"③。在陆九渊看来,天理人欲两分的观点出于道家,实际上,天理与人心应该是统一的,如果说"天道与人道也相远",便是"分明裂天人而为二也"。④

　宋明时期的理学家所以论辩天理何在,无非要解决一个问题,即作

①（明）王守仁:《王阳明全集》上,上海古籍出版社,2011年,第2页。
②（明）王守仁:《王阳明全集》上,上海古籍出版社,2011年,第138页。
③（宋）陆九渊:《陆九渊集》卷三十四,中华书局,1980年,第395页。
④（宋）陆九渊:《陆九渊集》卷三十四,中华书局,1980年,第396页。

为普遍道德法则的天理在什么意义上是可靠的。既然人们在主观上认定，只有符合天理的社会生活才是优良的，那么他们就必须能够证明天理本身是可靠的。正是出于这样的目的，程朱学派才强调天理是天地万物的本原、规范宇宙和人类社会生活的法则。但对于这一问题，陆王却有着全然不同的理解。王阳明在回答其学生徐爱"至善只求诸心，恐于天下事理有不能尽"这一问题时说："心即理也。天下又有心外之事，心外之理乎？……且如事父不成，去父上求个孝的理；事君不成，去君上求个忠的理；交友治民不成，去友上、民上求个信与仁的理；都只在此心，心即理也。此心无私欲之蔽，即是天理，不须外面添一分。以此纯乎天理之心，发之事父便是孝，发之事君便是忠，发之交友治民便是信与仁，只在此心去人欲、存天理上用功便是。"①王阳明不否认天理是绝对法则，但是作为道德法则的天理所以是可靠的，并不在于它是客观的存在物，而是因为体认这个原则的主体，即"人心"，是可靠的。因此，符合道德的社会生活得以实现的关键便不是向客观世界追寻"天理"，而是作为社会生活主体的人发明自己的道德本心。这样，在如何能够认识和把握天理这一问题上，便有了"格人理"还是"格物理"的分歧。

如何认识和把握作为普遍道德法则的天理，宋代理学家十分推崇《礼记·大学》"格物致知"的说法，朱熹把格物致知解释为"即物穷理"，"所谓致知在格物者，言欲致吾之知，在即物而穷其理也。盖人心之灵莫不有知，而天下之物，莫不有理，惟于理有未穷，故其知有不尽也。是以大学始教，必使学者即凡天下之物莫不因其已知之理而益穷之"②。按照朱熹的理解，每一种事物都分有天理，如果要认识天理，必须向具体事物去求，如《朱子语类》载："道理星散在事物上，却无总在一处底"，在格物致知的过程中，格一物只能通一理，如果要理解和把握普遍意义上的天理，便需要"去万理中千头万绪都理会，四面凑合来，见得是一理"。这样，格一物，得一理，格众物，得众理。朱熹的这一方法被陆九渊斥为"支离"。陆

---

① (明)王守仁：《王阳明全集》上，上海古籍出版社，2011年，第2—3页。
② (宋)朱熹：《四书章句集注》，中华书局，1983年，第6—7页。

九渊认为:"道塞宇宙,非有所隐遁,在天曰阴阳,在地曰刚柔,在人曰仁义。故仁义者,人之本心也。"①也就是说,天道、地道、人道原本是一个,因此格物致知应该是格人理而不是格物理,是去除人的私欲而回归人的道德本心。

　　明中叶的王阳明进一步发挥了陆九渊的观点。王阳明认为:"身之主宰便是心,心之所发便是意,意之本体便是知,意之所在便是物。如意在于事亲,即事亲便是一物,意在于事君,即事君便是一物,意在于仁民爱物,即仁民爱物便是一物,意在于视听言动,即视听言动便是一物。所以某说无心外之理,无心外之物。中庸言'不诚无物',《大学》'明明德'之功,只是个诚意。诚意之功,只是个格物。"②按照王阳明的理解,"格物"之"物"并不仅指有形的存在物,事就是物,物也就是事,事君、事亲都是一物,也就是说,凡主体与客体之间发生关系的过程都是物。同时,王阳明又训"格"为"正","格者,正也。正其不正,以归于正也"③。既然训格为正,"格物"就不是正物,而只能是正己之心,这样,"格物致知"便被解释为纯粹的反思过程,而不是接触客观事物的过程。

　　陆王心学强调人的理性在认识过程中的决定性作用,与英国 17 世纪思想家贝克莱所说的"存在就是被感知"很是接近。而德国哲学家康德也说过类似的话:"经验对象本身,包括我们的主体在内,只可承认是现象。"④人们在认知过程中形成的现象,虽然以物自身为基础,但却绝不是事物的本身,也就是说,人们认识到的客观世界,只是在主观上对于客观世界的把握,而不是客观世界本身。这样,希腊哲学家所说的诸神、理念,中世纪基督教哲学家所说的"上帝的意志",都是人们主观思维的产物,而不是客观的存在物。同样,陆王心学也证明了一点,即历代儒家所说的"道"或"天理",也不是真实的存在物,而是作为认识主体的人在思维过

---

① (宋)陆九渊:《陆九渊集》卷一,中华书局,1980 年,第 9 页。
②③ (明)王守仁:《王阳明全集》上,上海古籍出版社,2011 年,第 6 页。
④ [德]康德:《实践理性批判》,韩水法译,商务印书馆,1999 年,第 4 页。

程中形成的东西。

2.陆王心学对主体意识的唤醒及其影响

在东西方政治思想史上,思想家有关认识过程中主客体关系的讨论从来都不是单纯的认识论问题,陆王心学也是如此。特别是到了明中叶以后,阳明心学强调作为认识主体的人的决定性作用,在某种程度上唤醒了人的主体意识。而人的主体意识的觉醒,也必然导致人们对于社会政治生活的新的理解。

陆王心学所以具有唤醒人的主体意识的作用,首先在于它打破了传统儒家株守圣人旧物的思想方式,鼓励人的独立思考。如前所述,先秦两汉儒家虽然也重视"智"与"心"的意义,但是"智"与"心"主要是被看作是理解圣人之言、权威经说的条件,个人在理解经典的过程中并不可以参以己意。例如,宋代熙宁年间王安石当政以后,便规定府州县学必须以王安石主持编写的《三经新义》为教材,元代延祐年间恢复科举,则推崇朱子之学,命题、判卷均以《四书集注》为准。儒家经典与权威经说成了束缚人们思想的桎梏。在这样的思想文化背景下,陆九渊和王阳明主张发明本心,倡导人们独立思考,从而为人们打开了思想的空间。

那么,个人是否能够通过独立思考而使自己认识到普遍的道德法则?对于这一问题,陆九渊和王阳明都给出了肯定的回答。陆九渊认为,古往今来的人们,无论圣智贤愚,都有完全相同的心:"孟子云,尽其心者,知其性,知其性则知天矣。心只是一个心,某之心,吾友之心,上而千百载圣贤之心,下而千百载复有一圣贤,其心亦只如此。心之体甚大,能尽我之心,便与天同。"①陆九渊的这一说法明显不同于程朱学派,在程朱那里,人们必须借助权威经说来理解儒家经义,虽然朱熹也每每说到心的重要性,但"心"是用来理解圣人与权威之言的,而陆九渊却认为,作为认识主体,每个人都有着与别人完全相同的心,这个心与千古圣贤的心在本质上没有什么不同,每个人都有着相同的体认天理的理性能力,因此,无须圣人教

---

① (宋)陆九渊:《陆九渊集》卷三十五,中华书局,1980 年,第 444 页。

海和权威经说,每个人都可以通过"格物致知"而至于"至善"。

陆九渊说古往今来的人们无论圣智贤愚都有共同的"心",其本意无非是说每个人都具有认识和接受普遍道德法则的理性能力,因此每个人的道德自觉便是实现符合道德的社会生活的前提,可他没有料到的是,当后来的人们循着这一路径向前走的时候,却导向了对偶像的否定。

否定偶像的思想倾向始于王阳明。在回答时人程朱之说是否不可疑易这一问题时,王阳明说:"求之于心而非也,虽其言之出于孔子,不敢以为是也,而况其未及孔子者乎? 求之于心而是也,虽其言之出于庸常,不敢以为非也,而况其出于孔子者乎?"①王阳明认为,程朱的观点并不是不易之论,不仅程朱,即使是孔子说的话,也需要人们根据自己的理性加以判断,因为孔子、程朱都不能垄断真理,"夫道,天下之公道也,学,天下之公学也,非朱子可得而私也,非孔子可得而私也,天下之公也,公言之而已矣"②。也就是说,判断是非的标准是公共的,任何人都不应该而且也没有能力垄断真理。

如果说王阳明在否定程朱的同时,连带着说到了孔子,到了王学后进李贽那里,却是直截了当地否定孔子的偶像地位,在写给时人的一封信中,李贽说:"天生一人自有一人之用,不待取给于孔子而后足也。若必待取足于孔子,则千古以前无孔子,终不得为人乎? "③在另一处,针对两宋以来流行的"天不生仲尼,万古如长夜"的话语,李贽借他人之口讥讽道:"怪得羲皇以上圣人尽日燃纸烛而行也。"④在世界文化史上,几乎每个民族都经历了一个偶像崇拜的时代,在人们对于理性没有足够自信的时候,只能求诸理性之外的某种存在,在古代西方人的观念中是诸神或上帝,而在古代中国人的观念中便是孔子。战国以后,历代儒家莫不把孔子看作是真理的化身、道义的本原,孔子的话就是判断是非的标准。晚明

---

① (明)王守仁:《王阳明全集》上,上海古籍出版社,2011 年,第 85 页。
② (明)王守仁:《王阳明全集》上,上海古籍出版社,2011 年,第 88 页。
③ (明)李贽:《焚书》卷一,中华书局,1975 年,第 16 页。
④ (明)李贽:《焚书》卷一,中华书局,1975 年,第 130 页。

王学否定孔子的偶像地位，在一定程度上起到了解放思想的作用。

如上所述，从南宋陆九渊到晚明王学，传统儒家内部在认识论层面上确实发生了明显的变化。在某种意义上说，陆王心学强调人的主体意识，在唤醒人的主体意识的同时，也否定和批判了权威和偶像，较之先秦两汉儒家及宋代的程朱学派，王学确实有所不同。或许是由于这方面的原因，在近年来有关儒家与自由主义的讨论中，有人认为，在追求自由这一点上，王学与近代自由主义思想有着相同或相似的价值。更有人试图从本体论入手，对于王学做出自由主义的诠释，甚至认为晚明王学便已经具有"现代性倾向"。说者认为，"在本体论层面，阳明心学由于强化了本体的'个体性'以及常人良知的现实可靠性，从而敞开了个体自由的可能性"。并且认为，由阳明心学敞开了个人良知的可靠性所致，"泰州学派、黄宗羲等阳明后学的思想学说呈现出现代性倾向"[①]。但在我看来，心学，无论是在其始祖陆九渊那里，还是后来的王阳明、李贽，都与近代自由主义有着本质的差别。

首先，陆王心学所理解到的个人不是权利的主体。

陆王心学在认识论的层面上强调个人的主体意识，认为每一个人有判断是非善恶的理性能力，相较于先秦两汉儒家及宋代的程朱学派，这固然是具有重大意义的进步。但不能忽视的是，陆王心学对于人的主体意识的理解只是停留在认识论的层面上。在承认个人理性能力之外，陆王心学对个人并没有形成更为深刻的理解。即使是晚明的李贽也没有把个人理解为权利的主体。

法国18世纪思想家贡斯当在论及自由在不同历史时代的内涵时，曾经把自由区分为古代的自由与现代的自由，约翰·格雷（John Gray）在叙述贡斯当这一观点时说，"古代世界持有一种与现代截然不同的自由观念：对现代人而言，自由意味着一个在法治之下受到保护的、不受干涉或独立的领域；而古代人的自由则意味着参与集体决策的权利"[②]。尽管

---

① 李海超、黄玉顺：《阳明心学的真精神：个体自由可能性的敞开》，《江淮论坛》，2017年第6期。

② ［英］约翰·格雷：《自由主义》，曹海军、刘训练译，吉林人民出版社，2005年，第3页。

自由的概念在古代与近现代有着不同的含义，但古代自由与现代自由却有着相通的一点，那就是权利。古典时代个人"参与集体决策的权利"，"很少意味着个人免于共同体的控制"①，但是这种权利仍然可以被逻辑地还原为城邦公民所拥有的平等权利。而陆王心学则不然，无论是陆九渊和王阳明，还是后来的李贽，他们所理解到的个人，至多是在认识论的意义上可以凭理性思考的个体，这种个人既不能生活在"不受干涉或独立的领域"，也没有"参与集体决策"的权利。

为了证明晚明王学属于自由的思想传统，有些学者提出了一个"中国式自由"的说法，"中国的自由是从心所欲不逾矩式的良知自由。良知自由富于伦理意义而对政治自由缺少自觉意识。明朝中叶兴起的阳明心学对程朱理学构成了一种反动，在道德主体的觉醒意义上复兴了传统的良知自由思想"②，这一说法很有问题。传统儒家所说的"从心所欲不逾矩"，并不包含权利的内涵，所谓的"良知自由"，无非是为个人的服从设定了一个空间，而不是为社会生活中的个人设定一个不受干涉的领域。

其次，陆王心学对于个人的理解缺少平等的内涵。

自由与平等是不可分离的双生兄弟，约翰·格雷在论及自由主义思想传统的特征时指出，"自由主义传统中各种变体的共同之处在于"，"它是平等主义的(egalitarian)"，因为它赋予所有人以同等的道德地位，"否认人们在道德价值上的差异与法律秩序或政治秩序的相关性"。③格雷的这段话对于理解平等很有启示性意义。那就是人与人之间平等，首先是人的道德价值的平等，但是道德价值的平等并不是孤立的，它不仅仅是说我的偏好不比他人更高贵，也不比他人更卑劣，更重要的是，道德价值的平等要在社会安排上体现出来，它不允许在强调人与人之间道德价值差异的前提下，形成对社会成员歧视性的制度安排。陆王心学对于人的

---

① [英]约翰·格雷：《自由主义》，曹海军、刘训练译，吉林人民出版社，2005年，第3页。
② 李浩：《论心学对"良知自由"传统的复兴与发展》，《吉首大学学报》，2016年第6期。
③ [英]约翰·格雷：《自由主义》，曹海军、刘训练译，吉林人民出版社，2005年，第2页。

理解显然没有达到这一点。

如前所述，陆王心学虽然认为每一个人都有判断是非的能力，但他们并不认为人的道德价值是平等的。思孟学派曾经有一个"人皆可以为尧舜"的命题，陆王心学也高度重视这一命题。在表面上看，"人皆可以为尧舜"很有些道德平等的意味，其实则不然。南宋陆九渊曾就这句话有过解释："人皆可以为尧舜，此性此道与尧舜元不异，若其才，则有不同耳，学者当量力度德。"①陆九渊这句话的意思是说，尧舜是每个人都可能达到的道德境界，在修养的终点上，"此性""此道"与圣人是相同的，但是现实生活中的人们的基本素质却是各不相同的，所以在事实上并不是任何人都能达到这一境界。最终，圣智贤愚之别还是不可消弭的，用陆九渊的话说，"有道无道之人，有才无才与才之高下，为道之幸不幸，皆天也"②。

和陆九渊一样，明代的王阳明也认为圣人与常人之间存在着差别，《传习录》载有王阳明弟子徐爱的一段话："心犹镜也。圣人心如明镜，常人心如昏镜。近世格物之说，如以镜照物，照上用功，不知镜尚昏在，何能照！先生之格物，如磨镜而使之明，磨上用功，明了后亦未尝废照。"③徐爱这番话是恭维王阳明的，王阳明本人对这句话也没有不同看法。即使是晚明王学中被视为异端的李贽，虽然锐意推翻孔子的偶像地位，但却仍然承认人与人之间道德价值的差别，在写给时人的一封信中，李贽认为豪杰不同于常人："人犹水也，豪杰犹巨鱼也。欲求巨鱼，必须异水；欲求豪杰，必须异人。此的然之理也。""豪杰之士决非乡人之所好，而乡人之中亦决不生豪杰。"④他一方面认为每个人都有道德判断的理性能力，另一方面又强调人与人之间的等第差别，这种矛盾的理论状态决定了陆王心学最终无法破除传统儒家的藩篱。

最后，陆王心学缺少对政治自由的诉求。

---

①② （宋）陆九渊：《陆九渊集》卷三十五，中华书局，1980 年，第 455 页。

③ （明）王守仁：《王阳明全集》上，上海古籍出版社，2011 年，第 23 页。

④ （明）李贽：《焚书》卷一，中华书局，1975 年，第 3—4 页。

　　在东西方政治思想史上,几乎每一种思想学说的真实起点都是对人的理解,因此对于思想家来说,如果缺少了对于人的理解,其思想学说肯定是不完整的。不过,思想家对人的理解毕竟是其全部思想学说的理论基点,无论思想家怎样理解了人,他们都必须对进一步的理论问题做出回答,那就是,他们所理解到的人,应该以什么样的方式组织在一起,或者说,他们应该拥有什么样的政治生活。在这一意义上说,自由的价值理念所以在近代历史上成为推动社会进步的力量,就是因为这一理念的基本指向是与之相应的政治、经济和法律制度,正如意大利学者圭罗·德·拉吉罗(Guido de Ruggiero)指出的那样:"稳定、持久、公正——这些特点,最终都与自由主义国家的观念联系在一起。所有社会力量、舆论与能动性的自由运动,如果没有将历史生活的变动因素及其运动连续性保证统一起来的共同渠道,就不能产生有组织的文明社会。"①换言之,思想家所表达的自由理念一定含有政治方面的道德诉求。

　　陆王心学强调人的主体意识在认识普遍道德法则的过程中的决定作用,承认每一个人的道德判断能力,也是某种意义上对于人的理解。可是,陆王心学的这一认识却仅仅停留在认识论的层面上。关于社会政治生活及人们的社会生活,他们所能想到的不过是,"且如事父不成,去父上求个孝的理,事君不成,去君上求个忠的理,交友治民不成,去友上、民上求个信与仁的理"②。于是,陆王心学所追求的"致良知",在逻辑上还是要回归于现实的君主专制政治。即使是明末清初对秦以来的君主专制政治予以强烈批判的黄宗羲,也还是把优良的社会生活寄希望于圣王明君。这足以说明,作为传统儒学历史发展的最后一个理论形态,陆王心学

---

①[意]圭罗·德·拉吉罗:《欧洲自由主义史》,[英]R.G.科林伍德英译,杨军译,吉林人民出版社,2001年,第340页。
②(明)王守仁:《王阳明全集》上,上海古籍出版社,2011年,第2—3页。

并不具有自由的思想品质。

二、庄子自由观的政治哲学解读

在中国历史上,庄子是最早而且也是为数不多的对自由有着深刻理解,并且把对自由的诉求表达出来的思想家。作为道家学派的代表人物,庄子从万物等齐的观念出发,阐释了以"无待"为前提、以免于约束为基本特征的自由理念。庄子所追求的自由是完全摆脱人类社会生活的绝对自由。基于对自由的认识和理解,庄子把无君无臣的无政府状态作为最高理想,同时无政府的思想倾向也使得庄子的自由观有着更多的消极意义。庄子自由观的消极方面也在很大程度上影响了近代中国思想界对自由主义的认识。在以往有关庄子自由观的讨论中,人们大多把庄子的自由观理解为精神层面的自由,也有人把庄子的自由观分解为三重境界,但却很少关注庄子自由观的政治内涵。这里将对庄子自由观在政治哲学的层面上加以解读。

(一)基于万物等齐的绝对自由

自由与平等是相互依存的概念,思想家对于自由的认识和理解总是与"平等"关联的,也就是说,人们所理解到的自由只存在于有着平等地位和权利的人们中间,在不平等的人们之间是没有自由可言的。在古希腊,雅典城邦的公民是平等的,他们每个人也都是自由的,约翰·格雷在叙述古希腊的自由与平等的联系时说:希腊智者派中的怀疑主义思想家"在对'自然'与'约定'做出明确区分时倾向于肯定人类的普遍平等"①。雅典城邦所以没有把自由赋予奴隶,是因为他们没有把奴隶看作

---

① [英]约翰·格雷:《自由主义》,曹海军、刘训练译,吉林人民出版社,2005年,第4页。

人。自由与平等之间的内在联系,也可以从伯利克里的演讲中得到证明:
"我们的制度之所以被称为民主制,是因为城邦是由大多数而不是由少
数人管理的。我们看到,法律在解决私人争端的时候,为所有人都提供了
平等的公正;在公共生活中,优先承担公职所考虑的是一个人的才能,而
不是他的社会地位,他属于哪一个阶级;任何人,只要他对城邦有所贡
献,绝对不会因为贫穷而湮没无闻的。我们在政治生活中享有自由,我们
的日常生活也是如此。"①雅典城邦的自由,是以它的公民之间的平等为
前提的,而法律是确定雅典公民平等地位的证明。

　　庄子也是基于对平等的认识来理解自由的。不过,庄子所理解到的
平等不是人与人之间的平等,而是万物等齐,"天地与我并生,而万物与
我为一"(《庄子·齐物论》)。在逻辑上,当人们在观念上主张某种意义上
的平等的时候,必须为他们所理解到的平等确定一个尺度,如果说雅典
公民平等的尺度是法律,庄子用来说明万物等齐的尺度便是"道"。庄子
对道的理解虽然与老子略有不同,但在主要方面还是继承了老子对于
道的认识。比如,庄子也认为道是天地万物的本原,是"无为无形"(《庄
子·大宗师》)的存在,同时,庄子又把道理解为"无所不在"(《庄子·知北
游》)的普遍法则,所不同的是,庄子更为注重道的"自然"属性。"自然"
成为庄子理解客观世界的门径,同时,也是其认识和评价人类社会生活
的尺度。

　　庄子认为,以道为标准,天地间任何事物的价值都是均等的,事物之
间没有什么差别可言,所谓事物之间的界限与差别,不过是每一种事物
站在自己的立场上看待其他事物而形成的感觉。"以道观之,物无贵贱,
以物观之,自贵而相贱。"(《庄子·秋水》)而每一种事物都高估自己的价
值而贬低其他事物的价值,因此也就有了人们常识上的贵贱之别。站在
道的立场上看,这些界限和差别是没有意义的。因为世界上每一种事物
自身都有所短和所长,而事物之间的短长是不能相互替代的。"梁丽可以

---

　　① [古希腊]修昔底德:《伯罗奔尼撒战争史》,徐松岩等译,广西师范大学出版社,2004 年,
第 98—99 页。

冲城，而不可以窒穴，言殊器也；骐骥骅骝一日而驰千里，捕鼠不如狸狌，言殊技也；鸱鸺夜撮蚤，察毫末，昼出瞋目而不见丘山，言殊性也。"（《庄子·秋水》）庄子这里所说的"殊器""殊技""殊性"，意在强调每一事物区别于其他事物的特点，而每一事物的价值都是由其自身决定的。在庄子看来，把有着不同特性的事物相互比较来说明事物之间的贵贱等第的做法不仅毫无必要，而且也违背了自然之理。

在《逍遥游》中，庄子虽然描述了"水击三千里，抟扶摇而上者九万里"的大鹏与"决起而飞，抢榆枋"的蜩、学鸠、斥鷃的差别，他也说过"小知不及大知，小年不及大年""朝菌不知晦朔，蟪蛄不知春秋"这样的话，不过，庄子的这些话并不是说事物之间存在着贵贱之别，相反，是要说明每一事物都有自己生活的世界和生活的意义。晋人向秀、郭象注《庄子》，于"小年不及大年"句下解释说："苟足于其性，则虽大鹏无以自贵于小鸟，小鸟无羡于天池而荣愿有余矣，故小大虽殊，逍遥一也。"这一说法得乎庄子的原意。

天地间万物存在的意义在于顺应自然之理，各正性命，因此，任何事物都无须取给于其他事物，"彼正正者，不失其性命之情。故合者不为骈，而枝者不为跂；长者不为有余，短者不为不足。是故凫胫虽短，续之则忧；鹤胫虽长，断之则悲"（《庄子·骈拇》）。在《应帝王》一篇，庄子讲述了南海之帝儵与北海之帝忽为报中央之帝浑沌之情，为之打凿七窍的故事，结果"日凿一窍，七日而浑沌死"。按照庄子的认识，任何事物都是自足的，无须取给于其他事物，出于同样的道理，任何人也都没有理由把自己所喜欢的东西强加给他人，这样，庄子万物等齐的观念便逻辑地导向了"自由"。

庄子所理解到的自由是免于一切约束的自由，达到这种自由的先决条件便是"无待"，也就是作为生活的主体对于外部环境无所依赖。庄子这种"无待"的状态想象为："乘天地之正，而御六气之辩，以游无穷者，彼且恶乎待哉。"（《庄子·逍遥游》）应该说明的是，对于生活在特定历史条件下的人们来说，由于其赖以生存的全部资源都取给于他们所生活的社会，个人在事实上无法摆脱对社会的依赖，这决定了社会生活中的人在本质上是不自由的，历史上的思想家通常所说的自由只是相对的自由。而庄子所说的自由却是绝对的自由。庄子想象中的达到自由境界的人，彻底摆脱了对群体生活甚至整个物质世界的依赖。在庄子的笔下，列子"御风而行"，虽然是任自然的行为，但这仍然不是最为完美的境界，因为他"犹有所待也"（《庄子·逍遥游》）。庄子的这一说法揭示了一个深刻的道理：人在什么程度上对外部世界有所依赖，也就在什么程度上是不自由的。

由于把自由理解为以"无待"为前提的绝对自由，庄子对人类群体生活在整体上持否定的态度。"泉涸，鱼相与处于陆，相呴以湿，相濡以沫，不如相忘于江湖。"（《庄子·大宗师》）在庄子看来，人们在群体生活中结成的社会关系及基于这种关系的社会行为，并不能在根本上解决人生问题，人们在长期的社会生活中形成的礼义规范和道德准则，是约束人们的桎梏，至于人们在现实生活中孜孜以求的功名利禄，是人生的拖累。要实现真正的自由，就必须摆脱现实生活的一切，是所谓"至人无己，神人无功，圣人无名"（《庄子·逍遥游》）。关于庄子这里所说的"无己""无功""无名"，唐人成玄英解释说："至言其体，神言其用，圣言其名，其实一也。"成氏认为这三种情形有着相同的本质，其说得之，但他却忽略了十分重要的一点，那就是，庄子笔下的"无己""无功""无名"也象征着个人获得自由的程度差别，这种差别主要体现为摆脱外在负累的程度。

在庄子的自由观中，自由不仅仅是人在形体上摆脱外在的约束，更为重要的是人的意志自由。在《齐物论》中，庄子讲述了一个"吾与若辩"的事例，庄子说，在这场争论中，无论是"若胜我，我不若胜"，还是"我胜若，若不吾胜"，都不能说明我与若究竟谁是谁非。因为"我与若不能相知也"，假使我与若谁也不能说服对方，也无法找到第三方对我与若的意见分歧做出是非判断。"使同乎若者正之，既与若同矣，恶能正之？使同乎我者正之，既同乎我矣，恶能正之？使异乎我与若者正之，既异乎我与若矣，恶能正之？"（《庄子·齐物论》）因为我与若以及第三方还是"不能相知"。

"不能相知"一语，很容易使人形成某种误解，以为庄子在认识论上是相对主义和不可知论者①，在以往参与编写几部《中国政治思想史》教材时，我也大体持有这种看法。实际上，庄子是承认客观真理和绝对的价值尺度的，庄子所认可的客观真理和价值判断的尺度就是"道"。庄子所说的"不能相知"，只是说任何个人的认识都有其不可避免的主观性和相对性，所以人与人之间是无法真正地相互理解的，出于这样的原因，庄子才认为有着不同意见的人们应该是平等的。

在庄子看来，在"道"这个绝对尺度面前，世界上的万事万物都是相对的存在。"民湿寝则腰疾偏死，鳅然乎哉？木处则惴栗恂惧，猿猴然乎哉？三者孰知正处？民食刍豢，麋鹿食荐，蝍蛆甘带，鸱鸦嗜鼠，四者孰知正味。"（《庄子·齐物论》）没有哪一种动物知道什么是最适宜居住的处所，没有哪一种动物知道什么是真正的美味，出于同样的理由，在人类社会内部，没有人有能力垄断真理。因此，谁也没有理由把自己的意志强加于他人。在精神世界里，每个人都应该是自己的主人，这是庄子自由观的精髓。

（二）以无政府为特征的社会理想

在近年来有关庄子自由观的研究中，人们大多把庄子的自由观解释为精神自由。例如，陈鼓应先生说："庄子的哲学和尼采的哲学都是自由哲学，但是，他们所说的自由，并不是现代政治法律制度下权利义务关系规范下的自由，而是一种精神性的自由。"②也有人说，庄子自由观的哲学意义和思想价值在于，"它在中国哲学史上首次将人的精神自由从人的外部物质活动中独立出来，区分了人的内在的精神自由和外在的行为自由，并从精神自由的角度提出了人的四种不同的精神境界"，"从而建构起他的内涵丰富的'精神自由观'"。③如此理解庄子的自由观虽然不无道

---

① 参见金景芳：《战国四家五子论略》，《社会科学战线》，1982 年第 3 期。
② 陈鼓应：《老庄新论》，商务印书馆，2008 年，第 489 页。
③ 王富仁：《论庄子的自由观——庄子〈逍遥游〉的哲学阐释》，《河北学刊》，2009 年第 11 期。

理,但应该看到的是,历史上的思想家对于自由的认识和理解固然是一种精神现象,但是,思想家所追求的自由却不是单纯的精神自由。在任何历史时代,思想家在认识和理解自由的时候,他们所理解到的自由必然是作为存在者的人的自由,与此同时,思想家也总是要在自己的观念中构想一个与之相应的社会图景,要为他们所理解到的自由的人设定一个恰当的生存环境。所以,在每一个对自由有着强烈追求的思想家那里,都有一个理想的社会图景,而思想家对于理想社会图景的描述,也表达了他们对现实社会生活的态度。在这一意义上说,"精神自由"并不是对庄子自由观的准确概括。

在东西方政治思想史上,不同思想流派产生理论分歧,在很大程度上是由于对个人与群体关系的不同理解。简单地说,人们或者是站在个人的立场上,或者是站在群体的立场上理解社会政治生活,因而对社会政治生活有了不同的看法。前者的价值取向是个人本位,它更多地强调个人的重要性,后者则是群体本位,持有这种观点的人大都认为整体相对于个人有着绝对的优先性。作为战国道家的代表人物,庄子是站在个人的立场上理解社会生活的,与儒墨诸家相比,庄子更多地看到了个体的重要性,因此也就有着对于自由的强烈追求。然而,由于庄子基于万物等齐的观点来理解自由,这使得他不可避免地走向了个人主义的极端,成为政治上的无政府主义者。

在庄子的观念中,自由就是免于约束,而免于约束的个人一定过着放任的生活。这种放任的生活环境就是庄子笔下的"至德之世"。"至德之世,其行填填,其视颠颠。当是时也,山无蹊隧,泽无舟梁;万物群生,连属其乡;禽兽成群,草木遂长。是故禽兽可系羁而游,鸟鹊之巢可攀援而窥。夫至德之世,同与禽兽居,族与万物并。恶乎知君子小人哉!同乎无知,其德不离,同乎无欲,是谓素朴,素朴而民性得矣。"(《庄子·马蹄》)"至德之世"是"人与万物群生"的生存状态,这种生存状态的本质是"无",所以庄子又称之为"无何有之乡"。庄子曾就惠子"有大树,患其无用"这一话题发挥道:"何不树之于无何有之乡,广莫之野,彷徨乎无为其侧,逍遥乎寝卧其下,不夭斤斧,物无害者,无所可用,安所困苦哉。"(《庄子·逍遥游》)

"至德之世"所以是人类理想的生存状态,在于它最接近于"未始有物"、有物而"未始有封"（《庄子·齐物论》）的境界,所谓"未始有物",是庄子所想象的天地万物尚未发生的状态,有物而"未始有封",是万物虽然形成但相互之间还没有太大的差别,这是与"道"的属性一致的境界。在这样的环境下,世间万物都一无所用,因为无所用,人便在根本上摆脱了全部的社会负担,并因此获得了最大限度的自由。"大泽焚而不能热,河汉冱而不能寒,疾雷破山、飘风振海而不能惊。若然者,乘云气,骑日月,而游乎四海之外,死生无变于己,而况利害之端乎！"（《庄子·齐物论》）简言之,因为人们不依赖于任何外部条件而生存,因此获得了没有任何约束的自由。

在庄子所构想的"至德之世",人们拥有最大限度的自由,"洒心去欲,而游于无人之野"（《庄子·山木》）。与此同时,庄子也和春秋战国时期的儒家一样,试图把他想象中的理想社会复原到经验性的历史过程中去。只不过,庄子理想社会的摹本不是儒家所称道的尧舜文武之世,而是出于"道法自然"的认识,把人与万物群生当作理想的生活状态。在庄子看来,人类与自然界分离而有了自己的社会生活的那一时刻,就是大道衰败的开始。三皇五帝特别是尧舜以来,人们为摆脱蒙昧状态所做的全部努力,只是为人们平添了许多负担,人们从此变得愈来愈不自由。"自虞氏招仁义以挠天下也,天下莫不奔命于仁义。""自三代以下者,天下莫不以物易其性矣,小人则以身殉利,士则以身殉名,大夫则以身殉家,圣人则以身殉天下。"（《庄子·骈拇》）这些人所作所为虽各不相同,但"其于伤性,以身为殉,一也"（《庄子·骈拇》）。总之,要实现真正的自由,必须在根本上取消人类群体生活施予每个人的约束,而这所有之中,最为沉重的便是国家及其制度规范。

庄子面对的是与战国其他思想家完全相同的历史环境,西汉刘向称这一时期是"上无天子,下无方伯,力功争强,胜者为右"（《战国策·刘向书录》）的时代。动荡无序的社会条件使得思想家对于优良社会生活的追求尤为强烈。在百家争鸣过程中出现的诸子百家,虽然思想主张各异,但"一致而百虑,同归而殊途"（《史记·太史公自序》）,他们所回答的是相同的问题:什么样社会生活是才是优良的,如何能够实现理想的社会生活。对于这一问题,庄子给出的答案是与众不同的。在儒、墨、法诸家看来,走出动乱无序的唯一可靠的途径,是实现对社会的有效治理。但庄子却认为,治理天下的结果只能是愈治愈乱。"重圣人而治天下,则是重利盗跖也。为之斗斛以量之,则并与斗斛而窃之,为之权衡以称之,则并与权衡而窃之。为之符玺以信之,则并与符玺而窃之,为之仁义以矫之,则并与仁义而窃之。"(《庄子·胠箧》)天下所以愈治愈乱,是因为权衡、符玺、仁义这些治理手段,不仅可以为善良的人们所用,而且也可以为恶人所用,而恶人运用这些手段所产生的不良效应,要远甚于善人运用它们所能带来的社会效果。

庄子认为,人类社会本来是不需要治理的,古往今来那些号称治天下的圣人,其实都是乱天下的罪人,"三皇五帝之治天下,名曰治之,而乱莫甚焉"(《庄子·天运》)。庄子认为,人们通常所说的圣王与暴君,在祸乱天下这一点上并没有实质的区别,"昔尧之治天下也, 使天下欣欣焉,人乐其性,是不恬也。桀之治天下也,使天下瘁瘁焉,人苦其性,是不愉也。夫不恬不愉,非民德也。非德而可长久者,天下无之"(《庄子·在宥》)。尧使民众"不恬",桀使民众"不愉",在违反本原的道德这一点上是相同的。

在《胠箧》篇,庄子借盗跖之口说了一段"盗亦有道"的道理:"妄意室中之藏,圣也,入先,勇也,出后,义也,知可否,知也,分均,仁也。五者不备而能成大盗者,天下未之有也。"庄子把知、仁、勇、义看作是圣人与盗贼共有的品质,"善人不得圣人之道不立,跖不得圣人之道不行。天下之善人少而不善人多, 则圣人之利天下也少而害天下也多"(《庄子·胠箧》)。因为圣人之道与盗贼之道在本质上是相同的,所以,圣人、帝王其实也就是盗贼, 只不过他们所盗窃的东西有所不同而已,"窃钩者诛,窃国者为诸侯"(《庄子·胠箧》)。庄子此说虽然有些偏激,但也在一定程度上揭露了那个时代专制政治的本质。

从"窃国者为诸侯"的认识出发,庄子拒绝承认国家存在的合理性,认为走出动乱的社会现实的唯一可靠的途径,就是取消人类社会全部的政治设施。"掷玉毁珠,小盗不起;焚符破玺,而民朴鄙;掊斗折衡,而民不争，殚残天下之圣法，而民始可与论议……"(《庄子·胠箧》)庄子这一主张是历史上曾经出现的无政府主义思想中最为极端的形式。历史上的无政府主义者虽然都不承认国家对于人类群体生活的价值，主张通过废除国家而提升个人自由，但他们之中的大多数并不否定人类的文明成果，他们对理想社会的构想仍然是以人类群体生活为前提的。而庄子的无政府主张则走得更远，他要在根本上消解人类的群体生活，使人类复归于与万物混一的自然状态。所以如此，根本原因在于庄子对自由的理解。

（三）庄子自由观的消极方面及其对后世的影响

追求自由是人类的天性，庄子是中国思想史上最早认识到自由的价值，并且系统表达了自由追求的思想家，在以儒家伦理政治学说为主体的中国传统文化中，庄子的自由观弥足珍贵。庄子的自由观在很大程度上影响了后世的思想家，汉魏以后，凡是对自由有着追求的思想家，其对自由的认识大多本于庄子。可以说，庄子的自由观是后世中国人认识和理解自由的思想源泉。

庄子所理解到的自由，是免于一切约束的绝对自由，这与贡斯当所说的"现代自由"或伯林所说的"消极自由"亦即"免于……(free from)"的自由在含义上有些接近。然而，尽管庄子对自由有着深刻的理解，庄子自由观的存在并没有改变中国文化缺少自由传统这一事实。当西方近代的自由主义思想舶来中国的时候，以庄子为代表的中国传统自由观念在理论上却无法与近代自由主义实现对接。由于自庄子衍生出来的中国传统自由观念与近代自由主义在理论上没有更多的契合之处，自由在近代中国思想界乃至中国社会便成了只有很少人能够理解和接受的怪物。被梁启超誉为"清季输入欧化之第一人"的严复，把约翰·密尔(John Stuart Mill)的《论自由》译为中文的同时，也试图为自由主义寻求本土的思想根据，他找到的便是庄子。"挽近欧西平等、自由之旨，庄生往往发之，详玩其说，皆可见也。"[1]严复这一努力事实上是不成功的。作为社会选择的

---

[1] 王栻编：《严复集》第四册，中华书局，1986年，第1146页。

结果，自由主义最终没有在近代中国落地生根。至于近代中国为什么没有选择自由主义，许多学者已经有过讨论。①这里我想说的是，庄子自由观的消极方面及其与近代自由主义之间的理论隔阂或许是近代中国没有接受自由主义的更为深层的原因。

庄子的自由观所以不能与近代以来传入中国的自由主义对接，根本原因是庄子的自由观与近代自由主义思想家有着完全不同的价值取向。

在政治思想史上，自由、平等所以是一个引人注目的话题，是因为它在本质上是一个道德问题，其基本的道德指向是人类应该有什么样的社会生活，个人在他所生活的社会里应该如何受到公平的对待。据我们所知，到目前为止，这是唯独在人类群体生活中才会有的问题，而其他某些动物虽然也有群体生活，但它们的群体生活主要是由本能维系的，或者说，在其他动物群体中根本不存在我们通常所说的道德问题。因此，思想家思考道德问题时，其基本的价值取向只能是在道德意义上增进人类社会生活的质量。如前面所说，在政治思想史上，任何有关自由的认识都离不开对"平等"的认识和理解，在某种意义上说，平等就是用来规范自由的尺度，而思想家如何理解平等，在根本上决定了他们对自由的认识所能达到的境界。

在对平等的认识方面，近代自由主义思想家继承了源自希腊文化的平等观念，他们假定每一个人都具有平等的道德价值，体现在社会生活中则是法律面前人人平等，如英国现代思想家霍布豪斯（Leonard T. Hobhouse）所说，"自由意味着平等"。基于这样的认识，自由主义思想家观念中的自由不是没有任何限制的，"普遍自由的第一个条件是一定程度的普遍限制。没有这种限制，有些人可能自由，另一些人却不自由"。因此，"我们可以从中得出一个重要结论，即自由和法律之间没有根本性的对立。相反，法律对于自由是不必不可少的"②。自由主义思想家所

---

① 参见耿云志、郑大华等：《历史为什么没有选择自由主义——关于中国近代"自由主义"的对话》，《光明日报》，2008 年 5 月 10 日。

② [英]霍布豪斯：《自由主义》，朱曾汶译，商务印书馆，1996 年，第 1 页。

理解到的自由是社会自由，是人们在现实的社会中通过道德努力所要实现的自由。

与自由主义思想家不同的是，庄子为自由设定的平等尺度不是人与人之间的平等，而是"万物等齐"，人的自由是通过回归原始的自然状态实现的。这种自由实现的前提是个人对外部世界无所依赖，因此也不受任何约束的绝对自由，这种自由在本质上不是社会自由，是人们通过任何努力都无法实现的自由。因此，庄子自由观的价值取向便不是提高人类社会生活的质量，而是取消人类的群体生活。

由于价值取向的偏失，庄子对人类社会的政治生活做了极度悲观的估价，庄子拒绝承认人类群体生活的价值，甚至认为人类在自己的生活实践所积累的全部文明成果都是道德衰败的标志，"残朴以为器，工匠之罪也；毁道德以为仁义，圣人之过也"（《庄子·马蹄》）。庄子否定人类群体生活的价值与意义，其对自由的认识便不可避免地导向无政府主义。这是庄子的自由观无法与近代自由主义相融通的一个重要原因。

庄子的自由观是中国古代相当一些思想家理解自由的门径。汉魏以后，凡是以自由作为追求的思想家，大多在"无政府"这一点上有着共识，曹魏正始年间，阮籍作《大人先生传》，在表达隐逸遁世情怀的同时，又明确地说"无君而庶物定，无臣而万事理"，东晋南朝的鲍敬言，"好老庄之书，治剧辩之言，以为古者无君，胜于今世"，并且断言"獭多则鱼扰，鹰众则鸟乱"（《抱朴子·诘鲍篇》）。无一不是庄子影响的结果。及至清末民初在刘师复、刘师培等无政府主义者的思想主张中，也仍然能够看到庄子的影子。在近代中国的思想史上，庄子的自由观没有为中国思想家认识和理解自由主义提供帮助，反倒在某种程度上成为无政府主义的思想资源。

在对待国家及社会政治生活的态度方面，自由主义思想家与庄子之间的差别是明显的。在庄子那里，天下越治越乱，人类社会的政治生活是没有任何前景可言的。而自由主义思想家对良好的政治生活则充满期望。自由主义思想家尊重人类群体生活的价值，他们不仅不主张取消国家，相反，他们认为国家的存在是良好的社会生活不可或缺的条件。自由主义不过是要为国家权力划出一条清晰的边界，从而使个人权利受到充分有效的保护，在根本上提高社会政治生活的质量。"自由主义原则倡导以严格的法则去限制政府。自由的政府不过就是有限政府。"①

霍布豪斯说，在近代思想史上，自由主义最初也曾是一种"破坏"的力量，自由主义思想家首先把批判的矛头指向了专制主义政治统治。就批判专制主义政治这一点而言，自由主义与庄子似有某种相同之处。但是，自由主义思想家批判的目的是"去除阻碍人类前进的障碍"②，从而建构能够为人民提供更多安全和福利的国家，可是，在庄子那里，批判专制政治的目的却是取消国家，这样，自由主义思想家所主张的国家对个人权利的保护就无从谈起，为国家权力划定边界也变为一件无谓的事情。

由于对社会政治生活极度悲观的估价，庄子对自由的认识导向了消极的人生态度。这是庄子自由观与近代自由主义无法实现对接的另一重要原因。

严复在翻译约翰·密尔的《论自由》一书时，曾经注意到了近代西方思想家所说的自由与古代中国人常识上的"自由"概念的区别。为谨慎起见，他把自由写作"自繇"，严复说：中文中的自繇，常常带有放诞、恣睢、无忌惮等贬义，但这不是自繇的最初含义，自繇在最初是没有这些含义的，所有这些贬义都是后来人们附加上去的。③严复这段话的本意是要回护庄子，意思是说，自由的概念最初（也就是在庄子那里）没有这些贬义，此等"劣义"是后来附加上去的，这个责任似乎要由魏晋时期放任诗酒、不拘礼法的玄学家来承担。严氏这一说法是不足信服的。实际上，放诞、恣睢的人生态度是庄子自由观本身固有的，魏晋时期的玄学家荒诞生活态度不过是模仿庄子的结果。

庄子是中国古代最早认识到个人重要性的思想家，并且站在个人的

---

① [英]约翰·格雷：《自由主义》，曹海军、刘训练译，吉林人民出版社，2005年，第102页。

② [英]霍布豪斯：《自由主义》，朱曾汶译，商务印书馆，1996年，第7页。

③ 参见[英]约翰·穆勒：《群己权界论》，严复译，商务印书馆，1981年，第Ⅶ页。

立场上认识和理解社会政治生活，这一点与近代自由主义思想家十分相似。但是，庄子对于个人的理解却与近代自由主义思想家有着显著的差异。在自由主义思想家那里，作为社会生活的主题，每一个人被假定为理性的存在者和道德自律的主体，每一个人都能自觉地选择合乎道德的生活，因此，个人的道德理性是社会生活质量得以提高的根本动因。总之，自由主义者的人生态度是积极的。可是在庄子那里，人在本原意义上是毫无理性可言的动物，"民愚而朴，少私而寡欲。知作而不知藏，与而不求其报。不知义之所适，不知礼之所将"（《庄子·山木》）。因为少私而寡欲，这样的人不可能意识到自己的权利，因为不知礼义，也不可能拥有符合道德的生活。在庄子看来，人类理想的社会生活不应该有规则、也不应该有目的。出于这样的认识，放任颓废、消极遁世便成为唯一的选择。于是，庄子以及古代中国人的"自由"观念与近代自由主义也就有了无法消除的理论隔阂。这种隔阂对于近代中国思想家也有不可低估的负面影响。

三、西学东渐背景下严复的自由观

中日甲午战争以后，随着变法维新观念的兴起，西方近代的自由观念也逐渐被引入中国，进而成为思想界共同关注的主题，而戊戌维新时期的维新派则是对自由关注最多的思想家群体。近代思想家认识和理解自由的过程，也是接受和理解西方近代自由观念的过程。早在戊戌维新时期，"人人有自主之权"的自由观念在中国思想界便有所流行，但是，对自由观念有过系统的理论阐释却是在戊戌维新以后。其中较为代表性的是严复。由于早年留学英国的经历，严复对近代自由理念有了初步的了解，后来，通过翻译西书，特别是约翰·密尔的《论自由》，他把所理解到的西方近代的自由观念介绍到中国，并且对自由形成了自己的理解。在严复身上，既可以看到西方近代自由观念的某些要素，也可以看到中国传统政治观念的影响,又由于中国传统观念的影响,严复晚年放弃了近代的自由观念,最终回归于儒家思想传统。

(一)严复对约翰·密尔自由观的译解

在中国近代思想家认识和理解西方近代自由观念的过程中,严译《群己权界论》的问世是一个具有标志性意义的事件。《群己权界论》出版于1903年,据严复说,其对约翰·密尔《论自由》一书的翻译工作,在义和团事件以前便已经完成了,"此译成于庚子前,既脱稿而未删润",事变中,严复避祸上海,书稿"与群籍俱散失",1903年,书稿失而复得,这部译作才得以刊行出来。①作为"清季输入欧化之第一人",严复的这部译作不仅起到了把西方近代自由主义思想引介到中国的作用,同时,也体现了他对近代自由理念的理解方式和理解水平。从《群己权界论》中可以清晰地看到,近代中国思想家是用怎样的方式接受和理解了近代西方自由的价值理念,近代的自由观念又是以怎样的方式融入了传统中国的话语体系,从而成为人们可以接受的东西。

有证据表明,早在中日甲午战争时期,自由(liberty)的概念便已经传入中国,并且成为中国思想界争论的话题之一。不过,当时的中国学界对liberty一词有多种译法,有人将其译为"自由",也有人译为"民权",戊戌维新时期居于香港的思想家何启、胡礼垣在所著《新政真诠》中曾经叙述了当时学界译解liberty这一概念的过程,"'里勃而特'(liberty——作者注)译为自由者,自日本始。虽未能尽西语之意,然以二字包括之,亦可谓能举其大由。自由二字而译为民权者,此必中国学士大夫读日本所译书者为之,其以民权二字译里勃而特一语,吾无间然,独惜译之者于中外之理未能参究,其同阅之者,或至误猜其意"②。何启、胡礼垣这段话表明,译liberty为自由,大抵是由于日本学界的影响,而译为民

---

① 参见[英]约翰·穆勒:《群己权界论》,严复译,商务印书馆,1981年,第Ⅹ页。
② (清)何启、(清)胡礼垣:《新政真诠(二)》,广西师范大学出版社,2015年影印本,第670—671页。

权的则是戊戌维新时期的维新派。这一点将在后面有关维新派的民权观一节加以讨论。

除去上述两种译法，还有人主张将其译为"公道"或"公论"，此说以张之洞为代表，"至外国今有自由党，西语实曰'里勃而特'，犹言事事公道，于众有益。译为'公论党'可也，译为'自由'非也"①。张之洞的《劝学篇》印行于戊戌变法的同一年，书中有关自由、民权的观点应该是针对维新派而发。张之洞本来与维新派过从甚密，在这个时候印行《劝学篇》，很有一些见风使舵的意味。此书一经问世，立即受到慈禧太后的赏识，而张之洞在这本书中的诸多说法，似乎也就得到了清廷的认可。严复在《群己权界论》中有关自由概念的辨正，所针对的便是张之洞的这一说法。

在《群己权界论》的"译凡例"中，严复开宗明义地说："或谓'旧翻自繇之西文 liberty 里勃而特，当翻公道。犹云事事公道而已'。此其说误也。谨案：里勃而特原古文作 libertas 里勃而达，乃自繇之神号，其字与常用之 freedom 伏利当同义。伏利当者，无挂碍也，又与 slavery 奴隶，subjection 臣服，bondage 约束、necessity 必须等字对义。"②严复指出，在西方语言中，公道另有 justice 一词，二者虽然在意义上有联系，但不可以混为一谈。在 liberty 一词为什么应该译为自由这一问题上，严复在语言方面提供了有力的支持。严复以后，liberty 译为自由再无异议。

在明确了 liberty 应该译为"自繇"以后，如何阐释这一概念的内涵便成为严复需要解决的问题。值得注意的是，在《群己权界论》中，严复使用的概念是"自繇"而不是"自由"，实际上，自由一语在中国古代早已有之，如《三国志·吴书·朱桓传》："桓性护前，耻为人下。每临战交敌，节度不得自由，辄嗔恚愤激。"唐代诗人白居易的《苦热》一诗中亦有"吾意久怀忿，得作自由身"。这里的自由所指的都是不受约束限制的状态。不过，严复在翻译《论自由》的时候，却有意把"自由"写作"自繇"，严复说："由、繇二字，古相通假，今此译遇自繇字，皆作自繇，不作自由，非以为古也。视其

①（清）张之洞：《劝学篇》，冯天瑜、姜海龙译注，中华书局，2016年，第112页。
②［英］约翰·穆勒：《群己权界论》，严复译，商务印书馆，1981年，第Ⅶ页。

字依西文规例,本一系名,非虚乃实,写为自繇,欲略示区别而已。"①严复的本意是要使这部译作中的自由概念与传统话语有所区别。

按照严复的理解,中国传统话语中的"自繇"通常是含有贬义的概念,不过,这种含义是后来人们附加上去的,而"自繇"一语在最初是不含贬义的,"中文自繇,常含放诞、恣睢、无忌惮诸劣义。然此自是后起附属之诂,与初义无涉。初义但云不为外物拘牵而已,无胜义亦无劣义也"②。严复所说的"无胜义亦无劣义"的自由,大概是指庄子的时代,而自繇一语的贬义则是汉魏以后附加上去的。他所以避开"自由"而用"自繇",就是要防止人们按照常识的观念对约翰·密尔所主张的自由产生误解。在今天看来,严复这一做法没有什么重要意义,就是严复本人在后来也重新使用了"自由"的概念。

严复翻译《论自由》的过程,就是他理解约翰·密尔的自由观的过程。在《群己权界论》译出之前,中国思想界便已经接触并且也曾讨论过与自由概念相关的问题,但在那时,维新派更多地把 liberty 理解为民权。严复把这一概念译为自繇,表明他对这一概念的理解比同一时期其他人准确许多。

约翰·密尔的《论自由》一书出版于 1859 年,这一时期,英国的近代革命已经完成,君主立宪体制已经确立,这本书的宗旨不是如何使国家目标与民众的意愿实现一致,而是要探讨"社会所能合法施用于个人权力的性质和限度"③。这是因为,即使是在民主政治体制下,"所谓'自治政府'和所谓'人民施用于自身的权力'等类词句,并不表述事情的真实状况。运用权力的'人民'与权力所加的人民并不永是同一的,而所说的'自治政府'亦非每人管治自己的政府,而是每人都被所有其余的人管治的政府"④。因此,为了制止多数人的暴政,必须在"个人独立与社会控制之间做出恰当的调整",而调整的关键就是为个人权利划定一个保护边界,

① [英]约翰·穆勒:《群己权界论》,严复译,商务印书馆,1981 年,第Ⅶ—Ⅸ页。
② [英]约翰·穆勒:《群己权界论》,严复译,商务印书馆,1981 年,第Ⅶ页。
③ [英]约翰·密尔:《论自由》,许宝骙译,商务印书馆,2019 年,第 1 页。
④ [英]约翰·密尔:《论自由》,许宝骙译,商务印书馆,2019 年,第 4 页。

也就是国家权力与个人权利、整体利益与个人利益之间的边界。由于社会历史背景的差异，对于仍然生活在君主专制政治下的中国思想家来说，要理解约翰·密尔的这一思想并不容易，因为这一时期的人们，对近代民主政治并没有多少了解，对于约翰·密尔所说的"多数人暴虐"更是一无所知。不过，严复却较为准确地理解了约翰·密尔的这一思想。虽然严复没有把 *On Liberty* 直译为《论自由》，但是《群己权界论》这一译名，反倒更为清晰地表达了约翰·密尔的自由观。

《群己权界论》开篇有这样一段译文："有心理之自繇，有群理之自繇……今此篇所论释，群理自繇也。盖国，合众民而言之曰国人（函社会国家在内），举一民而言之曰小己。今问国人范围小己，小己受制国人，以正道大法言之，彼此权力界限，定于何所？"①确实地说，这段译文与约翰·密尔的原文是有距离的，应该是严复在斟酌约翰·密尔的原文基础上的意译。从这段译文来看，虽然严复对约翰·密尔为其讨论的自由规定的社会背景，即近代民主政治以及民主政治下可能发生的"多数人暴虐"并不了解，但他却把握住了个人与群体之间的权利边界这一要点。这对即将从传统的思想观念走向近代的中国人来说尤为重要。

约翰·密尔所主张的"个人独立与社会控制之间做出恰当的调整"，在根本上说，就是为社会生活中的权力划定一个边界，这是因为，虽然"在人类事务前进过程中来到了这样一个时代：人们对于管理治者之成一种独立的权力而在利害上与他们自己相反对，已经不复认为是一种自然的必要"②，即使是在民主政治体制下，也仍然存在着权力被滥用的问题，因此同样需要对"政府所可做的事情"有所限制。③严复准确地理解了约翰·密尔的这一思想。严复是用这样一段译文把约翰·密尔的思想表达出来的："民以一身受治于群，凡权之所集，即不可以无限，无间其权之出于一人，抑出于其民之太半也。不然，则太半之豪暴，且无异于专制

---

① [英]约翰·穆勒：《群己权界论》，严复译，商务印书馆，1981 年，第 3 页。
② [英]约翰·密尔：《论自由》，许宝骙译，商务印书馆，2019 年，第 2—3 页。
③ [英]约翰·密尔：《论自由》，许宝骙译，商务印书馆，2019 年，第 3 页。

之一人。"①随后，又有这样一段译文："是故以小己听命于国群，而群之所以干涉吾私者，其权力不可以无限也。必立权限，而谨守之，无任侵越，此其事关于民生之休戚，与世风之升降，实较所以折专制之淫威者，为尤重也。"②传统中国是行政权力支配社会的国度，社会生活中的权力是无所不在的，当严复翻译《论自由》的时候，这一基本的政治文化背景并没有发生改变，所以认识约束权力的必要性，对中国近代思想家来说并不容易。虽然《群己权界论》是译著，但生活在传统政治文化背景下的严复能够把约翰·密尔自由观的精髓大体准确地表达出来，反映了严复本人对于近代自由理念的理解水平。

近代思想家在讨论自由问题的时候，他们首先需要澄清的是，私人生活领域在什么意义上是不可干涉的，尤其是如何确定对公共生活并不构成直接影响的个人行为的边界，这类行为"仅只影响到本人自己的全部"，即使是对他人能够产生影响，这种影响也是在自愿的基础上发生的，对此，约翰·密尔从三个方面阐述了他所倡导的原则，第一是最广义的良心自由。其中包括思想和情感的自由，第二是个人的志趣自由，即个人根据自己的性格制定个人生活计划的自由，第三是人与人之间相互联合的自由。③对于约翰·密尔所主张的这三个方面的自由，严复的理解也基本准确，只是对其中某些概念的译法与我们今天稍有不同，他把约翰·密尔所说的良心自由译为意念自由，志趣自由译为行己自由，把个人之间相互联合的自由译为气类自由。④严复在译文中对约翰·密尔的自由观点表述如下："凡以上种种之自繇，设不为社会政府所同认者，则其国非自繇之国，而其政制之如何，为君主为民主，所不论也……自繇名实相应者，必人人各适己事矣，而不禁他人之各适其己事，而后

① [英]约翰·穆勒：《群己权界论》，严复译，商务印书馆，1981年，第6页。
② [英]约翰·穆勒：《群己权界论》，严复译，商务印书馆，1981年，第6页。
③ 参见[英]约翰·密尔：《论自由》，许宝骙译，商务印书馆，2019年，第13—14页，这里对某些概念的翻译据英文本有所改动。
④ 参见[英]约翰·穆勒：《群己权界论》，严复译，商务印书馆，1981年，第13—14页。

得之。"①自由就是"人人各适己事""而不禁他人各适其己事"，这一理解大体准确。

约翰·密尔的《论自由》一书，对思想自由和言论自由有过十分深入的讨论。约翰·密尔所说的思想自由和言论自由，不是如何向专制政体争得这种自由，而是在近代民主政体已经确立的前提下，如何保障人民的思想与言论自由的问题。约翰·密尔认为，即使是在近代民主政体已经确立，人们不必顾虑政府"会时常试图控制发表意见"的时候，政府也不可以应合公众的意见而压制少数人的意见，"且让我们假定政府是与人民完全合一的，除非在它想来是符合于人民心声时从来就不想使出什么压制的权力，但是我所拒绝承认的却正是人民运用这种压力的权利，不论是由他们自己来运用或者是由他们的政府来运用，这个权力本身就是不合法的。最好的政府并不比最坏的政府较有资格来运用它。应合公众的意见来使用它比违反公众的意见来使用它，同样有害，或者更加有害"。即使持有某种意见的只是一个人，"人类要使那一人沉默并不比那一人（假如他有权力的话）要使人类沉默较可算为正当"②，总之，还是如何防止多数人的暴政的问题。对于近代革命尚未发生，仍处于清王朝的君主专制统治之下的中国社会来说，要准确理解约翰·密尔的这一观点是有一定困难的。不过，严复还是把约翰·密尔的这一观点译了出来。"凡在思想言行之域，以众同而禁一异者，无所往而合于公理，其权力之所出，无论其为国会，其为政府，用之如是，皆为悖逆，不独专制政府其行此为非，即民主共和行此亦无有是。"③这表明，严复理解到了近代自由理念的精髓。

在约翰·密尔那里，思想自由的言论并不是绝对没有限制，因此，需要为人们的思想自由和言论自由划定一个边界。这个边界就是，当一个人的意见表达出来并在社会生活中被付诸行动以后，"只要风险和危难

---

① [英]约翰·穆勒：《群己权界论》，严复译，商务印书馆，1981年，第14页。
② [英]约翰·密尔：《论自由》，许宝骙译，商务印书馆，2019年，第19页。
③ [英]约翰·穆勒：《群己权界论》，严复译，商务印书馆，1981年，第17—18页。

是仅在他们自己身上就不应遭到同人们无论物质的或者道德的阻碍"①。约翰·密尔举例说,"譬如有个意见说粮商是使穷人遭受饥饿的人,或者说私有财产是一种掠夺,它们如果仅仅是通过报纸在流传,那是不应遭到妨害的,但如果是对着一大群麇聚在粮商门前的愤激的群众以口头方式宣讲或者以标语方式宣传,那就可加以惩罚而不失为正当"②。对于严复来说,理解约翰·密尔的这一思想主张并不难,在《群己权界论》中,他把约翰·密尔的这一思想也较为准确地译了出来。"夫事利害祸福与人共者,无自繇之可言,此理至明,无待论列……此如有人著论,谓屯谷为业,乃天下之至不仁,饥人而肥己,又论封殖私产,无异越货国门。使其言便见于著述,则虽刊布流行,皆不过一家之私论,此宜自繇不当禁者也。乃或凶年饥岁,游手汹汹,方集于米商之门外,而其人取前所论,在彼演说,或乘民心未定之顷,张布揭帖,鼓煽凶威,此其所行,皆属不道,而为邦典所宜问者矣。"③与新近译本相对照,严复这段译文或许未尽准确,但约翰·密尔这一思想的大意他是译出来了。

当约翰·密尔尝试为个人的自由划定边界的时候,在另一方面,他也就承认了社会对于个人实行强制的权力,只不过在他看来,社会的权威也需要一个边界,"人类生活中有多少应当派归个性,有多少应当派归社会",是需要在观念上澄清的问题。约翰·密尔认为,社会与个人之间的边界应该这样来确定,即"凡主要关涉在个人的那部分生活应当属于个性,凡主要关涉在社会的那部分应属于社会"④。也就是说,个人行为如果涉及社会,就必须接受社会约束。对于约翰·密尔的这一思想,严复在《群己权界论》中也准确地表达了出来:"曰使小己与国群,各事其所有事,则二者权力之分界,亦易明也。总之,凡事吉凶祸福,不出其人之一身,抑关于一己为最切者,宜听其人之自谋,而利害或涉于他人,则

① [英]约翰·密尔:《论自由》,许宝骙译,商务印书馆,2019年,第65页。
② [英]约翰·密尔:《论自由》,许宝骙译,商务印书馆,2019年,第65页。
③ [英]约翰·穆勒:《群己权界论》,严复译,商务印书馆,1981年,第60页。
④ [英]约翰·密尔:《论自由》,许宝骙译,商务印书馆,2019年,第89页。

其人宜受国家之节制,是亦文明通义也已。"①严复的译文基本符合约翰·密尔的原意。

(二)戊戌维新前后严复的自由观:约翰·密尔的影响

在中国近代政治思想史上,严复是对自由讨论最多的思想家。由于早年留学英国的经历,严复很早就对西方近代的自由思想有所接触和理解。早在 1895 年二三月间,严复在天津《直报》先后发表了《论世变之亟》和《原强》两篇文章,这是目前我们能看到的中国近代思想史上涉及自由问题的较早的两篇文献。在《论世变之亟》一文中,严复在介绍西方近代的自由观念时说:"彼西人之言曰:唯天生民,各具赋畀,得自由者乃为全受。故人人各得自由,国国各得自由,第务令毋相侵损而已。侵人自由者,斯为逆天理,贼人道。其杀人伤人及盗蚀人财物,皆侵人自由之极致也。故侵人自由,虽国君不能,而其刑禁章条,要皆为此设耳。"②这表明,这一时期的严复对西方近代天赋权利的观念是有所了解的,并且他也能够用天赋权利的观点来阐释自由。同时,严复也基本理解到了近代思想家所说的自由在本质上是个人自由,只不过,严复在"人人各得自由"之外,又附加上"国国各得自由"。也就是后来人们所说的"国家自由"或"群体自由",在饱受列强欺凌的近代中国,把"国家自由"理解为自由的一个方面,表达的是近代中国人对国家独立与主权的渴望。

这一时期的严复也清楚地认识到,"自由"是中国传统文化中所没有的:"夫自由一言,真中国历古圣贤之所深畏,而从未尝立以为教者也。"③而没有自由也是中国落后的深层原因。"今之夷狄,非古之夷狄也……今兹之所见所闻,如汽机兵械之伦,皆其形下之粗迹,即所谓天算格致之最精,亦其能事之见端,而非命脉之所在。其命脉云何?苟扼要而谈,不外于学术则黜伪而崇真,于刑政则屈私以为公而已。斯二者,与中国理道初无异也。顾彼行之而常通,吾行之常病者,则自由不自由异

---

① [英]约翰·穆勒:《群己权界论》,严复译,商务印书馆,1981 年,第 81 页。
②③ 王栻编:《严复集》第一册,中华书局,1986 年,第 3 页。

耳。"①在此后的几年间,严复一直坚持把自由与富强联系在一起的观点。

严复对自由的深入讨论是从戊戌维新运动到 1902 年前后,据严复自己说,《群己权界论》早在 1900 年以前便已经译出初稿,庚子事变时散失,后来失而复得。于 1903 年由上海商务印书馆印行。据此可以断定,严复这一时期对于自由的认识在一定程度上受到了约翰·密尔的影响。

约翰·密尔对于严复的影响,可以从《原强修订稿》体现出来。《原强修订稿》是严复在《原强》的基础上修改而成的,此文收录于《侯官严氏丛刻》,而《严氏丛刻》最早的版本是清光绪二十七年(1901)南昌读有用之书斋刻本,根据时间可以推算出《原强修订稿》大约完成于 1901 年以前,与他翻译《群己权界论》的时间相去不会太远。与《原强》相较,《原强修订稿》补充的内容较多,文字差异也较大,而严复在《原强修订稿》中补入的最为重要的内容,便是有关自由的观点。

在《原强修订稿》中,严复阐述了自由对于社会政治生活的重要性:"一身之内,形神相资;一群之中,力德相备。身贵自由,国贵自主。"②在这里,严复把国家喻为个人,认为个人自由与国家自主同等重要,也就是说,个人的自由与国家的自主是同样的逻辑。对生活在缺少自由的传统的中国社会的严复来说,能够认识到这一点殊为不易。

《原强修订稿》中,严复把自由与平等看作是西方社会的基本精神,并且认为西方国家的政治、法律制度都是遵循这一基本精神建立起来的。"彼西洋者,无法与法并用而皆有以胜我者也。自其自由平等以观之,则其捐忌讳,去烦苛,决壅蔽,人人得其意,申其言,上下之势不相悬隔,君不甚尊,民不甚贱,而联若一体者,是无法之胜也。自其官工兵商法制之明备而观之,则人知其职,不督而办,事至纤悉,莫不备举,进退作息,皆有常节,无间远迩,朝令夕改,而人不以为烦,则是以有法胜也。"③由于在社会生活中每一个人都是自由、平等的,因此,每一个人都尽力做好自己的事情,

① 王栻编:《严复集》第一册,中华书局,1986 年,第 2 页。
② 王栻编:《严复集》第一册,中华书局,1986 年,第 18 页。
③ 王栻编:《严复集》第一册,中华书局,1986 年,第 22 页。

而以自由平等理念为基石的法律制度，便是人们自主签订的契约，人们遵守法律，也就是遵守自己认可的契约，"民各奉其自主之约，而非率上之制也"。同时，在自由平等的社会里，每个人肯于为国家献出自己的一切："西之教平等，故以公治众而贵自由……且彼西洋所以能使其民皆若有深私至爱于其国与主，而赴公战如私仇者，则亦有道矣。"①严复对西方近代自由理念的理解是准确的。

在《原强修订稿》中，严复也把自由与民主政治联系在了一起，如前所述，早在 1895 年，严复在《论世变之亟》中便曾认为自由是西方国家强大的原因，后来严复又在《原强修订稿》中明确地说，西方国家所以富强，"苟求其故，则彼以自由为体，以民主为用"②。在严复看来，西洋诸国虽然贫富分化十分严重，也远未达到古代中国人传说的"家给人足""比屋可封""刑错不用"的程度，但是，"其国政教之施，以平等自由为宗旨，所以强豪虽盛，尚无役使作横之风"③。这时的严复已经认识到，西方国家正是由于有自由平等的价值理念与民主政治，才化解了诸多的社会矛盾。

严复认为，由于西方国家的民主制度以自由平等为宗旨，这种制度在根本上促进了整个社会的团结。严复在描述西方国家的政治体制时说：英国"宰相以下，由一国之推择。是官者，民之所设以釐百工，而非徒以尊奉仰戴者也"④。严复这句话的意思是说，在近代民主政治下的各级官员，都是按照民众的意愿设立的，而不是民众信仰拥戴的对象，这样，人们才把国家看作是自己的国家，对生活在民主政治下的人们来说，向国家缴纳赋税，"无异自营其田宅"，为国家而战，"趋死以杀敌，无异自卫其室家"。对于西方国家的这番描述虽然有些夸大其词，但是严复确实看到了一个重要的事实，当近代自由、平等的价值理念与民主政治结合在一起的时候，国家才真正成为对每个社会成员有凝聚力、每个人都愿意生活于其中的家园。

---

①④ 王栻编：《严复集》第一册，中华书局，1986 年，第 31 页。

② 王栻编：《严复集》第一册，中华书局，1986 年，第 23 页。

③ 王栻编：《严复集》第一册，中华书局，1986 年，第 24 页。

作为维新派阵营曾经的一员,严复的立宪主张与戊戌维新时期的康有为、梁启超十分接近,但是,在对自由的关注方面,严复却与康、梁等人有着显著的不同。在戊戌维新运动失败以后,梁启超和严复都曾对变法维新的理由有过思考,在梁启超那里,变法只是为了富强,但变法如何能够富强,梁启超并没有说得清楚。①而严复则把民主、自由、平等联系在一起加以思考,1906 年,严复在解释英国行政官员为什么不能参与议会这一问题时说:"且用《法意》之说以规抚英制,议院立法,何以必不容阁部行法者参片席于其中?曰:'此无难明也。'盖自谓阁部之职,专于行法,而议院者,立法之源也。夫专制之所由成,而自由之所以失,既坐以行法者夺立法之权,则事之便者,孰若拒阁部诸大臣于两议院之门外,俟法之既立,而后举而畀之使奉行乎?故宪、政二权不分立则亦已耳,果必分立,且必分立而后国民自由乃可长保,专制凶威乃不至于暗长而忽成也。舍此疑若无他道焉。"②严复的认识显然要比梁启超深刻得多。一个重要原因,就是他对约翰·密尔、孟德斯鸠等西方近代思想家的思想学说有更多的了解。

(三)《政治讲义》与严复的自由观转向

在中国近代思想史上,严复是最早把近代自由主义思想系统地介绍到中国的思想家,其对西方近代的自由主义思想也有着较为深刻的理解。然而有趣的是,严复本人却并没有因此成为一个自由主义者,在晚年彻底背离了近代的自由观念而回归儒家传统,尤其是在辛亥革命以后,严复公开支持以恢复儒家传统为宗旨的孔教会,提倡尊孔读经,甚至袁世凯称帝和张勋复辟的闹剧,严复也牵涉其中。那么,严复的自由观转向是在什么时候发生的,其自由观转向的深层原因是什么,是很值得探究的问题。

---

① 关于变法的理由,梁启超在《戊戌政变记》中曾有说明,参见梁启超:《饮冰室合集》,《专集》第一册,中华书局,2015 年,第 81—87 页。

② 王栻编:《严复集》第一册,中华书局,1986 年,第 222 页。

在以往有关严复的研究中，人们大多以为，辛亥革命以前的严复是个自由主义者，只是在辛亥革命以后，由于严复推崇立宪君主制，反对社会革命和共和民主，再由于辛亥革命以后的政治乱象，其思想倾向才发生了变化。①美国学者史华慈(Benjamin I,Schwartz)认为，尽管说严复"在最后十年②内'背离西方退回到传统'是有道理的，但直到第一次世界大战以前，严复都没有放弃近代自由平等的价值理念，"第一次世界大战前，严复似乎一直不准备放弃他的信念，即英美所阐述的'自由、平等和民主'是导致富强的综合因素中最不可缺少的成分。即使严复的特殊类型的自由主义，从提出到论证都具先天不足，表现在他疑惑也许有更迅速更直接地达到富强之路，但在第一次大战前，严复也没有观察到有什么可以动摇他的信念，即自由主义是国家最终强盛的必不可少的因素"③。这一说法不符合严复的思想实际。我认为，严复的思想转向是一个复杂的过程，辛亥革命以后中国社会发生的事情，只不过在严复的思想转向过程中起了某种催化剂的作用，而严复的思想转向在辛亥革命以前便已经开始了，1906 年出版的《政治讲义》是其思想转向的重要标志。

严复的《政治讲义》是在清末新政这一特定的历史背景下撰写、印行的。1900 年庚子事变，八国联军侵入北京，慈禧太后带领皇室和朝臣避祸西安，次年，清廷宣布实行变法，此后，在 1905 年 11 月至 1906 年 1 月间，清王朝先后派戴鸿慈、端方、载泽、李盛铎等大臣出洋考察各国政治，这些人回国后，向清廷提交了一份主旨为"强国必须宪政"的考察报告。于是，清王朝于 1906 年 9 月府颁布《仿行立宪上谕》，预备立宪。这实际上是把此前康、梁倡导的变法又来了一次。尽管清王朝本身对政治上的改革并没有多少诚意，但平素以君主立宪为理想的严复却对其寄予厚望。就是在1905 年，旅居美洲的孙中山曾特意到英国会见严复，两人进

---

① 关于严复在辛亥革命前后的思想转向，王栻认为："辛亥革命以后，严复更走上了反对的道路。"王栻：《严复传》，上海人民出版社，1976 年，第 87 页。

② 指 1911 年至 1921 年——作者注。

③ [美]史华慈：《寻求富强：严复与西方》，叶凤美译，中信出版社，2016 年，第 224—225 页。

行了长时间的会谈,这场会谈估计没有获得任何结果。同年,严复回到上海,协助马相伯创办复旦公学。也就在这一年夏天,严复应上海基督教青年会之邀,就政治的话题进行讲学,严复一共讲了八讲,《政治讲义》就是这一次讲演的讲稿,1906 年由上海商务印书馆印行。

在以往的研究中,许多学者把《政治讲义》看作是体现严复自由主义思想的著作。其实,尽管自由是《政治讲义》的主要的话题之一,但其基本的价值取向并不是倡导自由。虽然严复在《政治讲义》中也叙述了西方国家自近代以来实行民主宪政的历史过程,但是,在涉及对于自由的看法时,他对西方近代的自由观念已不再持欣赏的态度。"西国学堂,每讲政治,浅学之人,多嫌沈闷,必待论及民权自由,听者始有兴会。使西国如此,其于吾人可知。"①在严复看来,无论是西方还是中国。谈论自由的大都是"浅学之人",人们所以乐于谈论自由,也不过是为了邀取听众,有哗众取宠之嫌。严复的这一思想倾向,到了辛亥革命以后表露得更为明显,甚至把近代以来由西方传入中国的自由、平等、权利等价值理念视为有害的东西,在 1917 年为陈宝琛七十大寿撰写的祝词中,严复说:"今所云西人之学说,其广者,曰平等,曰自由;其狭者,曰权利,曰爱国。之四者,岂必无幸福之可言?顾使由之趋于极端,其祸过于为我兼爱与一切古所辟者,殆可决也。"②这一时期严复贬抑自由、平等、民主的思想倾向,实际上源自《政治讲义》。

在先前翻译约翰·密尔的《论自由》一书的时候,严复对于西方近代思想家所倡导的自由的概念已经有所了解,对约翰·密尔自由观念也在一定程度上做了较为准确的译介。但过了些年,当严复撰写《政治讲义》的时候,他对自由却有了另一番理解。首先,严复把自由区分为"政界自由"和"伦界自由"(即伦理自由)两种,严复认为,"是故讲政治学,则必用自由二字之名词",但一定要弄清自由这个概念在不同语言环境下的特别意义,政治学所说的自由是"政界自由","且须认明系政界自由,而后

① 王栻编:《严复集》第五册,中华书局,1986 年,第 1279 页。
② 王栻编:《严复集》第二册,中华书局,1986 年,第 350 页。

可用。盖政界自由，其义与伦学中个人自由不同。仆前译穆勒《群己权界论》，即系个人对于社会之自由，非政界自由"。[①]早在几年前，严复在论及自由的时候，还是把自由、平等、宪政联系在一起来讨论的，他自己也十分清楚地知道，约翰·密尔在《论自由》一书中所说的自由，主导思想就是要对政府干涉个人自由的权力施以限制，而到了这时，严复却把约翰·密尔所倡导的自由解释为与政治不相干的"伦界自由"，显然，这时的严复已经完全推翻了此前他对于自由的理解。

在《群己权界论》中，严复曾经明确地说自由是与"节制"相对应的概念，在《政治讲义》中，严复又对"政界自由"解释说："政界自由，与管束为反对。"[②]实际上，"节制"和"管束"是意义完全相同的概念，都是指群体对于个人的约束、管制，可是，严复却把这两个概念区分开来，以为一个是伦理的，一个是政治的，于是，与之相对应的"自由"也就变成了"政界自由"和"伦界自由"，自由在严复这里成了不可通约的两个概念。

在此之前，对西方近代自由观念，严复的理解也有不尽准确之处，甚至存在着许多误读，而严复对近代自由观念的误读，却在《政治讲义》一书中保留了下来甚至还有所发挥。例如，在《群己权界论》的"译凡例"中，严复曾就自由的概念解释说："中文自繇，常含放诞、恣睢、无忌惮诸劣义。然此自是后起附属之诂，与初义无涉。初义但云不为外物拘牵而已，无胜义亦无劣义也。"[③]在这里，严复实际上是在用中国传统话语中的"自由"来解释近代的"自由"概念，其结果是难免把中国传统思想中的"自由"与近代的自由混为一谈。在《政治讲义》中，严复还是用这种观点诠释"自由"概念："自由者，不受管束之谓也；或受管束矣，而不至烦苛之谓也。"[④]这时的严复已经把自由理解为与秩序、规范完全对立的东西。

如前所述，近代自由思想家所倡导的自由并不是绝对自由，他们只

①② 王栻编：《严复集》第五册，中华书局，1986 年，第 1282 页。

③ ［英］约翰·穆勒：《群己权界论》，严复译，商务印书馆，1981 年，第Ⅶ页。

④ 王栻编：《严复集》第五册，中华书局，1986 年，第 1285 页。

不过是要为行政权力划定一个边界,曾经翻译过约翰·密尔的《论自由》的严复对于这一点是清楚的,可是当严复在《政治讲义》中讨论自由的时候,却背离了以往他对自由的这一理解,把自由理解为对治理的破坏:"故自由与受管为反对。受管者,受政府之管也,故自由与政府为反对,然则自由充类至尽,不止与政令烦苛、管治太过为反对也,实与政令、管治为反对。"随后,严复又说:"是故人生无完全十足之自由,假使有之,是无政府,即无国家。无政府、无国家,则无治人治于人之呈现,是谓君臣伦毁,且不止君臣伦毁,将父子、夫妇一切五伦莫不毁。"①表面上看,严复说得似乎不错,那就是,在现实社会生活,绝对的自由是不存在的。不过严复也仅仅在这一点上说对了。

严复所说的无政府、无国家的"完全十足之自由",是对近代自由观念的曲解。在东西方政治思想史上,虽然和自由主义一样,无政府主义的价值取向也是个体本位的,但是,无政府主义是个体本位的思想线索中最极端的形式,它片面强调个人的重要性而无视人类群体生活的价值,不承认国家的合理性。而近代自由理念的理论前提,却认为国家的存在不仅是合理的,而且是必要的,有组织的社会生活才是真正有价值的生活,因此,社会生活中的任何个人都需要接受政府的管理,只不过,近代思想家想要弄清问题是,国家应该以什么样的方式来管理民众,管到什么程度。显然,严复混淆了无政府主义与近代自由理念的界限,把无政府主义的思想主张强加给了"自由"。

在《政治讲义》的另一处,严复又说:"常语所称自由,其用法实与科学不合。若合科学,则自由充类至义,将与无政府同。"②严复如此说的目的在于消解自由的政治意义,从而把自由解释为与近代民主不相干的概念。严复认为,人们通常所说的政治自由,不过就是君主宪政体制,而君主立宪政体根本无须要冠以自由的称谓,不如把"自由"作为"放任政体"的专称:"顾吾人之意,则谓如此而用自由,不过谓此等政府,对于国民,

---

① 王栻编:《严复集》第五册,中华书局,1986年,第1287页。
② 王栻编:《严复集》第五册,中华书局,1986年,第1289页。

有其责任,不必混称自由,不如留自由名词,为放任政体之专称。"①虽然严复没有对"放任政体"做出说明,但从他在《政治讲义》中有关自由的诸多议论来看,这种放任政体应该与无政府状态十分接近。当严复把自由理解为无政府的时候,自由也就成了社会政治生活中不可能而且也不必要的东西,因为无政府在本质上是不可能的社会状态。"自由达于极点,是无政府。夫无政府而治,虽有此理想,然其实境,不知何时可至……人类美大事业,皆有道政府所建成者,是政府不可无也。"②严复断言,人类所应期求的社会状态不应是"无政府无君",而是"有君有政府",只不过这样的政府"不得以国民为鱼肉耳"③。乍看起来,严复说得不错,但问题是,当他把"自由"排除在"有君有政府"的社会状态之外的时候,在他的认识中,社会自由也就没有了任何合理性和可能性。

严复把自由理解为与治理、管束、管制相对应的概念,似乎不无道理,但问题是,严复本人不是站在自由的立场上理解治理,而是站在治理的立场上理解自由,这样,严复对秩序的关注便远远超过了自由。这使得他对传统中国的君主专制制度的态度也发生了变化。严复虽然和以前一样,认为自由是中国政治传统中所没有的,"案政界自由之义,原为我国所不谈,即自唐虞三代,至于今时,中国言治之书,浩如烟海,亦未闻有持民得自由,即为治道之盛者"④。戊戌维新时期,严复认为没有自由是中国社会所以落后于西方的根本原因,到了这时,严复却完全放弃了戊戌维新时期的看法:"且中国治世,多在纲举目张,风同道一之时,而黄老清静无扰之术,间一用之,非其常道。"⑤严复实际上是在说,中国历史上的治世,与自由没有任何关系,在传统中国的治理经验中,自由毫无意义。循着这样的逻辑,只能得出一个结论:自由不适于中国,"风道同一"更有可能使中国社会实现有效治理。

近代自由的价值理念体现在近代民主政治上,便是自治(autono-

<hr>

① 王栻编:《严复集》第五册,中华书局,1986 年,第 1289 页。
②③ 王栻编:《严复集》第五册,中华书局,1986 年,第 1290 页。
④⑤ 王栻编:《严复集》第五册,中华书局,1986 年,第 1279 页。

my)。按照近代的自由理念,每一个人都是道德自律的主体,由自由平等的人们组成的群体也是自治的。在 1900 年以前,严复一直认为中国古代社会是没有自治传统的,在所译《社会通诠》一书的按语中曾经说:"地方自治之制,为中国从古之所无。三代封建,拂特之制耳,非自治也。秦汉以还,郡县之制日密,虽微末如薄尉,淡泊如学官,皆总之于吏部。其用人也,以年格而非以才,其行政也,守成例而非应变。此吾国之治,所以久辄腐败,乃至新朝更始,亦未见其内治之盛也。"①这一时期的严复对自治问题的理解是基本准确的。可是几年以后,严复在《政治讲义》对地方自治却有了另一种解释。他认为,地方自治中国古已有之,"则我中国之有地方自治,盖已三千余年,此非无虑之言也。盖地方自治之制,广土众民之国所不能无"②,严复认为,对于"广土众民"的"邦域国家"来说,只要有地方政府,就有地方自治。严复的主观用意不是要对地方自治做出新的解释,而是要说明传统中国的政治体制可以按其自身的逻辑延续下去。1906 年的严复,已经实现了或者正在向传统回归。

(四)关于严复自由观转向的原因

作为中国近代历史上曾极力推崇自由的思想家,严复晚年背离了近代的自由观念而回归儒家传统。那么,促使严复思想发生如此转向的原因究竟是什么？我认为主要有以下几个方面。

首先,用中国传统话语诠释近代自由,是严复背离近代的自由观念而回归儒家传统的深层原因。

与中国近代史上的许多思想家一样,严复自幼接受的是中国传统教育,尽管他有留学英国的经历,但其基本的知识背景并没有因此发生改变。传统的知识背景决定了严复在接触西方近代思想文化的时候,只能把近代的思想学说放在中国传统话语下加以理解。如前面所说,严复的《群己权界论》一书,对约翰·密尔思想的许多内容都做了较为准确的表

---

① 王栻编:《严复集》第四册,中华书局,1986 年,第 932 页。
② 王栻编:《严复集》第五册,中华书局,1986 年,第 1275 页。

达,但是,如果把严译与约翰·密尔的原著或者后人的译本相对照,便不难发现,二者之间的差别也十分明显。虽然这个差别在很大程度上是语言原因造成的,但思想观念与价值取向方面的原因也同样不容忽视。

由于传统话语的影响,严复始终是用中国传统的观点理解自由概念的。在翻译《论自由》的时候,为了使自由成为中国思想界能够理解的概念,严复试图在中国传统话语中寻求自由的本义。在他看来自由的初义是道家庄学无待外物而任逍遥的自由观:"但云不为外物拘牵而已……其字义训,本为最宽,自繇者凡所欲为,理无不可,此如有人独居世外,其自繇界域,岂有限制?为善为恶,一切皆自本身起义,谁复禁之!"①于是,严复倾向于把自由的本义解释为无拘束或不受管束。严复后来把自由理解为与管制、治理相对立的东西,甚至认为自由就是无政府,都是依据道家庄学而形成的认识。

严复在中国传统话语中找到的另一个有关自由的思想资源,就是传统儒家所倡导的"絜矩之道"。"但自人群而后,我自繇者人亦自繇,使无限制约束,便入强权世界,而相冲突。故曰人得自繇,而必以他人之自繇为界,此则《大学》絜矩之道。君子所恃以平天下者矣。"②严复这句话的某些内容今天看来也是对的,那就是,人是群体生活的动物,每个人都不能过离群索居的生活,因此在社会生活中,每一个人的自由都以尊重他人的自由为前提。但是,严复把这一意义的自由混同于《礼记·大学》的"絜矩之道"却是错的,因为传统儒家的伦理政治学说在本质上并不属于自由的思想传统。

当严复把近代的自由理念放入中国传统话语中加以阐释的时候,尽管他对约翰·密尔的自由观念在某种程度上做了较为准确的译介,但是在关键的一点上他却遇到了无法克服的困难,就是中国思想传统中群体本位的价值取向与近代自由观念的矛盾。近代的自由观念渊源于古希腊、罗马的思想传统,这一思想传统的特点之一,就是强调个人的重要性。近代思想家是以个人为本位来认识社会生活的。在近代思想家

---

① ② [英]约翰·穆勒:《群己权界论》,严复译,商务印书馆,1981年,第Ⅶ页。

那里,国家的意义与价值就在于保护个人的权利不受伤害。因此,在个人与群体之间,个人具有绝对的优先性,至少,个人与群体是同等重要的。对深受中国传统教育影响的严复来说,近代西方思想家重视个人的价值取向几乎是无法接受的, 他只能以群体本位的观点去理解近代的自由观念。于是,在《群己权界论》中,他称群体为"国群",称个人为"小己",在述及约翰·密尔《论自由》一书的主旨时,严复说:"穆勒此篇,本为英民说法,故所重者,在小己国群之分界。"①而在《群己权界论》中,每当说到个人的时候,严复大都称之为小己。虽然严复准确地理解到,约翰·密尔的基本精神是要为个人与群体之间划定一条边界,但他并不认为约翰·密尔站在个体的立场上来划定这个边界的观点是对的。严复称个人为"小己",表明他并不认为个人是较之群体更为重要的存在。

由于群体本位的价值取向, 严复理解自由的主观动机也与近代西方思想家有很大的不同。近代西方思想家所以讨论自由问题,是要弄清社会控制与个人独立之间的界线究竟在哪里,"究竟应该怎样在个人独立与社会控制之间做出恰当的调整"②。而严复所关注的却是国家如何实现对社会的有效管制。严复的这种思想倾向终于在《政治讲义》中清楚地表露出来:"是故自由诚最高之幸福, 但人既入群, 而欲享幸福之实,所谓使最多数人民得最大幸福者,其物须与治理并施。纯乎治理而无自由,其社会无从发达,即纯自由而无治理,其社会且不得安居。而斟酌二者之间,使相剂而不相妨者,此政治家之事业,而即我辈今日之问题也。"③可以肯定的是,严复在这里所说的"我辈今日之问题",与约翰·密尔所关心的不是同一个问题。

严复在把自由放在传统话语背景下加以讨论的时候, 也把中国传统的以富强为核心追求的功利主义观念带了进来。"富强"是中国思想传统中具有恒久意义的思想主题,在中国历史上,国家富强与否,直接

① [英]约翰·穆勒:《群己权界论》,严复译,商务印书馆,1981 年,第Ⅸ页。
② [英]约翰·密尔:《论自由》,许宝骙译,商务印书馆,1959 年,第 5 页。
③ 王栻编:《政治讲义》,《严复集》第五册,中华书局,1986 年,第 1279 页。

关系到中华民族的生死存亡。因此,如何实现国家富强,如何处理国家富强与民众生存条件改善之间的关系,也是每一历史时代思想家必须回答的问题。①近代中国的历史是被动挨打的历史,这样的历史环境,使得人们对于富强的追求更加强烈。从同治初年发起的洋务运动,到光绪年间的戊戌变法,把这些历史事件贯穿起来的便是求富强的动机。作为那个历史时代最有洞察力的思想家,严复更加认识到了富求强的重要。甲午战争失败以后撰写的《论世变之亟》和《原强》两篇文章,集中体现了严复对富强的渴望。在此后的《原强修订稿》中,严复更是明确地说:"是故贫民无富国,弱民无强国,乱民无治国。"②严复所以推崇自由,同样是由于追求富强的主观动机。

　　严复在观念上认定,没有自由是中国社会落后于西方的原因,因此,自由便被严复看成是中国社会走向富强的必由之路。在《原强》一文中,严复明确地指出,自由是最大的"利之政":"故富强者,不外利民之政也,而必自民之能自利始;能自利自能自由始;能自由自能自治始,能自治者,必其能恕、能用絜矩之道者也。"③严复的这一观点代表了中日甲午战争至于戊戌维新时期中国思想界的共同认识。把自由与富强联系起来,在当时有着十分重要的意义,它使得自由成为渴望富强的近代中国人可以接受的东西。但在另一方面,当严复把自由与富强联系在一起的时候,他实际上便为自由设定了一个目的,这样,自由便不是像西方近代思想家所认为的最高价值,而成了从属于富强的手段。在我们的观念中,只有目的是不可放弃的,而手段却永远是可供选择的东西。对于严复这些中国近代思想家来说,一旦他们以为在自由以外或许还有其他可以实现富强的途径,再由于社会历史环境的变化,放弃原有的自由理念也将成为一种选择。如此说来,严复自由观念的转向虽然发生在1906年以后,但其背离近代自由理念的根子却是在这之前埋下的。

---

① 参见孙晓春:《先秦法家富强观念的现代反思》,《政治学研究》,2014年第5期。
② 王栻编:《严复集》第一册,中华书局,1986年,第25页。
③ 王栻编:《严复集》第一册,中华书局,1986年,第14页。

其次,实证的思维方式导致的对近代自由理念的误读,是严复思想转向的另一个重要原因。

严复是近代史上引进、介绍西学的第一人。严复翻译的第一部西方人的著作是《天演论》(即赫胥黎的《进化论与伦理学》,*Evolution and Ethics and other Essays*),《天演论》是一部以"物竞天择"的观点解释人类社会历史现实的论著,"以天演为体,而其用有二:曰物竞,曰天择,此尤物莫不然,而于有生之类为尤著。物竞者,物争自存也,以一物以与物物争,或存或亡,而其效则归于天择。天择者,物争焉而独存。则其存也,必有其所以存,必其所得于天之分,自致一己之能,与其所遭值之时与地,及凡周身以外之物力,有其相谋相济者焉。夫而后独免于亡,而足以自立也"①。严复认为,人类社会的历史就是物竞天择的历史,他所生活的时代更是中华民族通过"物竞"(struggle fo existence)而求得生存的时代。严复的这一思想,在他于此期间撰写的《论世变之亟》《原强》等政论文章中都有所体现。

在物竞天择、适者生存的观念以外,更值得注意的是《天演论》对严复的思想方式的影响。在《译〈天演论〉自序》中,严复说道:"及观西人名学,则见其有内籀之术焉,有外籀之术焉。内籀云者,察其曲而知其全者也,执其微以会其通者也;外籀云者,据公理以断事者也,设定数以逆未然者也。"②所谓"内籀",相当于今天人们所说的归纳,是通过对事实的分析而得出结论的方法;而"外籀",则相当于今天人们所说的演绎或推理,是从假定的前提出发,通过逻辑推理而得出结论的方法。前一种方法是实证的,而后一种方法则是逻辑的或哲学的。从严复有关自由的论述来看,严复显然更倾向于用"内籀"的方法来讨论自由问题。

严复在《群己权界论》的"译凡例"中说的一段话,充分体现出了《天演论》一书对严复思维方式的影响:"人道介于天物之间,有自繇亦有束缚。治化天演,程度愈高,其所得以自繇自主之事愈众。由此可知自繇之乐,惟自治办大者为能享之,而气禀嗜欲之中,所以缠缚驱迫者,方至众

---

① [英]赫胥黎:《天演论》,严复译,商务印书馆,1981年,第2—3页。

② [英]赫胥黎:《天演论》,严复译,商务印书馆,1981年,第Ⅷ—Ⅸ页。

也。卢梭《民约》，其开宗明义，谓'斯民生而自繇，'此语大为后贤所呵，亦谓初生小人，法同禽兽，生死饥饱，权非己操，断断乎不得以自繇论也。"①严复这段话有两个方面的含义：其一，自由与进化有关，"天演"程度愈高，人们所能获得的自由也就愈多，在某种意义上说，严复这一观点不错；其二，严复不同意卢梭以及欧洲近代其他许多思想家"人生而自由"的观点，因为这在现实社会生活中是无法证实的。实证才是理解自由的可靠依据。

　　实证在本质上是科学方法，可是，近代思想家所讨论的自由却是政治哲学问题。在西方近代思想史上，只要是倡导自由的思想家，其思想学说都依赖于一个假定的前提，这就是卢梭所说的"人生而自由"，或者康德所说的"自由是道德的前提"。作为那个历史时代最聪明的人，卢梭、康德以及英国的洛克、约翰·密尔，未必不知道社会生活中人是不自由的这一事实，但他们所倡导的自由的意义也正在于这一事实。对于近代思想家来说，他们所以倡导自由的价值理念，不是要说明社会事实，也无须让"自由"在经验性的历史过程中得到验证，而是要向现实生活中的人们说明什么样的社会生活才是真正有价值的，从而为全部的社会安排提供基本的理论前提。当严复试图通过实证的方法来理解自由问题的时候，他无论如何也理解不到近代自由思想的真谛。

　　严复在 1906 年撰写的《政治讲义》中，再次强调了他用来理解自由问题的实证方法。严复认为，关于政治的学问在西方已经成为科学："盖政治一宗，在西国已成科学。"②因此，所谓"天赋权利"或"人生而自由"在事实上是不存在的，要讨论政治问题，只能用"内籀"的方法："盖天生人，与以灵性，本无与生俱来预具之知能。欲有所知，其最初必由内籀。"③用"内籀"之法讨论政治问题，就是一切以历史事实为根据，这是因为政治只是与历史密切相关，与思想家的逻辑推理没有任何关系。严复的这一观点或许也是来自西方，"西人言读史不归政治，是谓无果；言治不求之

---

① ［英］约翰·穆勒：《群己权界论》，严复译，商务印书馆，1981 年，第Ⅷ页。
②③ 王栻编：《严复集》第五册，中华书局，1986 年，第 1243 页。

历史,是谓无根"。严复引述的这句话究竟是谁说的,我们无从考究,如果这句话确实是西方人说的,也一定出自重视实证的人之口。从重视实证的认识出发,西方思想史上所有诉诸理性、用逻辑推理的方式来阐述道德原则的思想家都成了严复的批判对象。"须知18世纪以前,已有言治不由历史者,希腊时如柏拉图,最后如卢梭,此二人皆诸公所习知,其言治皆本心学,或由自然公理,推引而成。是故本历史言治,乃19世纪反正之术。"①总之,只有实证的方法才适于政治问题,与政治相关联的自由平等更是如此,如他后来在《〈民约〉平议》中所说:"是故自由平等者,法律之所据以为施,而非云民质之本如此也。大抵治权之施,见诸事实,故明者著论,必以历史之所发见者为之本基。"②

严复在彻底倒向实证的方法以后,他对政治哲学方法表现出了极端排斥的态度。在他看来,通过逻辑推理的方法而形成的观念对人类社会是有害无益的。"若夫向壁虚造,用前有假如之术(西人名学谓之 a'priori')立为原则,而演绎之,及其终事,往往生害。卢梭所谓自然之境,所谓民居之而常自由常平等者,亦自言其为历史中之所无矣。夫指一社会,考诸前而无有,求诸后而不能,则安用此华胥、乌托邦之政论,而毒天下乎!"③严复认为,西方思想史上那些用哲学方法讨论自由问题的人们都是错的,人们不可以根据"假如之术"(a'priori 即逻辑推理)来建立原则,一切根据"假如之术"建立起来的原则都是靠不住的。至此,严复早些年间曾经赞许的"唯天生民,各具赋畀,得自由乃为全受"的思想观念,被他完全放弃了。

用实证的方法理解自由问题,其结论与道德哲学家的观点别如泾渭。严复在《政治讲义》中说:"欧洲近日政界方针,大抵国民则必享宪法中之自由,而政府则必去无责任之霸权。然此今日文明国家则然,至旧日初级社会,其事大异此。当彼之时,社会所争,别有所在。如罗马齐民 Plebians,亦尝与其贵族 Patricians 争矣,而所争者,却非自由。执今世之

---

① 王栻编:《严复集》第五册,中华书局,1986年,第1243页。
②③ 王栻编:《严复集》第二册,中华书局,1986年,第337页。

意见，以观古时史事者，真无当也。是故自由立宪，限制君权，议立大典，定国民应享权利等语，皆五百年来产物，非西国当日所旧有者，不可取论以前之世局。"①严复的这段话很值得玩味。在表面上，严复似乎是在叙述一个历史事实：自由平等在西方是五百年来产生的，不是西方旧有的。但是这句话的深意却是，自由平等在西方历史上也是无法得到证明的。自由平等在它的老家尚且得不到历史的证明，在中国就更不能得到证明。按照严复所坚持的方法，在历史过程中得不到证明的东西，其合理性也是无法说明的。

最后，对君主政体的沉迷以及戊戌变法以后社会变化的悲观评价，是严复自由观转向的另一个原因。

严复曾是维新派阵营的重要一员，和戊戌维新时期的维新派一样，严复也把君主立宪政体看作是理想的政治体制，这或许是由于严复本人的英国留学经历，对英国的君主立宪政体有着更多了解的缘故。对于君主立宪之外的民主政体所知甚少。因此从戊戌维新时期开始，严复对于自由的讨论，大都是把自由与君主立宪政体联系在一起加以理解的，在严复的观念中，自由平等是与君主立宪政体分不开的，只要实行了君主立宪，实现了宪、政二权的分离，社会自由就实现了。在严复所构想的理想的政治生活中，君主是社会生活的必需品，因为民众需要君主的保护。"民之所以有待于卫者，以其有强梗欺夺患害也。有其强梗欺夺患害也者，化未尽而民未尽善也。"②严复认为，在他所生活的那个时代，仍然是"民未尽善"，因此君臣之伦不可废，"然则及今而弃吾君臣，可乎？曰：是大不可。何则？其时未至，其俗未成，其民不足以自治也。彼西洋之善国且不能，而况中国乎！"③君主的重要性就在于，它可以为社会提供安全与秩序。

严复认为君臣之伦不可废，还有一个更为重要的理由，就是在他看

---

① 王栻编：《严复集》第五册，中华书局，1986年，第1269页。
② 王栻编：《严复集》第一册，中华书局，1986年，第34页。
③ 王栻编：《严复集》第一册，中华书局，1986年，第34—35页。

来,只有君主才能承担起改良政治的责任。史华慈在评论严复的这一想法时说,严复"认为在一个宗法君主制社会内,君主政体是君权的集中体现,围绕着君权致力于近代化的运动才得以进行"①。在清末社会,能承担起这个责任的便是光绪皇帝。

然而,百日维新的失败,宣告了维新派君主立宪梦想的破产,可是就在君主立宪被证明是一条走不通的路的时候,严复还是抱着君主立宪的梦想不放。甚至出于对君主的幻想,这时的严复与康、梁也产生了分歧,分歧的焦点就是对于戊戌维新运动的看法。由于严复本人并没有直接参与变法,所以他不像康、梁那样始终认为戊戌变法是对的,而是更多地看到了戊戌维新运动的消极意义。严复认为,由于康、梁的变法,导致光绪皇帝失去了自由,清王朝因此失去了立宪改良的机会。在写给熊纯如的信中,严复把这一想法说得十分清楚:"吾国自甲午、戊戌以来,变故为不少矣。而海内所奉为导师,自以为趋向标准者,首屈康、梁师弟。顾众人视之,则以为福首,而自仆视之,则以为祸魁。何则?政治变革之事,蕃变至多,往往见其是矣,而其效或非;群谓善矣,而收果转恶。"②严复认为,如果没有康、梁变法,假以时日,待西太后死了以后,光绪皇帝便可以"政权独揽,徐起更张,此不独其祖宗之所式凭,而亦四百兆人民之洪福"③。严复这封信写于1916年,但可以想见,这种想法应该早就有了。

对于戊戌维新至于辛亥革命年间中国社会的政治变化,严复更多看到的是其消极的方面,在1917年写给熊纯如的信中,严复把清末民初中国社会的种种乱象,都归咎于自由、平等、民权等价值观念,"譬如平等、自由、民权诸主义,百年已往,真如第二福音,乃至于今,其弊日见,不变计者,且有乱亡之祸"④。至此,严复背离他曾经推崇的自由平等观念,彻

---

① [美]史华慈:《寻求富强:严复与西方》,叶凤美译,中信出版社,2016年,第224页。
② 王栻编:《严复集》第三册,中华书局,1986年,第631页。
③ 王栻编:《严复集》第三册,中华书局,1986年,第632页。
④ 王栻编:《严复集》第三册,中华书局,1986年,第667页。

底回归儒家传统,已是自然而然的事情。

四、清末民初梁启超的自由观

在中国近代思想史上,除严复以外,梁启超也是对自由关注较多的思想家。1899 到 1902 年间,梁启超在《清议报》《新民丛报》上发表了大量的文章,在介绍西方近代思想学说的同时,宣传其改良、维新的思想主张。这些文章中的大部分被辑入《自由书》和《新民说》两本书。在《自由书》与《新民说》中,梁启超间或表达了对自由的认识和理解。这一时期梁启超的自由观也在一定程度上反映了中国思想界对自由的认识水平。

(一)梁启超对自由的基本理解

梁启超对自由的讨论是从戊戌变法失败以后开始的。在《自由书》中,有一篇题为《地球第一守旧党》的短文,这篇短文表面上批判近代奥地利首相梅特涅(Klemens Wenzel von Metternich)实行的"愚弄黔首为宗旨"的政策,实际上是批驳张之洞"旧学为体、新学为用"的保守主义立场。梁启超说,在当时欧洲民智已经大开的情况下,梅特涅执政时期实行文化闭锁的政策,"禁断外国的学问",就是要 "禁精神上之学问",而"精神上之学问"就是"民权自由",梅特涅政府所以禁断有关"民权自由"方面的知识,其原因在于,"人民一知民权自由之理,则其操纵驾驭苟且粉饰之术,将无所用。故不得不以死力挫其锋也"①。随后,梁启超阐明了他对于"民权自由"的基本理解,他把"民权自由"看作是普遍真理,是近百年来人类社会进步的根本动力:"民权自由者,天下之公理也,世界自然之进步,积其资格以及于今日。既已磅礴郁积,持满而必发,譬之经严冬沍寒以后,春风一度,勾出萌达,万绿齐苗,夫宁可压制耶?"壅塞自由

---

① 梁启超:《饮冰室合集》专集第二册,中华书局,2015 年,第 7 页。

的结果只能是"壅之愈甚,则决之愈烈"。从梁启超这段话可以看出,他是把民权与自由当作一个概念来看待的,因此,梁启超的自由观可以概括为"民权自由观"。

从自由与民权相联系的认识出发,梁启超把自由概括为政治自由、宗教自由、民族自由和生计自由四个方面。"综观欧美自由发达史,其所争者不出四端,一曰政治上之自由,二曰宗教上之自由,三曰民族上之自由,四曰生计上之自由(即日本所谓经济上自由),政治上之自由者,人民对于政府而保其自由也,宗教上之自由者,教徒对于教会而保其自由也,民族上之自由者,本国对于外国而保其自由也,生计上之自由者,资本家与劳动力者相互而保其自由也。"①把自由分解为上述四个层面,体现了梁启超对于自由的基本理解。随后,梁启超又把政治自由分解为三个方面:"政治上之自由,复分为三,一曰平民对于贵族而保其自由,二曰国民全体对于政府而保其自由,三曰殖民地对于母国而保其自由是也。自由之征诸实行者,不外是矣。"②上述三个方面,只有"国民全体对于政府而保其自由",与西方近代思想家如约翰·密尔为政府权力划定一个边界的思想主张有些接近,其他两个方面都无法在近代自由主义思想家那里找到理论根据,而且,"国民全体"意义上的自由也不是近代思想家所主张的基于个人权利的自由。显然,这一时期的梁启超在理解自由的时候,并没有更多地参照西方近代思想家的思想学说。

在梁启超看来,如果把自由的基本精神贯彻于社会生活中,必然会引致诸多社会后果,梁启超将这些后果主要概括为六个方面。第一是社会平等,即所谓士农工商"四民平等",这便是平民相对于贵族所拥有的自由,在平等的社会里,任何人都不能拥有特权。第二是平民的参政权,亦即平民对于国家所拥有的自由,在一个社会里,人到达一定年龄便拥有了公民资格,便可以参与国家的政治事务。第三是属地自治,亦即梁启超所说的殖民地相对于宗主国所拥有的自由,"凡人民自殖于他土者,得

①② 梁启超:《饮冰室合集》专集第三册,中华书局,2015 年,第 40 页。

任意自建政府，与其在本国时所享之权利相等，是殖民地对于母国所争得之自由也"①。第四是信仰自由，在自由的社会里，政府和教会不得干预人们的宗教信仰，"人民欲信何教，悉由自择，政府不得以国教束缚干涉之，是教徒对于教会所争得之自由也"。第五是国家的独立与主权，梁启超称之为民族建国问题，即每一个民族都能够独立自主地决定自己国家的事务，"一国之人，聚族而居，自立自治，不许他国若他族握其主权，并不许干涉其毫末之内治，侵夺其尺寸土地，是本国人对于外国所争得之自由也"。第六是劳动者平等地位的实现，梁启超称之为"工群问题"（日本谓之劳动问题或社会问题），"凡劳力者，自食其力，地主与资本家，不得以奴隶畜之，是贫民对于素封者所争得之自由也"②。

　　梁启超把民权与自由联系在一起，从而对自由形成了自己的理解。不过，在中国近代的话语背景下，"民权"又是一个含义复杂的概念，从梁启超有关民权的论述来看，他所说的"权"，具有"权利"和"权力"双重含义。这样，自由究竟是一种权力，还是一种权利，都需要进一步说清楚。但尽管如此，梁启超把"民权"与"自由"联系起来，却是中国近代许多思想家所不及之处。这是因为，在西方近代思想家那里，自由是被当作人的自然权利来理解的，从这一意义上说，梁启超用民权的观点理解自由，又在某种程度上切近了近代自由观念的本义。

　　1900 年前后，严复和梁启超是中国思想界对自由问题讨论最多的两个人。从时间上看，梁启超《新民说》和《自由书》的写作与严复《群己权界论》一书出版的时间大体相当，梁启超对自由的理解在怎样程度上受到了《群己权界论》的影响不得而知。不过，梁启超理解自由的方式却与严复有着很大的不同，他不像严复那样，着意于在中国传统话语中寻找自由的本义，因此没有像严复那样认为自由的本义就是放浪形骸、任性而为，而是把它理解为一种社会生活形态。从这一意义上说，梁启超对于自由的理解的确有其独到之处。也正是由于这一原因，梁启超不像严复那样，在晚年完全放弃自由的观念而彻底回归儒家传统。

――――――――――――――

①② 梁启超：《饮冰室合集》，专集第三册，中华书局，2015 年，第 41 页。

与中国近代许多思想家相比,梁启超对自由的理解要深刻得多。例如,辛亥革命前后的孙中山也曾说过自由问题,但是,孙中山却对自由持否定的态度,他说:"兄弟从前倡革命,于自由一层没有怎么讲到,因为中国人只晓得讲改革政治,不懂得什么叫自由……本来中国人民是不须争自由的。"①孙中山所以如此说,是因为他所理解到的自由仍然是中国传统观念中的放荡不羁、任性而为。"我们有一种固有名词,是和自由相仿佛的,就是放荡不羁一句话""既然放荡不羁,就是和散沙一样,各个有很大的自由"②。显然,孙中山也是基于中国传统话语理解自由的。在这一点上,梁启超对自由的认识要比孙中山的自由观具有更多进步意义。

(二)梁启超自由观的若干特点

作为中国近代对自由有着深刻理解的思想家,梁启超的自由观主要有以下几个方面的特点。

第一,梁启超对自由的理解,带有"天赋自由"的色彩,较为切近西方近代思想家"自然权利"的观念。

在《自由书》中,梁启超抄录了据说为日本人深山虎太郎所作的《民权论》:"民受生于天,天赋之以能力,使之博硕丰大,以遂厥生,于是有民权焉,民权者,君不能夺之臣,父不能夺之子,兄不能夺之弟,夫不能夺之妇,是犹水之于鱼,养气之于鸟兽,土壤之于草木。故其在一人,保斯权而不失,是为全天。其在国家,重斯权而不侵,是为顺天。"③梁启超所以把这段民权论抄录下来,是因为其"源本泰西硕儒政体之论,切中中国时病者"。其实,梁启超所说的这个《民权论》是否为日本人所写,深山虎太郎是否确有其人,都无从考证,从文多有评论秦汉以来君主专制的弊政的内容来看,很可能是中国人的托名之作。不过,梁启超把《民权论》抄录下来,说明他是赞同其观点的。《民权论》表达的是民权天赋的观念,因为梁启超是把民权与自由联系在一起来理解的,可以推知梁启超认为"自由"

①②《孙中山选集》下卷,人民出版社,1956 年,第 712 页。
③ 梁启超:《饮冰室合集》,专集第二册,中华书局,2015 年,第 12 页。

也是天赋的。虽然梁启超所说的民权天赋与西方近代思想家所说的"天赋权利"或"自然权利"在含义上不尽相同,但他这一认识的源头在于西方近代思想家自然权利的观念则是确切无疑的。

第二,在阐释对自由的认识和理解时,梁启超注重用平等来诠释自由。这与西方近代思想家对自由的理解是一致的。

如前所述,梁启超在阐释人民的自由权的时候,将之概括为平民相对于贵族所拥有的自由,这种自由最终体现为"四民平等",从而使社会生活中的任何人都不再有特权。这样,在梁启超那里,自由与平等便是相互联系的价值理念。梁启超的这一认识显然来自近代西方思想家。

在近代西方思想家那里,自由与平等从来都是密不可分的,19世纪思想家法国皮埃尔·勒鲁说:"如果说,我再一次相信自由,这是因为我相信平等。我之所以设想一个人人自由,并像兄弟一般相处的政治社会,则是由于我设想了一个由人类平等的信条所统治着的社会。事实上,如果人们不能平等相处,又怎么能宣布人人自由呢?如果人们既不能平等,又没有自由,他们又怎么能以兄弟般的情谊相亲相爱呢?"[1]如果没有了自由,平等也就没有了意义。梁启超用平等来说明自由,可以说是深得近代自由平等思想的原意。

第三,梁启超在阐述其对自由的理解时,尤其强调思想自由的重要性。

在《新民说》中,梁启超专门讨论了自由之于个人的意义,梁启超称之为"一身自由",与我们今天所说的个人自由较为接近,梁启超说:"一身自由云者,我之自由也。虽然人莫不有两我焉,其一与众生对待之我,昂昂七尺立于人间者是也。其二则与七尺对待之我。是故人之奴隶我不足畏也,而莫痛于自奴隶于人,自奴隶于人犹不足畏也,而莫惨于我奴隶于我。庄子曰:'哀莫大于心死,而身死次之。吾亦曰:辱莫大于心即兴,而身奴为末矣。"[2]所谓"我奴隶于我"或心中之奴隶,就是没有意志自由。如果要实现

---

① [英]皮埃尔·勒鲁:《论平等》,王允道译,商务印书馆,1996年,第15页。

② 梁启超:《饮冰室合集》专集第三册,中华书局,2015年,第47页。

真正的自由,人们就必须破除自己心中的奴隶。

　　梁启超认为,要实现思想自由,破除心中之奴隶,人们必须养成独立思考的习惯。而独立思考则需要不崇拜古人,不从流俗,不迫于境遇,不屈于情俗。在这几个方面,梁启超对于"勿为古人奴隶"论述尤多。梁启超认为,历史上的圣贤,如孔子,"亦不过说法以匡一时之弊,规当世之利,而决不足以范围千百尤年以后之人也"①。其思想学说只在他生活的历史时代才有意义,后世的人们不必株守他们的思想学说,如果孔子当年株守尧舜而没有自己的独立思考,就不会有孔子,"使孔子而为尧舜之奴隶,则百世后必无孔子者存也"②。思想进步的必要条件,就是每个时代的人们都能有独立思考的习惯,每个时代的人们都有自己的思想。

　　思想自由是近代自由理念不可或缺的方面。约翰·密尔在说到思想自由的重要性时曾经指出:思想自由所以重要,"还不是单单为着或者主要为着形成伟大思想家才需要思想自由。相反,为着使一般人都能获致他们所能达到的精神体量,思想自由是同样或者甚至更加必不可少。在精神奴役的一般气氛之中,曾经有过而且也会再有伟大的个人思想家,可是在那种气氛之中,从来没有而且也永不会有一种智力活跃的人民"③。按照约翰·密尔的说法,思想自由的价值不仅仅在于思想界,也不在于它是伟大思想家产生的必要条件,而是在于,思想自由是一个民族能够有活跃的人民的基本条件。自由所以能够成为近代以来推动世界历史进步的动力,原因就在于此。从梁启超强调思想自由的重要性这一点上来看,他显然更多地接受了近代西方思想家的这一观念。

　　(三)梁启超自由观的局限

　　在中国近代政治思想史上,自由的观念毕竟是舶来品。由于中西方有着不同的社会历史环境和思想文化传统,中国思想家在理解"自由"的过程中,他们必然要遇到因东西方文化差异而形成的理论理解障碍/理

①② 梁启超:《饮冰室合集》专集第三册,中华书局,2015年,第47页。
③ [英]约翰·密尔:《论自由》,许宝骙译,商务印书馆,1959年,第39页。

论壁垒，这些理论理解障碍/理论壁垒对于生活在那个历史时代的人们来说，几乎是无法克服的。梁启超也是如此。作为中国近代历史上最有学问的人之一，梁启超是在中国传统的文化背景下成长起来的，其早年所受的是中国传统教育，从童蒙时期开始，梁启超受到的就是传统儒家的思想教育，虽然在很早的时候就接触了西学，但对于梁启超来说，"中学"仍然是其基本的知识背景。尽管梁启超不像严复那样在中国传统话语中寻求自由的本义，试图把近代的自由观念与中国传统思想嫁接在一起，但是由于知识背景的限制，梁启超在理解来自西方的"自由"的时候，他也仍然要把"自由"放在自己所熟悉的知识背景下加以阐释，使近代的"自由"与他原有的知识衔接起来。梁启超对于"自由"能够理解到什么程度，一方面取决于他对西方近代思想文化的理解，另一方面，也决定于他能够在何种程度上把"自由"的思想内涵衔接到他原有的知识背景中去，从而使近代的自由理念得以在中国语境下表达出来。于是，在把近代的"自由"衔接到原有的知识背景的过程中，梁启超也不可避免地对"自由"产生某种误读，所以，梁启超所倡导的自由，在本质上也不过是他作为一个中国思想家所能理解到的自由。

梁启超对自由的误读，主要表现在以下几个方面。

首先，梁启超在阐释自由的价值理念的时候，混淆了权利与权力的概念。

近代思想家讨论自由问题，其目的"是要探讨社会所能合法施用于个人的权力的性质和限度"①，也就是说，自由是用来界定权力的。关于这一点，约翰·密尔说：在历史上，一个社会为了"保障较弱成员"免遭侵害，应该对权力设置某种限制，从而"要取得对于某些特权即某些所谓政治自由或政治权利的承认，这些自由或权利，统治者方面若加侵犯，便算背弃义务，而当他果真有所侵犯时，那么个别的抗拒或者一般的造反就可以称为正当"②。而到了他所生活的时代，人们已经不再认为统治者成为

① ［英］约翰·密尔：《论自由》，许宝骙译，商务印书馆，1959年，第1页。
② ［英］约翰·密尔：《论自由》，许宝骙译，商务印书馆，1959年，第2页。

独立的权力而与他们的利益相对立是必要的,但是仍然需要对社会生活中的权力加以限制,以防止"多数者暴政",在近代思想家的自由理论中,自由从来都是被当作人民的权利来考虑的,它是与"权力"相对应的东西,自由就是基于权利而对社会生活中的权力的限制。

在对权利与权力的关系理解上,梁启超的认识是混乱的。例如,他在《自由书》中引述了深山虎太郎的一段话:"民与权俱起,其源在乎政府以前,彼宪法云,律令云,特所以维持之,使无失坠,非有宪法律令而后有民权也。"①这段话实际上表达的是人民拥有自然权利的观点。梁启超引述这段话,应该是赞同这一观点的。但是,在其他场合下,梁启超又往往把"民权自由"中的民权理解为权力。甚至在有些时候,他甚至认为权利就是权力。例如,在解释强权的概念时,梁启超说:"强权云者,强者之权利之义也。英语云 the right of the strongest,此语未经出现于东方,加藤氏译为今名。何云乎强者之权利? 谓强者对于弱者而所施之权力也。自吾辈人类及一切生物世界乃至无机物世界,皆此强权之所行,故得以一言蔽之曰:天下无所谓权利,只有权力而已。权力即利也。"②把权利解释为权力,这显然是梁启超个人的理解。

梁启超把权力与权利混为一谈,其理论缺陷是至为明显的。在近代西方思想家那里,权利所以不同于权力,在于它对于每一个人来说是与生俱来的,基于权利的自由也是与生俱来的。但是,如果把自由理解为权力,自由便不再是与生俱来的。正是由于混淆了权利与权力的界限,梁启超对近代思想家"人生而自由"的观点也持怀疑的态度:"自由云者,平等云者,非如理想家所谓天生人而人人畀以自由平等之权利云者。"③按照梁启超的理解,所谓权力就是统治者的"权利",按照这一逻辑,"强权"也是一种权利,只不过是统治者的权利,"然则强权与自由权,决非二物昭昭然矣。若其原因,则由前此惟在上位者乃为强者,今则在下位者亦为强

---

① 梁启超:《饮冰室合集》专集第二册,中华书局,2015 年,第 13 页。
② 梁启超:《饮冰室合集》专集第二册,中华书局,2015 年,第 29 页。
③ 梁启超:《饮冰室合集》专集第二册,中华书局,2015 年,第 31 页。

者耳。故或有见人民伸其自由权以拒压制之强权,以为此强弱迭代也。不知乃两强相遇,两权并行,因两强相消,故两权平等,故谓自由权与强权同一物,骤闻之似甚可骇,细思之实无可疑也"①。梁启超这段话的意思是说,在以往的历史时代,民众始终处在较弱的位置上,因此,对民众施以强权便是统治者的权利,到了后来,民众也变强了,便有了民众的自由权,便出现了民众与统治者两强相遇的情况,因为两强相互抵消,所以有了民权与统治者的权利平等。按照这一逻辑,民权自由不过是统治者与民众之间力量消长的结果。与其说梁启超是在阐释自由,莫不如说是在论证强权的合理性。

其次,梁启超把自由与国家主权问题混为一谈,并且用功利主义的态度看待自由。

在《自由书》中,梁启超有一段专门介绍日本明治时期中村正直的《自助论》的文字,其中有:"国所以有自主之权者,由于人民有自主之权。人民所以有自主之权者,由于其有自主之志行。"②从梁启超引述这段文字看来,他是赞同这一观点的。

或许梁启超的本意是要说明自由对于一个国家的重要性,把人民的自主权与国家自主权联系起来的说法似无可厚非。但是,梁启超如此说的目的,并不是要说明自由的重要性,而是在强调人民的自主权应该从属于国家的自主权,梁启超把人民的自主权当成了实现国家自主权的手段。

虽然在理论上说,国家自主与个人自由应该是有联系的,但是,国家自主毕竟是另一个层面的问题,它主要是一个国家在怎样的程度上拥有自己的主权,一个国家的政府是否能够自主地管理社会,自主地处理这个国家的内政和外交事务。值得注意的是,在近代思想家那里,个人的自主权与国家的自主权在逻辑上并不是正相关的,他们甚至认为,为了国

---

① 梁启超:《饮冰室合集》专集第二册,中华书局,2015年,第31页。
② 梁启超:《饮冰室合集》专集第二册,中华书局,2015年,第16页。

家的独立和自主,个人是可以甚至有必要牺牲某些权利的,例如,约翰·密尔在论证了他所主张的"伤害原则"①之后,又列举了一些可以对公民个人做出强制的情况,其中便包括"在一场共同的自卫斗争当中,或者在为他所受其保护的整个社会利益所必需的任何联合工作当中"②。也就是说,人民作为个人的自主权利是有条件的,当国家面临外敌入侵,国家主权受到危害的时候,个人应该牺牲他的自主权利,在这种情况下,国家或者社会强迫或者控制个人的行为是正当的。这样,个人的自主权与国家的自主权在有些时候便是矛盾的,梁启超对国家主权与人民的自主权的关系的解释,在逻辑上是不成立的。

　　梁启超把人民的自主权视为国家自主权的前提条件,体现了他对待自由问题的功利主义态度。1840年以后,清王朝统治下的中国社会日益沦落为半殖民地半封建社会,国家主权日益沦丧的历史环境,使得每一个有良知的思想家都把实现国家自主当作自己的自觉责任。中日甲午战争的失败,宣告了洋务运动的破产,以康有为、梁启超为代表的思想家深刻认识到,政治制度的落后是中国社会贫弱的根本原因,仅仅关注经济的自强新政并不足以使中国富强,于是在康、梁这一班维新派人士的观念中,改良传统中国的君主专制制度,实现君民共治,便是国家富强的根本途径。尽管百日维新失败了,但是改良政治以实现富强的逻辑还在,到了梁启超撰写《自由书》和《新民说》的时候,实现人民的自主权也就理所当然地被当成了实现国家自主权的前提条件。

　　关于国家主权与个人自由,梁启超有些时候又用国权与民权的概念来表达,国权就是国家的自由权,民权就是人民的自由权,"今天下第一等议论,岂不曰国民乎哉?言民事者莫不瞋目切齿怒发曰:彼历代之民贼,束缚驰骤,磨牙吮血,以侵我民自由之权,是可忍,孰不可忍。言国事者,莫不瞋目切齿怒发曰:彼欧美虎狼国,眈眈逐逐,鲸吞蚕食,以侵我国

---

　　① 约翰·密尔的"伤害原则",指的是国家或者社会可以对个人实行强制的条件,即:"能够施用一种权力以反其意志而不失为正当,唯一的目的只是要防止对他人的危害。"[英]约翰·密尔:《论自由》,许宝骙译,商务印书馆,1959年,第10页。
　　② [英]约翰·密尔:《论自由》,许宝骙译,商务印书馆,1959年,第12页。

自由之权,是可忍,孰不可忍。饮冰子曰:其无尔。苟我民不放弃自由权,民贼孰得而侵之?苟我国不放弃其自由权,则虎狼国孰得而侵之?以人之能侵我,而知我国民自放自弃之罪不可逭矣"①。梁启超这段话阐述了一个很有意义的道理,那就是,自由权利不是凭空得来的,一个社会在怎样的程度上实现了自由,取决于人们在怎样的程度上为维护自己的权利做出了努力。不过,梁启超也只是在这一点上说对了而已。

把国家主权说成了国家自由权,这是很具诱惑力的说法。可是,梁启超却不知道,国家主权并不是单纯的自由问题。人们通常所说的国家主权,是指一个国家独立处理内外事务的权力,在根本上说,是政府治理的权力,一个国家是否拥有主权,并不能用来说明这个国家自由实现的程度。虽然在梁启超生活的时代,中华民族的独立与国家主权正日益受到西方列强的侵凌,而且,清王朝统治下的中国社会所以贫弱,也是因为当时的中国不是一个自由平等的国度。但尽管如此,仍然不可以用自由来说明国家主权问题,因为在逻辑上,即便一个国家拥有完整的主权,并不能说明这个国家在怎样的程度上是一个自由的国家,社会自由是无法用国家主权来说明的。

再次,梁启超提出了"团体自由"的概念,把"团体自由"视为个体自由的逻辑归宿,强调"团体自由"之于个体自由的绝对优先性,这使得他的价值取向最终走向了国家主义。

在《新民说》中,梁启超又提出了"团体自由"的概念,实际上,梁启超所说的"团体自由"与他在其他场合下说的"国家自由权""国家自主权"都是可以通约的,是意义相同的概念。梁启超认为,自由在根本上说只能是团体的自由:"自由云者,团体之自由,非个人之自由也。"②所以如此说,在梁启超看来,是因为团体是个人生存的基本环境,如果离开了团体,个人自由便没有任何意义,所以团体自由相对于个人自由具有绝对的优先性。"团体自由者,个人自由之积也。人不能离团体而自生存,团体

---

① 梁启超:《饮冰室合集》专集第二册,中华书局,2015年,第24页。
② 梁启超:《饮冰室合集》专集第三册,中华书局,2015年,第44页。

不保其自由,则将有他团焉自外而侵之、压之、夺之,则个人之自由更何有也。"①梁启超的这段话有一点是对的,那就是,人天生是群体生活的动物,群体是个人得以生存的基本条件,一旦离开群体,任何个人都无法生存。但是,梁启超却忽略了至关重要的一点:正是因为群体是个人基本的生存条件,所以应该有什么样的群体生活对个人来说才至关重要,每一个人都需要在群体生活中作为自由平等的个体受到公平的对待。所以"团体自由"并不是一个与"个人自由"相对立的概念,也不是"个人自由"的逻辑归宿,归根到底,在任何一个社会里,"团体自由"都是需要用"个人自由"来说明的。

如前所述,在近代中国思想界,梁启超是对于自由有着较为深刻理解的思想家。但是其有关"团体自由"的观点,表明最终他的认识还是偏离了近代自由理念的基本精神,最终得出了"团体自由"高于"个人自由"的结论。其实,梁启超所以如此理解自由的深层原因,在于中国传统的群体本位观念。在以儒家思想为主体的中国传统文化中,群体利益被认为是社会的核心利益,而个人只是群体的组成部分,个人利益需要无条件地服从于整体利益。而近代的自由观念所强调的却是个人的重要性。梁启超在理解"自由"的时候,尽管也曾努力地把握西方近代自由观念的基本精神,但最终他还是回到了传统的群体本位立场上来。近年来,学界曾就自由主义不能在近代中国社会落地生根的原因展开过讨论,人们也曾有过各种各样的解释。实际上,关于这一问题,梁启超的自由观已经给出了答案:群体本位的观念,也可以说是对社会政治生活的理解方式,是我们认识和理解自由必须克服的理论困难。

最后,梁启超用弱肉强食、物竞天择的进化观念对自由做了庸俗的解释。

在中国近代思想界,自严复把赫胥黎(Thomas Henry Huxley)的《进化论与伦理学》译为中文以后,进化论的观点风靡一时。从梁启超1898年到1900年间的著作来看,进化论的观点深深影响了梁启超。

---

① 梁启超:《饮冰室合集》专集第三册,中华书局,2015年,第46页。

　　1900 年前后的梁启超，很是乐于用进化论的观点来说明自由。在《论强权》一节，梁启超描述了人类社会的进化过程："凡动植物世界及人类世界，当强弱二者大相悬隔之时，则强者对于弱者之权力，自不得不强大，因强大之故，自不得不暴猛，譬之兽类虎狮其最强者，故其于弱兽任意自由而捕食之，是狮虎之权力，所以大而猛也。惟强故也，于人类亦然，昔者野蛮世界，强大之民族，对于弱小之民族，其所施之权力，必大而猛，是无他故，皆自强弱之悬隔而生，强也，弱也，是其因也。权力之大小，是其果也，其悬隔愈远者，其权力愈大而猛。此实天演之公例也。"[1]梁启超的这段话体现了他对人类文明的基本理解。在梁启超看来，人类社会的进化过程与其他动物群体没有任何差别，弱肉强食、物竞天择的自然法则也可以用来解释人类文明的发展过程。

　　事实上，作为理性的存在者，人类的群体生活与其他动物群体有着本质的不同，尽管我们可以假定人类的群体生活是从最初的动物状态发展过来的，但是，自从人类摆脱了原初的动物状态以后，人类文明便有了其他动物群体所不具备的特质。虽然在漫长的历史过程中，特别是在梁启超所说的野蛮时代，强者凌弱、众者暴寡的情况时常发生，但是人们在观念上却认同，人类的群体生活不应该是丛林法则支配下的生活，而应该是有道德的生活。于是，人类在长期的生活经历中形成了一系列的道德规范和习俗，并以此来约束自己的群体生活。人类是这个世界上唯一能够自觉地约束和规范自己的群体生活物种。如果说人类文明也有一个进化的过程，推动人类从野蛮走向文明的真实动力是人类的理性与道德情感，而不是梁启超所说的"悬隔愈远者，其权力愈大而猛"的"天演公例"。梁启超误解了人类文明的历史。

　　梁启超也试图用进化的观点来说明自由，他把人类社会的历史分为野蛮时代和文明时代，野蛮时代有野蛮时代的自由，文明时代有文明时代的自由，野蛮时代的自由是个人自由，而文明时代的自由是前面说过

---

[1] 梁启超：《饮冰室合集》专集第二册，中华书局，2015 年，第 29 页。

的"团体自由","野蛮时代个人之自由胜,而团体之自由亡,文明时代团体之自由强,而个人之自由减"①。梁启超认为,中国社会同样需要自由,但是中国人需要的是文明时代的自由,而不是野蛮自由。因为以个人自由为基本特征的野蛮自由中国社会早已有了。"其以个人之自由为自由也,则天下享自由之福者,宜莫今日之中国人若也。绅士武断乡曲,受鱼肉者莫能抗也;驵商逋债而不偿,受欺骗者莫能责也。夫人人皆可以为绅士,人人皆可以为驵商,则人人之自由亦甚矣。不宁惟是,首善之区,而男妇以官道为圊溷,何其自由也,市邑之间,而老稚以鸦片为菽粟,何其自由也。"②在梁启超的笔下,武断乡曲、逋逃债务、吸食鸦片等不良行为,都成了"个人自由",只不过被梁启超称为野蛮自由。

　　梁启超用进化的观点理解自由,或许是受到了西方近代思想家的影响。约翰·密尔在讨论自由原则的时候便曾说过,自由仅仅适用于"能力已达成熟的人类","对于那种种族自身尚可视为未届成年的社会当中的一些落后状态,我们也可以置诸不论"。③约翰·密尔的这一说法,无疑带有欧洲中心论的偏见,把"野蛮人"排除于自由之外,肯定不符合现代人的价值观。在我们的观念中,自由是适用于整个人类的价值准则,就如梁启超所说:"自由者,天下之公理,人生之要具,无往而不适用者也。"④没有哪个民族可以被排除于自由的适用范围之外。不过,在约翰·密尔那里,毕竟自由只有一种,自由的内涵是确定的,可到了梁启超这里,自由却变成了野蛮自由与文明自由两种,于是"自由"变成了相对的概念,按照梁启超的这一说法,中国的社会选择不过是在两种自由之间的选择。虽然梁启超的本意还是希望中国社会能够选择文明时代的自由,可是,他又把文明时代的自由与野蛮时代的自由分别解释为"团体自由"和"个人自由",而把野蛮时代的自由归结为个人自由,把中国社会中某些社会成员的不良行为解释为"个人自由"。梁启超这一说法,不仅是对传统社会中某些社会成员不良行为的错误解释,而且也体现了他在主观心理层

①② 梁启超:《饮冰室合集》专集第三册,中华书局,2015年,第45页。
③ [英]约翰·密尔:《论自由》,许宝骙译,商务印书馆,1959年,第11页。
④ 梁启超:《饮冰室合集》专集第三册,中华书局,2015年,第40页。

次上对以个人权利为核心的近代自由观念的恐惧。

五、传统政治思想转型与现代自由观的建构

如前所述,以儒家伦理政治学说为主体的中国传统政治思想,缺少自由的思想元素。在春秋战国时期,对自由的道德诉求有着明晰表达的是道家学派的庄子,此后,魏晋时期的玄学家如阮籍、南北朝时期的道家著作如鲍敬言的《无君论》都或多或少地表达了对自由的诉求,这些思想家的思想主张大都源于庄子。不过,庄子学派及其后学虽然清晰地表达了对自由的诉求,但是由于效法自然的价值取向所决定,他们对自由诉求的表达带有明显的无政府倾向。庄子虽然是中国政治思想史上少有的认识到个人的重要性的思想家,但他却否认人类群体生活的价值,否认国家及社会治理的合理性,否认人类在长期的生活经历中形成的道德原则与习俗之于人类社会生活的价值,希图回到人与万物"连属其乡""族与万物并"的蛮荒时代。继承庄子衣钵的魏晋时期的玄学家,如阮籍,也同样把无政府状态作为理想的社会追求,其所作《大人先生传》,把无君无臣的自然状态看作是至善至美的生活状态,而把有组织的社会生活看作是万恶之源:"昔者天地开辟,万物并生。大者恬其性,细者静其形。阴藏其气,阳发其精,害无所避,利无所争。放之不失,收之不盈;亡不为夭,存不为寿。福无所得,祸无所咎;各从其命,以度相守。明者不以智胜,暗者不以愚败,弱者不以迫畏,强者不以力尽。盖无君而庶物定,无臣而万事理,保身修性,不违其纪。惟兹若然,故能长久。"庄子及其后学虽然有着对个人自由的追求,但因其无政府的价值取向,对于提高人类社会生活质量毫无助益。而且,魏晋以后,玄学家所崇尚的放荡不羁的生活方式,也使得"自由"成为中国传统的话语背景下难以为人们所接受的概念。中国近代思想史上,思想家对于"自由"概念的诸多误解,也与道家庄学的自由观有关。

在春秋战国时期形成的诸子百家中,对中国古代社会政治影响较大的是儒法两家的思想学说。这两个学派的一个共同特点,就是基本不承认个人的重要性。群体本位及君主利益优先,是儒法两家理解社会政治生活的基本门径。在近年来有关自由问题的研究中,有些学者试图从中国传统政治思想中发掘自由的思想元素①,说者以为,中国传统的儒家思想也表达了对于自由的追求。当然,从逻辑上说,追求自由是人的天性,中国传统思想中一定也含有自由的成分,这在表面上看是十分公允的说法。但是,持这种观点的人们却忽略了至关重要的一点,作为人的本性,自由是人类的普遍追求,这是一回事,而思想家在观念世界里认识到自由的重要性,并且把自由作为支撑公共生活的基本理念则是另一回事。历史上的中国人有着对于自由的追求,这是无法否定的事实,而历史上的思想家,特别是在中国政治思想史上占据主导地位的儒家缺少对于自由诉求的表达,也是不争的事实。虽然儒家强调个人的道德自觉,"要求人要自觉摆脱由外物所引发的物质欲望",如孔子倡导"非礼勿视,非礼勿听,非礼勿言,非礼勿动"(《论语·颜渊》),孟子所说的"收放心"也是"要将人的注意力从外物上移开,而要求人只注意'己'心固有之'至善'",宋代范仲淹说"不以物喜,不以己悲","就是将自己的存在纯粹道德化后的一种'由己'状态。"②但是,儒家所强调的个人心性修养,与我们所说的"自由"是完全不同的两回事。它只是强调了个人如何在既定的社会安排下实现心境的解脱,并没有说明个人自由之于社会生活的重要性,更没有把它与全部的社会安排联系在一起,从而使之成为社会政治、经济制度赖以依存的制度理念。儒家所倡导的"由己"无法导向现代意义的社会自由。

基于上述理由,我们认为,作为当代社会主义核心价值体系的重要

①有关这方面的论文,可参见蔡磊:《浅析儒家的自由观》,《文学界》,2010年第3期;冯婷:《浅析儒家自由观与西方传统自由观的异同》,《学理论》,2010年第18期;万斌:《论中国传统的自由观》,《青海社会科学》,1989年第3期。

②参见张师伟:《西学东渐背景下中国传统"自由"思想的现代转换及其影响》,《文史哲》,2018年第3期。

组成部分，当代中国人自由观的建构，不可能是中国传统政治思想中"自由"观念的延伸，而只能是在马克思主义理论的指导下，批判和弘扬西方近代思想家自由观念中的有益成分，对中国传统的价值观念进行改造而得以实现。

　　建构属于我们时代的自由观，是当今中国社会发展的需要。自由作为一种价值观念，表达了人类普遍的道德诉求，诚如法国近代思想家卢梭所说："这种人所共有的自由，乃是人性的产物。人性的首要法则，是要维护自身的生存，人性的首要关怀，是对于其自身所应有的关怀。而且，一个人一旦达到有理智的年龄，可以自行判断维护自己生存的适当方法时，他就从这时候起成为自己的主人。"①不过，虽然自由是人类普遍的道德诉求，但是不同历史时代的人们对于自由却有着不同的理解，而不同历史时代的人们所以对自由有着不同的理解，总是和人的现实生活状态分不开的。

　　马克思在论述人的发展过程时，曾经把人类自身的发展阶段归结为三种形态，一是自然形成的"人的依赖关系"形态，二是"以物的依赖为基础的人的独立性"形态，三是"建立在个人全面发展和他们共同的社会生产能力成为他们的社会财富这一基础上的自由个性"的形态。马克思所说的自然形成的"人的依赖关系"，相当于人类刚刚从动物状态独立出来时的状态，在这样的状态下，一方面人类为了征服自然，必然形成人与人之间的依赖，而在另一方面，由于人类社会刚刚从自然界独立出来，人们在事实上并没有完全摆脱对于自然的依赖。现实生活中自然形成的依赖关系，决定了古典时代的人们只能向他们所依赖的自然世界去寻求有关社会生活的普遍法则，通过对他们所认识到的普遍法则的认知，而实现精神世界的自由。但是，人对人的依赖却是在相当长的历史时期内无法摆脱的。

　　近代科学技术的发展与社会革命，使得人们进入了马克思所说的"以物的依赖为基础的人的独立性"的发展阶段。在这一历史阶段中，中世纪

---

① ［法］卢梭：《社会契约论》，何兆武译，商务印书馆，1980年，第9页。

以前的等级制度以及建立在等级制度上的人身依附关系废除了，平等与自由成为被广泛认可的作为个体的人的权利。但是，由于社会生产力发展水平的限制，现实生活中的人仍然无法摆脱对于物的依赖。在这样的历史条件下，人们对自由的理解也达到了以往不曾有的水平。

社会主义政治、经济制度的确立，为马克思所说的"建立在个人全面发展和他们共同的社会生产能力成为他们的社会财富这一基础上的自由个性"创造了条件，使人们摆脱原有的对物的依赖成为可能，人的生存环境的根本改善，要求我们建构属于我们时代的自由观。

作为社会主义核心价值观的一部分，当代中国自由观念的建构，需要我们以正确的态度对待近代西方思想家的思想成果，既不能无视近代思想家有关自由的思想遗产，又不可以不分青红皂白，生吞活剥地吸收。正如有些学者指出的那样，"虽然各种自由主义学说对于个人自由或权利的核心地位并无原则性分歧，但在对自由与平等的价值及两者关系的解释上，却有着不尽一致的理解。道义论者似乎给予平等或公平以更多的关注，如康德的'普遍目的律'（即把每一个人都当作目的而非手段来看待）；而目的论者似乎更介意个人自由权利的绝对性，从 17 世纪的洛克到当代的诺齐克都坚定地执守着'个人权利不可侵犯'这一基本的自由主义原则"[1]。由于近代西方思想家的这些理论分歧，我们不可能把所有的思想学说都不加分辨地加以吸纳。事实上，我们只能对近代西方思想家的自由理论加以分析，对其中有利于建构社会主义自由观念的思想要素加以分析，批判地继承下来。在批判地继承近代思想家自由理论的过程中，我们需要理解、更需要准确地把握近代自由理念的精髓，在理论上做出更加细致的论证，从而实现对近代思想家的超越。

建构当代中国的自由观念，是中国传统的价值取向向现代价值取向转变的过程。其中一个重要方面，便是从传统的群体本位向个体本位的转变。现代的自由理念的一个重要方面，就是对公民个人的重要性予以充分的重视。

---

① [美]约翰·罗尔斯：《政治自由主义》，万俊人译，译林出版社，2000 年，第 564 页。

在我们的文化传统中，由于群体本位的价值取向和思想方式的影响，个人的重要性常常得不到承认。事实上，在群体本位之外，个体本位也是一种理解社会生活的方式。

有一个无可辩驳的事实：我们每一个人都是依赖于我们生活于其中的社会而存在的，正是由于群体(也就是我们通常所说的社会)的存在，我们才能获得基本的安全感和责任感，才能获得人与人之间的友情和相互支持，在这一意义上说，群体生活是人的基本属性，这一点在东西方思想史上早就为思想家意识到了。古希腊哲学家亚里士多德说，人天生就是城邦的动物，中国古代思想家说的更加直截了当："人生不能无群。"(《荀子·王制》)当思想家认识到人类群体生活的本质时，他们也就自然而然地遇到了一个至关重要的问题，那就是，究竟应该怎样理解个人与群体，亦即个人与他所生活的社会或者国家之间的关系。需要说明的是，尽管任何个人都无法离开他赖以依存的社会群体而存在是一个简单明白的事实，但思想家的认识却不会也不应该仅仅停留在这一事实上。在我们的理性所能达到的境界里，既然社会是由一个又一个的人组成的，社会是每一个社会成员的生存、发展的基本条件，那么对于每一个人来说，他应该在什么样的群体里生活，什么样的社会生活对他来说是真正有价值的，或者说，我们应该有什么样的社会生活，便是每一个历史时代的人们不得不思考的问题。于是，对于个人与群体之间关系便有了各种各样的认识和理解。

就个人与群体关系而言，理解社会生活实际上存在着两个向度。一般说来，以个人为出发点来理解社会生活的是个体本位，也就是通常所说的"个人主义"，而以群体为出发点理解社会生活的便是群体本位，我们可以名之为"集体主义"。个人主义的极端形式是无政府主义，无政府主义者极其强调个人的重要性，否认人类有组织的社会生活的价值，因此也不承认国家存在的合理性。而群体本位的极端形式则是"国家主义"，持国家主义观念的人们强调国家的重要性，认为个人的一切都应该从属于国家。在无政府主义与国家主义这两极之间，还有许许多多对个人和群体的重要性有着不同理解的思想流派，其中较为重要的是西方近代的自由主义和中国的传统儒家。

有人认为，自由主义实际上是处于无政府主义和国家主义之间的较为恰当的位置上，自由主义思想家重视个人的权利，但与此同时他们也承认国家存在的合理性。其实，在个人与国家关系这一思想线索上，处于较为恰当的位置上的还有中国的传统儒家。就思维方式而言，儒家属于群体本位，但儒家在强调"天下之本在国，国之本在家"（《孟子·离娄上》）、"无父无君是禽兽也"（《孟子·滕文公下》）的同时，也承认民众利益的合理性，认为统治者应该承担起爱民、养民的道德义务，使民众过上"衣食足而知荣辱""养生丧死而无憾"的生活，而这种生活归根结底还是要通过社会生活中的个人来说明的。可以说，儒家伦理政治学说所以能够在两汉以后两千年间成为中国传统文化的主体，自由主义所以在近代以来的西方社会中得以流行，一个重要的原因在于它们对于个人与群体的重要性的认识上都没有走上极端，因此在特定的历史条件下，对于人类社会生活的质量也都有所裨益。

传统儒家与近代自由主义在对个人与群体关系理解方面存在着某种相似，那么，二者是否能够走得更近一些，从而在观念世界里实现个人与群体（或者社会、国家）的完美均衡呢？这是一个很有趣的问题。事实上，作为认知路径，群体本位与个体本位这两种思维方式是无法实现完美结合的。这是因为，在个人与群体这两种思维方式之间，并没有一个人们在认识上可以达到的居中点，如果一个人在认识上真的达到了这一点，便意味着他既不是用个体本位的方式理解社会生活的，也不是用群体本位的方式理解社会生活的，他也就没有了自己的价值观。总之，这种情形殊无可能存在。在这一意义上说，当代中国自由观的建构，不可能是传统儒家的伦理政治学说与自由主义的结合。在我们看来，可靠的路径应该是：在批判地继承近代自由观念的合理成分的基础上，实现从群体本位的思想方式到个体本位的思想方式的转换。

中国传统平等观念的现代转换

马克思和恩格斯在《共产党宣言》中指出："在过去的各个历史时代，我们几乎到处都可以看到社会完全划分为各个不同的等级，看到社会地位分成多种多样的层次。在古罗马，有贵族、骑士、平民、奴隶，在中世纪，有封建主、臣仆、行会师傅、帮工、农奴，而且几乎在每一个阶级内部又有一些特殊的阶层。"①马克思和恩格斯这段话揭示了一个事实：不平等是人类历史上的普遍现象。虽然在不同的历史阶段、不同的民族那里，不平等有着不同的内容和表现形式，但是，每一历史时代的人们都在特定的等级结构下生活，这一点却是共同的。关于这一点，英国学者布莱恩·巴里也说：我们生活的时代与柏拉图的时代一样，"在我们的社会里存在着的政治、社会地位以及在经济资源支配方面的巨大的不平等。这每一个方面的不平等的程度在不同的社会里又是不同的……在每一个社会里，总是存在着发布命令的人和服从命令的人，有得到尊敬的人和顺从别人的人，有财产用不尽的人和财产满足不了需求的人"②。布莱恩·巴里这段话对于我们认识和理解不平等有一定的参考意义。在很多时候，由等级结构产生的人与人之间的指挥与服从关系，亦即布莱恩·巴里所说的"发布命令的人和服从命令的人"之间的关系，又是人们的群体生活所以能够有秩序和效率的重要条件。

人类是理性的存在者，尽管从拥有自己的群体生活的时候起，人们面对的便是不平等的现实，但是从很早的时候起，平等便成了人们基本的道德诉求。在不平等的社会条件下追求着平等，这是人类所特有的品质。所以，平等是人类的基本的道德诉求，也是东西方政治思想史上思想家共同关心的主题。只不过，由于社会历史环境和思维方式的差异，东西方思想家对平等有着不尽相同的理解。在中国历史上，较早对平等问题有所认识和理解的是先秦儒家以及道家学派的庄子。儒家的平等观主要体现为"人皆可以为尧舜"的道德理想，但儒家思想的主导的方面是承认不平等的合理性的。庄子的平等观则主要体现为以道为绝对尺度的万物等齐的平等观念。

---

① 《马克思恩格斯选集》第一卷，人民出版社，1972年，第251页。
② [英]布莱恩·巴里：《正义诸理论》，孙晓春、曹海军译，吉林人民出版社，2011年，第3页。

一、庄子"万物等齐"的平等观①

庄子是中国历史上最早表达对于平等的追求的思想家之一,作为战国道家的代表人物,庄子的思想学说源于老子,但却与老子有着明显的不同。其中一个重要的方面就是庄子对于"平等"的强烈追求。庄子以"道"为根本的价值尺度,基于对个体之间的相对性的理解,系统地阐发了万物等齐的平等观念。庄子的平等观主要是在《齐物论》《大宗师》《秋水》这几篇中阐发出来的。

在东西方思想史上,思想家对平等的理解大都依赖于一个基本的前提,人们首先要确定一个用来说明平等的尺度。如基督教哲学以上帝为尺度,认为人是上帝所造,每个人都是上帝的子民,因此人与人在上帝面前是平等的。而现代人则把法律作为人所以平等的尺度,认为人们在法律面前是平等的,《中华人民共和国宪法》便规定:"中华人民共和国公民在法律面前一律平等。"庄子也是循着这样的逻辑来理解平等的。只不过在庄子那里,用来说明平等的尺度是"道"。所以,庄子如何理解平等,在很大程度上取决于他如何理解了"道"。

总的说来,庄子对于道的认识本于老子。道家学派的创始人老子认为,"道"先于物质世界而存在,是天地万物的本原,"有物混成,先天地生,寂兮寥兮,独立不改,周行而不殆,可以为天下母。吾不知其名,字之曰道"(《老子》第二十五章)。庄子继承了老子的这一认识,《庄子·大宗师》有一段关于道的叙述:"夫道,有情有信,无为无形;可传而不可受,可得而不可见;自本自根,未有天地,自古以固存;神鬼神帝,生天生地;在太极之先而不为高,在六极之下而不为深,先天地生而不为久,长于上古

---

① 由于《庄子》一书为庄子及其后学所作,而庄子后学的思想与庄子本人的思想有很大的差别。我们这里对《庄子》的内容做了某些选择。主要以《庄子》内七篇为主,因为这部分作品一般认为是庄子本人所作。而外篇则主要选择了与内七篇思想观念一致的内容。

而不为老。"庄子这段话的基本精神与老子是一样的，他也认为道生成于天地万物之前，是不依赖任何事物的永恒存在，并且也认为"无"或"无为"是道的基本属性。

老子在说明"道"所以是天地万物的本原的时候，曾经用简单的语言描述了一个宇宙生成模式，即所谓"道生一，一生二，二生三，三生万物。万物负阴而抱阳，冲气以为和"（《老子·第四十二章》）。庄子沿袭了老子的这一观点，只不过，庄子试图对宇宙生成模式做出更为清晰的描述："泰初有无，无有无名。一之所起，有一而未形。物得以生谓之德，未形者有分，且然无间，谓之命。留动而生物，物成生理，谓之形。形体保神，各有仪则，谓之性。"（《庄子·天地》）庄子所描述的这个宇宙生成模式与老子是一致的，但庄子试图比老子描述得更清楚一些。庄子明确地指出，天地万物都源自"道"，而每一事物的属性都是从"道"那里获得的。

与老子一样，庄子也认为"道"是规范天地万物的绝对法则："天地虽大，其化均也。万物虽多，其治一也。人卒虽众，其主君也。"（《庄子·天地》）这段话的意思是说，世界虽大，万物虽多，但却有一个最高的主宰，这个主宰就是道，这与人类社会有君主是同样的道理。基于这样的认识，庄子也把"道"看作是价值判断的标准，在庄子看来，任何事物的意义都需要根据"道"的标准来判断，道是世界的根本意义所在。"以道观言，而天下之君正。以道观分，而君臣之义明。以道观能，而天下之官治。以道泛观，而万物之应备。故通于天地者，德也。行于万物者，道也。"这段话出于《庄子·天地》，从篇中谈论"君臣之义明""天下之官治"的情况来看，似乎是庄子后学所作，不过，其把"道"看作是人们必须遵循的根本法则和价值判断的尺度，所体现的却是庄子的一贯思想。

关于"道"的属性，庄子也遵循了老子的认识，把无或无为看作是道的基本属性，如前面所说的"泰初有无，无有无名"，这实际上就是对老子所说的"天下万物生于有，有生于无"（《老子·第四十章》)的进一步发挥。不过，与老子略有不同的是，庄子更为强调"道"的自然属性。在《庄子》一书中，有些时候，"道"与"天""天道"是意义相同的概念。如《天道》篇说"天道运而无所积，故万物成"，《秋水》篇说"无以人灭天"，在这里，天、天道都是具有本原和必然意义的概念。晋人郭象在解释庄子"天"和"自然"的概念时说：因为无是万物的本原，"无既无矣，则不能生有，有之未生，又不能为生，然则生生者谁哉？块然而自生耳。自生耳，非我生也，我既不能生物，物亦不能生我，则我自然矣。自己而然，则谓之天然。天然耳，非为也，故以天言之，所以明其自然也，岂苍苍之谓哉……故天者，万物之总名也，莫适为天，谁主役物乎？故物各自生而无所出焉，此天道也"①。这一说法基本上符合庄子原意。按照郭象的解释，庄子所说的天或者自然，并不是指物质意义的天，而是作为万物本原的"无"的状态，在这个状态下，事物在没有任何支配力量影响的条件下自然而生，这就是天或者自然，而万物自生就是"天道"使然。这一认识与老子有所不同。《老子》第二十五章说"人法地，地法天，天法道，道法自然"，在老子那里，自然是为道所效法或遵循的东西，而在庄子这里，道本身就是自然。这样，庄子不像老子那样更多地用形而上学的方式对"道"加以阐释，而是通过对自然状态的描述实现对"道"的理解。

庄子认为，自然是物质世界最完美的状态，在《齐物论》一开篇，庄子通过南郭子綦和子游的对话阐述了天籁、地籁和人籁的不同，"地籁则众窍是已，人籁则比竹是已"，而天籁则是"吹万不同，而使其自已也"（《庄子·齐物论》）。句下王先谦《集解》引宣颖的话说："待风鸣者，地籁，而风之使窍自鸣者，即天籁也。"宣氏的说法很有道理，"天籁"就是自然而鸣、自然而止，其发声或者止息都是自主的，而不是在其他力量支配下发生的。在这一意义上说，庄子所理解到的"自然"就是与道相符合的状态，其实质是万物自主的状态，也是世界最为本真的状态。《庄子》一书曾说到"真宰""真君""真人""真知"，如《齐物论》说："日夜相代乎前而莫知其所萌……而不知其所为使，必有真宰""其递相为君臣乎？其有真君存焉"，《大宗师》又说："且有真人而后有真知，何谓真人，古之真人，不逆寡，不雄成，不谟士，若然者，过而弗悔，当而不自得也。若然者，登高不栗，入水不濡，入火不热，是知之能登假于道也若此。"庄子所说的"真宰"，应该就

---

① 《庄子·齐物论》郭注，《诸子集成》（第三册），中华书局，1954 年，第 24 页。

是规范自然界的道,而拥有"真知"的"真人",就是在认识上达到"道"的境界的人,与"自然"状态混同为一的人。

在《秋水》篇,庄子叙述了万物等齐的观点:"以道观之,何贵何贱,是谓反衍;无拘而志,与道大蹇。何少何多,是谓谢施;无一而行,与道参差。严乎若国之有君,其无私德,繇繇乎若祭之有社,其无私福;泛泛乎若四方之无穷,其无所畛域。兼怀万物,其孰承翼?是谓无方。万物一齐,孰短孰长?道无终始,物有死生,不恃其成;一虚一满,不位乎其形。年不可举,时不可止;消息盈虚,终则有始。是所以语大义之方,论万物之理也。物之生也,若骤若驰,无动而不变,无时而不移。何为乎?何不为乎?夫固将自化。"这段话的大意是说,如果以"道"为标准来衡量,事物之间无所谓贵贱。人们所说的贵贱,是循环往复不断变化的,如果偏执于事物贵贱的观点,便违背了"道"的基本精神。"道"对于世间的任何事物没有私恩私情,它不会专门赐福于某一事物,因此,天地间万物在本来的意义上是浑同齐一的,根本没有优劣之分。更何况"道"是永恒的,无终无始,而万物却是有死有生、不断变化的,所以,事物之间的贵贱差别都是暂时的,而万物等齐才是道赋予万物的永恒的意义。

庄子把"道"看作是价值判断的绝对尺度,但由于"道"的属性是自然无为,所以,依据"道"的标准对事物进行判断,其目的便不是用来判别事物之间的高低贵贱,而是依据"道"的原则去理解每一个事物自身的意义。在庄子看来,作为判断的尺度,"道"是至公无私的:"天无私覆,地无私载。"(《庄子·大宗师》)也就是说,"道"不是用来说明任何事物之间差别的尺度,"道"的意义只是在于用来说明每一事物其自身所具有的真实价值和意义。出于这样的认识,庄子认为,在"道"这个绝对尺度面前,天地间万物是平等的:"以道观之,物无贵贱。以物观之,自贵而相贱。以俗观之,贵贱不在己。以差观之,因其所大而大之,则万物莫不大;因其所小而小之,则万物莫不小;知天地之为稊米也,知豪末之为丘山也,则差数睹矣。以功观之,因其所有而有之,则万物莫不有;因其所无而无之,则万物莫不无。"(《庄子·秋水》)在庄子看来,事物之间所谓的贵贱差别,不过是每一种事物站在自己的立场上形成的认识,这种认识实际上是事物的主观感觉,即所谓"以物观之,自贵而相贱",这与道的基本精神是相违背的。

站在"道"的立场上来理解,现实生活中人们的是非贵贱观念,都不是自然本真的状态。庄子在解答"道恶乎隐而有真伪,言恶乎隐而有是非?道恶乎往而不存,言恶乎存而不可?"这一问题时说:"道隐于小成,言隐于荣华。"(《庄子·齐物论》)按照庄子的认识,"道"是物质世界本真的状态,只是在"道"被遮蔽了以后才有了真伪的差别,"真言"被遮蔽了以后才有了是非的概念。遮蔽了"道"的东西就是小成,而使真言被遮蔽的便是浮华的辞藻。所谓"小成",清人王先谦解释说,就是"各执所成以为道,不知道之大也"[①]。王氏说法得乎原意。也就是说,每一事物都站在自己的立场上看待其他事物,因此便有了是非贵贱的偏见,这些偏见与道的基本精神是相违背的。

庄子认为,事物基于自己的立场而形成的是非贵贱的观念是不真实的。这是因为每一种事物都有自己优良的方面,有自己所赞同的东西,即"物固有所然,物固有所可;无物不然,无物不可"(《庄子·齐物论》)。许多看起来相互对立的事物,其实都是相互依存的,它们在本质上实际是统一的,能够把事物统一起来的便是"道"。"故为是举莛与楹,厉与西施,恢恑憰怪,道通为一。"(《庄子·齐物论》)对于这句话,晋人郭象解释说:"夫莛横而楹纵,厉丑而西施好,所谓齐者,岂必齐形状同规矩哉?故举纵横、好丑、恢恑憰怪,各然其所然,各可其所可,则理虽万殊,而性同得。故曰道通为一也。"[②]郭象的解释很有道理。按照这一认识,人们通常感觉到的事物之间的贵贱是非只不过是表象,而在本质上万物却是相同的。人们不应该只是注意到事物之间差别的表象,而忽略了共同的本质。

在把"道"理解为价值判断的绝对尺度的另一面,便是强调事物自身的相对性,庄子所理解到的平等,就是具有相对性的事物在"道"这一绝对的尺度面前的平等。在《齐物论》中,庄子用相对主义的观点把人与鳅、

---

① 王先谦:《庄子集解》,《诸子集成》(第五册),中华书局,1954年,第9页。

② 《庄子·齐物论》郭注,《诸子集成》(第三册),中华书局,1954年,第34页。

猿猴等动物相互比较,论证了每一种事物自身的价值都是相对的这一观点。"民湿寝则腰疾偏死,鳅然乎哉?木处则惴栗恂惧,猿猴然乎哉?三者孰知正处?民食刍豢,麋鹿食荐,蝍蛆甘带,鸱鸦嗜鼠,四者孰知正味?猿猵狙以为雌,麋与鹿交,鳅与鱼游。毛嫱、丽姬,人之所美也,鱼见之深入,鸟见之高飞,麋鹿见之决骤。四者孰知天下之正色哉?"(《庄子·齐物论》)庄子认为,由于人与鳅、猿猴的生活习性不同,对于三者来说,什么才是好的居处场所,并没有一个共同的标准。所以,三者在事实上都没有弄清什么是"正处"。同样,人与其他动物之间也没有共同的审美标准,因此,人和鸟兽都不知道什么才是真正的美——"正色"。

通过这段近于荒谬的议论,庄子实际上是想要说明,世界并不存在可以用来判断事物价值高低的尺度,每一种事物的存在意义都在于其自身,而无需用其他事物来衡量。因此,任何事物的价值和意义都是相对的。因为根本不存在用来判断事物价值高低的尺度,所以,不同事物在价值上也是平等的。

庄子在《秋水》中又用殊器、殊技、殊性的比喻说明了事物的相对属性,意在说明不同的事物有着不同的属性和技能,而有着不同属性、技能的事物有不同的用途。由于每一种事物都有所短,也有所长,因此根本不存在用来判别事物价值高低的统一标准,而事物也是不能互补或相互替代的。在这一意义上说,事物在价值上是没有等第差别的。

二、庄子平等观的价值与局限

庄子是中国历史上最早系统表达平等诉求的思想家,因此,庄子的平等观在中国古代政治思想史上有着特别重要的意义。庄子平等观主要有以下几方面的意义。

第一,庄子试图超越社会不平等的现实,在观念世界里建立一个用于说明平等的绝对尺度,并以此表达了平等的道德诉求。

　　庄子所生活的时代,是有着森严的等级结构和严重的社会不平等的时代,《左传》昭公七年描述商周以来中国社会的等级结构时说:"天有十日,人有十等。下所以事上,上所以共神也。故王臣公,公臣大夫,大夫臣士,士臣皂。"虽然这段材料是春秋时人对周代社会等级结构的追述,但与庄子所生活的战国时代也相去不远。当春秋战国时期的思想家开始对社会政治生活进行思考的时候,以君主专制为基本特征的等级制度是他们所面对的共同的思想环境。就春秋末至战国时期最有影响的几个思想流派而言,人们对君主专制制度以及由于君主专制而造成的社会不平等的态度却不尽相同。在思想文化领域有着较大影响的儒家、墨家和法家都承认君主专制制度的合理性。法家学派站在君主的立场上,强调君主利益的绝对优先性,主张全部的社会制度安排以君主利益为转移,实行极端的君主专制统治。而对社会政治生活的道德层面较为关注的儒家,虽然在一定程度上意识到了民众在社会政治生活中的重要性,认为统治者应该以德治教化治国,以符合道德的方式对待民众,但是,"君君、臣臣、父父、子子",为君,尽君道,为臣,尽臣道,却是儒家学派根本的价值理念。墨家则主张社会生活中的人们完全遵从君主的意志,"上之所是,必皆是之,所非,必皆非之"(《墨子·尚同上》),通过"一同天下之义",实现专制主义政治秩序的稳定。这些思想流派的共同特点,就是在承认君主专制制度的合理性的前提下,把事实上存在的君主专制制度作为政治评价的标准,并以此对理想的社会生活做出说明。

　　与儒、墨、法诸家不同,庄子拒绝承认君主专制政治的合理性,并且坚持建立一个独立于君主专制政治的评价标准。庄子对于"道"的认识虽然本于老子,但是,在把"道"作为平等的尺度这一点上,庄子的认识却比老子更为清晰。庄子这一认识逻辑有着十分重要的意义,世界上没有任何事物可以自己说明自己,对于每个历史时代的人们来说,用来判断政治的善恶的标准也肯定不在于政治本身,用庄子的话说,就是"以指喻指之非指,不若以非指喻指之非指也。以马喻马之非马,不若以非马喻马之非马也"(《庄子·齐物论》)。庄子这一思想比儒、法诸家深刻得多。也正是由于这一原因,庄子才能超越君主专制制度的现实,理解到战国时期其他思想家不曾理解到的"平等"。

第二，庄子的平等观体现了他对于社会政治生活的主体——人的理解。庄子试图把人与现实的社会关系剥离开来，他所理解到的人是个体意义的人，而他所理解到的平等也是个体意义的人之间的平等。

群体本位是中国传统思想文化的重要特点。中国古代思想家大都是用群体本位的观点理解人的。在大多数情况下，中国古代思想家所理解到的人，都是群体意义的人，古代思想家用于表达人的概念，如民、众、庶民、庶众、百姓、臣等，都是集合的概念。在中国古代大多数思想家的观念中，群体较之个人有着绝对的优先性，群体利益较之个人利益有着绝对的重要性。每个人都应该无条件地服从整体利益，在中国古代社会的话语环境中，群体在政治上的表现形式就是国家，而君主又是国家的所有者和代表，所以，中国古代思想家所倡导的个人服从于整体，与服从君主专制统治的需要实际上同义，用韩非的话说，就是"欲富而（尔）身，先利而（尔）君，欲富而（尔）家，先富而（尔）国"（《韩非子·外储说右下》）。在中国古代的历史条件下，从群体本位的认识出发，是无法理解到平等的意义的。

庄子对人有着不同于儒、法诸家的理解。庄子在《大宗师》中说："泉涸，鱼相与处于陆，相呴以湿，相濡以沫，不如相忘于江湖。"在另一处，庄子又借孔子的口说："鱼相造乎水，人相造乎道。相造乎水者，穿池而养给；相造乎道者，无事而生定。故曰：鱼相忘乎江湖，人相忘乎道术。"从这段话可以看出，庄子不是用群体本位的观念来理解人的。在庄子那里，真正意义上的人应该是脱离了一切现实社会关系的人，在逻辑上，这种人只能是以个人为单位而存在的。因此，庄子理解到的平等，在本质上是个体意义上的人与人之间的平等，而不是社会阶级或阶层之间的平等。把人理解为个体意义的人，是庄子平等观的理论前提。

在政治思想史上，思想家对社会政治生活的理解，在很大程度上取决于他们如何理解社会生活中的人。由于人类自身群体生活的本质，每个历史时代的人们都是在一定的社会关系中生活的，在现实生活中，每个人都无可避免地承担着特定的社会角色。由于这一原因，人们最初认识到的人大都是带有身份符号的人，《左传》《国语》等典籍中常见的王、公、大夫、士、庶人，以及春秋战国时期思想家常用的君、臣、民等概念，都是带有身份符号的人，这些身份符号所标明的就是其所对应的社会成员现实的地位。可以肯定的是，儒、法诸家所理解到的人，更多的是带有身份符号的人，因此，他们也就更多地看到了君主专制政体下等级结构的合理性。

庄子试图把人从现实的社会关系中抽离出来的努力，使得他对人的理解与儒、法诸家有了很大的不同。在庄子那里，"相忘于道术"的人，和"相忘于江湖"的鱼一样，摆脱了人间一切事务的烦扰，相互之间没有任何道德义务，也不依赖于任何现实的条件而存在，在《齐物论》中，庄子借瞿鹊子之口议论说："吾闻诸夫子，圣人不从事于务，不就利，不违害，不喜求，不缘道；无谓有谓，有谓无谓，而游乎尘垢之外。夫子以为孟浪之言，而我以为妙道之行也。"据历代注家的解释，文中所说的"夫子"就是孔子，孔子本人肯定没说过样的话。庄子假托孔子认为，"圣人不从事于务，不就利、不违害，不喜求"的说法是孟浪之言、无根之论，而庄子却认为是"妙道之行"，实际上是借这段议论来否定儒家学派的人生观念。至于这里所说的"圣人"，实际上就是庄子想象中的理想化的人。

确实地说，"不从事于务、不就利、不违害、不喜求"，肯定不是现实的人的存在状态，在任何历史时代，这样的人都是不存在的。在这一意义上说，庄子所设想的这种与社会生活环境分离开来的人，不过是一个抽象的概念。这种关于人的抽象理解，虽然远不符合那个历史时代人的现实，但却是对战国时代人的现实的超越。因为庄子能够在观念世界里把人从现实的社会环境中抽离出来，他才能够在某种意义上理解到平等。

庄子通过把人与身份符号剥离开来理解人的方式，在某种程度上与西方近代思想家有些相似。西方近代平等理念的前提，也是把人理解为一个抽象的类概念，例如，卢梭在讨论不平等的起源问题时，便把人的类概念作为其理论的出发点。"不难看出，我们应该在人类体质连续的变化中，来寻求区分人们的各种差别的最初根源。大家都承认，人与人之间本来都是平等的，正如各种不同的生理上的原因使某些种类动物产生我们现在不能观察到的种种变形之前，凡属同一种类的动物都是平等的一样。"①卢梭所说的"本来平等"的"人"是抽象的概念，而不是带有各种身份符号的人。如果卢梭把目光停留在现实生活中带有各种身份符号的人身上，他便无法说明人在什么意义上才是平等的。这与庄子的平等观在某种意义上是一致的。只不过，由于社会历史条件的限制，庄子没有像近代西方思想家那样，依据这一理论前提对社会平等做出表述。

第三，庄子用历史的观点理解人类社会的等级结构，把尊卑贵贱理解为历史的现象，使得其对"平等"的理解更为深刻。

庄子认为，道无终始而物有死生，在这个世界上，只有"道"才是永恒的，而任何具体事物都要经历从产生到消亡的过程，而人类社会的贫富贵贱也是如此。"昔者尧舜让而帝，之哙让而绝，汤武争而王，白公争而灭。由此观之，争让之礼，尧桀之行，贵贱有时，未可以为常也。"（《庄子·秋水》）这段话的本意是说，每个历史时代有每个历史时代的生活内容，不同时代有不同的道德原则，古时候尧舜实行禅让而称帝，商周时期的汤武通过战争而成就王业，到了战国，燕王哙和子之却因为禅让而被消灭。人类以往的经历没有为人们提供永远适用的社会生活原则。每个时代的人们的生活经验只在他们自己的时代才有意义。因此，庄子得出了"贵贱有时，未可以为常"的结论。也就是说，人们的社会地位也不是永恒不变的，这与物有生死，替代往复是一样的。

庄子对于社会等级结构的看法明显不同于先秦儒家。在先秦儒家那里，虽然人们也承认王朝更替是历史上曾经发生的事实，儒家的创始人孔子曾经说到夏商周三代的制度有所损益，而生活年代与庄子大致相当的孟子也曾说，"三代之得天下也以仁，其失天下也以不仁"（《孟子·离娄上》)，但是，儒家在承认历史上曾经发生的王朝更替这一历史事实的同时，又认为社会生活中的等级结构是天经地义、恒久不变的，孔子便曾认为"惟上知与下愚不移"（《论语·阳货》），人与人之间的智愚差别，是人类社会的尊卑等级所以存在的现实依据。《周易·系辞上》则更进一步说："天尊地卑，乾坤定矣。卑高以陈，贵贱位矣。动静有常，刚柔断矣。"《周

---

① [法]让-雅克·卢梭：《论人类不平等的起源和基础》，李常山译，人民出版社，1996年，第63页。

易·系辞》的作者把人类社会内部的尊卑贵贱上升到宇宙论的高度,试图通过对宇宙的根本法则的解释来说明人类社会等级结构的合理性。

需要说明的是,《易传》的作者和庄子一样,也承认"道"是世界的本原和规范自然与人类社会的普遍法则,并且都认为"道"具有永恒的属性,他们都试图通过对"道"的认识来理解现实的社会生活。然而不同的是,《易传》的作者把"道"看作是君主专制政治的依据,而庄子在强调"道"的永恒属性的同时,否定了君主专制政治的合理性。庄子这一认识的价值是显而易见的。这也可以说明,在中国政治思想史上,思想家是否认识到了普遍必然性是一回事,而通过对普遍必然性的认识如何理解了人类的社会生活是另一回事。

作为中国历史上最早表达平等诉求的思想家,庄子的平等观也有以下几个方面的局限。

庄子平等观的局限首先表现为价值尺度的偏失。

古希腊哲学家普罗泰戈拉有一句名言:"人是万物的尺度,是存在的事物存在的尺度,也是不存在事物不存在的尺度。"这句话说的是一个认识论问题,意思是说,人是认识和理解万物的主体,万物的存在与否及其形态、性质都决定于人的感觉。虽然按照常识性的理解,这句话有些主观唯心主义的意味,但它却揭示了一个重要的事实。那就是,在这个世界上,只有人才具有理解客观世界的能力,我们所生活的这个世界乃至任何事物的意义都是由人赋予的,如果没有了人,世界的意义也就不存在了。在人类思想的历史上,人们理解客观世界的同时,也就是在理解着人类自己。不过,思想家要实现对客观世界以及人类社会生活的正确理解,他们自己必须清楚"人是万物的尺度"这一点。

事实上,庄子把"道"作为政治评价的标准,试图根据无终无始的永恒的"道",来理解人类社会"贵贱有时"的现象,是一种很有意义的思想方式。在本质上,庄子所说的"道"也是人们在观念世界里建立起来的价值尺度,是人站在自己的立场上来理解天地万物的尺度。可是,庄子却不知道这一点。庄子不仅不把人看作是万物尺度,不肯站在人的立场上来理解客观世界,甚至试图站在天地万物的立场上来理解人类的社会生活。

如前所述,庄子认为"道"的属性就是自然,庄子所说的自然在很多时候便是本然的意义,在庄子看来,本然的状态也就是世界的应然状态。于是,庄子便尽自己的想象,为物质世界构想一个自然的状态,以便说明人们应该拥有什么样的生活。庄子所构想的自然状态,是人与天地万物尚未分离,人与万物混同为一的状态,庄子称之为"至德之世"。关于"至德之世"的情形,庄子做了如下描述:"故至德之世,万物群生,连属其乡。禽兽成群,草木遂长。是故禽兽可系羁而游,鸟鹊之巢可攀援而窥。夫至德之世,同与禽兽居,族与万物并,恶乎知君子小人哉。同乎无知,其德不离,同乎无欲,是谓素朴,素朴而民生得矣。"(《庄子·马蹄》)这就是庄子根据其对"道"的自然属性的认识而构想的理想的自然状态。在庄子所构想的自然状态下,人与自然界的万物之间没有任何界限,这便是庄子所理解到的万物等齐的理论依据。但也正是由于这样的理论依据,庄子据以表达平等的"道"便不再是关于人类社会生活的尺度,而是用来说明天地万物的尺度。而庄子所理解到的平等也就不再是人类社会的平等,而是天地间万物的平等,即所谓"齐物"。

在以往有关庄子平等观的研究中,有人把庄子的平等观念概括为"自然法平等观",并且把庄子的平等观与法国近代思想家卢梭的平等观等同起来,以为"庄子和卢梭虽然身处两国,时隔千载,但是相似的社会经历使他们都提出了各自的自然法平等观"[①]。我不同意这一说法。尽管卢梭也是通过对"自然状态"的描述来表达其对平等的认识的,但其思想内容与庄子平等观的差异是明显的。

关于自然状态下人与人之间的平等,卢梭在《论人类不平等的起源和基础》一书中说:"我们可以断言,在自然状态中,不平等几乎是不存在的。由于人类能力的发展和人类智慧的进步,不平等才获得了它的力量并成长起来。由于私有制和法律的建立,不平等终于变得根深蒂固而成为合法的了。此外,我们还可以断言,仅为实在法所认可的精神上的不平

[①] 费开文、马作武:《试比较庄子与卢梭的自然法平等观》,《中南政法学院学报》,1986 年第 4 期。

等,每当它与生理上的不平等不相称时,便与自然法相抵触。这种不相称充分决定了我们对于流行于一切文明民族之中的那种不平等应该持什么看法。"①在另一处,卢梭又说:"我们应该在人类体质连续的变化中,来寻求区分人们的各处差别的最初根源。大家都承认,人与人本来都是平等的,正如各种不同的生理上的原因使某些种类动物产生我们现在不能观察到的种种变形之前,凡属同一种类的动物都是平等的一样,不管那些最初的变化是怎么产生的,我们总不能设想这些变化使人类中所有的个体同时同样地变了质。实际上,是有一些人完善化了或者变坏了,他们并获得了一些不属于原来天性的,好的或坏的性质,而另一些人则比较长期地停留在他们的原始状态,这就是人与人之间不平等的起源。"②按照卢梭的说法,生活在自然状态下的人们本来是平等的,只是由于个体之间能力的分化,一部分人占有了更多的资源和财富,才出现了严重的社会不平等。在这里,卢梭对自然状态下人与人之间平等的追述,主要目的是为了说明社会不平等是如何产生的。而且,卢梭所说的"自然状态",也仅仅限于对人的理解,他并不像庄子那样把人与万物混为一谈。

在卢梭的《论人类不平等的起源和基础》一书中,卢梭的确使用了自然法的概念,由于这一原因,人们一般认为卢梭也可以算作是一个自然法理论家。在这里,我们无意讨论卢梭对自然法的理解与以往思想家有何不同,我们只是想说明,在卢梭的平等思想中,自然法只是用来判断人与人是否平等的尺度,而不是用来说明万物等齐的。而庄子的平等观则不然。庄子虽然也每每说到"道"的自然属性,但是,庄子并没有明确地提出自然法的概念。虽然我们可以根据庄子强调"道"的自然属性这一点,把庄子所说的"道"类比为近代西方思想家所说的自然法,但是,庄子的"道"并不是用来说明人与人的平等,而是用来说明人与万物的平等。

卢梭与庄子对平等的理解的另一个明显的不同,是卢梭在论及人类

---

① [法]让-雅克·卢梭:《论人类不平等的起源和基础》,李常山译,人民出版社,1996年,第149页。
② [法]让-雅克·卢梭:《论人类不平等的起源和基础》,李常山译,人民出版社,1996年,第63页。

社会的不平等的时候，把不平等分为两种："一种，我把它叫作自然的或生理上的不平等，因为它是基于自然，由年龄、健康、体力以及智慧或心灵的性质的不同而产生的；另一种可以称为精神上的或政治上的不平等，因为它是起因于一种协议，由于人们的同意而设定的，或者至少是它的存在为大家所认可。第二种不平等包括某一些人由于损害别人而得以享受各种特权，比如，比别人更富足，更光荣，更有权势，或者甚至叫别人服从他们。"①卢梭这段话表明，他一方面认为不平等是由于某些社会原因引起的，另一方面认为自然的原因也引起了人与人之间的不平等。由此可以推论出，即使在卢梭所说的自然状态下，导致人与人之间的自然的或者生理的不平等也还是存在的。而庄子只是认为在自然状态下人与万物之间是等齐的，而人与人之间的差别在庄子那里是可以忽略不计的。

由于价值尺度的偏失，在如何解决社会不平等这一问题上，庄子也陷入了认识误区。庄子所生活的时代，是中国古代思想家刚刚开始对社会政治生活进行思考的时代，这也是古代中国人刚刚有能力对社会生活进行系统反省的时代。对于这一时期的思想家来说，他们所承担的责任是对古代中国自商周以来长期的历史过程进行反思，从而对究竟应该有什么样的社会生活，如何提高人们的社会政治生活质量这样一些根本问题做出回答，庄子万物等齐的平等观，实际上也是对这些问题的回答。

从《庄子》一书可以看出，对于君主专制制度和与之相适应的社会不平等，庄子的态度是否定的。但是，对思想家来说，表达平等的诉求，否定现实生活中的不平等，仅仅是解决问题的第一步。更重要的是，他们要对如何实现平等这一根本问题给出自己的答案。在东西方政治思想史上，几乎每一个对平等问题有着深刻理解的思想家，都一定会对社会生活中的制度安排有着强烈的关注，其对平等问题的认识最终都要在有关社会安排的思想主张中表达出来，近代历史上的卢梭、洛克、孟德斯鸠莫不如此。例如，洛克也曾认为，"自然状态"是一种平等的状态，

---

① [法]让-雅克·卢梭：《论人类不平等的起源和基础》，李常山译，人民出版社，1996年，第70页。

不过,人与人之间的平等是在自然法面前的平等,对现实生活中的人们来说,要使每个人都拥有平等的权利,就必须使所有的人都受到法律的约束,因为法律与人的理性是和谐的,"既然所有人在天性上是理性的,既然这一法则与理性之间是和谐的,而这一和谐可由自然之光加以认识,那么可以得出:所有被赋予理性者,即世上所有人,均确实受该法约束"①。在洛克看来,对所有人具有同等约束力的法律是实现社会平等的基本条件。孟德斯鸠也曾认为,人类在自然状态下,人与人之间是平等的,而"人类一有了社会,便立即失掉自身软弱的感觉,存在于他们之间的平等消失了"②。于是,便开始了人与人之间的战争状态。但是,这种"战争状态"反过来又促使人们建立法律,法律保证了人与人之间的平等,"在法律没有预防的地方,不平等便会乘隙而入"③。其实,近代历史上的这些思想家理解平等的方式与庄子很是接近,他们都是通过"自然状态"来说明平等的。但是,在如何对待现实生活中的不平等这一问题上,近代西方思想家却与庄子有着明显的不同,他们都把具有普遍约束力的法律看作是实现平等的手段。

在历史上那些有着平等诉求的思想家中,庄子是个特例。庄子把他所想象的"至德之世"与现实的社会生活完全对立起来,把人类文明进步的历史看作是"道"的衰败。《庄子·缮性》有一段关于"道"的衰败过程的叙述:"古之人在混芒之中,与一世而得澹漠焉。当是时也,阴阳和静,鬼神不扰,四时得节,万物不伤,群生不夭。人虽有知,无所用之,此之谓至一。当是时也,莫之为而常自然。逮德下衰,及燧人、伏羲始为天下,是故顺而不一;德又下衰,及神农、黄帝始为天下,是故安而不顺;德又下衰,及唐、虞始为天下,兴治化之流,离道以善,险德以行,然后去性而从于心,心与心识,知而不足以定天下,然后附之以文,益之以博,文灭质,博溺心,然后民始惑乱,无以反其性情而复其初,由是观之,世丧道矣,道丧

① John Locke, *Essays on the Law of Nature*, W. von Leyden ed, Oxford: Clarendon Press, 2002,pp.199–200.
② [法]孟德斯鸠:《论法的精神》(上),张雁深译,商务印书馆,1961年,第5页。
③ [法]孟德斯鸠:《论法的精神》(上),张雁深译,商务印书馆,1961年,第43页。

世矣，世与道交相丧矣。"庄子在这里所说的道德下衰的过程，实际上就是人类文明进步的过程。庄子这一观点所体现的是其对人类社会生活的悲观主义态度。庄子把人类文明进步的过程看作是自然之"道"衰败的过程，因此，他也就不知道人类可以通过完善基本的社会制度来实现人与人之间的平等。相反，庄子却把实现平等的愿望寄托于人类群体生活的瓦解，回归"人与万物群生"的原始状态。按照庄子的逻辑，实现平等的代价就是放弃人类所取得的全部文明成果，这显然与人类历史的发展趋向是背道而驰的。

三、儒家的等级观念与中国古代社会的政治生活

在近年来有关中国传统思想的研究中，一些学界同人着意于发掘儒家的平等思想，有的学者认为，孔子所说的"有教无类"就是承认每个人都有接受教育的平等权利，《礼记·礼运》篇的"大同"就是平等和谐的社会理想，儒家的"忠恕"体现了人格平等的精神。[①]如此看来，我们首先需要弄清的是，传统儒家政治思想在主导方面是否倡导了平等，传统儒家在怎样的程度上认识到了平等的价值，在哪些层面上表达了对平等的道德诉求。如果说儒家也曾表达了对平等的道德诉求的话，传统儒家所理解到的平等在怎样的程度上能够与现代意义上的平等融通。我认为，儒家政治思想的主导方面不是追求平等，儒家基本的价值观念是维护君主专制制度下的等级结构和政治统治秩序。传统儒家很少表达对平等的道德诉求，这是中国传统政治思想文化缺少平等规范的主要原因。

———————

① 关于儒家平等思想的诸多观点，可参见何怀宏：《儒家的平等观及其制度化》，《国际儒学研究》(第六辑)，中国社会科学出版社，1988 年；熊文洋、朱方长：《浅析儒家平等思想及其现代价值——以〈论语〉为基础》，《法治与社会》，2017 年第 2 期；余日昌：《儒家平等观及其相对性特点》，《江苏大学学报》，2016 年第 1 期。

(一)智力与道德品质的差别:传统儒家对于人的差异性理解

从主导的方面说,平等不是传统儒家基本的价值理念。从春秋战国时期的孔孟,到明清之际的顾炎武、王夫之、黄宗羲,历代儒家很少涉及平等的主题。相反,从儒家创始人孔子开始,有关如何维护以君主专制为核心的等级制度方面的议论却很多。传统儒家的政治思想缺少平等的内涵,首先体现在他们对于人的理解上。在政治思想史上,凡是主张平等的思想家大都注重发现人类的共同属性,试图通过对人的普遍本质的认识来说明人与人之间所以平等的理由。而反对社会平等的思想家则更多地强调人与人之间的差别。传统儒家在认识和理解社会政治生活的主体——人的时候,更多地看到的是人与人之间的差别。这种差别主要体现在智力水平与道德品质两个方面。

从《论语》一书记载的孔子言论来看,孔子主要不是把"人"作为抽象的概念来理解的,虽然孔子有时也用到"人"的概念,如《论语·颜渊》载"樊迟问仁,子曰爱人"。但在大多数情况下,孔子所说的人都是带有身份符号的人。《论语·颜渊》载"齐景公问政于孔子,孔子对曰:君君,臣臣,父父,子子"。这句话体现了孔子基本的价值理念。孔子所追求的理想的社会生活便是君臣父子各得其宜的生活。同时,"君君、臣臣、父父、子子"这句话也表明,孔子在思考社会政治生活的时候,他所理解到的都是带着各种身份符号的人,他所强调的是,每一个人所承担的对于其他社会等级的义务。

传统儒家从孔子开始,都是用等级的观点看待人的。孔子曾经说:"中人以上,可以语上也;中人以下,不可以语上也。"(《论语·雍也》)这句话的意思是说,中等以上的人,可以和他谈论深奥的道理;中等以下的人便不可与之谈论这样的道理。孔子所以把社会生活中的人区分为中人以上和中人以下,主要的依据是人与人之间的智力差别。《论语·季氏》载孔子语云:"生而知之者,上也;学而知之者,次也;困而学之,又其次也;困而不学,民斯为下矣。"孔子把人依其智力水平分为四等,第一等人是生来就有知识的人，第二等人是通过学习能够掌握知识的人，第三等人是虽然困顿但却能够学习的人，第四等人便是困顿而不肯学习的民众。如果与前面引述的孔子那句话相对照，大约前两等人属于中人以上，而第三等人和第四等人便属于中人以下。而且孔子断定，有智慧的上等人与没有智慧的下等人的状态是不可改变的，即所谓"上知与下愚不移"。

　　需要说明的是，孔子有关人与人之间智力水平的差别的说法，的确道出了一个事实。如果抛开"生而知之"之类的夸张说法不论，人与人之间的智力差别直到今天也还存在。但是，孔子的这一说法绝不仅仅是为了说明人与人之间智愚差别的事实，其中也含有道德评价的含义。关于"上知与下愚不移"一语，何晏《论语集解》引孔氏语云："上知不可使为恶，下愚不可使强贤。"这一说法可以说是汉魏儒家一贯的理解。人与人之间存在着智愚差别，这确是事实，但是，把智愚差别混同于道德的善恶却是有问题的。孔子的这一错误，直到清代阮元才明确地指了出来："性中虽有秉异，而才性必有智愚之别。然愚者，非恶也。智者善，愚者亦善也。古人每言才性，即孟子所谓非才之罪也。韩文公《原性》因此。孔子之言，为三品之说，虽不似李习之悖于诸经，然以下愚为恶，误矣。"①

　　《论语》中体现孔子对于人的理解的概念还有君子和小人，如"君子喻于义，小人喻于利""君子怀德，小人怀土，君子怀刑，小人怀惠"（《论语·里仁》）。春秋战国时期人们说的"君子""小人"，既是道德的概念，也是等级的概念，这两个概念背后隐含着一个逻辑，即君子小人之间有着各不相同的道德品质，由于道德品质的差别，君子和小人也就各自占据着不同的社会位置，君子是当然的统治者，而小人则是当然的被统治者。《左传》襄公九年载鲁国大夫公父文伯之母语云："君子劳心，小人劳力，先王之训也！"先秦儒家遵循了这一逻辑。例如，孔子所说的"君子学道则爱人，小人学道则易使也"（《论语·阳货》），以及战国时期孟子所说的"或劳心，或劳力，劳心者治人，劳力者治于人"（《孟子·滕文公上》），所遵循的都是这一逻辑。

---

① (清)刘宝楠：《论语正义》，《诸子集成》(第一册)，中华书局，1954年，第368页。

先秦儒家所看到的人与人之间的差别,体现在社会结构上,便是底层的社会大众与占统治地位的人之间的差别。孟子在与齐宣王论及如何施仁政时说过这样一段话:"无恒产而有恒心者,惟士为能。若民,则无恒产,因无恒心。苟无恒心,放辟邪侈,无不为已……是故明君制民之产,必使仰足以事父母,俯足以畜妻子,乐岁终身饱,凶年免于死亡,然后驱而之善。故民之从之也轻。"(《孟子·梁惠王上》)孟子这段话意在说明民众的衣食富足之于专制国家的重要性,但言语之间却透露了他对民众悲观的道德估价,"若民,则无恒产,因无恒心"。汉人赵岐就这句话解释说:"恒产,则民常可以生之业也;恒心,人所常有善心也。惟有学士之心者,虽穷不失道,不求苟得耳,凡民迫于饥寒,则不能守其常善之心。"①在孟子看来,民众与受过教育的士人的不同,在于士人即使没有恒产也能有恒心,而民众如果没有稳定的财产,就不能像士人那样一心向善,"放辟邪侈,无不为已"。智力方面的差别最终变成了道德品质的差别。孟子强调统治者应该施仁政,使民众"仰足以事父母,俯足以畜妻子",主观愿望当然是善良的,可是,他所认定的所以应该施仁政的理由却是不可接受的。

在近年来有关儒家思想是否包含平等要素的讨论中,有人把孔子所说的"有教无类"概括为"教育平等思想",认为孔子实际上是将"教育权视为每个人都应得的基本权利"②。我不同意这一说法。不容否认,孔子在其教育实践中,在招收学生时不拘出身,"自行束脩以上,吾未尝无诲焉"(《论语·述而》),在一定程度上打破了商周以来贵族阶层垄断教育的格局,使更多的人有了接受教育的机会,在这一意义上说,"有教无类"似乎带有"平等"的意味。但是我们也必须看到,"有教无类"的平等含义是不可高估的,孔子这里所说的"类",就是等级品类,诚如皇侃《义疏》所说:"人乃有贵贱,同宜资教,不可以其种类庶鄙而不教之也。"③"有教无类"

---

① 《孟子·梁惠王上》赵注,《诸子集成》第一册,中华书局,1954 年,第 56—57 页。
② 熊文洋、朱方长:《浅析儒家平等思想及其现代价值》,《法制与社会》,2017 年第 2 期。
③ (清)刘宝楠:《论语正义》,《诸子集成》(第一册),中华书局,1954 年,第 349 页。

的意义只是出身于不同社会等级的人们都有了接受教育的机会，但"有教无类"的前提却是等级结构的存在。在逻辑上说，"有教无类"并不能在根本上改变社会不平等的现实，因为这种教育机会只不过使接受教育的人们的身份发生了改变，而社会等级结构并没有因此而发生变化。

先秦儒家强调圣贤与普通民众在智力水平与道德品质方面的差别，并且将其视为人与人之间不平等的理论依据，这一观念也为汉唐以后的儒家继承下来。例如，北宋时期的程氏兄弟在论及圣人与庶民在道德品质方面的差异时便说，圣人的品质只是善，而"庶民"的灵魂却是"本来染污"的，由于宋代理学家认为民众的灵魂本来是染污的，因此他们认为必须对民众进行教化。宋代理学家甚至主张把《大学》的"亲民"改为"新民"，也就是通过道德教化改善民众的道德品质。到了清朝初年，王夫之曾就宋代理学家的观点进一步发挥说："若民，则无论诚正，即格物亦断非其所能，新只是修身上，止除却身上一段染污，即日新矣。"[1]也就是说，民众根本没有"止于至善"的能力，这样，至善虽然是崇高的道德境界，可是对于社会生活中的大多数人来说却是不可及的，他们只能通过圣人的教化接近于善。总之，传统儒家认为，人与人在道德价值方面是没有平等可言的。

（二）人的不平等假定：儒家人性学说的实质

在儒家伦理政治学说中，与平等问题有着某种联系的是历代儒家有关人性的讨论。这是因为，关于人性的认识体现的是思想家对于人的普遍本质的理解。思想家在怎样的程度上理解了人性，也就在怎样的程度上理解了人本身，在怎样的程度上理解了社会政治生活。

儒家学派最早讨论人性问题的是孔子。《论语·阳货》："性相近，习相远也。"句下何晏《集解》引孔氏语云："君子慎所习。"[2]这句话表明，孔子十分注重后天习染对于人的影响。不过，孔子对于人性的看法又十分模

---

[1] （清）王夫之：《读四书大全说》卷一，中华书局，1975年，第13页。
[2] （魏）何晏：《论语集解》，《诸子集成》（第一册），中华书局，1954年，第367页。

糊。其一,"性近习远"的说法并没有对人的本质做出善恶的判断,避免了后来孟子、荀子人性论的片面,但因为这种说法自身的模糊,却无法像后来的孟子、荀子那样,把对人性的判断作为其全部思想学说的理论起点。其二,按照常识性的说法,孔子强调人的后天实践的影响,固然是有意义的。但是,在古代中国人的观念中,"生之为性",人性是人与生俱来的本质,那么,因后天习得而相远的究竟是人性还是与人性相关的其他方面,孔子这句话并没有给出确切的答案。其三,"性近习远"说的是人性修养的逻辑结果,而不是对于人的普遍本质的判断。清人戴震作《孟子字义疏证》,曾就孔子的这一说法发挥到,"《大戴礼记》曰:'分于道之谓命,形于一之谓性。'分于道者,分于阴阳五行也,一言乎分,则其限之于始,有偏全、厚薄、清浊、昏明之不齐。各随所分而形于一,各成其性也,然性虽不同,大致以类为之区别,故《论语》曰'性相近也'"①。总之,"性近习远"强调的是现实生活中人与人的差别,而不是人的普遍本质。也正是由于这一原因,到了战国,孟荀都对孔子的人性论做出了修正。

战国儒家在认识上的显著进步,就是把"人"理解为一个类概念。孟子曾不止一次地表达"圣人与我同类"的观点:"麒麟之于走兽,凤凰之于飞鸟,泰山之于丘垤,河海之于行潦,类也。圣人之于民,亦类也。"(《孟子·公孙丑上》)虽然孟子这句话后面还有"出于其类,拔乎其萃,自生民以来未有盛于孔子也",意在说明孔子是自古以来最优秀的人,但孟子还是把人看作有着共同品质的一类。当战国思想家对人性问题展开讨论的时候,他们大都倾向于理解人的普遍本质,而不是描述人的现实。

孟子和荀子对人性善恶做了明晰但又截然相反的判断。孟子认为人性善,"所以谓人皆有不忍人之心者,今人乍见孺子将入于井,皆有怵惕恻隐之心。非所以内交于孺子之父母也,非所以要誉于乡党朋友也,非恶其声而然也。由是观之,无恻隐之心非人也,无羞恶之心非人也,无辞让之心非人也,无是非之心非人也。恻隐之心,仁之端也;羞恶之心,义之端也;辞让之心,礼之端也;是非之心,智之端也"(《孟子·公孙丑上》)。而荀

---

① (清)刘宝楠:《论语正义》,《诸子集成》(第一册),中华书局,1954年,第367页。

子则认为："人之性恶,其善者伪也。"(《荀子·性恶》)虽然孟荀对人性的善恶做出了截然相反的判断,但他们都认为人有着共同的道德属性,他们所说的人性便是人的普遍本质。

战国儒家不仅认为人与人有着共同的道德属性,而且也认为人的本性是与生俱来的,用孟子的话说,人与生俱来的本性就是"良知良能"："孩提之童,无不知爱其亲者。及其长也,无不知敬其兄也。"(《孟子·尽心上》)至此,战国儒家澄清了一个孔子未曾说明的问题,即人的本性是与生俱来并且是不可改变的,至于孔子所说的"习相远",指的并不是人性的改变。

如前面所说,思想家关于人性善恶的判断,是其全部思想学说的理论前提,思想家有关人性的判断可能与对现实社会生活的观察有关,但一定不是对人的现实的描述。然而,由于古代中国人有着重视实证的思维方式,"凡论者,贵其有辨合,有符验"(《荀子·性恶》),对于思想家来说,所提出的任何观点都必须在现实生活中得到验证。孟子和荀子也是如此。他们并不知道,人性的善恶不仅无法通过现实生活中的人来证明,而且也无须在现实生活中得到证明。在他们的观念中,人性的善恶必须通过现实生活中的人来证明,反过来,关于人性善恶的判断也应该能够对社会生活中人的状况做出解释。

孟荀把人性看作是人的普遍品质,这很有可能使他们认识到人的道德价值的平等,甚至荀子也曾说："凡人之性者,尧、舜之与桀、跖,其性一也,君子与小人,其性一也。"(《荀子·性恶》)可是,他们并没有循着这个逻辑走得更远,他们的注意力最终还是转向了社会生活中的事实,并且试图为现实生活中人与人之间为什么会有等级差别做出解释。《孟子·离娄下》："人之所以异于禽兽者几希,庶民去之,君子存之。"这句话的意思是说,人与禽兽的差别是微乎其微的,只有君子才能守住人与禽兽之间的边界,而庶民却无法守住这一边界。这样,孟子实际上是对人做了不平等的假定,有的人是君子,有的人是小人,而君子小人之别就在于各自不同的道德品质。认为人性恶的荀子也是如此,荀子一方面认为人的本性是恶的,并且认为这种恶的本性是妨碍人类群体生活的破坏性力量:"人生而有欲,欲而不得,则不能无求,求而无度量分界,则不能不争。争则乱,乱则穷。"(《荀子·礼论》)但荀子又认为,圣王能够为人们制定礼义法度,从而使人的本性得到有效的抑制:"今人之性恶,必将待圣王之治,礼义之化,然后皆出于治,合于善也。"(《荀子·性恶》)这样,先王制定的礼义便成为良好的社会生活得以实现的必要条件。归根结底,荀子仍然是对人做了不平等的假定。

在人性问题上,孟子和荀子都遭遇了共同的理论困难,那就是,他们有关人性善恶的假定,无论如何也无法在现实的社会生活中得到验证。无论他们认为人有着什么样的普遍本质,在现实社会中看到的却是道德品质和文化教养参差不齐,在各不相同的社会位置上生活的人。于是,人性论如何能够说明人的现实,从而为君主专制制度找到可靠的理由,便成为后世儒家所要完成的任务。

汉唐儒家有关人性的讨论,较有代表性的是董仲舒和韩愈的性三品说,他们的共同特点是把人性分为上中下三品:"上焉者,善焉而已矣,中焉者,可导而上下也,下焉者,恶焉而已矣。"①董仲舒、韩愈提出性三品说的主观动机,是通过对人品质差异性的论证,来说明君主专制政治以及与之相联系的不平等的理由。

汉唐儒家的性三品说虽然能够说明中国古代社会的君主专制制度和不平等的合理性,解决了战国时期孟子、荀子一直无法解决的困难,但与此同时,他们也放弃了先秦儒家对于人的普遍本质的理解。从此以后,如何在学理上说明人的本质为什么有等第差别,便成了人们要解决的问题。于是便有了南宋朱熹的"禀气说"。用气的观点解释人性,始于北宋张载,张载认为,"性于人无不善,系其善反不善反而已",这个性就是"天地之性",人在禀气成形以后便有了"气质之性",而气质之性则不尽于善。君子与小人的差别就在于,君子能够"反之本而不偏",确保天性之善,而小人则"德不胜气,性命于气",其人性中混入了恶的成分。②朱熹继承了

---

① (唐)韩愈著,马其昶校注,马茂元整理:《韩昌黎文集校注》第十一卷,上海古籍出版社,1986年,第20页。

② 参见(宋)张载:《正蒙·诚明》,林乐昌:《正蒙合校集释》,中华书局,2012年,第342页。

张载的这一观点,并且做了进一步的发挥。朱熹明确地把"性"的概念与人分离开来,认为性就是天理,"性即理也",而天理在本质上是善的,人性中的善是由天理赋予的,但是,由于人在禀气成形的过程中所禀得的气各不相同,人与人之间也就有了善恶、贵贱、贫富的差别:"禀得精英之气,便为圣为贤,便是得理之全,得理之正;禀得清明者便英爽;禀得敦厚者便温和;禀得清高者,便贵;禀得丰厚者,便富;禀得久长者,便寿;禀得衰颓薄浊者便为愚不肖、为贫、为贱、为夭。"①禀气说是传统儒家对于人性问题所做的最为圆通的解释,一方面,他们用形而上的观点解释了"性",并且在人以外为善找到了一个来处,即"天理",另一方面,他们又为社会生活中人与人的不平等做出了合乎逻辑的解释。宋代理学家克服了先秦两汉儒家无法克服的理论困难,不过"宋儒解决了先秦儒家的人性学说的逻辑矛盾,但儒家对于人的认识也发生了改变,在先秦儒家那里,人性是对于作为类的存在物的人的一般的思维规定,而在宋代理学家那里,人性却完全变成了用来说明现实的人何以不平等的理由。可以说,两汉以后儒家人性论的内在矛盾的解决,是以牺牲了有关人的本质的抽象的思维规定为代价的。儒家的人性学说最终成为用来论证社会所以应该不平等的理由"②。

说到儒家的人性论及其对人的假定,不能回避的就是传统儒家"人皆可以为尧舜"的命题。近几十年来关于传统儒家政治思想的研究中,海外新儒家往往把这一命题作为儒家倡导人格平等的证据,并且认为儒家所追求的人格平等的观念可以和现代民主政治实现对接,从而开出民主的"新外王",即所谓"返本开新",这是个不小的误会。

"人皆可以为尧舜",是孟子与时人曹交谈论的问题,在回答曹交"人皆可以为尧舜,有诸?"这一问题时,孟子做了肯定的回答。孟子说:"尧舜之道,孝弟而已矣。子服尧之服,诵尧之言,行尧之行,是尧而已矣。子服桀之服,诵桀之言,行桀之行,是桀而已矣。'"(《孟子·告子下》)在孟子看

---

① 张伯行辑订:《朱子语类辑略》卷一,商务印书馆,民国二十五年(1936)刻本,第28页。
② 孙晓春:《儒家人性学说与中国传统政治哲学》,《史学集刊》,2002年第1期。

来，"人皆可以为尧舜"，并不是每个人都能成为尧舜那样的帝王，而是通过效法尧舜而养成尧舜那样的道德品质，孟子并没有认为人们有着与尧舜平等的人格，而是在强调向尧舜学习的义务。生活年代比孟子晚了一些的荀子，也有一个与孟子相同的论题，即"涂（途）之人可以为禹"（《荀子·性恶》）。不过，与孟子一样，荀子也只是认为"涂之人可以为禹，则然；涂之人能为禹，则未必然也"（《荀子·性恶》）。他也认为现实生活中的人在事实上并不能成为禹那样的圣人。荀子对普通社会成员道德前景的估价在总体上是悲观的。

为每个人设定一个成圣成贤的境界，又不承认现实中的人成为圣贤的可能性，是历代儒家的一贯思路。明中叶的王阳明有一段话说得十分清楚："学者学圣人，不过是去人欲而存天理耳。犹炼金而求其足色，金之成色所争不多，则锻炼之工省而功易成。成色愈下，则锻炼愈难。人之气质清浊粹驳，有中人以上，中人以下，其于道有生知安行，学知利行，其下者必须人一己百，人十己千，及其成功则一。"[1]也就是说，人的素质是有等第差别的，素质愈差，成圣成贤的可能性也就愈低，中人以下，亦即那些道德素养与理解能力低下的人们，虽然也可以"存天理，灭人欲"，虽然花费百倍于常人的努力，但功效却仅及常人的百分之一。总之，上知与下愚终是不移。

（三）儒家的等级观念与中国古代社会的制度安排

在先秦儒家对社会政治生活进行思考的时候，中国社会正处于礼崩乐坏、社会秩序急剧动荡的状态，先秦儒家倡导礼制，希望以礼制规范人们的社会行为，恢复社会秩序，其积极意义是不容否认的。汉魏以后中国社会的治理过程表明，儒家礼治思想对中国古代社会的制度安排也确实具有十分重要的指导意义。但在另一方面我们也应该看到，在儒家思想占统治地位的中国古代社会里，社会治理过程始终没有摆脱人治的窠臼，在儒家礼治思想指导下的中国古代社会的制度安排，也没有为传统

---

[1]《王阳明全集》，上海古籍出版社，2011年，第31页。

的中国社会带来真正意义上的平等与公正。其深层原因则在于,传统儒家的等级观念在根本上影响了中国古代的制度安排。

传统儒家认为,由于人在智力水平、道德素养方面的差别,人与人之间的不平等是天经地义的,"分均则不偏,执(势)齐则不 ,众齐则不使。有天有地而上下有差,明王始立而处国有制。夫两贵之不能相事,两贱之不能相使,是天数也"(《荀子·王制》)。基于这样的认识,传统儒家把维护等级秩序看作是自己的责任。用等级的观念理解社会制度安排,成为先秦儒家基本的道德指向。《礼记·曲礼》在论及礼的功能时说:"夫礼者,所以定亲疏,决嫌疑,别同异,明是非也。"《礼记》为七十子后学所作,但其基本精神与孔、孟的思想主张是一致的。先秦儒家所理解到的礼治,其基本功能就是"定亲疏""别同异",根据人们在社会生活中的地位的差别给予不同的对待,这是儒家礼治思想的精髓所在。

从理论上说,在任何历史时代,如果社会生活是在稳定的制度规范下运行的,这个社会就是有某种公平可言的社会。但这只是问题的一个方面,更为重要的是,生活在这个社会里的人们在观念上认为应该有什么样的制度安排,人们更乐于接受什么样的制度安排,这将在根本上决定社会生活的质量。从春秋战国时期的儒家开始,人们便主张对社会成员区别对待,通过等级的制度安排,使每个社会等级的人们受到不同的对待,于是,先秦儒家便倡导"礼不下庶人,刑不上大夫"(《礼记·曲礼上》)的礼治原则。至于为什么礼不下庶人,东汉郑玄解释说,"为其遽于事且不能备物",而刑所以不上大夫,则是"不与贤者犯法,其犯法则在八议轻重,不在刑书"。在以往的思想史研究中,人们虽然对《曲礼》这句话有过各种各样的解释,但无论怎样,都不能不承认,传统儒家礼治思想的本质就是通过等级的制度安排,对不同的人予以不同的对待。

历史地看,"礼不下庶人,刑不上大夫",有可能是在商周以后长期社会生活中形成的习俗,这在《春秋左传》《国语》等历史文献中不难得到证明。这种习俗在根本上维系着中国早期国家内部的等级结构和君主专制制度。对于春秋战国时期的儒家来说,他们真正应该做的,并不是对历史过程中存在的事实加以描述,而是应该根据自己的理性对"礼不下庶人,刑不上大夫"的习俗做出判断,说明这种习俗在什么意义上能够保证每一个人受到公平的对待。由于先秦儒家没有平等的观念,他们只是看到了这种习俗的合理性。

秦统一中国以后,中国社会走上了统一的中央集权国家的发展道路,尽管战国秦汉年间中国社会发生了沧桑巨变,不平等并没有因为社会的变化而消失,而是在新历史条件下以新的形式表现出来。与之相应,秦汉以后的历代儒家,大都对"礼不下庶人,刑不上大夫"的历史习俗念念不忘,反复强调这种习俗的合理性。例如,西汉文帝时期的贾谊便说:"故古者礼不及庶人,刑不至君子,所以厉宠臣之节也。古者大臣,有坐不廉而废者,不谓曰不廉,曰簠簋不饰;坐污秽男女无别者,不谓污秽,曰帷簿不修;坐罢(疲)软不胜任者,不谓罢软,曰下官不职。故贵大臣定有其罪矣,犹未斥然正以呼之也,尚迁就而为之讳也。"(《新书·阶级》)贾谊如此说,意在劝说汉文帝礼遇重臣,其基本精神便是维护君主专制制度下森严的等级结构。

秦汉以后,历代儒家理解社会政治生活的时候,大都把论证君主专制制度以及与之相应的等级结构的合理性当作自己的责任。贾谊说:"人主之尊,辟无异堂陛。陛九级者,堂高大几六尺矣。若堂无陛级者,堂高殆不过尺矣。天子如堂,群臣如陛,众庶如地,此其辟也。故堂之上,廉远地则堂高,近地则堂卑。高者难攀,卑者易陵,理势然也。故古者圣王制为列等,内有公卿大夫士,外有公侯伯子男,然后有官师小吏,施及庶人,等级分明,而天子加焉,故其尊不可及也。"(《新书·阶级》)总之,君臣之义,贵贱之等,是传统儒家从未放弃的道德信念。

人类社会生活在一定意义上是观念支配下的生活,每一历史时代人们的道德信念,总是在那个历史时代的制度安排中体现出来。在中国古代社会,传统儒家的等级观念,也在全部的社会安排中充分体现了出来。

儒家等级观念首先体现在传统中国的法律制度上,其最直接的证据就是中国传统法典中名为议亲、议故、议贤、议能、议功、议贵、议勤、议宾的八议之条。"八议"的源头可以追溯到《周礼》一书,《周礼·秋官·小司寇》:"以八辟丽邦法,附刑罚,一曰议亲之辟,二曰议故之辟,三曰议贤之辟，四曰议能之辟，五曰议功之辟，六曰议贵之辟，七曰议勤之辟，八曰议宾之辟。"按照东汉郑玄、郑众的解释："议亲"，"若今时宗室有罪，先请是也"；"议故"，"故谓旧知也"；"议贤"，"若今时廉吏有罪先请是也"；"议能"，"能谓有道艺者"；"议功"，"谓大勋立功者"；"议贵"，"若今时吏墨绶有罪先请是也"；"议勤"，"谓憔悴以事国"；"议宾"，"谓所不臣者三恪二代之后与？"姑且不论郑氏的解释是否准确，但有一点可以肯定，《周礼》所说的"八辟"，到了汉代，已经成为人们在观念上认可的法律原则。

作为中国古代社会的法律传统，八议之条在两汉以后的立法与司法过程中一直保留下来。八议之条的实质，就是根据社会成员之于专制权力的重要程度而在司法过程中加以优待，一旦这些人触犯刑律，"大罪必议，小罪必赦"，国家的司法机构不得擅自处置。到了三国时期，魏明帝太和三年颁行《新律》，八议之条正式入律，《唐六典》说："八议入律，始于魏也。"八议之条入律，标志着传统儒家的等级观念终于演化成了中国古代社会的司法准则。当法律依据社会成员的重要性而对其加以区别对待的时候，"法律面前人人平等"便成为不可能的事情。

在汉魏以后的中国社会中，八议之条既是法律的规定，也是历代王朝司法实践中人们广泛遵守的原则。《晋书·羊聃传》载晋成帝时，羊聃为庐陵太守"刚克粗暴，恃国戚，纵恣犹甚，睚眦之嫌，辄加刑杀。疑郡人简良等为贼，杀二百余人，诛及婴孩，所髡锁复百余"，有关部门奏请晋成帝，主张论处羊聃死罪，但是，羊因为皇亲而免于死罪。再如，南朝刘宋时，张邵为雍州刺史，因为劫掠民财依律当死，也有人上表称"邵，先朝旧勋，宜蒙优贷"（《宋书·谢述传》）。在中国古代历史上，类似的案例不胜枚举。

近年来，关于传统儒家是否主张平等以及中国古代社会是否有平等的制度安排，学界也有不同的看法。有人认为，中国古代儒家不仅有平等思想，而且这种观念也在中国古代社会的制度安排中体现了出来。说者以为，体现儒家平等观念的就是秦汉以后的职官选拔制度，历史上习惯称之为"选举制度"，中国古代的选举由推荐制度最终发展成一种完备的制度，无论从本身形式来说，还是社会效果来说，都表现出一种机会平等扩展的趋势,它与其他一些因素互相影响,使中国的社会结构逐渐发生了一种意义深远的变化。①这种说法是不可接受的。实际上,中国古代的职官选拔制度,亦即所谓的"选举制度",并不是平等理念的体现,选举制度的实施也没有导向社会平等。

中国古代所谓的"选举"制度,是与秦汉以后的官僚制度相适应的。秦汉以后,随着郡县制度的确立,官僚制度取代了周代的世卿世禄制度,由于原有的贵族阶层长期垄断权力的格局已经不复存在,为了补充官僚队伍,以满足国家治理的需要,只能把官僚队伍的大门向社会敞开,于是,把素质良好的社会成员吸收到官僚队伍中来,便成为官僚体制得以运行下去的关键。所以,职官选拔制度便成为历代王朝的政治制度的重中之重。两汉以后,"选举"制度经历了从察举、征辟、九品中正到科举制度的演变,真正推动这一历史进步的是专制国家改良官僚队伍,从而实现对社会有效管控的需要,而不是平等观念。

把中国古代的职官选拔制度误读为平等,不是当代学者的发明。早在 20 世纪初叶,康有为便曾有如此说法:"自孔子创平等之义,明一统以去封建,讥世卿以去世官,授田制产以去奴隶,作《春秋》、立宪法以限君权,不自尊其徒而去大僧。于是中国之俗,阶级尽扫,人人皆为平民,人人皆可由白屋而为王侯、卿相、师儒,人人皆可奋志青云,发扬蹈厉,无阶级之害。此真孔子非常之大功也。盖先欧洲二千年行之,中国之强盛过于印度,皆由于此。"②康有为是中国近代历史上最早接受西方近代平等观念的思想家,但不可否认的是,康有为对于中国古代社会的这段叙述却有生搬硬套之嫌。康有为既没有准确地理解近代西方的平等理念,也没有准确地把握中国古代社会君主专制政治的实质。

在秦汉以后的中国社会中,通过铨选入仕是许多人提高社会地位、改善生存条件的重要途径。以唐宋时期的科举制度为例,假如科举考试

---

① 参见何怀宏:《儒家的平等观及其制度化》,《国际儒学研究》(第六辑),中国社会科学出版社,1988 年。

② 康有为:《大同书》,《康有为大同论二种》,生活·读书·新知三联书店,1998 年,第 162 页。

过程是在严格有效的监督下进行的，负责考试的各级官员也能尽忠职守，参加科举考试的每一个人都能受到公平的对待，一些人所说的选举制度化为人们提供了平等机会也是有道理的。但必须指出的是，这种"平等机会"对于没有进入科举考试程序的人们来说，是完全没有意义的。

唐宋以后历代王朝的科举制度，为投身科举的士人提供了平等的机会，但如果从社会平等的方面着眼，科举制度并不具有社会平等的内涵，科举制度的实行丝毫没有改变中国古代社会不平等的现实。的确，在唐宋及以后的中国社会里，每朝每代都有社会底层士人通过科举考试而进入官僚队伍的情况，这便是人们所说的"布衣卿相"。据一些学者的研究，唐宋以后，布衣寒门出身的官员比例呈现出不断增大的趋势，学者何炳棣根据明清两代四十八份进士题名录所做的统计表明，明代进士出身的官员，来自平民家庭，亦即上三代无功名或没有担任官职者占到了一半。甚至有人认为，明代，尤其明初社会是历朝平民入仕比例最高、机会最为平等的一个社会。①这里有一个问题，唐宋以后"布衣卿相"或者平民入仕的现象究竟应该做何解释。

在我看来，有关中国历史上的布衣卿相或者平民入仕的统计数据，只能用来说明科举制度导致的中国古代社会阶层流动的情况，而不能用作社会平等的证明。中国历史上的布衣卿相或者平民入仕，至多只能说明中国古代社会不是像印度那样的实行种姓制度的社会，不是一个阶层完全固化的社会。但却不足以说明中国古代社会是一个平等的社会。事实上，在唐宋至明清时期的社会里，当一些出身于平民家庭的士人通过科举获得了功名以后，他们便脱离了原有的社会阶层，这些人在进入官僚队伍以后，其日常的行为方式都已经不属于原来的社会阶层，这些人社会地位的提高和个人生活境遇的变化，并没有使社会等级结构发生改变。在任何历史时代，无论平民出身的官员在整体的官僚队伍中占据多

---

① Ping-Ti Ho, *The ladder of Success In Imperial China*, New York, Columbia University Press, 1962, pp.112–114. 至于明初是机会最为平等的社会的表述则是何怀宏在《儒家平等观及其制度化》一文中所作的概括。

大的比例，都不足以说明那个时期社会平等实现的程度。也就是说，社会平等在本质上是一个社会结构问题，是不能用单个人生活境遇的改变来说明的。

关于理解"平等"，学术界历来有两种思路。一种思路认为平等曾经是历史的存在，在人类社会之初，曾经有过一个人与人之间完全平等的时代，另一种思想则把平等理解为一种理念，是思想家在思维层面上对于完美无缺的社会的一种理论建构。对于上述两种理解，我倾向于后者。因为即使那种关于人类历史上曾经存在一个完全平等的时代的说法，实际上也是人们对于这种历史状态的假设，而这种假设是不可证实的。近几十年来动物学家对某些动物群体的观察与研究结果表明，在靠生物本能维系的动物群体里，也存在着严格的等级结构。由此可以断定，人类社会在处于蒙昧状态的时候，即便真的存在着所谓的平等，那种"平等"也是有条件的。有证据表明，自人类进入文明时代以后，不平等就是人类社会生活中的事实，在中国历史上，就是所谓的"天有十日，人有十等"（《左传》昭公七年）。即使是在以古代民主制度著称的雅典，也存在着自由穷人和自由富人的差别。可以说，当人类有能力对自己进行认识的时候，不平等便是思想家所面对的共同的事实。问题是，历史时期的思想家从不平等的现实中究竟悟出了什么。在这一点上，有两条可供思想家选择的思路。一条是从事实中求"非"，把现实的不平等看作是不合理的，因而在思维上超越不平等的现实，建构起平等的理念。另一种思路则是于事实中求"是"，着意于发现不平等的合理性，进而为现实的不平等提供更多的理论依据。中国古代思想家选择的是后者。

西汉董仲舒说："夫万民之从利也，如水之走下，不以教化堤防之，不能止也。"（《汉书·董仲舒传》）宋代思想家李觏也说："众民所好不同，而君臣政治各有常法，不可失政教之常以从民欲也。何者？善人少而恶人多也。"[1]在传统儒家视野中，民众是道德品质低下的一族，在对民众的道德品质做了极低评价的同时，又肯定道德品质完美无瑕的"君子"和"圣王"

---

[1] （宋）李觏：《李觏集》，王国轩校点，中华书局，1981年，第177页。

的存在。于是，强调君子、小人之别，并且在社会生活中对君子、小人予以区别对待，便成为传统儒家基本的价值取向。当传统儒家强调君子小人之别、圣贤与普通人之别的时候，他们也就承认了社会不平等的合理性。

四、在近代平等观念影响下的儒家思想：康有为的平等观及其局限

作为中国传统政治思想的主体，儒家的伦理政治思想在主导的方面是缺少平等规范的。从春秋战国时期的孔孟，到明清之际黄宗羲、顾炎武、王夫之等思想家，都没有清晰地表达出社会平等的理念。然而，到了近代，随着西方近代文化在中国社会的传播，近代的平等观念也逐渐为中国思想界所认识和接受。可以说，平等观念在中国思想界的传播是中国近代史思想史上最有意义的事情。不过，对近代中国人来说，平等观念在本质上是来自西方的"舶来品"，尽管中国历史上也曾经有过道家庄学的平等观念，但与近代思想家所倡导的"平等"有着本质的不同。因此，平等观念能否在中国社会落地生根，在很大程度上取决于思想家的认识和理解。在某种意义上说，近代中国人对于平等的认识与接受首先是在思想界中发生的，思想家如何理解了平等，将对近代中国社会的历史进程产生至关重要的影响。康有为是中国近代史上最有影响的思想家之一，在戊戌变法失败后长期流亡海外的生活中，康有为对近代西方的平等观念有了一定程度的了解，其晚年所著的《大同书》，是中国近代史上较为系统地表达平等观念的著作，它在很大程度上代表了近代中国思想界对于"平等"的理解水平。不过，由于康有为本人有着深厚的传统儒学的知识背景，其对近代平等观念的认识，也在一定程度上反映了以儒家思想为主体的中国文化在面对近代西方思想文化时所发生的变化。反思康有为《大同书》中的平等观念，对于我们认识近代以来中国社会的历史进程有着十分重要的意义。

(一)无差别平等与大同世界的乌托邦构想

《大同书》是康有为晚年撰写的一部具有浓重乌托邦色彩的著作。康有为早年曾经著有《礼运注》一书,书中表述了康氏早期的大同思想。戊戌变法失败以后,康有为游历欧美诸国,对近代西方思想文化有了较多的了解,《大同书》便写作于这一期间。实际上,《大同书》是一部未完之稿,在康有为死前,这部著作只有甲乙两部于 1913 年刊在《不忍》杂志上,而《大同书》全书则是在康有为去世八年以后才由其学生钱定安整理印行。关于《大同书》,学者萧公权说,其"主要思想俱在中国与西方乌托邦思想范畴之内。他有意无意借自他人,但他与所借者融合得十分彻底,合之以极多的想象,遂成其独创的思想"①。并且认为康有为是近代中国可以与西方杰出的乌托邦主义者匹敌的思想家。顾名思义,《大同书》的思想渊源似乎可以追溯到战国七十子后学所作的《礼记·礼运》,但实际上却更多的是近代西方思想文化影响的结果。康有为对大同社会的理论阐释,集中体现了他对近代价值理念的认识和理解,"平等"则是其乌托邦构想所遵循的基本理念。而康有为对于平等的理解又在某种程度上代表了中国近代思想家的理解方式和认识水平。

中国思想家接触近代平等观念是在辛亥革命前后,以"天赋人权""人人生而平等"为核心的近代平等观念陆续传入中国,并且为一些有见识的思想家和政治家所接受。孙中山在辛亥革命胜利以后发布的一道法令中说:"天赋人权,胥属平等。自专制者设为种种无理之法制,以凌轹斯民,而自张其毒焰,于是人民之阶级以生。前清沿数千年专制之秕政,变本加厉,抑又甚焉。若闽、粤之疍户,浙之惰民,豫之丐户,及所谓发功臣暨披甲家为奴,即欲所谓义者,又若剃发者并优介隶卒等,均有特别限制,使不得与平民齿……为此特申令示,凡以上所述各种人民,对于国家社会之一切权利,公权若选举、参政等,私权若居住、言论、出版、集会、信

---

① [美]萧公权:《近代中国与新世界:康有为变法与大同思想研究》,汪荣祖译,江苏人民出版社,1997 年,第 448 页。

教之自由等，均许一体享有，毋得稍歧异，以重人权，而彰公理。"①这是平等为中国思想界所认识和接受的确切证据。康有为对平等观念的理解也不很早，康有为在辛亥革命前写给旅美华侨的一封信中说，"仆在中国实首倡言公理，首倡民权者"②。不过，翻检戊戌变法时期康有为撰写的作品，并没有与平等相关的理论表述，这说明，那一时期他对平等观念还是一无所知的。康有为接触平等观念应该是百日维新失败以后流亡欧美期间的事情。

近代以来的空想社会主义思想家大多有着强烈的平等诉求，废除私有制、消灭阶级差别、人们共同劳动、产品平均分配是他们共同的思想主张，康有为也是如此。康有为所构想的大同世界，是一个没有政治等级差别、没有人对人的压迫、没有种族差别、没有私有财产、男女完全平等的大同世界，"太平之世，人人平等，无有臣妾奴隶，无有君主统领，无有教主教皇，孔子所谓'见群龙无首'，天下治之世也"③。与近代空想社会主义思想家一样，康有为所理解到的平等也是没有任何社会差别的平等，在这样的社会里，人们生活在完全相同的社会地位上，人与人之间没有任何差别，因此也就实现了社会地位的平等，并且由此免去了由于差别与不平等而带来的诸多痛苦。这样，消灭差别便成为康有为所倡导的平等由以实现的基本途径。

康有为十分认同近代西方思想家人生而平等的观念，根据他自己对这一命题的理解，康有为阐释道："人皆天所生也，同为天之子，同此圆首方足之形，同在一种族之中，至平等也。"④在另一处，康有为又说："夫人类之生，皆本于天，同为兄弟，实为平等，岂可妄分流品，而有所轻重，有所摈斥哉？"⑤康有为用中国古代思想家所说的"人之为人本于天"的观念来诠释近代西方思想家所倡导的天赋平等观念，在他看来，这是对近代

---

① 《孙中山全集》第二卷，中华书局，1981 年，第 244 页。

② 汤志钧编：《康有为政论集》，中华书局，1981 年，第 476 页。

③ 康有为：《大同书》，《康有为大同论二种》，生活·读书·新知三联书店，1998 年，第 350 页。

④ 康有为：《大同书》，《康有为大同论二种》，生活·读书·新知三联书店，1998 年，第 93 页。

⑤ 康有为：《大同书》，《康有为大同论二种》，生活·读书·新知三联书店，1998 年，第 162 页。

平等观念的合乎逻辑的解释。

在东西方政治思想史上，那些有着强烈的平等主张的思想家，大都对现实社会中的不平等有着深切的关注，康有为也是如此。康有为认识到，不平等是世界范围内普遍存在的事实，"自埃及、巴比伦、希腊，皆有族级奴隶之别。东方亦然"①。由于长期旅居海外的经历，康有为对世界各国社会不平等的事实有着更多的了解，在《大同书》中，他列举了印度的种姓制度、欧洲中世纪以及日本、俄国等国家的等级制度。关于欧洲中世纪等级制度的危害，康有为说：欧洲社会存在着"大僧、贵族、平民、奴隶之异，压制既甚，故以欧人之慧，千年黑暗，不能进化"②。尤其是俄国，由于等级制度与不平等的存在，这个国家实际上是"外强而中僵"。再如印度，存在着婆罗门、刹帝利、吠舍、首陀罗四个种姓，而第四个种姓首陀罗还要分为七十多个"贱族"，种姓之间"分级隔绝，不得通婚、交接，皆限其位业，不得逾越上达。苟生于下族，虽有至圣人豪，不得为仕宦师长，不知不识，以了其生"③。康有为对这些社会不平等事实的描述基本准确。

康有为认为，人类社会诸多不平等存在的根本原因是差别的存在，差别，在康有为那里被称为"界"，"人之恒言曰：'天下国家'，凡有小界者，皆最妨害大界者也。小界之立愈多，则进于大界之害愈大"④。康有为所指称的差别包括方方面面的内容，主要表现为人与人之间政治地位的差别、由家庭与私有制导致的贫富差别和阶级差别、种族差别与性别的差异。基于这样的认识，康有为把消灭差别看作是实现社会平等的前提。"凡言平等者，必其物之才性、知识、形状、体格有可以平等者，乃可以平等行之。非然者，虽强以国律，迫以君势，率以公理，亦有不能行者焉。"⑤按照这样的理解，康有为不仅主张废除诸如印度种姓制度之类的不平等的制度，而且要通过一系列的社会安排全面消灭人与人之间的差别，从

---

①②③ 康有为：《大同书》，《康有为大同论二种》，生活·读书·新知三联书店，1998年，第161页。

④ 康有为：《大同书》，《康有为大同论二种》，生活·读书·新知三联书店，1998年，第170页。

⑤ 康有为：《大同书》，《康有为大同论二种》，生活·读书·新知三联书店，1998年，第171页。

积极的方面理解,就是彻底消除一切可能导致不平等的根源。康有为所构想的大同社会的本质特征就是没有差别。

既然差别是社会不平等的根本原因,消灭差别也就成为平等得以实现的前提。于是,消灭差别便成为康有为平等观的核心主题。在康有为看来,导致人类社会不平等的差别主要有种族差别、男女差别以及财产方面的贫富差别,至于如何消除这些差别,康有为提出了一些在他看来十分精致但实际上近于荒诞的设想。例如,关于消灭种族差别以便实现不同种族之间的平等,康有为说:"欲致诸种人于大同,首在迁地而居之,次在杂婚而化之,末在饮食运动以养之。"①说得明白一些,就是实行大规模的种族迁徙使之杂居,促使不同种族之间相互通婚,从而使全人类都变成肤色、体格相同的种族,"计千数百年后,棕黑人之遗种无多,遍大地皆黄白人之种耳"②。再如,为了消除家庭之间的界限和男女之间的不平等,康有为主张"去形界保独立"和"去家界为天民",即取消婚姻制度与家庭,男女之间只可以"立交好之约,量定限期,不得为夫妇"③,这显然超出了人类所能接受的伦理限度。同时,在取消婚姻与家庭的基础上,康有为主张在全球范围内实行财产公有制度,通过"公农""公工""公商"等一系列的制度安排,彻底消灭社会成员之间的财产差别,"今欲致大同,必去人之私产而后可。凡农工商之业,必归之公"④。这种制度安排的前提是全能政府的存在,它既可以掌控土地的多寡,"总天下之农田",又可以计量规度人们的生活需求,确定物品生产、流通的数量。总之,大同社会的经济生活在总体上是在这个全能政府的统筹安排下运行的,在这个社会里,所有社会成员都过着没有贫富差别的平等生活。

总之,康有为所理解到的平等,就是人与人之间没有任何差别的平等。

---

① 康有为:《康有为大同论二种》,生活·读书·新知三联书店,1998 年,第 174 页。
② 康有为:《康有为大同论二种》,生活·读书·新知三联书店,1998 年,第 175 页。
③ 康有为:《康有为大同论二种》,生活·读书·新知三联书店,1998 年,第 220 页。
④ 康有为:《康有为大同论二种》,生活·读书·新知三联书店,1998 年,第 301 页。

(二)康有为对平等的误读及其理论根源

当以自由、平等、民主、法治为核心的近代价值理念传入中国的时候,中国思想家对于这些概念尚且十分陌生,由于中西方文化传统的差异,再加上语言方面的原因,中国思想家对于这些概念的内涵大都不甚了了。在这种情况下,无论思想家各自的知识背景和经历有什么不同,当他们在最初接触到这些概念的时候,都只能把这些概念置于中国文化的背景下,并且借助自己原有的知识加以解读,因此,思想家在有意无意间对这些概念的误读便成为不可避免的事情。而康有为对近代平等观念的误读更为典型。

康有为对平等观念的误读主要表现为以下几个方面。

首先,康有为忽略了近代平等观念的权利内涵,而把平等简单地理解为社会地位的平等,并且把消灭差别作为实现平等的途径。

平等所以成为人类恒久的道德诉求,就是因为我们生活于其中的社会存在着的不平等。自古以来,人类所面对的便是不平等的社会环境,事实上,等级结构常常是群体生活必不可少的要素,如果没有了等级结构,我们将无法保证群体生活的效率与秩序,甚至群体生活将无法维系下去。不过,人毕竟是理性的存在者,在世界上,只有人能够做到,一方面拥有等级结构下的群体生活,另一方面,又在寻求着某种意义上的平等。正是由于平等的道德信念,才使得人类社会与其他动物的群体生活有了本质的差别,才使得人类社会生活能够远离弱肉强食的丛林法则并且一步一步地走向文明。

作为人类基本的道德诉求, 平等观念在很早的时候便已经产生了,在中国,平等观念大约出现于战国时期,秦汉以后历代农民战争领袖倡导的"等贵贱、均贫富",所体现的便是中国传统的平等观念。在西方,人人平等的观念大约可以追溯到古希腊的斯多葛学派,这一观念在罗马时期得到了广泛传播,产生于罗马后期的基督教认为,每个人都是上帝的子民,每个人在上帝面前都是平等的,因此人与人之间也是平等的,这构成了近代西方平等观念的思想源泉。

近代思想家对平等的理解不同于以往思想家之处,在于他们发现了权利。美国独立战争时期由杰斐逊等人起草的《独立宣言》中说:"我们认为这些真理是不证自明的:人人生而平等,他们的造物主赋予了他们某些不可转让的权利,其中包括生命、自由和追求幸福的权利。"①后来,"人人生而平等"这句话传遍了整个世界。尽管近代思想家对于平等有着不尽相同的理解,但《独立宣言》这句话确实体现了近代平等观的精髓。

实际上,就在杰斐逊等人起草《独立宣言》的时候,美国社会仍然存在着严重的不平等,男人与女人、富人与穷人、白人与黑人之间的不平等是人尽皆知的,《独立宣言》的起草人及投票赞同这个宣言的人们绝不会对这些事实一无所知。那么,《独立宣言》的作者所以说"人人生而平等"是不证自明的真理,无非是在表达这样一种认识:社会生活中的人们,尽管在社会地位、财产、肤色、性别等许多方面存在着差别,但是每个人都有同等的权利。近代思想家所理解到的平等是权利的平等。他们清楚地认识到,平等并不意味着人们在等齐的社会地位上生活,而是说生活在不同社会地位上的人们有着平等的权利。

"权利"是近代平等观念的精髓,可是,中国近代思想家在理解平等观念的时候,却远远没有认识到权利的意义。即使如前面引述的孙中山先生颁布的法令,人们有时考虑到了权利平等问题,但是由于中国思想传统中本来没有权利观念,在更多的情况下,人们还是倾向于把平等理解为社会地位的平等,把消灭差别理解为平等实现的途径。康有为的《大同书》所体现的便是这种平等观念。

康有为所构想的大同社会,是一个社会成员之间没有任何差别的社会,人们具有相同的肤色体格,生活在相同的社会地位上,甚至人们也从事着相同的事业,"当太平时,人无私商,皆工人也"②。在康有为的观念中,消灭差别便是平等得以实现的前提。可是,康有为始终未能明白的一

① 转引自[美]罗伯特·A.达尔:《论民主》,李伯光、林猛译,商务印书馆,1999 年,第 70 页。
② 康有为:《大同书》,《康有为大同论二种》,生活·读书·新知三联书店,1998 年,第 313 页。

个道理是,作为价值理念的平等之所以有意义,是因为等级的社会结构的存在,一旦进入了康有为所设想的没有差别的社会,平等也就失去了它的真实意义。

退一步说,即使没有差别的社会是理想的平等状态,可是人类怎样才能达到这样的社会状态?人们能否通过合乎道德的方式来实现这种平等?对此,康有为也没有给出令人满意的答案。例如,康有为所构想的大同社会是以消灭种族差别为前提的,"种界不除,大同不致",可是他"去种界同人类"的方案却是无法令人接受的。康有为主张用强制手段迫使不同种族相互通婚,这样,"当千数百年,黄人既与白人化为一矣,棕黑人之淘汰变化,余亦无多"①姑且不论这种方法是否可行,其道德动机也十分可疑。其实,康有为主张消灭种族差别是假,淘汰他所认定的劣等种族却是真,出于这样的目的,康有为在通婚之外,还想到了以药绝嗣的"淘汰之法",康有为认为,对于黑色人种中那些性情恶劣的人,应该通过医药手段使其绝嗣,"其棕黑人有性情太恶、状貌太恶、或有疾者,医者饮以断嗣之药,以绝其传种"②。由此可见,在"平等"或者消灭差别的招牌背后,掩藏着深刻的种族歧视观念。在康有为那里,"平等"变成了对他所认定的劣等人种的权利剥夺。

其次,康有为用工具主义的态度对待平等,把平等作为实现某种功利性目的的手段,却抛却了平等的道德内涵。

人类社会为什么要有平等,这是历史上所有那些倡导平等的思想家必须回答的问题。近代思想家认为,平等所以是人们不可放弃的道德信念,在于我们社会生活中的每一个成员,无论其生活在什么样的社会位置上,无论是富有还是贫穷,都有着平等的道德价值,我的道德偏好既不比其他人更高贵,也不比其他人更卑劣,因此,每个人都应该受到公平的对待。在这一意义上说,作为道德信念的平等是人类社会的最高价值,我们没有理由把任何功利性的目的附加在这一道德信念之上。

---

① 康有为:《大同书》,《康有为大同论二种》,生活·读书·新知三联书店,1998 年,第 174 页。
② 康有为:《大同书》,《康有为大同论二种》,生活·读书·新知三联书店,1998 年,第 176 页。

可是，康有为对平等的理解却有别于近代思想家。在《大同书》中，康有为历数了欧洲中世纪及日本、俄国等国家存在的不平等的事实，与此同时，康有为又把不平等看作是这些国家贫弱的直接原因。按照康有为的说法，欧洲中世纪因为有"大僧、贵族、平民、奴隶之异，压制既甚，故以欧人之慧，千年黑暗，不能进化"①。至于俄国，由于等级制度与不平等的存在，这个国家实际上是"外强而中僵"。于是，康有为得出结论说，凡是有阶级和不平等存在的地方，"人必愚而苦，国必是亡"，如果扫尽阶级而实现平等，"人必智而乐，国必盛而治"。前者的实例是印度，后者典型是美国。总之，一个国家实现平等的程度决定着这个国家富强的程度。如此，国家富强才是康有为主张平等的理由，平等就是实现富强的手段。

至于平等与富强之间是否存在因果关系，着实难以断言。在逻辑上说，在一个平等的社会里，如果每一个社会成员都受到了公平的对待，这个社会便有可能因此而走向富强。但是应该说明的是，在这里，富强只不过是社会平等的副产品，而不应该是平等的目的。也就是说，社会平等有可能带来富强的结果，但在根本上说，平等并不对国家的富强负有责任。在表面上看，康有为把平等与富强联系在一起，似乎是为了说明平等的重要性。然而，平等一旦被认为是服务于某种目的的手段，它在事实上便成了可有可无的东西，而不再是不可放弃的道德信念，这是因为，手段的价值通常决定于目的。当康有为把富强作为平等的目的的时候，他显然忽略了一个至关重要的问题，那就是：一旦富强不再是人们孜孜以求的目的，或者人们找到了实现富强的更为有效的手段的时候，平等对我们来说是否还有意义？

鸦片战争以后的中国历史，是一部饱含屈辱的历史。在与西方列强甚至是东邻日本的对抗中，陈腐的清王朝始终处于劣势地位。生活在这样历史环境下的思想家也因而产生了浓重的富强情结。这种富强情结不仅具体化为洋务派主导的洋务运动，而且在康有为、梁启超主导的戊戌变法中也体现得十分充分。例如，康有为在变法期间陈述其君主立宪

---

① 康有为：《大同书》，《康有为大同论二种》，生活·读书·新知三联书店，1998 年版，第 161 页。

的思想主张时便说,西方国家所以强,因为西方国家在立宪政体下,由
百万人共治一国,而中国所以弱,则是因为在君主政体下只是由君主与
数人治理国家。所以,国家富强便成了变法的理由。可以说,富强在康有
为的思想观念中始终占据着首要的位置。或许在康有为所生活的那个
时代,国家富强是最易使人信服的理由,可是康有为却不知道,把富强
的目的加之于平等的时候,他恰恰忽略了平等观念的真实意义。

最后,康有为对近代平等观念的误读,也体现为用中国传统的平均
观念诠释平等。

在中国历史上,平均主义是一种源远流长的思想传统,春秋晚期的
孔子说:"有国有家者,不患寡而患不均,不患贫而患不安。盖均无贫,和
无寡,安无倾。"(《论语·季氏》)这是中国古代思想家对于平均主义观念
的最早表述,并在后来的中国社会中获得了广泛的认同。两汉以后的历
代王朝奉行平均主义的治理方案,历代农民起义往往以"等贵贱、均贫
富"为口号,而强烈主张实行平均主义政策的思想家也是代不乏人。平均
成为古代中国人的共识性观念。

在中国古代社会中,平均所以能够获得广泛的社会共识,一个重要
的原因在于中国古代社会以一家一户为一个生产单位的经济结构,如马
克思在《路易·波拿巴的雾月十八日》中所说:"小块土地所有制按其本性
说来是全能的和无数的官僚立足的基础。它造成全国范围内一切关系和
个人的齐一的水平。"①对于生活在小农经济状态下的个体小农来说,占
有一块足以安身立命的土地是他们第一位的需求,而小农的稳定与否又
直接关系到专制国家的政治统治秩序。生活在这样历史条件下的人们也
就有了强烈的平均占有财富的愿望。

平均,在某种意义上便是古代中国人所理解到的平等。在古代中国
人看来,只要这个社会的大多数成员在财产方面没有发生严重的差别,
人们也就实现了某种平等,因此有效的国家治理与良好的制度安排的
重要标志之一便是使社会大众平均占有财富。贫富均平的状态也是人

①《马克思恩格斯选集》第一卷,人民出版社,1972年,第697页。

们最为美好的社会向往，这种平均主义的期待一直到近代中国仍然没有发生改变。洪秀全所设想的"无处不均匀、无人不饱暖"的小天堂，以及孙中山所倡导的"节制资本、平均地权"，都是这种思想倾向的具体体现。和近代大多数的中国思想家一样，康有为也把关于平等的注意力集中在经济方面，在康有为看来，均贫富是未来世界的主要问题。在阐述其"公商"的思想主张时康有为说:"夫既有赢亏，则人产难均，而一切人格治法即不能平。"[1]正是出于平均主义的社会理想，康有为极力主张用共产制取代财产私有制，按照康有为的说法，日后世界范围内的社会问题主要是贫富不均的问题，"以农业言，独人之营业，则有耕多者，有耕少者。其耕率不均，其劳作不均"[2]。总之，消灭私有财产才有可能实现真正的平等。

在 19 世纪，东西方有许多思想家都怀有通过平均而实现平等的幻想。朱维铮曾把康有为《大同书》中的平均主张与美国 19 世纪作家贝拉米的《回头看纪略》做了比较:"贝拉米的设计，寄希望于百年后物质丰富而带来的精神解脱，但康有为理解的平等，似并不在于脱贫致富，相反在于劫富济贫。"[3]朱先生这一说法很是入理。由于资源稀缺的环境，人类也许永远无法达到物质财富极大丰富的状态，因此任何仅仅通过消灭财富差别而实现平等的主张，一旦被付诸实际的社会实践，其结果便只能是劫富济贫。当然，在某些特定的场合下，劫富济贫可以被称为"替天行道"，但它绝不应该是文明国家的社会安排。

---

① 康有为:《大同书》,《康有为大同论二种》,生活·读书·新知三联书店,1998 年,第 299 页。
② 康有为:《大同书》,《康有为大同论二种》,生活·读书·新知三联书店,1998 年,第 298 页。
③ 康有为:《大同书》,《康有为大同论二种》,生活·读书·新知三联书店,1998 年,第 22 页。

五、走出无差别平等的理论误区，建构现代的平等理念

就对平等的理解而言,康有为在《大同书》中所表述的平等观,是近代以来的中国思想界很有代表性的认识。如前所述,康有为所理解到的平等是无差别的平等,这种平等观念在近代以来的中国社会中是颇具共识性的认识。在康有为身后相当长的一段时间里,人们在观念上仍然把平等理解为消灭社会差别。在 20 世纪五六十年代,曾经有过一个十分流行的说法叫作"消灭三大差别",所谓"三大差别",系指工农差别、城乡差别、脑力劳动与体力劳动的差别。按照当时人们的说法,在社会主义社会里, 尽管三大差别已经不再是根本对立的关系, 但是三大差别依然存在,其具体表现就是农业落后于工业,乡村落后于城市,体力劳动者在文化技术水平、劳动和生活条件等方面落后于脑力劳动者。因此, 社会主义社会的根本任务就是消灭这"三大差别"。按照这一说法,如果能够彻底消灭这"三大差别",我们也就实现了真正的社会平等。这种无差别的平均观念与近代西方的空想社会主义理论家的平等观念有着诸多相似之处, 同时又有中国传统的平等观念的印痕。在传统的中国社会中,如果说平等也是人们的道德诉求的话,人们所能想到的最高境界的平等,就是前面所说的"等贵贱、均贫富",其基本精神也无非是消灭社会差别。简单地说, 无差别的平等观所以在近代以来的中国社会得以流行,原因之一就是像康有为这样一些思想家如此理解了平等。

当中国近代思想家用无差别的观念理解平等的时候,人们首先想到的就是社会成员对于财富的平均占有。时至今日,这种平均即平等的观念也仍然在影响着我国理论界。一直以来,关于平等,有一种很有影响的说法:经济平等决定政治平等,只有实现了经济平等,才有可能实现真正的政治平等。于是,在相当长的一段历史时期内,消灭贫富差别、防止贫富分化一直是人们最为关心的主题。按照常识性的说法,在社会

主义制度下，剥削阶级的消灭，社会成员之间的贫富分化已经不复存在，所以我们已经实现了人类有史以来真正的平等。毋庸讳言，近年来人们常说的缩小贫富差距，都在某种程度上带有传统平均主义的印痕。如此看来，"无差别的平等"不仅仅是康有为个人的认识，也是近代以来中国社会广泛接受的平等观念。

在东西方思想史上，曾有许多思想家阐发了无差别的平等的社会理想，就平等的道德诉求而言，大多数思想家的主观愿望都是善良的。但需要反省的是，以往思想家所倡导的无差别平等在怎样的意义上是可能的？如果把消灭人与人之间的差别作为道德诉求，对我们的社会生活来说究竟意味着什么？当代美国政治学家罗伯特·A.达尔曾就《独立宣言》中"人人生而平等"这句话有过一番议论："人类各种能力、特长和机遇的分配，从出生开始，在许多重要的方面就是不平等的。而由于抚养、环境，还有运气，又把早先的差异继续扩大，这种不平等就更严重了。"①达尔这段话揭示了一个深刻的道理:不平等是人类社会生活中无法改变的事实。

我们的社会是由个人组成的群体，而人的自然禀赋又是各不相同的，每一个人的生理素质和心理素质，诸如个人的体质、能力、健康程度以及个人的想象力，都与他人有着明显的差别，而这些差异大都是与生俱来的，仅仅这些便已经决定了每一个人只能在特定的社会位置上生活，如果再把家庭、教育以及个人际遇这样一些不确定的因素考虑在内，问题将会更加复杂。于是，社会成员在职业、收入、财富的多少以及社会地位之间的差别便成了不可避免的现象。于是，我们也可以进一步推论说，只要人与人在自然禀赋等方面的差异依然存在，由这些差异所决定的社会成员之间的等第差别也就是无法改变的。

在常识上，不平等与差别肯定有着某种联系，通过消灭差别也确实能够实现某种平等。例如，我们可以通过剥夺某些社会阶层的财富实现社会成员在经济方面的平等，也可以通过某种手段消灭社会阶层之间的

---

① [美]罗伯特·A.达尔:《论民主》,李伯光、林猛译,商务印书馆,1999 年,第 71 页。

差别,从而使人们在相同的社会地位上生活。近百年来,世界上有相当一些国家曾经进行过消灭社会差别的努力,其中最极端的事例是红色高棉统治时期的柬埔寨,波尔布特政权甚至要消灭农业劳动者以外的所有社会阶层,柬埔寨人民也在那一时期陷入了有史以来最为残酷的境地。事实证明,对人类社会生活来说,无差别的平等不仅不可能,而且这种平等观也面临着深刻的道德问题。这里,我们不妨假定有一个等级结构复杂的社会,如古代中国人所说的"天有十日,人有十等",这些等级之间存在着明显的差别,后来,通过某种方式消除了这些差别,实现了康有为所设想的没有政治首领、没有大僧、没有贫富差别的"平等"。这样的平等状态下,全体社会成员都生活在完全等齐的社会地位上。实际上,这也就是原来的许多等级变成了一个等级。这个存留下来的等级实际上就是原有社会等级中的某一个,而其他社会等级则在实现这种平等的过程中被消灭了。无差别平等实现的过程,无非是基于某些社会成员的利益而对其他社会成员的剥夺过程。这种粗暴的平等无疑超出了人类道德理性所能接受的限度。

与历史上大多数乌托邦主义者一样,康有为所追求的是人与人之间没有任何差别、完全平等的社会,因而消灭差别便成为这种平等实现的必由之路。然而,如前所述,由于我们的社会是由禀赋、偏好各异的人们组成的群体,这决定了人与人必然在方方面面都存在着差别,到目前为止,人类还无法通过合乎道德的方式来根除这种差别。因此,如果要使无差别的平等变为社会事实,康氏所能想到的简单粗暴的方式便是必然的选择。就我们的理性所能达到的境界而言,这不是,也不应该是人类社会生活的努力方向。

我们所生活的社会在某种意义上仍然是存有等级的社会,对于这种社会现象,虽然我们有时用阶级、有时用阶层的概念来说明,但所表达的都是等级结构存在这一社会事实。也正是由于等级结构的存在,"平等"作为一种价值理念才有了真实的意义。现代社会的平等,在本质上是社会成员在权利方面的平等,这种平等并不是消灭社会成员之间的差别,也并不期求所有的社会成员都在相同的社会位置上生活。而是说,无论我们生活在什么样的社会位置上,每一个人都拥有平等的权利和道德价值,在公共的社会生活中,每一个人的权利都应该受到充分的尊重。

　　作为价值理念的平等,是现代社会全部制度安排的理论基石。在存有等级结构的社会里,虽然每个人都生活在特定的社会位置上,人们的利益需求也各不相同,但是基于平等的考虑,我们拒绝任何个人拥有相对于他人的优先利益,我们也拒绝对任何社会成员予以歧视性的对待。以现代平等为基本价值的制度安排,应使每一个社会成员都能够获得公平的对待。

从传统的民本思想到现代民主

党的十八届三中全会的《中共中央关于全面深化改革若干重大问题的决定》明确了"加快推进社会主义民主政治制度化、规范化、程序化，建设社会主义法治国家"的战略任务，近几十年中国社会的改革历程告诉我们，民主政治建设是当代中国经济与社会发展的根本保障。然而，现代社会的民主政治并不是凭空建立起来的，除人们通常所说的经济发展等必要的物质条件以外，民主思想也是民主政治更为重要的支持条件。

　　在人类思想史上，思想家怎样理解了民众，也就怎样理解了社会政治生活。中国古代思想家对于民众的认识，主要体现为传统儒家"民为国本"的思想。民本思想发端于商末周初而形成于春秋战国，在两汉以后近两千年的时间里，"民为国本"在中国思想界获得了广泛的共识，并且在很大程度上影响了中国封建时代的政治进程。古代思想家以"民为国本"为认识的基点，进而倡导"为民谋利"的政治原则，实际上，传统儒家的民本论不仅体现了古代思想家对于民众的理解，而且也体现着古代思想家对于政治目的、政治原则的理解。在中国古代，儒家民本思想是与君主专制制度相适应的，它一方面为君主专制制度提供了基本理论支持，另一方面也是对现实生活中君主专制政治的约束。到了中国近代，在西方民主思想传入中国以后，在中国近代思想家理解和接受近代民主思想的过程中起到了桥梁的作用。在中国传统政治思想的现代转型过程中，如何认识中国传统的民本思想，从传统的民本思想中发掘有益于现代民主政治的思想资源，仍然是我们具有重要理论意义的课题。

一、民本观念的思想渊源及其历史发展

民本思想的理论渊源大约可以追溯到商周之际的重民观念。[1]西周初年以周公旦为代表的政治家和思想家,通过对商王朝所以灭亡的历史经验的总结,看到了民众在社会政治生活中的作用。周公认为,统治者应该注意吸取商王朝灭亡的历史教训,谨慎地治理国家,"治民祗惧,弗敢荒宁"(《尚书·无逸》)。所以,为了使周王朝能够长治久安,周公主张一方面要"敬从天命",另一方面则要"怀保小民"。至于如何能够"敬天",周公认为,天命与民性是一体的,人们可以通过民情来体察天命:"天畏棐忱,民情大可见。"(《尚书·无逸》)所以,周公主张统治者应该重视民情,"人无于水监(鉴),当于民监"(《尚书·无逸》)。要注意体察民众生活的困苦,"知稼穑之艰难"(《尚书·无逸》)。把民众利益与统治者治理行为联系在一起,是那一历史时期人们在理解社会政治生活方面实现的最有意义的进步。

到了春秋时期,由于社会秩序的动荡,人们对于民众的重要性的认识愈益深刻,《左传》一书记载着许多当时人们有关民众的重要性的论述,如"民,神之主也"(《春秋左传》僖公十九年),"国将兴,听于民,将亡,听于神"(《春秋左传》庄公三十二年)。由于认识能力方面的原因,在很长的历史时期内,人们在观念上一直认为神灵是人类社会生活的主宰,人的意志应该服从神的意志。然而到了春秋时期,人们开始认识到,民众才是社会生活的真正主人,在民与神之中,民众是神的主宰,国家的兴亡决定于民,而不是决定于神。

对"民为国本"观念的系统阐发始于春秋战国时期的儒家。孔子在阐

---

[1] "民惟邦本,本固邦宁"的说法虽然见于《尚书·五子之歌》,但是由于《五子之歌》晚出,大抵是后世托名之作,体现"重民观念"更为可靠的是《尚书》中可以确切认定为周初的几篇文献。

述统治者应该如何治理国家这一问题时曾经说过："道(导)千乘之国,敬事而信,节用而爱人,使民以时。"(《论语·学而》)另外,孔子在评价郑国大夫子产时又说:子产"有君子之道四焉:其行己也恭,其事上也敬,其养民也惠,其使民也义"(《论语·公冶长》),"节用而爱人,使民以时",孔子这些话一方面说的是统治者应该实行养息民生、节省民力的政策,另一方面强调的是统治者按照道义原则治理民众的责任。

传统儒家的民本思想,完备于战国诸子。战国儒家的代表人物孟子和荀子,在继承孔子德治爱民思想的基础上,明确提出了"民为国本"的观念。战国儒家民本思想主要有以下几个方面的内容:

首先,民众的重要性。孟子说:"民为贵,社稷次之,君为轻。"孟子的这句话,主要是就民众在社会政治生活中的重要性而言的,而不是对于民众、君主各自的价值的估计。因为孟子紧接着这句话又说:"得乎丘民而为天子,得乎天子为诸侯,得乎诸侯为大夫。"(《孟子·尽心下》)在逻辑上,民之所以"贵",是因为民心的向背决定着一个国家的治乱兴亡,只有得到民众的支持,才有可能成为"天子",即所谓"得民心者得天下"。比孟子稍晚的荀子则把这一思想更加形象地表述为:"民为水,君为舟,水则载舟,水则覆舟。"(《荀子·王制》)

得民心者得天下,这一认识来源于古代思想家对于历史经验的总结和把握,孟子在论及夏商周三代兴亡的历史原因时说:"桀纣之失天下也,失其民也;失其民者,失其心也。"(《孟子·离娄上》)孟子确实认识到了民的重要性,但在另一方面,孟子这句话也透露出,他的基本出发点并不是民众,在孟子民贵君轻的思想中,民众并不是最高的价值。民之所以贵,其全部的理由就在于"得民心者得天下",如果没有了这一理由,民也就无所谓"贵"。这样,孟子民贵君轻说及荀子的载舟说,都是出于一种策略性的考虑。

其次,统治者养民、利民的道德责任。孟子和荀子都曾使用"王道"的概念。孟子在论及"王道"的时候说:王道应该从使民养生丧死无憾做起,"不违农时,谷不可胜食也,数罟不入洿池,鱼鳖不可胜食也。斧斤以时入山林,材木不可胜用也,谷与鱼鳖不可胜食,材木不可胜用,是使民养生丧死无憾也，养生丧死无憾，王道之始也"(《孟子·梁惠王上》)。孟子的这一思想主张有两个方面的意义：一方面，养民、利民是统治者的责任；另一方面，则是出于策略性的考虑，把"使民养生丧死无憾"作为统治者实现"王天下"目的的必要途径。

荀子在讨论富国之道时，曾就富民与富国之间的关系说道："观国之强弱贫富有征验……下贫则上贫，下富则上富，故田野县鄙者，财之本也，垣窌仓廪者，财之末也。百姓时和，事业得叙者，货之源也，等赋府库者，货之流也。"(《荀子·富国》)于是，荀子得出结论："田野荒而仓廪实，百姓虚而府库满，夫是之谓国蹶。"(《荀子·富国》)仅就富民这一思想主张而言，荀子这段话无疑是有意义的。但是我们也应该看到，荀子之所以主张实行富民的政策，其最终目的还是"富国"，富民只是实现富国的一种策略。一方面把"为民"理解为政治原则，另一方面则把"为民"看作是治理国家的策略，这在根本上决定了儒家"民论"的发展取向。

最后，君主应该"与民同乐"，而且君主是否能够与民同乐是判断政治好坏的标准。孟子与齐宣王之间曾经有过这样一段对话："齐宣王见孟子于雪宫。王曰：'贤者亦有此乐乎？'孟子对曰：'有。人不得，则非其上矣。不得而非其上者，非也。为民上而不与民同乐者，亦非也。乐民之乐者，民亦乐其乐，忧民之忧者，民亦忧其忧，乐以天下，忧以天下，然而不王者，未之有也。'"(《孟子·梁惠王上》)孟子这段话阐述了君与民各自应该遵守的道德原则。在孟子看来，作为普通民众，即使自己的利益没有得到满足，也不应该非议君主，但对于君主来说，则要自觉地"与民同乐"，应该把民众的快乐当作自己的快乐，把民众的忧愁作为自己的忧愁。按照战国思想家的理解，只有与民同乐的君主才是好的君主，而不能尽到养民责任的君主则根本不配为民之父母："为民父母，行政不免于率兽而食人，恶在其为民父母也。"(《孟子·梁惠王上》)七十子后学作的《礼记》中的说法则更为直接："民之所好好之，民之所恶恶之，此之谓民之父母。"(《礼记·大学》)在战国儒家看来，只有使民众的利益得到满足的政治才是好的政治。

战国儒家主张君主要"与民同乐"，一个重要理由就是"与民同乐"可以为君主带来巨大的利益,从而使之成为全天下的统治者,用孟子的话说,就是君主如果施仁政于民,"然而不王者,未之有也"(《孟子·梁惠王上》)。在这一意义上,与民同乐不仅是道德原则,也是一种政治统治策略。事实上,先秦儒家在有关民的思考中,始终在价值准则与策略性的考虑之间游移着。一方面,他们希望君主能够以符合道义的方式对待民众,即所谓"以道用民",另一方面,他们又期冀民众能够心悦诚服地为君主所用,从而实现君主"王天下"的目的。孟子说:"以佚道使民,虽劳不怨。以生道杀民,虽死不怨杀者。"(《孟子·尽心上》)成书较晚的《吕氏春秋》是一部属于杂家的著作,其中部分篇章出自儒家之手,在谈到君主应该如何"用民"这一问题的时候,作者说:"凡用民,太上以义,其次以赏罚。其义则不足死,赏罚则不足去就,若是而能用其民者,古今无有。民无常用也,无常不用也,唯得其道为可。"(《吕氏春秋·上德》)这段话的意思是,民众为统治者所用是理所当然的,只是统治者对民众不能常用,也不能常不用,问题是如何用民,根据什么样的原则用民。先秦儒家认为,君主在如何使民众为己所用这一方面,有两种方式,最好的方式是遵循道义的原则来使用民力,其次是以赏罚为手段,约束民众为己所用。如果统治者的恩义不足以使民众为之效死,赏罚又不能够约束民众的行为,君主便无法使民众为己所用。在另一处,《吕氏春秋》的作者又把"用民"喻为"用马":"先王之使其民,若御良马,轻任新节,欲走不得,故致千里、善用其民者亦然。民日夜祈用而不可得,苟得为上用,民之走之也,苟决积水于千仞之溪,其谁能当之。"(《吕氏春秋·用民》)《吕氏春秋》的作者把用民看作是一种高明的统治艺术,轻任新节,不是不用民,而是为了达到使民众自觉地为己所用的目的,通过利民而使民利归于己,爱民而使民众为己所用,这种认识与孟荀是基本一致的。

秦汉以后,六合为一,天下一统,思想家所面对的社会历史环境较之以往发生了巨大的变化,思想家关注的思想主题也因此而发生了变化。在秦统一以前,人们最为关心的是如何能够实现统一,秦统一以后,如何维持国家的统一局面,稳定政治统治秩序成为现实的社会主题。所以秦汉以后,历代儒家有关民为国本这一主题的讨论,大多与专制国家的统治秩序联系在一起。

秦汉以后周期性发生的社会动乱与王朝覆亡，使得思想家对于民众重要性的认识愈益深刻。西汉初年，贾谊在复述"民为国本"这一论题时说："闻之于政也，民无不为本也，国以为本，君以为本，吏以为本。故国以民为安危，君以民为威侮，吏以民为贵贱，此之谓民无不为本也。"（《新书·大政上》）贾谊所生活的时代，与秦亡相去不远，秦以法术刑名治天下，结果"赭衣塞路，囹圄成市"，秦王朝仅仅存在了十几年，严酷的历史事实，使得思想家对"民惟邦本"这一说法的感受愈深。两汉以后的思想家深刻地认识到，有民众才有国家，有民众才有君主，"民存则社稷存，民亡则社稷亡"（《申鉴·杂言上》）。

为什么说"民存则社稷存，民亡则社稷亡"？古代思想家有一种说法，即专制国家的存亡，在根本上取决于民心是否离散，如果民心未散，即使发生再大的政治变故，国家也不至于灭亡，一旦民心离散，即使是风吹草动，也可能导致一代王朝的覆亡。所以，"善为天下者，不视其治乱，视民而已矣，民者，国之根本也，天下虽乱，民心未离，不足忧也，天下虽治，民心离，可忧也"。持这种说法的人还举例说："秦之亡亦以民也，汉有平城之危，诸吕之难，七国之反，王莽之夺，汉终不亡，民心未去也；唐有武氏之变、禄山之祸，思明、朱泚、宗权、希烈诸侯之叛，唐终不亡，民心未去也。"①思想家的这一认识，显然是出于对历史经验的体认。

秦汉以后，儒家民本思想与现实的治理过程联系愈益紧密，在有些时候，在民为国本的观念为统治者所接受，利民、养民成为统治者的自觉意识的情况下，便有可能出现较为开明的政治统治，最典型的例证是唐代贞观年间的政治。

唐朝初年，李世民在与臣下说及君与民谁更可怕的时候说："可爱非君，可畏非民，天子者，有道则人推而为主，无道则人弃而不用，诚可畏也。"②"可爱非君，可畏非民"这句话，出自古文《尚书·大禹谟》，其意为君

① （宋）吕祖谦编：《宋文鉴》卷一○二，中华书局，1992年，第1417页。
② （唐）吴兢：《贞观政要》，上海古籍出版社，1978年，第16页。

主固然是可爱的，民众则拥有可怕的力量。贞观十四年，魏征在给唐太宗的上疏中也说"荀卿子曰：'君，舟也，民，水也，水所以载舟，水所以覆舟。'故孔子曰：'鱼失水则死，水失鱼犹为水也'"①。贞观君臣显然认识到了一个深刻的道理，即民与君之间，没有君主，民依然是民，而君主一旦离开了民众，则将不成其为君主，更为严酷的是，如果君主无道，民众完全可以重新选择一个君主。唐代的贞观年间之所以成为中国历史上少有的治世，与统治者在主观上对民本思想的认同是分不开的。

　　在中国封建社会中，民众是否会起来造反，在每一历史时代都是颇具现实性的问题，历代统治者之所以能够接受民贵君轻的观念，肯于节制自己的欲求，根本原因就在于他们惧怕亡国。不过，对专制国家的统治者来说，无论他们接受民本思想的主观动机如何，都有可能导致开明的政治统治。

　　"民惟邦本，本固邦宁。"如何才算得本固？秦汉以后的思想家大多是从经济方面来考虑的。利民、养民，至少要做到使民众不饥不寒、不致冻馁，三国时魏人华歆说："为国者以民为基，民以衣食为本，使中国无饥寒之患，百姓无离土之心，则天下幸甚。"（《三国志·华歆传》）出于这样的考虑，秦汉以后的思想家大都强调专制国家应该从以下几方面做起：

　　第一，专制国家应该严明吏治，使专制国家的各级统治机构能够切实履行利民养民的职责。东汉思想家王符说："夫民者，国之基也（原文有误，兹据文意改），君者，民之统也，臣者，治之材也，工欲善其事，必先利其器，是故将致太平者，必先调阴阳，调阴阳者，必先顺天心，顺天心者，必先安其人，安其人者，必先审择其人。是故国家存亡之本，治乱之机，在于明选而已矣。"（《潜夫论·本政》）晋人傅玄更进一步主张，专制国家应该把爱民与否作为考核官吏的绝对标准："附法以宽民者赏，克法以要名者诛，宽民者赏，则法不亏于下，克民者诛，而名不乱于上。"（《傅子·安民》）第二，专制国家应该使民以时，量民力以赋役。历代思想家主张轻徭薄赋者不少，而且大多是从安民这一点着眼的。如傅玄说："度时宜而立

----

　　① （唐）吴兢：《贞观政要》，上海古籍出版社，1978年，第83—84页。

制,量民力以役赋,役赋有常,上无横求,则事事有储,并兼之隙塞,事有储,并兼之隙塞,则民必安矣。"(《傅子·安民》)第三,专制国家应该务本生民,这种认识的基础是,如果专制国家以农为本,务农殖谷,民众就不至于饥饿冻馁:"生民之道食为大,有国者未始不闻此论也。"①

儒家民本思想在明末清初发展到了一个新的阶段。明朝覆亡、清军入关的历史过程,激发了以黄宗羲、王夫之、顾炎武为代表的思想家对秦汉以来君主专制政治的反省,从而形成了带有鲜明的民本特征的社会批判思潮。

清初的民本思潮,对中国近代思想家产生了十分重要的影响。梁启超《中国近三百年学术史》一书在评述黄宗羲的《明夷待访录》时说,光绪年间,他们一班朋友曾私印许多《明夷待访录》送人,作为宣传民主主义的工具;又说,他们在学生时代,《明夷待访录》是刺激青年"最有力之兴奋剂"。②由此可见,清初思想家的民本思想,对中国近代思想家影响之深。

较之以往,清初思想家对"民为国本"的观念理解得更为深刻,在清初思想家那里,儒家民本思想达到了新的境界。先秦两汉以来,历代思想家对民众在社会政治生活中的重要性的阐述,至多是孟子的"民贵君轻"和荀子的"民水君舟"说,古代思想家一方面认为天下国家是君主的私产,另一方面又认为"民为贵,社稷次之,君为轻",他们并没有意识到,这两种认识存在着内在的逻辑矛盾,那就是,既然国家是专制君主的私产,"民贵君轻"又从何谈起? 实际上,这个矛盾在先秦两汉儒家那里就已经存在了,只是他们没有意识到而已。随着知识的增长和人们认识能力的提高,思想家必然会对这一问题有所探讨。

在清初思想家对秦汉以来的君主专制政治进行反省的过程中,对传统儒家"天下是天下人的天下"的命题予以了高度的重视,循着这一命题,他们把儒家"民贵君轻"的观念发展到了极致。王夫之说:"以天下

---

① (宋)李觏:《李觏集》,王国轩校点,中华书局,1981 年,第 183 页。
② 参见梁启超:《饮冰室合集》专集第十七册,中华书局,2015 年,第 47 页。

论者,循天下之公,天下非一姓之私也。"①对于这一问题,黄宗羲说得则更为明确:"古者以天下为主,君为客,凡君之所毕世而经营者,为天下也。"②因为天下是天下人的天下,所以民众才是国家之本,民众在社会生活中才比君主更为重要。显然,清初思想家对于民众、君主与国家的关系的理解,较之以往的思想家更进了一步。

清初思想家"天下是天下人的天下"的命题,固然不能简单地理解为民众是天下的主人,但至少他们已经说明了君主不是天下的主人。③清初思想家尤其强调君主所承担的道德责任。黄宗羲在《明夷待访录》中杜撰了一个关于君主的产生的历史故事:"有生之初,人各自私也,人各自利也,天下有公利而莫或兴之,有公害而莫或除之。"④在君主尚未产生之前,有公利而无人兴之,有公害而无人除之,人们的群体生活是无法维持下去的。于是,便有人承担起了为天下兴利除害的责任,这个人便是最初的君主。在表面上看,黄宗羲这段话是要说明历史上的君主是怎样产生的,但实际上他是在说明君主对于社会政治生活的重要性及君主所承担的道德责任,即为天下人谋利。这是黄宗羲为君主设定的理论原型。⑤

从"天下为公""为民谋利"的认识出发,清初思想家对讨论政治兴亡的标准也提出了自己的看法。

秦汉以后,历代思想家在论及政治治乱的时候,大多是从一代王朝的兴衰着眼,如果一代王朝统治秩序稳定,国运长久,便被认为是治,而一家一姓失天下,"亡国覆社",便被认为是乱。这样,人们观念中的治乱只能通过一代专制王朝的存亡来证明。在这一问题上,黄宗羲提出了反乎传统的看法:"盖天下之治乱,不在一姓之兴亡,而在万民之忧乐,是故桀、纣之亡,乃所以为治也,秦政、蒙古之兴,乃所以为乱也,晋、宋、齐、梁之兴亡,无与于治乱者也。"⑥黄宗羲拒绝用朝代兴亡来说明"天下之治

---

① (清)王夫之:《读通鉴论》,中华书局,1975 年,第 1107 页。

②④《黄宗羲全集》第一册,浙江古籍出版社,1985 年,第 2 页。

③⑤ 参见孙晓春:《明末清初民本思潮初论》,《史学集刊》,1994 年第 4 期。

⑥《黄宗羲全集》第一册,浙江古籍出版社,1985 年,第 5 页。

乱"，而用"万民之忧乐"作为政治评价的标准，这是在中国古代社会的历史条件下，儒家民本思想所能达到的最高境界。

依据"万民之忧乐"这一标准，清初思想家认为，秦汉以来乱世多而治世少，暴政多而善政少，而导致所有这一切的根本原因就在于专制君主专擅天下之权，专擅天下之利，"以为天下利害之权皆出于我，我以天下之利尽出于己，以天下之害尽归于人，亦无不可。使天下人不敢自私，不敢自利，以我之大私为天下之大公"①。而与黄宗羲近于同时的唐甄更是直截了当地说："自秦以来，凡为帝王者皆贼也。"②秦汉以后，在君主专制制度下，权力日益向君主手里集中已经成为君主专制政治的基本趋势，随着权力的日益集中，专制君主以及统治集团内部的各级官员滥用权力的情形也愈益严重。而所有这一切都依赖于一个重要的理论前提，即在人们的观念中，君主利益被认为是高于一切的。清初思想家的认识显然已经触及了君主专制政治的本质。

针对君主专制制度下权力高度集中的事实，与其他历史时代的思想家一样，清初思想家也在思考如何限制君主权力的问题，特别是顾炎武、王夫之，针对秦汉以来君主专制统治的诸多弊政，提出了许多限制权力的设想。例如设立学校以公是非，具体做法是，根据典籍中记载的古代学校制度，重新恢复学校的议政功能，"学校，所以养士也，然古之圣王，其意不仅此也，必使治天下之具皆出于学校，而后设学校之意始备"③。通过恢复学校的议政功能，使学校成为判断是非的唯一机构，把判断是非的权力从专制君主手中夺过来，从而改变秦汉以来以君主之是非为是非的传统。

清初思想家所构想的限制君主权力的另一个方案，就是设置宰相，以此来分割君主权力。黄宗羲认为，明王朝所以没有"善政"，一个重要的原因就是明太祖朱元璋废除了宰相。黄宗羲说："古者不传子而传贤，其

① 《黄宗羲全集》第一册，浙江古籍出版社，1985年，第2页。
② (清)唐甄：《潜书》，四川人民出版社，1998年，第574页。
③ 《黄宗羲全集》第一册，浙江古籍出版社，1985年，第10页。

视天子之位，去留犹夫宰相也，其后天子传子，宰相不传子，天子之子不皆贤，尚赖宰相传贤足相补救，则天子亦不失传贤之意。宰相既罢，天子之子一不贤，更无与为贤者矣，不亦并传子之意而失者乎？"①在黄宗羲看来，宰相实际上是"分君之身"，三代以来，君主是父死子继，传子不传贤，而宰相却是传贤的，这在一定程度上弥补了君主传子不传贤的弊端。因此，黄宗羲主张恢复宰相制度，由宰相执掌一部分权力，以防止汉唐时期曾经有过的宦官专权的发生。

清初思想家对专制制度的批判，其主观目的是为了使秦汉以来的君主专制制度更加完善，用最好的专制政治取代现实的专制统治，"君安国保"是清初思想家主观心理层次上的最高追求。②清初思想家并没有找到从根本上解决君主专制政治弊端的方案。

二、儒家民本思想的实质

近年来，随着我们国家的经济体制改革进入深水区，社会主义民主与法治建设也日益提上社会政治生活的日程。那么，作为中国历代思想家对民众的认识的结晶，传统的民本思想在怎样的程度上能够成为当代中国的民主政治的思想资源，一度成为理论界热烈讨论的问题。许多学者认为，中国传统的民本思想与现代民主理论之间是能够相互融通的，更有人认为，"博大精深的中华优秀传统文化包含着非常丰富的民本思想和民本诉求。在精神实质上，传统民本思想是现代民主理念的源泉和土壤，与中国特色社会主义民主价值观有契合之点、有融贯之处、有延承之脉。重新诠释和梳理中国传统民本思想的理论内涵，努力推动其创造性转化与创新性发展，对我们新时期弘扬培育社会主义民主价

---

① 《黄宗羲全集》第一册，浙江古籍出版社，1985 年，第 8—9 页。
② 参见孙晓春：《明末清初民本思潮初论》，《史学集刊》，1994 年第 4 期。

值观及建设和发展中国特色社会主义民主政治具有极其重要的理论意义和实践价值"①。在近年来有关民本思想与现代民主之间关系的研究中，这一说法颇有代表性，但是并没有准确地把握传统民本思想的本质。

为了理解中国传统民本思想的实质，我们首先应该弄清中国传统思想中"民"的基本含义，以及古代思想家在这一概念的基础上所形成的对民的认识。中国传统思想中的"民"主要有以下几个方面的含义：

第一，由于群体本位的思维方式，中国传统思想中的"民"，是一个集合的概念。②

根据目前我们所能见到的历史典籍的记载，"民"在很早的时候就已经出现了。如《尚书·尧典》有"百姓昭明，谐和万邦，黎民于变时雍"，对于这句话，伪《孔传》解释说"言天下众民皆变化化上，是以风俗大和"；《尚书·盘庚》中又有"万民"的说法，"汝万民乃不生生"，《诗经》中也有"天生烝民，有物有则，民之秉彝，好是懿德"（《诗经·大雅》）的诗句，"烝民"，《毛传》与《郑笺》都释为众民。此外，在先秦的历史文献中还有庶人、庶民、民众等称谓，荀子则更进一步称民众为"群众"，《荀子·富国》："功名未成则群众未县（悬）也，群众未县则群臣未立也。"总之，中国历史文献中所见的"民"，都是集合的概念而不是个体的概念。历史上人们所使用的"民"，体现了那一时期人们对于"民"的理解。这些较早的历史文献中的"民"的使用，清楚地说明了一个问题，即在古代中国人的观念中，"民"是一个整体的概念。

把"民"看作一个整体的存在，这一观念也为后来的思想家继承下来，例如，贾谊便说："夫民者，大族也，民不可不畏也，故夫民者，多力而不可适（敌）也。"（《新书·大政上》）古代思想家所以认为民众"多力而不

---

① 刘水静：《社会主义民主价值观的民本文化基础》，《湖北社会科学》，2016 年第 9 期。内容相近的研究成果亦可参见林红：《民本思想的历史逻辑及其现代价值》，《中国人民大学学报》，2017 年第 3 期；时亮、王光芝：《民本思想的理论结构及其现代转化论纲》，《天府新论》，2016 年第 3 期；夏瀞耘：《社会主义协商民主对传统民本思想的扬弃与超越》，《湖北省社会主义学院学报》，2016 年第 5 期。

② 参见孙晓春：《儒家民本思想发微》，《吉林大学社会科学学报》，1995 年第 5 期。

可敌"，就在于他们把民众看作是一个整体。

其实，战国思想家所说的"民贵君轻"，其逻辑前提也是把民众看作一个整体的概念。一旦"民"被理解为个人，"民贵君轻"在逻辑上就不成立了，因为"每一个具体的'民'，只是整体的'民'的一个分子，他只不过分享了整体价值微不足道的一部分，因而也就无贵可言了。传统儒家所倡导的整体意义的贵民论，同时也意味着个人的卑贱"①。传统儒家最大限度地强调作为整体的"民"的重要性的同时，却又最大限度地忽略了作为个体的民的价值。中国传统政治思想中的"民"，"是一个剥夺了每个个体的整体"②。

传统儒家民本思想中的"民"是一个整体的概念，这种价值取向与现代民主思想有着明显的不同。现代民主是与自由、平等紧密联系的，在社会主义核心价值体系中，民主、法治、自由、平等是一个有机联系的整体。在某种意义上说，自由平等就是现代民主政治的基本精神，如果没有了自由平等，民主也就没有任何意义。需要说明的是，在现代民主理论中，人民毫无疑问是社会政治的主体，或者如卢梭的人民主权论所说，人民是"主权者"，不过作为主权者的人民已经不是一个整体的概念，这是因为，当我们倡导自由平等的价值理念的时候，自由平等在根本上只能是作为个体的"主权者"的自由和作为个体的主权者之间的平等。如果我们仍然把人民理解为一个"整体"，那么自由平等就将无从谈起。传统儒家的民本思想把"民"看作一个集合，是与现代民主思想根本不兼容的。

第二，在中国古代社会里，"民"又是"愚氓"的代名词。春秋战国以后，那些有着民本观念的思想家，也大多对民众做出了较低的评价。

翻检中国古代的经典文献，不难发现，"民"在最初是可以与氓、甿、萌、冥相互通假的字。《诗经·卫风·氓》："氓之蚩蚩，抱布贸丝。"《毛传》便把"氓"训为"民"，"氓，民也蚩蚩，敦厚之貌"。在典籍中，"氓"有些时候也写作甿，《周礼·地官·遂人》所说的"凡治野，以下剂致甿，以田里安甿"，

---

① 孙晓春：《儒家民本思想发微》，《吉林大学社会科学学报》，1995 年第 5 期。
② 刘泽华主编：《中国传统政治思维》，吉林教育出版社，1991 年，第 337 页。

这里的"甿"字就是"氓"的通假字。古代中国人把"民'训为氓、甿,表明,在人们的观念中,民众是愚昧无知的。春秋战国时期的儒家虽然强调民众在社会政治生活中的作用,但在另一方面,他们又不承认民众是有理性的存在者,用孔子的话说,就是"困而不学,民斯为下矣"(《论语·季氏》)。春秋战国思想家把民众视为愚氓的观点,也为秦汉以后的历代儒家继承下来,贾谊是有着浓重的民本观念的思想家,但他也认为民众就是愚昧的一族,"夫民之为言也,暝也;萌之为言也,盲也。故惟上之所扶而以之,民无不化也。故曰民萌、民萌哉,直言其意而为之名也"(《新书·大政下》)。东汉许慎作《说文解字》,对民字解释道:"民,众萌也,言萌而无识也。"到了唐代,贾公彦于高宗永徽年间作《周礼义疏》,也认为:"民者,暝也,甿者,懵懵,皆是无知之儿也。"由此可见,从春秋战国时期开始,历代儒家无论在怎样的程度上认为民为国本,把民众看作是愚昧无知的群体,却是他们的共同认识。

中国古代的民本论者把民众看作愚氓,这与现代民主思想有着本质的差别。现代民主思想的理论前提,就是把民众看作理性的存在者。按照卢梭、洛克及康德等近代思想家的理解,人民所以是主权者,在社会政治生活中掌握权力的统治者要尊重民众的意志,国家重要的公共事务要由民众来裁决,国家的治理过程需要民众的参与,都依赖一个假定的前提,即每一个公民都是道德自律的主体,至于什么样的社会生活是优良的,在社会生活中,应该如何以正当的方式维护自己的权利,他们有足够的能力做出判断。总之,现代民主思想对于民众,有着全然不同于中国传统民本思想的理解。

第三,中国传统的民本思想虽然强调民众在社会政治生活中的作用,但在另一方面,传统儒家却把民众看作是社会的底层,他们在观念上都认为,民众理所当然地应该服从专制君主的统治,服从专制国家的政治统治秩序。

在中国政治思想史上,如何实现对民众的有效统治始终是历代儒家共同关心的话题。荀子曾经说:"德必称位,位必称禄,禄必称用,由士以上,则必以礼乐节之,众庶百姓,则必以法数制之。"(《荀子·富国》)荀子这里所强调的政治统治原则，就是对不同的社会成员施以不同的手段，对"士"以上的阶层，应该用礼乐节之，对生活在社会底层的民众，则只能依靠法律手段治之。如此看来，无论中国古代思想家对民众在社会生活中的作用如何评价，都不包含改变民众社会地位的内容。儒家民本思想影响社会生活的结果，也不可能是民众实际地位的提高。[①]

与传统儒家的民本思想不同，现代民主思想不仅强调民众在社会政治生活中的地位与作用，更为重要的是，民众被认为是主权者而不是被统治者，民众的利益是社会生活中具有绝对优先性的利益。在现代民主体制下，民众之于社会政治生活的重要性，不仅仅体现为对于国家兴衰治乱的决定作用，而且在于民众的意志在根本上决定着社会政治生活的基本走向。在这一点上，传统的民本思想与现代民主思想是绝对无法融通的。

在近年来有关民本思想的研究中，出于继承优良传统文化的考虑，学界颇有些人把传统儒家的民本思想与当代中国的民主价值观联系起来，为了证明民本思想是中国优秀传统文化的组成部分，不惜歪曲传统儒家把民众视为社会的底层这一事实，把传统儒家所说的"民"看作是近代意义上的"主权者"，甚至把思孟学派的"君权天授"观念解释为"君权民授说"。持这种观点的学者根据传统儒家所说的"天之生民，非为君也；天之立君，以为民也"（《荀子·大略》），进一步论证说："中华先哲认为，天意通过民意来显露，天命经由民心来体现，天的意志本身就是民的意志的抽象表达。"并且认为，《尚书》所说的"天视自我民视，天听自我民听""民之所欲，天必从之"，"表面上是由天所立、代表天的意愿，其实则是由民所立、反映民的总体意志。由此，天子的权力看似来自上天，其实来自天下万民，委托'天子'经略天下的，看似皇天，实是万民。天子只是人民的代表者、受托人、代理人，人民才是天子和政体的委托人，是天下的真正主权者"。[②]这种说法显然是对儒家民本思想的随意解释。

---

① 参见孙晓春：《儒家民本思想发微》，《吉林大学社会科学学报》，1995 年第 5 期。
② 参见刘水静：《社会主义民主价值观的民本文化基础》，《湖北社会科学》，2016 年第 9 期。

　　需要弄清的是,传统儒家所说的"天之立君,以为民也"究竟具有什么意义。实际上,在中国古代社会中,"天生民而树之君"是十分流行的观念,较早的如《左传·文公十三年》所载邾文公的话:"苟利于民,孤之利也。天生民而树之君,以利之也。民既利矣,孤必与焉。"汉魏以后,这一说法也为历代儒家无数次地重复着。可令人不解的是,在儒家思想占统治地位的中国古代社会中,尽管历代儒家都信奉"为民立君"的观念,但直到明清之际,君主专制政治也并没有发生任何改变,在君主专制制度下,民众从未受到公平的对待。这里有一个逻辑问题:如果中国传统的民本思想真的把民众理解为主权者,而且传统儒家所说的"立君为民"已经成为中国传统社会基本的价值理念的话,这种价值观念为什么没有在中国古代社会的制度安排中体现出来?唯一合理的解释只能是,传统儒家所说的"立君为民",根本没有"君权民授"或把民众看作是主权者的含义。

　　事实上,传统儒家"立君为民",主要回答的是为什么应该有君主和应该有什么样的君主的问题。把"立君为民"解释为"君权民授"的学者,忽略了至关重要的一点:所谓"天之立君,以为民也"的说法出自荀子,而"天以天下予尧舜"和"天视自我民视,天听自我民听"的说法出自先秦儒家的思孟学派。虽然二者都用到了天的概念,但是由于对天的理解不同,荀子与思孟学派对这一问题的说法也很是不同。荀子用天人相分的观点理解天人关系,他拒绝像孟子那样,把天看作是有知觉、有人类道德情感的东西,在荀子那里,"天之立君"只不过是说君主的存在是当然之理,但他并没有像孟子那样描述"天"把权力授予君主的过程,因为荀子根本不承认孟子"天听自我民听、天视自我民视"的说法,所以"天之立君"之中根本没有思孟学派所说的"天以天下予尧舜"和"天视自我民视,天听自我民听"的授权环节。说者把思孟学派与荀学两种不同的论证逻辑混同在一起,这本身就是对传统儒家思想的误读。因为荀子不像孟子那样描述了"天"如何根据民情把天下授予君主的事情,所以,荀子所说的"天之立君"根本扯不上"授权"问题,更是与民众没有什么关系。

　　其实,在传统儒家有关君主权力来源的诸多说法中,最有可能与民众联系起来的是思孟学派的君权天授论。孟子在回答其学生万章"尧是否以天下授予舜"这一问题时说："天子不能以天下与人"，把天下交予舜的是天。随后，孟子又进一步说道："天子能荐人于天，不能使天与之天下……昔者，尧荐舜于天，而天受之，暴之于民，而民受之。故曰：天不言，以行与事示之而已矣。"(《孟子·万章上》)关于舜何以为天和民所接受，孟子说："使之主祭，而百神享之，是天受之；使之主事，而事治，百姓安之，是民受之也。天与之，人与之，故曰：天子不以能天下与人。"(《孟子·万章上》)至于人们常说的"天视自我民视，天听自我民听"，则是孟子从《尚书·泰誓》引述过来作为注脚用的。为了更准确地理解思孟学派君权天授的观点，我们把孟子这段话基本原原本本地引述出来。实际上，孟子不过是把传说中的尧舜禅让故事重新解释了一遍，在他看来，尧舜禅让并不是尧舜个人之间的权力授受，而是上天之意。但是，因为天不能像人一样用语言表达自己的意见，所以天意只能通过某种行为或行动来昭示。尧委舜以重任，"使之主事，而事治，百姓安之"便是天意昭示的一部分。所谓"民受之"，说的是民众对舜的服从和接受，而不是人民行使自己的权利，这与现代意义的"主权者"是风马牛不相及的。

这里还有必要澄清的是传统儒家"立君为民"的观念。近年来在中国政治思想史研究中，人们对这一观念的误读和曲解颇多。儒家"立君为民"的观念大约可以追溯到春秋时期人们所说的"天生民而树之君，以利之也"，荀子"天之立君，以为民也"一语，实际上是这句话的翻版。如前所述，在春秋战国以后，"立君为民"是人们广泛接受的观念。如果说"天之立君"是古代思想家说明了君主权力的终极合理性在于"天"，"为民""利民"便是古代思想家所认定的君主的责任，这是古代思想家所理解到的君主权力所以存在的理由，也是中国古代思想家为君主专制制度所能找到的最能为人们所接受的理由。

所谓"立君为民"，实际上就是"为民谋利"，这一观念在战国儒家那里就已经十分明晰地提出来了。例如，荀子曾把专制主义统治分为不为民谋利而取民之利、利民而后取民之利和利民而不取民利三种情形，荀子认为，利民而不取民利者可以取天下，利民而后取民利者可以保国家，不利民而取民之利,不爱民而用民的君主则必然灭亡。"立君为民""为民谋利",体现在国家的政治生活中,就是回答了统治者应该以什么样的方式治理国家和对待民众的问题,对此《礼记·大学》则提出了"国不以利为利"的原则,认为统治者在治理国家的过程中不应该营求财利,"长国家而务财用者,必自小人矣"。①这样,为民谋利也就成了传统儒家倡导的政治评价标准。

尽管历代儒家都倡导"立君为民""为民谋利"的价值理念,但是这并没有改变儒家民本思想的实质。这是因为,历代儒家从来就没有把民众理解为权利的主体,在逻辑上说,因为民众不是权利的主体,所以他们的利益才需要由统治者来为他们谋取。在表面上看,传统儒家所以主张"立君为民""为民谋利",就是要说明什么样的政治是好的政治,什么样的政治是不好的政治,但这个问题可以这样来理解:即对于民众来说,什么样的君主专制统治是可以接受的,什么样的君主专制统治是不能接受的。儒家"立君为民"的观念,实际上就是以民众的生存条件为基准,为君主专制统治确定一个可以容忍的限度,并没有从根本上否定君主专制政治的合理性。

三、中国近代民权观的内涵及其历史意义

西方近代的民主观念大约在中日甲午战争以后传入中国。清政府在中日甲午战争中的失败,宣告了洋务派自强新政的破产,这使得一些有识之士深刻认识到,仅仅是在经济与技术层面上效仿西方,并不足以使中国富强,因此,人们开始把注意力转移到政治方面来。再由于这一时期赴欧美各国、日本的留学人数日益增多,清王朝与西方各国之间的

---

① 关于为民谋利的价值理念,可参见孙晓春:《儒家民本思想发微》,《吉林大学社会科学学报》,1995 年第 5 期。

外交往来日益频繁，人们对西方国家和近代文化的了解日益广泛，西方近代的思想观念也开始传入中国，这一历史时期中国思想界发生的最有意义的事情，就是近代民主观念传入中国，并且逐渐为中国思想界所认识。民权观念在中国社会的传播，对近代中国社会的历史进程产生了决定性的影响。据一般的说法，近代民主观念最初是通过对日本文献的转译而被介绍到中国的，因此当时中国思想界也沿用了日本人的译法而把 liberty 一词译为"民权"。从梁启超、何启、胡礼垣及后来孙中山等人的著作中可以看到，在大多数情况下，人们使用的都是"民权"的概念，这在一定程度上体现了中国近代思想家对于近代民主思想和民主政治的理解。

（一）"民权"观念在近代中国思想界的传播是一个历史过程

作为近代西方政治思想的重要组成部分，"民权"观念舶入中国并且在中国社会中传播开来，是一个历史过程。[①]从现有的文献记载来看，近代中国人关注西方国家的政治制度，大约始于鸦片战争后期，在第二次鸦片战争期间，身为李鸿章幕僚的冯桂芬写成了《校邠庐抗议》一书，作者主张采西学、制洋器，通过学习西方国家的政治、经济、军事实现自强。作为改良派先驱的冯桂芬虽然没有提出民权或民主的观念，但却敏锐地指出，当时的中国"君民不隔不如夷"，这表明他已经意识到了中西方国家在政治制度方面的差异，以及这种差异的意义所在。

关于中国近代民权概念的来源，有人认为，"民权"这一概念是通过日本输入中国的，是"民主"（democracy）一词的日本译法。近代日本人把 democracy 译为"民权"，其用意是强调人民的权力。[②]不过一些新近的研究表明，"民权"并不是 democracy 的日译，democracy 在日语中更多的是

---

① 参见久玉林：《近代中国民权思想演进的历史考察》，《学术月刊》，1998 年第 4 期。

② 较有代表性的说法可参见韦杰廷、陈先初：《孙中山民权主义探微》，广西师范大学出版社，1995 年，第 24 页。

被译为"民主"。①实际上，"民权"不仅不是 democracy 的日本译法，甚至最初也不是从日本引入的。

"民权"一语最早见于清驻英公使郭嵩焘的旅欧日记：在述及英国布雷福德(Bradford)织布机厂工人罢工事件时，郭嵩焘说："西洋政教以民为重，故一切取顺民意。即诸君主之国，大政一出自议绅，民权常重于君……亦西洋之一敝俗也。"②郭嵩焘这篇日记写于光绪四年(1879)，当时郭嵩焘提出"民权"概念更多地应该出于对近代西方国家政治制度的观察，而不是日本学界的影响。不过，郭嵩焘在提出"民权"概念的时候，他并没有对这一概念做出说明，于是"民权"在最初便成为一个缺少定义的概念，这一概念的内涵只能由人们在后续的讨论中确定。

郭嵩焘以后，民权也出现在黄遵宪编撰的《日本国志》中，书载明治八年(1887)板垣退助复归元老院，"遂倡民权自由之说"③。从黄遵宪这句话可以知道，当时日本人是把民权与自由联系在一起考虑的。不过，从戊戌维新以前有关民权的讨论来看，当时人们对日本的民权观还没有太多的了解。

在中日甲午战争爆发前的一段时间里，西学对中国思想界的影响逐渐扩大，学习"泰西良法"成为人们议论的话题，作为戊戌变法以前影响最大的改良派代表人物，郑观应便主张"上效三代之遗风，下仿泰西之良法"④。"仿泰西之良法"，自然就包括西方国家的政治、法律制度，"欲行公法，莫要于张国势；欲张国势，莫要于得民心；欲得民心，莫要于通下情；欲通下情，莫要于设议院。中国而终自安卑弱，不欲富国强兵为天下之望国也则亦已耳，苟欲安内攘外，君国子民持公法以永保太平之局，其必自设立议院始矣"⑤。郑观应是中国近代史上较早地提出仿效西方国家政治

① 关于这方面的研究，可参见[日]沟口雄三：《中国民权思想的特色》，孙歌泽校，夏勇编，法律出版社，1999年，第3页；王人博：《中国的民权话语》，《二十一世纪(香港)》，2002年总第6期。

② (清)郭嵩焘：《伦敦与巴黎日记》，岳麓书社，1984年，第575—576页。

③ (清)黄遵宪：《日本国志》，天津人民出版社，2005年，第84页。

④ 夏东元编：《郑观应集》，上海人民出版社，1982年，第103页。

⑤ 郑观应：《盛世危言》，辽宁人民出版社，1994年，第50页。

制度,实行君主立宪的思想家。设议院,行公法,就必然涉及民权问题。所以,这一时期黄遵宪、薛福成、郑观应等人的著作中都出现了民权这一概念,民权观念渐渐流行开来。虽然这一时期人们对于"民权"的内涵的理解尚不够深刻,但这一观念已经在中国思想界悄然流行起来。

从 19 世纪 70 年代到 90 年代中期,一些主张改良政治、变法维新的思想家通过创办报纸等方式,大力宣传变法维新的思想主张。其中较早的是王韬于 1874 年在香港创办的《循环日报》,这是中国近代史上第一份以变法改良为主旨的报纸。其他还有 1896 年 8 月 9 日创刊于上海的《时务报》,1898 年 3 月创刊于长沙的《湘报》等,黄遵宪、梁启超、唐才常等人为这些报纸撰写了大量的政论文章,一时间,这些报纸成为维新思想家倡导向西方学习,宣传变法维新主张的重要阵地。近代的民权观念也通过维新思想的传播而开始在思想界流传。

戊戌维新时期是近代民权观念在中国社会传播的重要阶段。民权观念所以在这一时期的思想界广泛传播,很大程度上是由于清王朝在甲午战争中的失败,以康有为、梁启超、郑观应为代表的思想家们认识到,中国贫弱的深层原因并不是经济、技术方面的落后,"仅仅是学习西方的先进科学技术,兴办工商实业,并不足以使中国走上富强之路"①。郑观应便用当时流行的体用的观点,对西方国家富强的原因做了分析,他认为,西方文化也有体用本末之分,"西人立国具有本末,虽礼乐教化远逊中华,然其驯至富强亦具有体用。育才于学校,论政于议院,君民一体,上下同心,务实而戒虚,谋定而后动",这是西方国家的体,而"轻船火炮,洋枪水雷,铁路电线"等技术方面的东西,则是其用。在郑观应看来,中国人在向西方学习的过程中,恰好是"遗其体而求其用",其结果,"无论竭蹶步趋,常不相及。就令铁舰成行,铁路四达,果足恃欤?"②郑观应这段话代表了当时主张维新的思想家的共同认识:如果要仿效西方国家,就必须从政治的层面做起,开议院,立国会,改变传统中国的政治制度。

① 孙晓春:《戊戌、辛亥时期民主主义思潮初论》,《吉林大学社会科学学报》,1994 年第 1 期。

② 郑观应:《盛世危言》,辽宁人民出版社,1994 年,第 13 页。

戊戌变法的失败告诉了人们一个事实:清王朝通过改良而演变为近代国家是一条走不通的路。如何实现中国社会的政治变革,未来的中国社会应该有什么样的民主政治体制,便成为人们争论的问题。于是,便有了辛亥革命前夕改良派与革命派之间的论战。在这场论战中,以康有为、梁启超为代表的改良派(也可以称之为保皇派)仍然抱着君主立宪的政治主张不放,而以孙中山为代表的革命派则主张通过社会革命推翻传统的君主专制制度,建立共和国。今天看来,这场论战实际上是关于中国未来发展道路的论争,它体现了当时的中国思想界对于民权和民主政治的不同理解。

辛亥革命以前维新派①与革命派之间的论战,二者在政治主张上的保守与革命是泾渭分明的。如果说这场论战体现了改良派与革命派对民权及中国社会应该实行什么样的政治体制的不同理解的话,改良派与革命派的价值取向在根本上却是一致的,他们都否认中国几千年来君主专制政治的合理性,都把民主政治看作是中国社会的未来。例如,就在戊戌变法失败的第二年,流亡日本的梁启超在论及中国社会的前途时说:"中国人不知有国民也,数千年来通行之语,只有以国家二字并称者。未闻有以国民二字并称者。国家者何,国民者何?国家者,以国为一家私产之称也。古者国之起原,必自家族。一族之长者,若其勇者,统率其族以与他族相角。久之而化家为国,其权无限,奴畜群族,鞭笞叱咤,一家失势,他家代之,以暴易暴,无有已时,是之谓国家。国民者,以国为人民公产之称也。国者积民而成,舍民之外,则无有国。以一国之民,治一国之事,定一国之法,谋一国之利,捍一国之患,其民不可得而侮,其国不可得而亡,是之谓国民。"②就对国家概念的理解而言,梁启超的说法显然不确。但是,他把君主专制制度下的国家看作君主一人私产的说法,显然是符合中国传统社会历史实际的。虽然作为维新派的一员,当时的梁启超并不赞同

---

① 关于这个派别,人们习惯上称之为改良派,实际上,这个派别的主要人物如康有为、梁启超等人,就是原来的维新派。

② 梁启超:《饮冰室合集》专集第二册,中华书局,2015年,第56页。

孙中山的共和主张，但是，梁启超这段话也可以说明，他也认为国家应该是"人民公产"，这与孙中山代表的革命派之间并没有本质的差别。也正是由于这样的原因，康、梁流亡日本之初，孙中山也曾谋求与以康、梁为代表的维新派联合。只是由于康、梁对君主立宪的迷信，以及对光绪帝不切实际的幻想，改良派与革命派才最终分道扬镳。

近代民权观念引入中国并且为思想界所接受是一个历史过程，也体现了近代中国思想家对民权理解的不断深入。在戊戌维新时期，以康有为、梁启超、郑观应为代表的维新派思想家所理解到的"民权"，大体停留在"君民共主""君民共治"的水平上，例如，康有为在1898年8月代人撰写的《请定立宪开国会折》中说，西方国家所以强大，"皆以立宪法开国会之故"①，康有为认为，开国会、立宪法能够使西方国家强大，主要是因为君主与国民"共议一国之政"。"国会者，君与国民共议一国之政法也……故人君与千百万之国民，合为一体，国安得不强？"在康有为看来，中国所以贫弱，主要是因为"吾国行专制政体，一君与大臣数人共治其国，国安得不弱"②。康有为把民主与专制的差别理解为少数人治国与多数人治国的差别，以为清王朝如果能"上师尧、舜、三代，外采东西强国，立行宪法，大开国会，以庶政与国民共之，行三权鼎立之制，则中国之治强，可计日待也"③。这种认识显然过于简单化了。

到了辛亥革命时期，以孙中山、章太炎为代表的革命派对民权或者近代民主政治的认识显然要比维新派深刻得多，这一方面表现在辛亥革命时期的思想家更加注重把民权与平等联系起来理解，另一方面，以孙中山、章太炎为代表的革命派，对清王朝腐朽、专制的本质认识得更为深刻，他们不像维新派那样抱着僵死的君主立宪幻想不放，而是主张通过社会革命彻底根除在中国存在了几千年的君主专制制度。历史证明，正是革命派的思想主张才真正改变了中华民族的历史命运。

---

①② 汤志钧编：《康有为政论集》，中华书局，1981年，第338页。
③ 汤志钧编：《康有为政论集》，中华书局，1981年，第339页。

(二)近代维新派民权观的内涵及其特点

戊戌维新时期以康有为、梁启超为代表的维新派,是最早倡导民权的思想家群体。1902 年, 流亡海外的康有为曾就自己的思想主张解释说:"仆在中国实首创言公理,首创言民权者。"①康有为如此说的根据,可能是他在戊戌维新时期提出的开国会、立宪法、君民共治的思想主张。不过,维新派对于民权问题广泛、深入的讨论却是在戊戌维新失败至辛亥革命期间。这一时期,康有为、梁启超等人由于流亡日本,通过日本学界,对西方近代的民主理论有了更多的了解。另外,值得注意的是,这一时期,作为一个思想派别,维新派的阵营不仅没有因为戊戌维新的失败而瓦解,反而有新力量加入进来,较有代表性的便是何启和胡礼垣。这两个人都生活在香港,都曾受过良好的西式教育,而且英文很好,何启还曾赴英学习法律,因此对西方思想文化有着更多的了解。1898 年以后,两人合作撰写了大量的政论文章,系统表达了他们对于议会与民权问题的认识和理解。他们两人及当时旅居日本的梁启超对于民权问题的阐释,代表了维新派对于民权问题的基本理解。

维新派在 1898 年以后开始讨论民权问题,与一个历史事件有关。在这一年,张之洞的《劝学篇》刊行,张氏在此书《正权》一章,阐述了其对于民权问题的看法。张之洞认为,从西洋舶来的"民权之说",不过是"国有议院,民间可以发公论、达众情而已",只不过是为了使民众能够表达自己的意见和要求,而不是使"民揽其权",中国译者把这个概念译为民权,本身就是错的。②另外,张之洞也反对用自由的观点把民权理解为人人有自主之权,"近日掇拾西说者甚至谓人人有自主之权,益为怪妄。此语出于彼教之书,其意言上帝予人以性灵,人人各有智虑聪明,皆可有为耳,译者竟释为人人有自主之权,尤大误矣"③。张之洞甚至说,英语中的自由

---

① 《康有为政论集》,中华书局,1981 年,第 476 页。

② 参见(清)张之洞:《劝学篇》,冯天瑜、姜海龙译注,中华书局,2016 年,第 119 页。

③ (清)张之洞:《劝学篇》,冯天瑜、姜海龙译注,中华书局,2016 年,第 119 页。

（里勃而特，liberty），本意无非是"事事公道，于众有益"，这个概念可以译为"公论党"，但是国内学界将其译为"自由"是错的。张氏此书一经面世，便引起了维新派思想家的群起声讨。就在《劝学篇》刊行的第二年，梁启超便撰写了《地球第一守旧党》一文，这篇文章名为评论奥地利首相梅特涅的独裁行为，实则意在责难张之洞的《劝学篇》，他写道："张公著《劝学篇》，以去岁公于世，挟朝廷之力以行之，不胫而遍于海内，其声价视孟德斯鸠之《万法精理》、卢梭之《民约论》、弥勒之《自由公理》，初出世时，殆将过之，噫嘻，是嗫嗫嚅嚅者何足道，不三十年将化为灰烬，为尘埃野马，其灰其尖，偶因风扬起，闻者犹将掩鼻而过之。虽然，其于今者二三年中，则俨然金科玉律，与四书六经争运矣。天下事凡造因者必有结果。今张公复造此一层恶因，其谬见浸染于蚩蚩者之脑中，他日抵制其结果，固不得不费许多力也。"①可以说，正是张之洞在《劝学篇》中对"民权"所做的扭曲的解释，才使得维新思想家产生了对民权问题的兴趣。因此，在随后的几年间，梁启超撰写了大量的有关民权、自由的论著。与此同时，何启、胡礼垣也撰写了《〈劝学篇〉书后》，对张氏之书逐条加以反驳，在《正权篇辩》中系统阐述了他们的民权观。

　　戊戌维新以后至辛亥革命以前，维新派的民权观主要有以下一些特点。

　　第一，以梁启超、何启、胡礼垣为代表的维新派，倾向于把民权与自由联系在一起加以理解，在他们的观念中，民权就是民众的自主权。

　　戊戌维新前后，由于清王朝向日本派遣的留学人员日多，中日双方的文化交往日益频繁，日本成了西方近代文化输入中国的重要渠道。特别是在戊戌维新失败以后，康、梁等人更多地活动于日本、中国香港等地，他们对民权的理解也在很大程度上受到了日本学界的影响。何启、胡礼垣在《〈劝学篇〉书后》中说："'里勃而特'译为自由者，自日本始。虽未能尽西语之意，然以二字包括之，亦可谓能举其大由。自由二字而译为民权者，此必中国学士大夫读日本所译书者为之，其以民权二字译里勃而

---

① 梁启超：《饮冰室合集》专集第二册，中华书局，2015年，第7页。

特一语,吾无间然,独惜译之者于中外之理未能参究,其同阅之者,或至误猜其意。"①从何启、胡礼垣这段话也可以看出,中国近代思想界在戊戌维新以后,受日本学界的影响,常常把民权与自由看作一事,梁启超在《自由书》中也说:"民权自由者,天下之公理也。"②可见,把民权与自由联系在一起来理解,是维新派较为普遍的认识。

维新派认为,民权就是每个人的自主之权。关于这一点,何启、胡礼垣说:"聪明智虑,赋之于天,而所以用其聪明智虑者,其权则自主于人。视者,人之所能也,而不欲视则不视,听者,人之所能也,而不欲听则不听。上帝予人以性灵,而使之大有可为者,惟其视所当视,听所当听,无勉强,无缚束,天君泰然,百体从令耳。此而谓之有为,则真有为也。"③何启、胡礼垣对民权的理解,已经十分接近于西方近代自由主义的观点。这与他们所受的西式教育,尤其何启的留学经历是分不开的。

按照何启、胡礼垣的说法,理性能力是个人的自然禀赋,但是,如何运用个人的理性能力,决定权却在每一个人。民权,归根到底是每一个人都有权决定自己看什么、听什么,在什么是应该看的、什么是应该听的这一点上,个人的自主权不受任何外力的强迫和束缚,即所谓"视所当视,听所当听,无勉强,无束缚"。这实际上就是西方近代自由主义思想家所说的每个人都是理性的存在者和道德自律的主体。

其实,中国传统的思想文化也是承认个人的理性能力的,这在儒家思想中就是"智",孟子曾说:"仁之实,事亲是也;义之实,从兄是也;智之实,知斯二者弗去是也,礼之实,节文斯二者是也。"(《孟子·离娄上》)不过,传统儒家在承认人的理性能力的同时,却不承认个人的自主权,"智"之于个人的意义,在于它是人们认识既定的伦理原则基本条件,而认识既定的伦理原则的目的则是为了实现与道德秩序的认同和政治上的服

---

① (清)何启、(清)胡礼垣:《新政真诠(二)》,广西师范大学出版社,2015年影印本,第670—671页。

② 梁启超:《饮冰室合集》专集第二册,中华书局,2015年,第7页。

③ (清)何启、(清)胡礼垣:《新政真诠(二)》,广西师范大学出版社,2015年影印本,第663页。

从。有些时候，传统儒家也强调个人应该有道德判断的能力，如孟子便说："无是非之心非人也。"但是，所谓"是非之心"，并不是个人根据自己的偏好做出判断。承认个人具有理性能力，但却不承认个人理性判断的自主权利，这是传统儒家对待人的理性能力的基本态度。清末的维新派认识到了传统儒家在这一问题上的致命弱点，何启、胡礼垣说："今欲用人之聪明智虑而独夺人自主之权，乃饰词曰可以有为。是何异烹搏兔之犬，而誉之曰：犬有聪明智虑者也，可以搏兔；馁得鱼之鹭，而称之曰：鹭有聪明智虑者也，可以得鱼。"①承认人的理性能力，就必须尊重个人的自主之权，维新派的认识已经超越了儒家的思想传统。

维新派十分强调民众自主权之于社会政治生活的意义，在他们看来，民众有无自主之权，是决定国家强弱盛衰的关键。梁启超曾作有《自助论》，主要讨论了人民自主权的重要性，认为"国所以有自主之权者，由于人民有自主之权。人民所以有自主之权者，由于其有自主之志行"②。同时，梁启超又借日本人中村正直之口说："兵强则国赖以治安乎？且谓西国之强由于兵乎？是大不然。夫西国之强，由于人民笃信天道，由于人民有自主之权，由于政宽法公。"③在梁启超看来，就对国家富强的影响而言，人民的自主权是比军事力量更为重要的因素。与梁启超相似，何启、胡礼垣也认为，"人人有权，其国必兴，人人无权，其国必废，此理如日月经天，江河行地，古今不易，遐迩无殊"④。通过保障人民的自主权实现国家富强，是清末维新派的基本共识。

第二，开国会、立宪法是清末维新派民权观的核心诉求。

君主立宪是清末维新派一以贯之的政治主张。与辛亥革命时期的革命派相比，维新派最大的不同就是他们反对通过社会革命建立民主共和国，希望在保留帝制的前提下实现政治改良。直到辛亥革命前夕，立宪还是共和仍然是维新派与以孙中山为代表的革命派分歧的焦点。如前所

---

① (清)何启、(清)胡礼垣：《新政真诠(二)》，广西师范大学出版社，2015 年影印本，第 663 页。
② 梁启超：《饮冰室合集》专集第二册，中华书局，2015 年，第 16 页。
③ 梁启超：《饮冰室合集》专集第二册，中华书局，2015 年，第 18 页。
④ (清)何启、(清)胡礼垣：《新政真诠(二)》，广西师范大学出版社，2015 年影印本，第 666 页。

述,以康、梁为代表的维新派所以死抱着君主立宪的主张不放,在很大程度上是由于他们对光绪皇帝有着不切实际的幻想。不过,这肯定不是维新派主张君主立宪的全部原因。戊戌维新失败以后,何启、胡礼垣两人也加入维新派阵营,这两个人在戊戌维新时期与康、梁等人并没有交集,也没有在清廷供职,他们对清廷没有任何感情,但他们也把设立议院看作伸民权的可靠途径,"议院者,合人人之权以为兴国之用者也"①。如此看来,清末维新派主张君主立宪,还有其他方面的原因。

实际上,在甲午战败以后,中国思想界及清王朝统治集团内部的一些人反倒对日本产生了浓厚的兴趣。在当时许多人看来,日本与中国原本相似,但是明治维新以后,日本"脱亚入欧",迅速地发展成为强国,日本成功的经历对清王朝统治下的中国来说更有意义。康有为在戊戌变法时期提出的全部主张,其主观动机无非就是效仿日本的明治维新,把日本的君主立宪体制搬到中国。康有为、梁启超等维新派思想家认为,君主立宪体制在中国一定是适用的。这是康、梁等人抱着立宪体制不放的真实原因。

何启、胡礼垣两人主张君主立宪体制,则是由个人的知识背景决定的。前面说过,何启、胡礼垣自幼接受的是西式教育,两人是香港中央书院(现皇仁书院)的同学。后来,何启到英国留学,就读于阿伯丁大学和林肯法律学院,因此,对英国的君主立宪体制及英国近代的自由主义思想有着较为深刻的了解,于是他就自然而然地把设立议院、实行君主立宪体制当作核心的政治主张。

在维新派的认识中,民权与民主有着不尽相同的意义。虽然在今天看来,无论是君主立宪还是共和制,在本质上都属于民主政治,但在维新派看来,二者是两种不同的政体。"民权之国与民主之国略异。民权者,其国之君仍世袭其位,民主者,其国之君由民选立,以几年为期。"②"民权之国"的君主是可以世袭其位的,而"民主之国"的"君主"则要通过选举

---

① (清)何启、(清)胡礼垣:《新政真诠(二)》,广西师范大学出版社,2015年影印本,第666页。
② (清)何启、(清)胡礼垣:《新政真诠(二)》,广西师范大学出版社,2015年影印本,第658页。

产生,这是清末维新派所理解的民权与民主之间的差别所在,何启、胡礼垣认为,君主立宪是欧洲大多数国家如西班牙、葡萄牙、比利时、荷兰等国实行的政治体制,同样也适用于中国,"吾言民权者,谓欲使中国之君世代相承,践天位于勿替,非民主之国之谓也"①。简单地说,何启、胡礼垣主张君主立宪,是因为他们对英国及欧洲其他君主国的情况较为熟悉。

辛亥革命前夕的梁启超也认为君主立宪比共和制更适于中国国情,在 1908 年至 1911 年间,由于慈禧、光绪的逝去,被称为"遮羞变法"的清末新政在事实上已经结束,在这种情况下,梁启超仍然撰写了大量关于君主立宪的文论,就国会的重要性及未来中国国会的制度设计提出了自己的看法。关于国会的重要性,梁启超说:"天下无无国会之立宪国。语专制政体与立宪政体之区别,其唯一之表识,则国会之有无是已。"②就在清王朝自身的政治改良已经毫无可能的情况下,梁启超仍然认为,共和制不适合中国,君主立宪才是中国实现民权政体的唯一出路,"夫宪政有君主立宪与共和立宪之异。共和立宪非我国所宜效,不必论矣。所谓君主立宪之异乎君主专制者,其在专制之国,则立宪与行政两大权,皆由君主独断而躬行,立宪国不尔,立法权则君主待议院协赞而行之。行政权则君主命大臣负责任而行之。质言之,则专制国之君权无限制者也,立宪国之君权有限制者也"③。到了 1911 年,就在民主共和的呼声日渐高涨的情况下,梁启超在《新中国建设问题》一文中,又提出了"虚君共和"的主张。这一主张虽然较之以往"君民共治"的主张有所改变,但拒绝民主共和的立场却仍然没有变。总之,君主立宪是清末维新派民权观的核心结构。

第三,受近代西方自由主义思想家的影响,清末维新派用权利的观点解释"民权",把"民权"理解为个人的权利。

在中国语言环境下,"权"的内涵可以从两个方面来解释,一是权力,一是权利。那么,"民权"究竟是"权力"还是"权利",从戊戌维新时期开

---

① (清)何启、(清)胡礼垣:《新政真诠(二)》,广西师范大学出版社,2015 年影印本,第 658 页。
② 梁启超:《饮冰室合集》文集第十册,中华书局,2015 年,第 2249 页。
③ 梁启超:《饮冰室合集》文集第十册,中华书局,2015 年,第 2721 页。

始,尽管维新派如康有为等人常常说到民权,但却很少在学理上对民权的概念做出说明。到了何启、胡礼垣作《〈劝学篇〉书后》,才对民权的概念做了较为清晰的阐释。"夫权者,非兵威之谓也,非官势之谓也,权者,谓所执以行天下之大经大法,所持以定天下之至正至中者耳,执持者,必有其物无以名之,名之曰权而已矣。"①何启、胡礼垣对于"权"的理解,显然是权利而不是权力。权利一词,在英语中是 right,而 right 一词又有正当、对的意思,在语言学的意义上说,权利所以成其为权利,就在于它是正当的,不正当的东西便不可能成为权利。可以说,近代思想家所说的权利,是被预先赋予了正当含义的。何启、胡礼垣对"权"的理解与英语中right很是接近,所谓"所执以行天下之大经大法,所持以定天下之至正至中者耳",其含义就是"正当"。据说,由于自幼接受西式教育,何启中文不是太好,他用英文写作的东西要由胡礼垣转译为中文,于是,便有了两人之间的合作。这段话或许也属于这种情形。

受近代自由主义思想家的影响,何启、胡礼垣也把民权解释为个人与生俱来的权利,"以大经大法之至正至中者而论, 则权者乃天之所为,非人之所立也,天既赋人以性命,则必畀以顾此性命之权,天既备人以百物,则必与以保其身家之权,是故有以至正至中而行其大经大法者,民则众志成城以为之卫,有不以至正至中而失其大经大法者,民则众怒莫压而为之摧,此非民之善恶不同也,民盖自顾性命自保身家以无负上天所托之权,然后为是已"②。何启、胡礼垣认为,天赋予了每一个人生命,也就赋予了每一个人保护自己生命的权利,民众保护自己的生命,就是在履行上天赋予的职责。这一认识在根本上颠覆了传统儒家的伦理观念。传统儒家素有天人合一的观念,如西汉董仲舒便说:"为生不能为人,为人者天也,人之为人本于天。"(《春秋繁露·为人者天》)按照传统儒家的理解,人的属性及人类社会的秩序都决定于天,但是天在给予人基本道德

---

① (清)何启、(清)胡礼垣:《新政真诠(二)》,广西师范大学出版社,2015 年影印本,第 644 页。

② (清)何启、(清)胡礼垣:《新政真诠(二)》,广西师范大学出版社,2015 年影印本,第 644—645 页。

属性的同时，并没有赋予每一个人以权利，而是把权力授予了君主，即所谓"天子受命于天"。而每一个人所拥有的只是服从君主专制统治的义务。何启、胡礼垣对于民权的理解，最有意义之处，不仅在于他们将民众权利的来源归结于天，更重要的是，他们论证了每一个人维护自己生命财产权利的正当性。

从把民权理解为民众个人权利的认识出发，何启、胡礼垣也认为，每一个人所拥有的权利是平等的，"自主之权，赋之于天，君相无所加，编氓亦无所损，庸愚非不足，圣智亦非有余，人若非作恶犯科则此权必无可夺之理也"①。这句话实际上是在说，如果说权利是天赋的，那么每个人获之于天的权利便有着同等的份额，任何人不会因为其社会地位或者其他原因而拥有更多的权利。由于人的权利获之于天，所以作为个人权利的民权也同样是不可剥夺的。何启、胡礼垣对于民权的理解显然更接近西方近代自由主义思想家的认识。

在何启、胡礼垣看来，因为每个人都有平等的权利，每个人便有着同样的表决权，社会政治生活便应该以多数人的意愿为转移。在《〈劝学篇〉书后》，何启、胡礼垣阐述了一个"以众得权"的原则。"民权者，以众得权之谓也。"②所谓"以众得权"，实际上就是近代民主政治中的多数原则，国家的政治经济决策应该以多数人的利益为转移，而不是服从于少数人的意志。关于这一原则，何启、胡礼垣举例说明，"如以万人之乡而论，则五千人以上所从之议为有权，五千人以下所从之议为无权，以中国四万万人而论，则二万万人以上所从之议为有权，二万万人以下所从之议为无权"。也就是说，只有多数人同意才算得有权，而违背多数人意见便是无权，"有权者，必须行之，无权者，不能行也"③。何启、胡礼垣这里所表达的实际上是民主政治中的多数原则。虽然多数人"有权"，少数人"无权"的说法并不正确，但这却是近代中国思想界最早对民主政治中的多数原则的表述。

---

① (清)何启、(清)胡礼垣：《新政真诠(二)》，广西师范大学出版社，2015年影印本，第674页。
② (清)何启、(清)胡礼垣：《新政真诠(二)》，广西师范大学出版社，2015年影印本，第671页。
③ (清)何启、(清)胡礼垣：《新政真诠(二)》，广西师范大学出版社，2015年影印本，第672页。

何启、胡礼垣对多数原则的认识有其理论渊源。18 世纪、19 世纪是以边沁、约翰·密尔为代表的自由主义思想在英国较为流行的时代。边沁的功利主义政治哲学有一个"大多数人的最大幸福"原则，英国 20 世纪初思想家霍布豪斯称边沁的思想学说是一种"激进的个人主义学说"，这一学说的特点之一就是强调"数目的重要性"。而数目重要的前提就是"每个人必须作为一人计算，任何人都不能超过一人计算"。而个人的快乐与幸福必须服从于多数人的快乐与幸福。[①]何启、胡礼垣多数人有权、少数人无权的观点，实际上就是边沁功利主义学说的翻版。

(三)近代维新派民权观的意义与局限

维新派民权观的产生，是近代中国人接受和理解近代民主观念思想进程的重要阶段，事实上，中国思想界能够从传统的民为国本的观念中走出来，正是从维新派的民权观开始的。尽管后来的中国社会并没有走上维新派所主张的君主立宪或者"虚君共和"的道路，但是维新派所阐释的民权观念，对于近代中国的观念变革与社会变革无疑有着重要的意义。

维新派是中国近代历史上最早关注民权的思想家群体，通过对民权问题的理解，维新派表达了近代中国知识阶层改良传统政治体制，提高社会政治生活质量的道德诉求。

中国的君主专制制度有着悠久的历史传统，特别是在秦汉以后，随着中央集权制度的发展和演进，权力日益向君主手里集中，君主专制统治日益强化。权力高度集中必然导致权力被滥用，这是历史王朝的政治生活中不断发生的事实。在君主专制政治的背景下，为提高社会生活质量，防止君主手中的权力被滥用，历代思想家曾经有过许许多多的努力。如汉代董仲舒阐发了天人感应学说，试图使"天"起到约束君主权力的作用，可是董仲舒的努力不仅没有达到预期的目的，相反以推论灾异的方式来说明天人相与的汉代今文经学，最终却走向谶纬而变得荒诞不经。

---

① 参见[英]霍布豪斯:《自由主义》,朱曾汶译,商务印书馆,1996 年,第 34 页。

宋代理学家倡导天理，论辩王霸，希望专制国家的治理过程"不以利为利"，从而使君主专制统治归于"王道"。然而，宋代理学家所期冀的"王道"却从来没有在中国社会中出现。明末清初以黄宗羲、顾炎武、王夫之为代表的思想家，是传统儒家阵营中最为勇敢的一支，他们从政治、法律、伦理等方方面面对秦汉以来的君主专制政治进行了深刻的反省，为改变君主专制统治日益腐朽的现实，他们提出了设宰相以分割君主权力、恢复学校的议政功能以公是非等设想。但所有这些并没有改变君主专制统治日益严酷的事实。

　　以往思想家的道德努力不能在根本上提高传统的中国社会政治生活质量，其根本原因在于历代思想家在政治认知方面的局限。在相对封闭的文化背景下，君主专制是人们所能知道的唯一的政治体制，任何改良社会政治的设想，都只能依赖于君主专制制度的存在。虽然在有些时候，思想家们也能意识到民众的重要性，也希望统治者能够以符合道德的方式对待民众，但是他们不知道在君主专制制度之外还有更好的制度选择，只能把善政、善治寄托于圣王明君身上。然而，正如清初思想家唐甄所指出的那样，在历史上，大抵是"十数世有二三贤君……其余非暴即暗，非暗即辟，非辟即懦""懦君蓄乱，辟君生毳，暗君召乱，暴君激乱"①。无论近代以前的思想家在怎样的程度上认识到了君主专制政治的弊端，他们都无法找到从根本上解决专制弊政的方法。

　　戊戌维新以后的思想家面对的是以往人们不曾遇到过的环境，一方面，一系列战争的失败使清王朝的腐朽暴露无遗，另一方面，西方近代思想文化的东来和传播，也使得这一时期的人们眼界大开，对与中国政治文化传统完全不同的西方近代国家有了一定的了解，也知道了在中国传统的君主专制制度之外，还可以有其他的选择，而且是比君主专制制度更好的选择。从维新派对民权的阐释来看，他们对近代民主政治的理解在很多方面并不准确，但却是近代人在观念上走出传统的君主专制政治的重要开端。如果没有维新派倡导的变法维新运动，没有维新派知识分

---

① （清）唐甄：《潜书》，四川人民出版社，1998年，第522页。

子在学理上对于民权问题的讨论,近代中国的社会史和思想史将是另一种样子。

近代中国的历史是中国人学习西方先进思想文化的历史,自戊戌维新时期开始,人们对西方文化的理解超越了器物、经济的层面,把注意力集中到社会政治的层面上来。维新派恰好是在政治上向西方学习的先行者。对于维新派来说,源自西方的民主、自由的近代价值理念,他们也并不熟悉。维新派思想家一方面要对近代西方思想家的思想学说形成理解,另一方面则要把他们理解到的近代价值观念在中国语境下表达出来。例如,对于近代西方思想家自然权利的观念,何启将其表述为"天理之至当",把西方思想家所说的"与生俱来的权利"表述为"自主之权,赋之于天",把人与人之间权利的平等表述为"君相无所加,编氓亦无所损,庸愚非不足,圣智亦非有余"①。再如梁启超在论及民权时也引述说:"民受生于天,天赋之以能力,使之博硕丰大,以遂厥生,于是有民权焉。民权者,君不能夺之臣,父不能夺之子,兄不能夺之弟,夫不能夺之妇,是犹水之于鱼,养气之于鸟兽,土壤之于草木。故其在一人,保斯权而不失,是为全天。"②这段话阐述的也是西方近代思想家自然权利的观念。今天看来,维新派对于民权的解释未必至当,但不能否认的是,正是由于这些思想家的努力,西方近代的自由、民主观念才在中国思想界成为可以为人们所理解的东西。在以往的思想史研究中,关于近代以来中西方思想文化的碰撞与融合,人们常常会用"中西会通"的概念来概括,可以说,维新派对民权观的阐释,便是中西方思想文化在政治层面上最早实现的会通。

维新派对民权的理论阐释,开启了近代中国社会观念变革的历史进程,而与之相应,便是深刻的社会变革。维新派的民权观,不啻为打开近代中国政治变革的钥匙。在戊戌维新运动失败到辛亥革命爆发这一段时间里,由于清贵族集团的倒行逆施和清末新政的破产,改良变法的出路被彻底堵死了,维新派的君主立宪主张愈发不合时宜,这决定了维新派

① (清)何启、(清)胡礼垣:《新政真诠(二)》,广西师范大学出版社,2015年影印本,第674页。
② 梁启超:《饮冰室合集》专集第二册,中华书局,2015年,第12页。

不可能成为中国社会变革的主导力量。虽然维新派主导的变法维新运动失败了，但值得注意的是，尽管在辛亥革命前夕，维新派与孙中山代表的革命派之间在立宪还是共和、改良还是革命这样一些问题上有着严重的分歧，但在倡导民权这一点上，他们却是一致的。这意味着，维新派的民权观，作为中国近代社会变革的基本的思想元素，仍然有其存在的价值和意义。

但是维新派的民权观毕竟是在近代中国特定的历史条件下形成的，在他们所生活的历史时代，人们对近代西方文明所知尚少，再由于语言、知识背景等方面的原因，对于西方近代的思想文化的理解也十分有限，当他们刻意把近代的价值观念放在中国传统话语背景下来表达的时候，便不可避免地带有诸多的理论局限。维新派民权的理论局限主要有以下几个方面。

首先，维新派对西方近代价值理念与中国传统思想存在着双重误读。

维新派在阐释其民权主张的时候，无论是内地的康有为、梁启超、汪康年这一班人，还是香港的何启、胡礼垣，都把他们所接触、理解到的西方近代的思想观念，转换到传统儒家的思想体系中来，试图在儒家思想传统与近代价值观念之中找到通约之处，他们这样做，一方面是要说明，西方近代思想家所倡导价值观念中国古已有之，另一方面则是要说明他们所倡导的民权、自由、立宪主张在道德的意义上是正当的，从而使自由、民权成为人们可以理解并且乐于接受的知识。这对生活在 19 世纪末叶的维新派来说，或许是把近代价值理念引入中国的可靠方式。然而维新派并没有意识到，传统儒家的政治思想与西方近代政治思想在价值层面上是不可通约的，当他们着意寻求这两种思想之中的融通之点的时候，也就在有意无意间曲解了传统的儒家思想和西方近代政治思想。

戊戌维新期间，康有为在写给光绪帝的奏折中说："吾国行专制政体，一君与大臣数人共治其国，国安得不弱？盖千百万之人，胜于数人者，自然数矣。其在吾国之义，则曰天视自我民视，天听自我民听，故民之所好好之，民之所恶恶之。是故黄帝清问下民，则有合宫，尧舜询于刍荛，则有总章，盘庚命众至庭，周礼询国危颖，洪范称谋及卿士，谋及庶人，孟子称大夫皆曰,国人皆曰,盖皆为国会之前型,而分上下议院之意焉。"①关于中国传统社会的政治制度,"吾国行专制政体"这一论断显然是对的。可是康有为却转而又说,开国会、立宪法、行民权是中国传统文化中本来就有的,按照康有为的解释,开国会、立宪法与传说中的"黄帝清问下民"、《周礼》中的"三询"、《尚书·洪范》的"谋及卿士、谋及庶人"就是一回事儿,这显然是一种牵强附会的解释。在这里,康有为既误读了传统中国的政治思想与文化,也曲解了西方近代的思想文化。

同样的事情也发生在香港的何启、胡礼垣身上。例如,在论证民权是人人有自主之权这一命题时,何启、胡礼垣说:"一切之权皆本于天,然天不自为也,以其权付之于民,而天视自民视,天听自民听,天聪自民聪,天明自民明,加以民之所欲,天必从之,是天下之权惟民是主,然民亦不自为也,选立君上以行其权,是谓长民。"②何启、胡礼垣的本意是要表达西方近代的自然权利观念,他们把与生俱来的权利表述为"一切之权本于天"或许可以理解,但下文"天不自为也,以其权付之于民""民亦不自为也,选其君上以行其权,是谓长民",却是地地道道的儒家话语,循着这一逻辑推导出的结果是"天生民而立之君"。再如,为了说明民权的重要性,何启、胡礼垣说:"天子之权得诸庶民,故曰得乎邱民而为天子也。"③这样,一个有关民众权利的论题,最终却回到了"得民心者得天下"的传统话语中。

其次,维新派对近代民主政治缺少理解,使得他们过度沉迷于君主立宪政体。

在中国近代思想史上,民权是与民主政治是紧密联系的议题,思想家对民权的认识,最终必然归结于对民主政治的认识和理解。按照一般的逻辑,在中国近代史上极力倡导民权的维新派,也一定应该赞同民主政治。可是,维新派的民权观却有一个反乎常识的倾向,在有关国家政治

---

① 汤志钧编:《康有为政论集》,中华书局,1981 年,上册第 338 页。

②③（清）何启、（清）胡礼垣:《新政真诠（二）》,广西师范大学出版社,2015 年影印本,第645 页。

制度的认识方面，他们大都反对民主而主张君主立宪。如前面引述，早期维新派代表人物郑观应在阐述其立宪主张时，把东西方各国的政治体制分为君主、民主、君民共主三种类型，并且认为三者之中，君民共主的立宪体制是最好的，"凡事虽由上下院议定，仍奏其君裁夺，君谓然即签名准行，君谓否则发下再议。其立法之善，思虑之密，无愈于此"①。其实，郑观应的这一说法是很有问题的。他所说的"民主"是指共和政体，而"君民共主"则是君主立宪政体，二者都是近代民主的政体形式，郑观应如此说，说明其对西方近代民主政治的了解很是有限。遗憾的是，若干年以后，维新派对西方近代民主政治的了解还是停留在这一水平上，康有为在给光绪皇帝的上书中说："窃考之地球，富乐莫如美，而民主之制与中国不同；强盛莫如英、德，而君民共主之制，仍与中国少异。惟俄国其君权最尊，体制崇严，与中国同……故中国变法莫如法俄，以君权变法。"②康有为认为，民主只适用于美国，而中国则应效法俄国走君主立宪的道路。至 1902 年，康有为在其所作《答南北美洲诸华商论中国只可行立宪不可行革命书》中还是说："盖今日由小康而大同，由君主而至民主，正当过渡之世，孔子所谓升平之世也，万无一跃超飞之理。凡君主专制、立宪、民主三法，必当一一循序行之，若率其序，则必大乱，法国其已然者矣。"③表面上看，专制、立宪、民主循序渐进的主张似乎有些道理，但其实质却是把君主立宪与民主对立起来。

　　如果说内地维新派主张君主立宪而反对实行民主是由于对近代民主政治的无知，香港的何启、胡礼垣则由于其所受的英式教育而对君主立宪的政治体制深信不疑，在他们看来，保障民权的关键就在于设立议院，"夫民权之复，首在设议院，立议员"④，只要设议院，定宪法，中国社会的一切问题便都解决了，"议院之法一行，外国定当刮目，挽回中国在此

---

① 郑观应：《盛世危言》，朝华出版社，2017 年，第 95 页。

② 汤志钧编：《康有为政论集》，中华书局，1981 年，第 218 页。

③ 汤志钧编：《康有为政论集》，中华书局，1981 年，第 476 页。

④ (清)何启、(清)胡礼垣：《新政真诠(二)》，广西师范大学出版社，2015 年影印本，第 646 页。

一举"①。在某种意义上说,何启、胡礼垣对近代民主政治的理解也是不完整的。

维新派反对被他们称之为"民主"的共和政体,一个重要的原因是他们对法国大革命的消极认识。维新派认为,共和政体只有通过革命才能实现,而立宪是比革命更为温和的方式,整个社会也无须付出更多的代价,在回答时人中国为什么只可立宪而不可革命这一问题时,康有为说,凡是主张共和的人们,都只是看到了美国的强盛,却没有看到法国革命导致的社会动荡,"以徒见美国独立之盛,但闻法国革命之风而蒙面昧心之行之,妄言轻举,徒致败乱,此仆之愚所未敢从也"②。从社会代价方面考虑,维新派的改良主张或许无可厚非,但是当维新派主张立宪、反对共和的时候,他们显然忽略了至关重要的一点:君主立宪政治得以实现,有一个不可或缺的前提,那就是,作为一代王朝的统治者,愿意与社会分享权力,可是这对于把国家一直视为私产的清王朝统治者来说却是万万不能的。正是由于对清王朝不切实际的期望,维新派最终成为近代中国政治变革的看客。

最后,维新派的民权观带有浓重的功利主义倾向,在维新派的观念中,民权不是最高的价值而是求富求强的手段。

在近代中国的历史上,富强是人们共同的关心。鸦片战争以后,中国社会各界首先感受到的是中国的贫弱。只有富强才可与列强抗衡,这在当时的中国社会上获得了广泛的共识。然而,如何才能使中国变得富强,却是一时间难以找到答案的问题。从林则徐呼吁"开眼看世界",一直到洋务派的自强新政,求富求强是贯穿近代中国历史过程的一条主线。延至后来,富强也就成了维新派主张变法维新的最为重要的理由。即便是在戊戌维新失败以后,梁启超、何启、胡礼垣等维新派思想家在倡导民权的时候,也仍然把民权看作是中国实现富强的手段。

梁启超在《戊戌政变记》一书中曾就洋务派的自强新政有过评论,他

① (清)何启、(清)胡礼垣:《新政真诠(二)》,广西师范大学出版社,2015年影印本,第648页。
② 汤志钧编:《康有为政论集》,中华书局,1981年,第477页。

把李鸿章、张之洞的所作所为称为"温和主义改革",梁启超认为,以李鸿章、张之洞的才干,李鸿章温和改革了三十年,张之洞做了十五年,只不过是经济、教育上有所更张,即便再给他们五十年,"亦不过多得此等学堂、洋操数个而已","一旦有事,亦不过如甲午之役,望风而溃。于国之亡能稍有救乎?"①中国依然无法富强起来,所以变法才是中国富强的根本出路。何启、胡礼垣也有相似的看法,他们两人明确地说:"夫中国之所以不能雄强,华民之所以无业可安,朝廷之所以不能维系……此数者,皆惟中国之民失其权之故。"②总之,中国贫弱的根本原因就在民众无权,换句话说,中国如果实现了民权,国家富强便不成问题。

按照简单的常识,民主和国家的富强一定有着某种联系。17 至 19 世纪的历史证明,几乎当时世界上所有的强国,都是经过近代社会革命而确立了民主政治体制的国家。任何一个国家,如果没有建立起近代的政治制度,要想实现富强是根本不可能的。在这一意义上说,民主与富强之间肯定有着必然的联系。不过,必须说明的是,对那些率先走上近代化道路的西方国家来说,富强只不过是民主政治的副产品,而不是实行民主的直接目的。中国思想家恰恰在这一点上误解了富强与民主的关系,把民主当作实现富强的手段。梁启超等人不知道,相较于他们孜孜以求的国家富强,民主是具有绝对优先性的价值。当中国近代思想家把民主当作实现富强的手段的时候,富强却成了比民主更为重要的东西。

(四)孙中山民权思想的历史意义

孙中山是中国近代思想史上对民权理解得最为深刻的思想家,他的民权观直接推动了近代中国社会的历史发展和民主政治的发展进程。不过,孙中山本人的民权思想也经历了一个发展过程。

孙中山最初受到的是中国传统教育,也曾认为通过变法可以实现中国的富强,在光绪二十年(1895)春,他曾上书李鸿章,提出了"仿行西法

① 梁启超:《饮冰室合集》专集第一册,中华书局,2015 年,第 4691—4692 页。
② (清)何启、(清)胡礼垣:《新政真诠(二)》,广西师范大学出版社,2015 年影印本,第 657 页。

之筹自强"的建议,但这封信并没有引起李鸿章的重视。李鸿章是当时清王朝统治集团内部最有开放意识的政治家,却不肯接受孙中山的政治改良建议,这在某种程度上促使孙中山认识到,不能把中国社会进步的希望寄托于清王朝统治集团,也不可以把这种希望寄托于统治集团内部的任何个人。推翻清王朝建立民国,是解决中国社会问题的唯一出路。此后,孙中山在美国檀香山创立兴中会,明确提出了"创立合众政府"的目标,并于光绪二十年(1895)重阳在广州发动起义。起义旋即失败,孙中山流亡海外。流亡期间,孙中山开始了对民权问题的深入思考,在吸收西方近代民主理论的基础上,形成了系统的民权观。1904年,孙中山提出了"中华民国"的概念,第二年,在孙中山的倡导下,中国同盟会成立,提出了"恢复中华,创立民国"的纲领,这一年10月,孙中山在《民报发刊词》中进一步阐发了"三民主义"的思想,并且把原来他所说的"创立民国"概括为"民权主义"。

创立民国,实行共和制,是孙中山与以康、梁为代表的维新派民权观念最为显著的差别。孙中山主张建立民国,彻底推翻在中国实行了两千多年的君主专制制度,是与这一时期中国社会的历史环境分不开的。

戊戌维新失败以后,清王朝内部的守旧势力占了上风。1900年,在朝野排外情绪日渐高涨的背景下,清王朝统治者听信义和团刀枪不入的"神话",于这一年5月25日对当时来到中国的西方诸国宣战,引起了英、美、法、俄、德、日、意、奥八国的激烈反应,这一年8月,八国联军攻占北京。这一事件史称"庚子事变"。关于庚子事变的原因,蔡元培在1916年评论说:"满洲政府,自慈禧太后下,因仇视新法之故,而仇视外人,遂有义和团之役,可谓顽固矣。"①从庚子事变的过程来看,清王朝"联拳抗洋"的意图是清楚的,可是,这一策略并没有收到预期的效果,相反,却给中国社会带来了更加深重的灾难。次年,清王朝与列强签订了《辛丑条约》,国家主权进一步沦丧,本来就多灾多难的中国社会陷入了空前的灾难之中。

---

① 蔡元培:《华工学校讲义》,中华书局,1984年,第436页。

《辛丑条约》的签订，使清王朝的统治者在对外政策上"量中华之物力，结与国之欢心"的特点暴露无遗，对于列强的要求几乎有求必应，1904 至 1905 年，日俄两国为争夺其在中国东北和朝鲜的权益，在中国领土上进行了一场战争，是为"日俄战争"，这场战争是在中国领土上发生的，可是清王朝却宣布"中立"，坐视日俄侵略者瓜分中国领土。这使得以孙中山为代表的革命派清醒地认识到，清廷已经彻头彻尾地变成了"洋人的朝廷"。

庚子事变以后，迫于列强要求清王朝改革的压力，清廷于 1901 年开始实行新政，是为清末新政，1905 年派大臣出国考察西方国家的宪政体制，"预备立宪"，到了 1908 年，清廷颁行了中国历史上的第一部宪法——《钦定宪法大纲》，这部所谓的宪法虽然有"宪法"之名，但更多的是肯定君主的专制权力，其中规定"大清皇帝统治大清帝国万世一系，永永尊戴""君上神圣尊严，不可侵犯"。皇帝有权颁布法律，发交议案，召集及解散议会，设官制禄，黜陟百司，编订军制，统帅陆海军，宣战媾和及订立条约，宣告戒严，爵赏恩赦，总揽司法权并可在紧急情况下发布代法律之诏令。并且"用人之权""国交之事""一切军事"，不付议院议决，皇帝皆可独专。另外，又以附则形式规定，臣民有纳税、当兵、遵守法律的义务。在法律范围内，享有言论、著作、出版、集会、结社、担任公职等权利和自由。但即便如此，清末新政最终也因为慈禧、光绪的死去而结束。

慈禧死后，以载沣为首的清贵族集团以官制改革、整饬财政为名，收夺汉族官僚手中的权力，将地方大员张之洞、袁世凯等调入北京任军机大臣，明升暗降，剥夺其处理军政事务的实权。为了控制军队，清廷于 1909 年又以袁世凯有"足疾"为名将其开缺回籍。1911 年清王朝成立新内阁，在十三位阁员中，满人占了九席，而且其中皇族有七人，汉人只占四席，史称皇族内阁。清廷诸多倒行逆施，不仅激化了统治集团内部的矛盾，而且也向社会清楚地表明，通过君主立宪实现中国社会的进步是不可能的。

近代中国的政治变革为什么必须走社会革命的道路，孙中山以建立民国、实现共和为主旨的民权为什么是中国近代化道路的唯一选择？诚如康有为、梁启超及何启、胡礼垣等维新派思想家所说,欧洲的许多国家在走向近代的历史过程中,都保留王室,按照美国著名政治社会学家李普塞特的说法, 保留王室可以有效地解决这些国家的政治认同问题,从而保证国家的统一和政治秩序的稳定。①正如我在几年前曾经指出的那样:"李普塞特的这一说法用来解释英国、瑞典甚至我们的东邻日本是有效的,但却不能用来说明清末民初的中国社会。清朝末年,也有许多人探求保留清朝王室的可能性,可以说,百日维新时期的康、梁等人以及后来的立宪派, 是最希望把这个王朝保留下来的一干人。不过,维新或者立宪的必然结果,只能是清王朝的统治者接受民主宪政体制,把权威还给法律,把权力还给人民,从而使国家成为真正意义上的公共财富。而这恰恰是已经习惯了权力垄断的清朝贵族不愿意做的。事实上, 百日维新的失败以及后来发生的一系列闹剧只证明了正是陈腐的清朝贵族堵死了君主立宪这条路,与此同时,他们也把清王朝推向了一条死路,这个王朝只能像以往的王朝一样被彻底革了命。"②

　　另外,中国不能走君主立宪的道路,还有另外一个原因,与西方那些实行君主立宪体制的国家不一样,清王朝有一个"无法解开的死结","尽管经过二百多年的时间,清朝贵族已经最大限度地融入了传统的儒家文化,但是,在中国社会大多数民众的心目中,这个王朝仍然是由'鞑虏'建立的政权,他们永远无法忘记的是'扬州十日''嘉定三屠'等历史的血腥。在人心思变的清末社会,讨还清王朝在建政之初所欠下的血债是一种广泛的共识。这个用血腥手段对待民众的王朝,哪有欠债不还的道理。在这种心理背景下,清王室完全不具有李普塞特所说的那种促进国家认同与社会团结的功能"③。孙中山在辛亥革命之前把"驱逐鞑虏、建立中华"与建立民国、实现民权联系在一起,自有其深刻的道理。

---

　　① 李普塞特的这一说法,是在 20 世纪 70 年代其为"美国之音"撰写的广播稿中出现的,后来收入台湾巨流出版社出版《意识形态与社会变迁》一书中。

　　②③ 孙晓春:《王朝"革命"的政治文化解读》,《读书》,2012 年第 12 期。

辛亥革命时期，孙中山对民权的认识，与维新派的另一个明显的不同点，就是他更加注重民权的平等内涵。辛亥革命以后，孙中山在一道法令中说："天赋人权，胥属平等。自专制者设为种种无理之法制，以凌轹斯民，而自张其毒焰，于是人民之阶级以生。前清沿数千年专制之秕政，变本加厉，抑又甚焉。若闽、粤之疍户，浙之惰民，豫之丐户，及所谓发功臣暨披甲家为奴，即欲所谓义民者，又若剃发者并优倡隶卒等，均有特别限制，使不得与平民齿……为此特申令示，凡以上所述各种人民，对于国家社会之一切权利，公权若选举、参政等，私权若居住、言论、出版、集会、信教之自由等，均许一体享有，毋稍歧异，以重人权，而彰公理。"①如果说近代史上的维新派更加倾向于用自由的观点解释民权的话，孙中山则对平等有着更深刻的认识和理解，他深切地认识到，实现社会平等，是解决中国民权问题的根本所在。可以说，孙中山准确地把握了中国社会进步的关键。

在对民权的理解方面，孙中山与维新派不同，他更多注重的是平等而不是自由，甚至对自由的价值理念持否定的态度。"兄弟从前倡革命，于自由一层没有怎么讲到，因为中国人只晓得讲改革政治，不懂得什么叫自由……本来中国人民是不须争自由的。"②孙中山所以如此说，是因为他所理解到的自由仍然是中国传统观念中的放荡不羁、任性而为，"我们有一种固有名词，是和自由相仿佛的，就是放荡不羁一句话"，"既然放荡不羁，就是和散沙一样，各个有很大的自由"。③显然，孙中山把自由看作是对整体的社会生活有害的东西。对自由的拒绝，可以说是孙中山民权观的局限。

辛亥革命以后，孙中山的主要注意力集中于如何在中国实现民权的问题上。特别是在袁世凯称帝以后，孙中山对民权问题进行了更为深入细致的思考。1917 年成书的《民权初步》（后来收入《建国方略》），主要讨论了民主政治体制下的议事规则，其中，对于民主国家与民权等理论问

---

① 中国社科院近代史所编：《孙中山全集》第二卷，中华书局，1981 年，第 244 页。
②③《孙中山选集》下卷，人民出版社，1956 年，第 712 页。

题,孙中山也提出了自己的理解。

关于民国与民权,孙中山说:"何为民国?美国总统林肯氏有言曰:'民之所有,民之所治,民之所享。'此之谓民国也。何谓民权?即近来瑞士国所行之制:民有选举官吏之权,民有罢免官吏之权,民有创制法案之权,民有复决法案之权,此之谓四大民权也。必具有此四大民权,方得谓为纯粹之民国也。革命党之誓约曰:'恢复中华,创立民国。'盖欲以此世界至大至优之民族,而造一世界至进步、至庄严、至富强、至安乐之国家,而为民所有、为民所治、为民所享者也。"[1]孙中山阐述的就是主权在民的原则,这实际上就是人民主权理论在近代中国语境下的表达。

近代思想家对民权的理解,往往离不开对国家的理解。实际上,对于国家理解到什么水平,决定了他们对民权的理解水平。孙中山所理解到的国家是近代意义上的国家,他把"民国"解释为民有、民治、民享,这一认识来自林肯的《葛底斯堡演说》,1921 年,孙中山在一次演说中详细说明了民有、民治、民享的来源,"兄弟底三民主义,是集合中外底学说,应世界底潮流所得的。就是美国前总统林肯底主义,也有与兄弟底三民主义符合底地方, 原其文为 the government of the people, by the people, for the people,这话若没有适当底译文,兄弟把他译作'民有''民治''民享',of the people,就是民有,by the people,就是民治,for the people,就是民享。他这'民有''民治''民享'主义,就是兄弟底'民族''民权''民生'主义"[2]。不过,尽管民有、民治、民享的国家观念出自对林肯那句话的翻译,但显然体现了孙中山自己对于现代国家的理解。确实地说,把林肯这句话译为中文是十分困难的,尽管孙中山的这一译法还算不得完全准确,但已经十分接近林肯的原意。

在随后的几年间,孙中山曾在各种不同的场合对民有、民治、民享的价值理念做出进一步的阐释,1921 年《在梧州对国民党员的学说》中说:"质而言之,民有即民族也,天下者,天下人之天下,非一二族所可独占,

---

[1] 中国社科院近代史所编:《孙中山全集》第六卷,中华书局,1981 年,第 412—413 页。

[2] 中国社科院近代史所编:《孙中山全集》第五卷,中华书局,1981 年,第 475 页。

民权即民治也，从前之天下，在专制时代则以官僚武人治之，本总理则谓人人皆应有治之之责，亦应负治之之责，故余极主张以民治天下。民生即民享也。天下既为人人所共有，则天下之利权，自当为天下人民所共享。"①在另一处，孙中山又说："今既革去帝制，而成民国，则中国四万万同胞，即为中国之主人，断不许野心家危及四万万国民之生命财产。诚以民国之国家，为全国国民所公有：民国之政治，为国民所共理，民国之权利，为国民所共享，此方为真正之民国。"②如此可以看出，民有、民治、民享实际上就是孙中山的"三民主义"的理论来源。

　　昆廷·斯金纳在其所著《近代政治思想的基础》一书的"前言"中指出，从中古时期到近代国家观念的重要转变，便是"国家权力不再被看作是统治者的权力"③，斯金纳的这一说法道出了近代的国家观念与以往国家观念的本质差别，即近代人所理解到的国家是公共的财富，而以往的国家则是所有的。"用所有的观念理解国家也是中国传统政治思想的本质特征，由中国古代社会'父传子、家天下'的事实所致，古代中国人不可避免地把国家看作君主的所有物，有些时候，'国家'甚至就是君主的同义语。"④孙中山拒绝把国家看作是任何个人的私有物，而强调民众是国家的主人，即"主权在民"，孙中山主张，在推翻帝制以后的中国，"凡我同胞，均从奴隶跃处主人翁地位"，这一认识彻底颠覆了传统中国统治者"朕即国家"的观念。这在近代中国民权观的发展过程中具有里程碑的意义。

　　孙中山所理解到的民权，就其内涵来说，不仅仅是"权利"，而且也有"权力"的含义。在孙中山看来，人民主权只有在民主体制下才能实现，而民主政治在本质上是程序政治，人们的权利需要在有严格规则的议程下表达。"今民国之名已定矣。名正则言顺，言顺则事成，而革命之功，亦以之而毕矣。此后顾名思义，循名课实，以完成革命志士之志，而造成一纯粹民国者，则国民之责也。盖国民为一国之主，为统治权之所出。而实行

---

①　中国社科院近代史所编：《孙中山全集》第五卷，中华书局，1981年，第629页。

②　中国社科院近代史所编：《孙中山全集》第五卷，中华书局，1981年，第632页。

③　[英]昆廷·斯金纳：《近代政治思想的基础》，奚瑞森、亚方译，商务印书馆，2002年，第3页。

④　孙晓春：《卢梭的人民主权论与近代中国的民主进程》，《贵州社会科学》，2009年第5期。

其权者,则发端于选举代议士。倘能按部就班,以渐而进,由幼稚而强壮,民权发达,则纯粹之民国可指日而待也。"①基于这种考虑,孙中山在辛亥革命后撰写《民权初步》,主要讨论了公民集会议事的程序和规则,这本书又名《会议通则》,后来被收入《建国方略》,可见孙中山对议事程序的重视。

孙中山强调议事程序,是因为在他看来,集会议事是"民权发达之第一步"。而传统的中国人生活在君主专制制度下,没有集会、表达意见的权利与自由,人们也不知道如何以恰当的方式表达自己的权利,"中国人受集会之厉禁,数百年于兹,合群之天性殆失,是以集会之原则、集会之条理、集会之习惯、集会之经验,皆阙然无有"。所以,通过建立与民主政治相适应的集会议事的程序,便可以使民众摆脱"一盘散沙"的状态,恰当地把握行使权利的机会。在孙中山看来,这是民权得以实现的第一步。

孙中山重视集会议事程序,也是由于其对于民权的理解。与维新派不同的是,孙中山不像维新派那样强调议会、议员的作用,而是强调民众在社会政治生活中直接行使权利。在维新派思想家那里,民权的关键在于设立议院和议员,而在孙中山看来,则应该是民众拥有"选举官吏之权""罢免官吏之权""创制法案之权"和"复决法案之权"。在孙中山看来,民权应该是直接的民权,只有在拥有上述四种权利的情况下,民权才是完整的,如果民众不能直接行使这四种权利,代议制政府就难免成为少数人掌握的压迫平民的工具。在这种情况下,即使说人民拥有主权,也只能是"间接民权",这种民权是不完整的,因此一定要"于间接民权之外,复行直接民权"。民众不仅要拥有选举权,也要拥有罢免权和对法律的创制权、复决权。

从对民权的认识出发,孙中山对于"民生"问题予以了高度的重视。在孙中山的三民主义理论中,所谓民生就是民众共同享有"天下之利权",在逻辑上,民生就是民权的目的,保障民生,改善民众的生存条件,是孙中山民权观念不可分割的组成部分。

①中国社科院近代史所编:《孙中山全集》第六卷,中华书局,1981年,第413页。

　　按照孙中山的理解，"民生"就是指"人民的生活"或"国民的生计"，百十年来所发生的一个最大问题即"社会问题"，所以"民生主义就是社会主义"。当然，孙中山这里所说的"社会主义"，并不是马克思主义所主张的建立在生产资料公有制基础上的社会主义制度，而更多的是近代空想社会主义思想家所说的那种没有严重的贫富分化的"社会主义"，但不管怎样，孙中山对于民生问题的重视，表明他已经充分认识到了国家在保障民众生存条件方面的责任。

　　实际上，强调国家在保障民生方面的责任，是孙中山的一贯思想，早在1894年写给李鸿章的信中，孙中山便说："夫国以民为本，民以食为天，不足食胡以养民，不养民胡以立国？是在先养而后教，此农政之兴尤为今日之急务也。"[1]到了辛亥革命时期，孙中山便把对民生的关注集中在平均地权上。

　　在孙中山看来，民生主义的核心就是平均地权，在1921年的一次讲演中，孙中山就民生主义解释说，关于民生主义，"兄弟已定有办法，就是实行'平均地权'。从前中华民国政府在南京成立时，兄弟即倡议平均地权，试行本党底民生政策"[2]。实际上，孙中山平均地权的思想主张早在辛亥革命前就已经提出来了，在1906年秋冬之间发表的《军政府宣言》中，孙中山把"平均地权"与"驱逐鞑虏""恢复中华""建立民国"并列，作为中国同盟会的革命方略的一部分。关于平均地权，孙中山说："文明之福祉，国民平等以享之。当改良社会经济组织，核定天下地价。其现有之地价，仍属原主所有；其革命后社会改良进步之增价，则归于国家，为国民所共享。"[3]总之，平均地权的目的就是实现民众在经济方面的利权共享。

　　孙中山主张平均地权的主观动机，一方面是要解决中国社会已经存在的贫富不均问题，更为重要的则是防止由资本主义的发展而带来的严重的贫富分化。孙中山引述乔治·亨利（Henry George）的话说，"现代文明

---

① 中国社科院近代史所编：《孙中山全集》第一卷，中华书局，1981年，第17页。
② 中国社科院近代史所编：《孙中山全集》第五卷，中华书局，1981年，第477页。
③ 中国社科院近代史所编：《孙中山全集》第一卷，中华书局，1981年，第297页。

如尖锥入社会之中,在尖锥上的社会,却升之使高,在尖锥下的社会,却压之使下。所以近代文明,有发财愈发财,贫穷愈贫穷的趋势"①。就对近代资本主义的认识而言,孙中山确实揭示了一个事实:社会生产力的发展和技术的进步,资本主义经济体系的运行,必然带来社会成员之间的贫富分化。在孙中山看来,贫富分化是不可接受的罪恶,因此如何防止资本主义带来的贫富分化便是人们所面对的社会问题。孙中山认为,在中国进行政治革命的同时,也应该进行社会革命,从而避免资本主义发展所带来的社会问题,"如果我们从中华民国存在之日起就不去考虑如何防止资本主义在最近将来的孳生崛兴,那么等待我们的就是比清朝专制暴政还要酷烈百倍的新专制暴政"②。显然,孙中山更多地认识到了资本主义发展过程中罪恶的一面。

孙中山说:"兄弟底民生主义主张'平均地权',亦是杜渐防微的意思。"③至于如何防微杜渐,一个重要方法就是控制土地价格。孙中山认为,由于资本主义的发展,当时的中国已经出现了贫富分化的端倪,他举例说:"广州自马路开通,长堤一带及其他繁盛地方底地价,日贵一日,今已索值数万元一亩的。此在中国内地之市场,洵属罕见之事。"④孙中山担忧的是,随着经济的发展,一些地方的地价必然上涨,这将进一步加剧社会成员之间的贫富分化。因此,孙中山进一步提出了控制地价的具体方案。按照孙中山的说法,他所设想的控制地价以防止贫富分化的办法"极简而又极公平",这一办法就是,"令人民自己报价,政府则律以两种条件:其一,按所报的地价照值百抽一而收税;其二,则照价收买"⑤。也就是由土地所有者对自己的土地申报价格,但是由于有征百分之一税和照价收购土地两种办法,土地所有者既不敢报价过高,报价过高要缴很高的税,也不敢报价过低,报价过低土地将会被国家按价收买。这样,土地价格便会被控制在一个合理的范围内,社会成员之间也不会因为地价的上

①③④ 中国社科院近代史所编:《孙中山全集》第五卷,中华书局,1981 年,第 477 页。

② 中国社科院近代史所编:《孙中山全集》第二卷,中华书局,1981 年,第 326 页。

⑤ 中国社科院近代史所编:《孙中山全集》第二卷,中华书局,1981 年,第 479 页。

涨而发生严重的贫富分化。

　　"平均地权"是民生主义的重中之重,1912 年,孙中山在对同盟会会员演说时指出:"本会从前主义,有平均地权一层。若能将平均地权做到,那么,社会革命已成七八分了。"①在平均地权以外,实行民生主义所要做的就是节制资本。如果说平均地权是为了解决几千年来一直困扰中国社会的土地问题的话,节制资本则是要有效防止近代产业发展带来的资本垄断。孙中山认识到,近代国家如欲富强,必须发展近代工业,但是在他看来,在英美国家,铁路煤矿由少数富豪投资,导致资本对这些产业的垄断,而政府却"任其专利,以致其国虽强,其民仍复苦楚"②。基于这样的认识,孙中山主张,应该把铁路、电气、水道等事关国计民生的产业收归国有,避免私人资本对这些产业的垄断,以便防止少数人"独享其利"③。孙中山的这一想法,通过 1924 年的国民党一大宣言更为具体地表达出来:本国以及外国人在中国办的企业,"或有独占的性质,或规模过大为私人之力所不能办者,如银行、铁道、航路之属",由国家来经营管理,以免私人资本操纵国民生计。④今天看来,孙中山的这一主张可能并不符合现代市场经济的基本精神,但生活在近代的孙中山却认识到了一个十分重要的问题,时至今日,也仍然是每一个现代国家都要面对和防范的,那就是,如何防止经济领域的垄断。虽然孙中山所主张的由国家垄断替代私人资本的垄断并不是完美的答案,但无可置疑的是,在当代,如何防止垄断,保证市场的公平竞争,人们仍然在寻求着更加有效的方法。

　　作为中国近代历史上伟大的革命家和思想家,孙中山的民权观有着十分重要的理论价值和历史意义。孙中山对民权的理解,在很大程度上决定和影响了近代中国的历史进程。实际上,中国传统社会里延续数千年的君主专制制度能够在 20 世纪初叶得以终结,与以孙中山为代表的革命党人的努力是分不开的。但也必须看到,尽管辛亥革命成功了,辛亥

---

　　① 中国社科院近代史所编:《孙中山全集》第二卷,中华书局,1981 年,第 320 页。
　　② 中国社科院近代史所编:《孙中山全集》第二卷,中华书局,1981 年,第 340 页。
　　③ 中国社科院近代史所编:《孙中山全集》第二卷,中华书局,1981 年,第 323 页。
　　④ 参见中国社科院近代史所编:《孙中山全集》第九卷,中华书局,1981 年,第 120 页。

革命的成果却因种种原因而落入袁世凯手中,自此中国社会进入了北洋军阀统治时期,随后又上演了袁世凯推翻共和、恢复帝制和后来张勋复辟的闹剧,再到后来的军阀混战,国民党政府的腐朽统治,近代中国的民主进程是不尽如人意的。近代中国民主政治发展过程的迂曲,当然是由错综复杂的因素导致的,但在这之中,我们又不能不说,近代思想家也应负有一份责任,这便是近代思想家民权观的局限,以及孙中山民权观的理论局限。所以,正确认识孙中山民权观的局限,也一定有助于我们了解近代中国民主政治发展缓慢的原因。

孙中山民权观的局限主要有以下几个方面。

首先,孙中山的民权观仍然带有传统民本思想的痕迹。

尽管孙中山曾经游历美、日,对西方近代思想文化有着深刻的认识和理解,但是和中国近代许多思想家一样,孙中山也同样是在中国传统的知识背景下成长起来的,在接受西方近代的民主思想,并且在中国话语环境下对民权加以阐释的时候,也会不自觉地把传统的民本观念带入其对民权的认识中。"在中国传统政治思想中,民是国之本,君则是民之主,这样的思维方式,使得人们常常不自觉地把圣王明君视为民众的救世主,同时也使得相当一些人把拯救民生视为自己的政治责任,救世主观念与民本君主的思想方式实际上是共生的。"[1]孙中山在阐述其民权观念时,也时而表露出传统的民为国本、为民做主的观念。例如,孙中山于1903 年在檀香山的演说中便说:"首事革命者,如汤武之伐罪吊民,故今人称之为圣人。"[2]这句话的本意是,革命是拯救中国危亡的"不二法门",但是把首事革命者视作汤武一样的圣人,他就在有意无意间把自己看成了与历史上那些应天景命、救民于水火的圣王明君并无二致的救世主。再如,1916 年孙中山在上海的一次茶话会上又说:中国如果要实行民主政治,必须有先知先觉者承担更多的责任,"吾人当为人民之叔孙通,使其皆知民权之可贵。今更请诸公皆为伊尹、周公,辅迪人民,使将民权立

---

① 孙晓春:《戊戌辛亥时期民主主义思潮初论》,《吉林大学社会科学学报》,1994 年第 1 期。

② 中国社科院近代史所编:《孙中山全集》第一卷,中华书局,1981 年,第 226 页。

稳"。①在近代中国的历史条件下，长期生活在专制统治下的民众需要唤起，这确实不错，可是孙中山这句话虽然意在强调革命党人所承担的唤起民众的责任，但在逻辑上，民权又在无形之中变成了先知先觉者的给予，"如果思想家和政治家在观念形态上确立了一个'辅迪民权'的逻辑，那么，这种'民权'在事实上也就不会很可靠"②。

其次，孙中山虽然对民权有着深刻的理解，但是和中国近代其他思想家一样，孙中山对民主政治的制度安排也缺少充分的思考，这体现在孙中山没有充分认识到近代代议制政府的意义。

如前所述，近代民主政治区别于君主专制政治的一个重要方面，同时也是近代民主区别于古典民主的重要标志，就是把代议制政府作为社会管理的基本结构。如果说戊戌维新以后以康有为、梁启超、何启、胡礼垣为代表的维新派过分夸大了议会的作用，那么以孙中山为代表的革命派则对于代议制估价不足。例如，作为辛亥革命时期革命派重要一员的章太炎就认为，代议制是"封建之变相"，他把近代的议会类比于中国古代的官吏选拔制度，以为"选举法行，则上品无寒门，而下品无膏粱，名曰国会，实为奸府，徒为有力者傅其羽翼，使得腰腊齐民，甚无谓也"③。孙中山虽然不像章太炎那样偏激，但他对近代代议制民主的评价也不是很高。孙中山理解到的民权，就是直接民权，在某种意义上说，孙中山强调民众应该拥有选举、罢免、创制、复议的权力并不错，但他把间接民权看作是不完整的民权却是有问题的。

实际上，代议制是与近代国家相适应的政治体制。这是因为，近代以来，由于国家版图的扩大，人口的增多，古典时代那种以城邦为限的直接民主已经不复可能，因为没有哪一个国家能像希腊的雅典城邦那样，把所有的公民召集到一个广场上举行公民大会，在国家幅员辽阔的前提下，让所有公民对国家的公共事务频繁进行表决是不可能的。罗马共和

---

① 参见中国社科院近代史所编：《孙中山全集》第三卷，中华书局，1981 年，第 329 页。

② 孙晓春：《戊戌辛亥时期民主主义思潮初论》，《吉林大学社会科学学报》，1994 年第 1 期。

③ 汤志钧编：《章太炎政论选集》，中华书局，1977 年，第 458 页。

国最终为罗马帝国所取代,也是由于这样的原因。在这一意义上说,通过召开公民大会,让所有的公民对公共事务进行投票,在古代的城邦可能是行之有效的管理方式,在近代国家却没有得以实行的条件。民主在近代国家得以重生,一个重要的原因就是近代思想家和政治家发现了代议制。孙中山把民权理解为直接民权,而把代议制民主看作是不完全的民主,说明他对近代民主的理解是不全面的。

另外,孙中山主张,要在"间接民权之外,复行直接民权",强调民众应该拥有选举等权利,通过民众直接行使权利,来保证民众的权利不受分割,这一设想固然是有意义的。但是,直接民权与间接民权之间究竟是什么关系,换句话说,也就是人民主权与代议制政府之间究竟是什么关系,这本身就是一个复杂的命题。如果要在现实的政治生活中处理好二者之间的关系,需要系统完备的制度安排,孙中山虽然在《民权初步》中设计了集会议事规则和程序,但这些规则对近代民主政治来说是远远不够的,甚至还谈不上是近代民主政治的制度安排。至于实现共和以后的中国应该实行什么样的政治体制,孙中山考虑的显然不多。甚至实行总统制还是内阁制,在革命党内部也存有不同的观点。思想界对于民主政治体制的思考的相对不足,其消极影响也在后来的民主进程中充分体现出来。

最后,孙中山平均地权和节制资本的思想主张,尽管对于近代中国社会有着十分重要的意义,但也存在着明显的局限性。

出于防止贫富分化和私人资本垄断产业的目的,孙中山提出了平均地权、节制资本的思想主张,在当时的历史条件下,这些思想主张的积极意义是显而易见的。但在另一方面,平均地权、节制资本的主张,也暴露出孙中山对于近代产业发展和资本经济的恐惧心理。如果说防止垄断和贫富分化是每一历史时代政治家的责任,那么用什么样的方式来防止贫富分化和垄断,也同样需要审慎的考虑。至于孙中山有关国家控制交通、能源、银行等产业的设想,今天看来就是国家垄断,尽管国家垄断与私人资本垄断有着很大的不同,但国家垄断在本质上也仍然是垄断。由国家垄断替代私人资本的垄断,这在怎样的程度上可以说是最佳选择,仍然有待于在社会生活实践中得到证明。

综上，孙中山民权观的这些理论局限，表明中国近代思想家对于民主政治的认识和理解，还远不能达到现代中国民主政治发展的需要。而建构现代的民主理念，推进中国的民主政治建设的任务，只能留待当代中国人完成。

四、建构现代中国的民主理念，走向社会主义法治国家

民主与法治，是现代国家区别于传统国家的根本标志。早在 1997 年，党的十五大提出了依法治国，建设社会主义法治国家的战略任务，从传统的"以法治国"到"依法治国"的转变，可以说是近几十年来最有意义的理论进步。习近平同志在第十二届全国人民代表大会第一次会议上的讲话中又一次强调，要"坚持人民主体地位，扩大人民民主，推进依法治国"[①]，这表明，建设现代法治国家仍然是有待我们完成的任务。近几十年中国社会的改革历程告诉我们，没有政治体制改革，经济体制改革是不可持续的。当前，我国的改革开放事业已经进入了"深水区"，随着经济体制改革的深化及诸多社会问题的积聚，政治体制改革必然要提上日程，而民主与法治则是当今中国社会政治体制改革的核心主题。

（一）人民主权论的现代解读

说到民主政治，人们首先想到的是近代思想家阐发的人民主权论。人民主权论的真实意义在于把人民设计为主权者，而在根本上否定了专制政治的合理性。作为人民主权论的首倡者，卢梭一方面认为人民是"主权者"，是政治权力的唯一来源，当国家的管理者与人民的要求相违背的时候，人民有权收回管理者手中的权力；另一方面，他又把民众设计为

---

① 《新京报》2013 年 3 月 18 日，http://news.sina.com.cn/c/2013–03–18/023926559533.shtml。

"臣民",认为人民必须接受国家管理者的统治。尽管卢梭的人民主权论在近代历史上曾经起过极其重要的作用,但是"主权者"与"臣民"这样的双重理解,在实践层面上却很难落实为具体的制度安排。因此,以洛克、约翰·密尔、孟德斯鸠为代表的思想家,从公民权利与对现实生活中行政权力约束的视角来解释人民主权,他们的思想学说对于现代民主政治便有着弥足珍贵的价值。确实地说,也正是这一思想传统为近代以来的民主政治提供了理论支持。

一直以来,在对民主政治的理解方面,我国理论界更多地接受了卢梭的人民主权论,一个通行的说法便是"人民群众当家做主"。虽然"当家做主"与卢梭所说的"主权者"十分接近,但不能否认的是,这一说法并不完全是"主权者"的本意。

民主政治所以必要的前提是公共意义上的国家的存在,只有在公共的国家里民主才是必要的。在英语世界,共和国被写作"common wealth",意为公共的财富。公共意义上的国家是人们公共生活的空间,没有谁能够成为它的所有者或主人,只有在这样的国家里,才需要人们以投票或者协商的方式来决定社会政治生活的基本走向,对国家的公共政策做出选择。于是,社会成员的政治参与及民主政治过程中必须遵循的多数原则才有了真实的意义。

与近代以来的国家观念不同,生活在传统社会里的人们习惯上用"所有的"观念理解国家,这一点清晰地在中国传统政治思想中体现出来。在古代中国人的观念中,国家、权力都是君主的私有物,在中国古代思想家那里,掌握统治权力的君主被设定为国家理所当然的主人。近代以来的社会革命颠覆了传统政治思想的这一逻辑,但是"所有国家观"却仍然在某种程度上影响着我国理论界。"当家做主"之说与中国传统思想有所不同,它不承认"君主"和少数剥削者是国家的主人。但是人们对于国家的理解并没有发生本质的变化,仍然把国家看作是"所有物"而不是公共品。

"当家做主"实际上是对近代思想家的人民主权论简单化的理解。按照有些人的说法,民主是"国家主人"的内部事务,在一个社会里,那些没有被认定为国家主人的社会成员,便被排除在民主政治之外。有的学者说,所谓民主,就是指一个国家内部居民与政权之间的关系:"享有管理国家权力的那部分人,就享有民主,不享有管理国家权力的那部分人,就不享有民主。"①于是,那些"不享有民主"的人们,就成了专政的对象。这与其说是对民主政治的理论说明,莫不如说是在论证一部分人掌握权力并对另一部分人进行统治的合理性。

实际上,现代民主政治所要解决的问题不是哪些社会成员应该拥有权力和享有民主,哪些社会成员不应该享有民主并且接受统治,而是要使国家成为人们的公共生活空间。美国著名政治学家罗伯特·达尔在《论民主》一书中为民主政治列举了十个理由,其中"避免暴政"是第一位的,其后才是"普遍的自由""道德自律"以及经济繁荣等。②避免暴政之所以重要,就是因为这是正常社会生活的基本条件,没有了这一条件,其他一切都将变得没有意义。

近代思想家所说的"人民主权",应该用权利的观念加以理解。它的意义不过是说,在民主政治体制下,每一个社会成员都有参与社会生活的权利,作为主权者,每一个人的权利都应该受到充分的尊重和有效的保护,而保护社会成员的权利也是每一个社会义不容辞的义务。权利视域下的人民主权观念,依赖的是一个有关人的前提假定:每个人都是理性的、道德自律的主体,他们知道如何正当地行使自己的权利。即使现实生活中的人们的道德素质是千差万别的,但仍然要给予每个人表达利益诉求的机会。可以说,民主政治是基于公民基本权利而不是公民素质的政治安排。民主政治所以必要,不是因为我们的社会里有了这样的公民,他们的道德素质或政治素质达到了民主政治的要求,相反却是因为我们社会里存在着道德素质和政治素质各不相同的人们,他们需要同等的参与政治生活的机会。

---

① 王惠岩:《论民主与法制》,《政治学研究》,2000 年第 3 期。

② 参见[美]罗伯特·达尔:《民主理论的前言》,顾昕、朱丹译,生活·读书·新知三联书店,1999 年,第 24 页。

作为主权者的人民,应该是自由平等的主体。我们的社会是由目标各异的人们组成的群体,生活在不同社会位置上的人们有着各不相同的利益与诉求,只要不与人类基本的道德规范相违背,其利益和偏好都是正当的,所以每一个人都应该受到尊重和公平的对待。不过,由于每一个社会成员都有着不同于他人的利益与偏好,所以人与人之间的利益冲突便成了社会生活的常态。假如一个社会只是把表达诉求的机会给予一部分社会成员而无视另一部分社会成员的权利,无论这部分人是多数还是少数,这种政治最终都只能是暴政。正如 18 世纪美国著名政治家和思想家汉密尔顿所指出的那样:"把所有权力赋予多数人,他们就将压迫少数人。把所有权力赋予少数人,他们就将压迫多数人。"①

如上所述,如果要问,我们为什么要有民主政治? 答案只有一个:因为我们每一个人都有着不可剥夺的权利,民主政治所能做的,便是为所有社会成员提供表达诉求的机会,并且允许社会成员根据自己的偏好参与公共的政治生活。对于每一个人来说,只要充分地表达了自己的利益诉求,就尽其所能地影响现实生活中的政治。虽然并不排除由于利益与偏好的不同,某些个人的诉求因属于少数而遭到否决,但即便如此,由于有了表达意见的机会,他们也将从中感受到制度的公平。

基于上述的认识,我们有理由说,尊重公民的个人权利,使公民拥有利益表达的机会,是我们需要民主政治的主要理由。罗伯特·达尔在说到民主的好处时,也说到了经济的繁荣。达尔说现代民主可以为一个国家带来繁荣,这似乎是一个事实。不过,达尔的这一说法却很容易使人们产生误解,把经济繁荣当作实行民主的理由。其实,民主政治所能解决的只是国家以公平的方式对待它的国民的问题, 至于达尔所说的"繁荣",却是良好的社会安排带来的副产品。需要说明的是,就其本质而言,民主政治并不对任何功利性的目的负责。诸如时下人们所说的民族崛起或者复兴,经济的繁荣或者富强,都不成其为民主的理由,因为能够达到这些目

---

① [美]罗伯特·达尔:《民主理论的前言》,顾昕、朱丹译,生活·读书·新知三联书店,1999年,第 6 页。

的的途径并不仅止于民主。我们需要民主的最为重要的理由,是使我们的政治生活在道义上更加正当,至少经济的繁荣及"民生"问题并不能说明其意义的全部。

(二)顶层设计:当代中国民主政治建设的可靠路径

罗伯特·达尔在论及现代民主政治的时候指出,民主政治有一个"非常重要的限制条件":"民主的管理机构真正需要的政治制度, 取决于单位的规模。"民主政治所以能够得到发展,"正是出于管理国家、而不是管理小型单位的需要"①。所以,民主是指现代国家的政府所需要的制度,而不是那些规模有限的基层单位的制度。对于这一点,达尔进一步解释说,那些规模远比国家小的单位,如某种类型的委员会、俱乐部或者小乡镇,它们也可能是按照民主原则管理的,在它们的内部,虽然也有既定的投票程序,并且也有平等的投票权,但是这样的组织结构并不需要数量庞大的通过选举产生的官员。所以,我们所说的民主政治指的并不是这一层面上的制度安排。

近代以来的历史证明,那些建立起现代民主政治的国家无论在政治上存在什么样的差异,但有一点却是共通的,每一个国家的民主政治都是通过国家层面的制度安排实现的。通过顶层的制度安排来规范整个社会的政治生活,是现代民主政治唯一可行的路径。

改革开放以来,顶层的制度安排一直为人们所关注,而且在民主法治的实践中,在这方面也取得了一些令人瞩目的成就,这主要体现为人民代表大会制度的日益完善。不过,应该指出的是,在民主政治建设方面,我们并没有把全部注意力集中在顶层的制度安排上,相反却在以村民自治为主要形式的基层民主上花了更多的气力。《中华人民共和国村民委员会自治法》规定:"村民委员会是村民自我管理、自我教育、自我服务的基层群众性自治组织,实行民主选举、民主决策、民主管理、民主监

---

① [美]罗伯特·达尔:《论民主》,李柏光、林猛译,商务印书馆,1999 年,第 99—100 页。

督。"①村民委员会虽然不是一级政府,但却是通过民主选举产生的治理结构。在 20 世纪八九十年代,我国的村民自治曾经引起国内外政治学界的广泛关注。许多人认为,村民自治或许可以成为中国政治体制改革的试验性范本,甚至有人认为,通过不断完善村民自治,可以循序渐进地扩大基层民主的范围,从而推进政治体制改革,实现当代中国的政治发展。然而,村民自治在实践中却遇到了许多难以解决的问题。据调查,在许多地方都不同程度地存在着家族势力影响村民委员会选举,甚至在村民委员会选举过程中,不同程度地存在贿选、暴力胁迫等现象。②现在看来,起初人们对村民自治的期望过于乐观了一些。

在理论上说,基层单位的制度安排,应该是整体社会安排的一部分。考察我国自 20 世纪 80 年代以来实施的村民自治制度,不难看出,村民委员会这种"民主选举、民主决策、民主管理、民主监督"的自治组织,与我们国家更高层面的选举制度是无法衔接的,村民自治在事实上成了游离于国家选举制度之外的结构,再由于缺乏相关的法律保障,这种基层民主形式在实践中遇到问题便不足为怪。

在近几十年我国的体制改革进程中,社会各界在十分重要的一点上达成了共识,那就是我们要走中国特色的政治发展道路,从实践的角度来看,这种说法无疑是正确的。在当今世界上,任何一个国家的政治发展都不可能脱离自己国家的实际,即使是在政治经济制度极其相似的欧美国家中,民主政治也呈现出各不相同的特点。我们有理由说,未来中国社会的民主政治也必定有着不同于其他国家的特色。中国特色的政治发展道路是由我国的具体国情决定的,是我们的社会中可能的政治。

不过,我们也应该看到,无论不同社会的政治生活有什么样的差异,但作为现代民主政治,必然具有共同的特征。我们没有理由忽视那些先行的民主国家的成功经验,这些经验同样是人类共同的精神财富。如果

---

① 《中华人民共和国村民委员会自治法》第一章第二条。

② 参见《改善城乡结合部农村村民自治状况》,中国政协新闻网 2013 年 4 月 3 日,http://cppcc. people.com.cn/n/2013/0403/c34948–21006886.html。

无视这些经验,中国的政治发展仍将是一个痛苦的摸索过程。

现代民主政治究竟在哪些方面具有相同的特征,我们这里不能一一列举。但至少以下几个方面应该是现代民主政治必须具备的要素。

首先,现代民主政治应该具有可靠的权力制衡机制。

法国近代著名思想家孟德斯鸠说:"人们会恒久地看到,一切拥有权力的人都倾向于滥用权力,而且会把权力用到极致。"孟德斯鸠认为,"为了防止权力被滥用,必须通过对事务的安排,以权力约束权力。"[1]以权力制约权力的有效方式便是使立法权、司法权和行政权相分离(séparation)。[2]孟德斯鸠的这一思想奠定了近代民主政治的理论基石。近代以来,凡是健康运行的民主政体,大都体现了孟德斯鸠的这一思想。

改革开放以前,我们实行的是从苏联那里学来的议行合一的体制。党的十一届三中全会以后,我们逐渐认识到了权力高度集中的危害,在实践上也不断地改变以往那种权力高度集中的政治体制,例如充分发挥各级人民代表大会和人民政协的作用等,这在一定程度上起到了约束行政权力的作用。同时,我们也曾在分权方面做过某些尝试。主要是把原来由中央掌握的权力下放给地方,即所谓"减政放权"。这些尝试在某种意义上是有益的,但应该指出的是,对于我们这个有着数千年中央集权传统、幅员辽阔的国家来说,应该审慎地评估"减政放权"所带来的社会效应。

关于当代中国的政治发展,我们已经明确了不效仿西方国家的政治制度的基本方针,但这并不等于在我们的社会里不需要权力制衡机制。如果说我们不能回到议行合一的老路,也不走以权力制约权力的路径的话,如何建立切实有效的权力约束机制,便需要我们有更高的智慧。

---

① Charles de S econdat, Baron de Montesquieu, *The Spirit of The Laws*, translated and edited by Anne M. Choler, Basia C. Miller and Harold S. Stone, Cambridge University Press, 1989, p.155.

② Séparation 一词,过去译为"分立",从孟德斯鸠行文原意来看,这一译法不很妥帖,这里姑且译为"分离"。在孟德斯鸠有关概略的论述中,孟德斯鸠有时也说权力配置(distribution),显然,孟德斯鸠这里所说的权力分离含有权力配置的意思,而不是简单的权力分割。对于这一点,许明龙在其所译《论法的精神》(商务印书馆,2012 年)的译者附言中有详细说明。

其次,现代民主政治离不开广泛的大众参与。

大众参与是现代民主政治不可或缺的要素。大众参与所以必要,是因为现代国家在规模上已经远远超过古代的城邦或者城市共和国,每遇到重大的公共事务,不可能像古代的直接民主那样,由所有的公民聚集到广场上投票表决,而只能实行代议制民主。在国家的公共事务通常由代议制政府管理的情况下,公民个人的意见表达便成为民主政治的重要补充。

大众参与是公民基于自身权利,以个人为单位,以自愿为前提,通过合法的方式表达自己意见与利益诉求的行为,一般说来,诸如选举、走访、发表议论是大众参与的主要方式。由于公民的参与行为往往是根据自身利益和个人理解发生的,所以大众参与更多的是"无序"的或无组织的。不过,尽管社会大众的政治参与是以个人为单位发生的,但是对于社会政治生活的意义却十分重大,因为这是一个社会做出合理的政策选择的前提。罗伯特·达尔在说到公众参与之于现代民主政治的意义时指出:如果说让所有同胞都生活在完全和美的状态里是一种不合理的期望的话,那么"我们就应当设法建立一套满足某些合理标准的制度规则和法律的程序","这个程序必须保证,在一项法律生效以前,所有的公民都有机会表达自己的观点"。①达尔在这里说的是大众参与在制定法律过程中的作用,实际上,公民的政治参与对于全部的公共政策选择都是有意义的。

在近年来有关公民参与的讨论中,学术界一个比较流行的说法是扩大公民的"有序参与",在这些学者看来,现代民主政治条件下的大众参与应该是有序的。这一说法同样是对大众参与的误解。

所谓"有序参与",在本质上就是某种有组织的参与,虽然并不排除公民在这种参与中表达自己的利益诉求的可能,但在更多的情况下,这种参与是公民应组织者的需要或者在组织者的引导下发生的,这种形式的参与,很有一些裹胁的意味,人们能够在怎样的程度上表达自己的利益是很值得怀疑的。如果扩大这种形式的参与,实际上就会相应地压缩

---

① [美]罗伯特·达尔:《论民主》,李柏光、林猛译,商务印书馆,1999 年,第 61 页。

公民个人参与的空间，大众参与也就丧失了本来的意义。

人们所以强调公民的有序参与，或许有一个堂而皇之的理由，那就是，在有序参与的过程中，人们关心的是公共利益，而以个人为单位的无序参与，通常表达的是公民的个人利益诉求。换言之，有序参与要比无序参与更为高尚。其实，在现实生活中，我们之中的绝大多数人首先注意到的都是自己的切身利益，人们最为关心的也是自己的利益。在逻辑上，只有知道自己利益何在的人才真正知道什么是他人利益和公共利益。当社会大众在政治参与过程中广泛地表达个人利益诉求的时候，实际上也就表达了公共利益。因为所谓的"公共利益"最终还是要体现为每一个社会成员的利益。

在人们反复强调有序参与的同时，公民的个人参与行为却在有意无意中受到了忽视。比如，访民的上访行为也是一种表达利益诉求的方式，尽管人们在上访过程中维护的个人权益，但其客观指向却是公共政策的改善。如果上访民众没有受到公平的对待，其实质就是对公民参与权利的侵害。因此，在我们的社会里，建立切实可靠的公民参与机制是我们亟待完成的任务。

（三）全面依法治国：实现社会主义民主的法律化、制度化

党的十八届三中全会做出的《中共中央关于全面深化改革若干重大问题的决定》，进一步明确了"加快推进社会主义民主政治制度化、规范化、程序化，建设社会主义法治国家"的战略任务，决议指出："建设法治中国，必须坚持依法治国、依法执政、依法行政共同推进，坚持法治国家、法治政府、法治社会一体建设。深化司法体制改革，加快建设公正高效权威的社会主义司法制度，维护人民权益，让人民群众在每一个司法案件中都感受到公平正义。"[1]近几十年中国社会的改革历程告诉我们，没有社会主义民主政治，就不会有经济与社会的稳定与发展。随着我国改革

---

① 《中共中央关于全面深化改革若干重大问题的决定》，http://www.ce.cn/xwzx/gnsz/szyw/201311/18/t20131118_1767104.shtml。

开放事业进入了"深水区"，党的十八届三中全会第一次把政治体制改革、建设社会主义法治国家的任务明确提出来，表明我们国家的民主政治建设已经提上了议事日程。然而当代中国的民主政治建设，依赖于一个重要的前提，就是我们必须对现代民主政治有深刻的理解，从而为现代民主政治发展提供充分的理论支持。

现代意义的法治是民主政治的基本保障。孟德斯鸠在《论法的精神》一书中指出："一种政体可以是这样的，任何人都不会被强制去做法律不强迫他做的事情，也没有谁能阻止他去做法律允许他做的事情。"①孟德斯鸠的这一论述揭示了现代法治国家的精髓。事实上，现代意义的法治，其主导的方面并不在于如何治理国家，而在于如何用法律约束社会政治生活。在现代法治国家中，法律是约束公共生活的最高权威和最有效的规范，法律的作用只是告诉人们，什么是被允许的，什么是被禁止的。法律不承认任何个人和团体的特殊的地位。在一个社会里，执政者或者政府尽管是社会管理的主体，但也必须在宪法的规范下进行活动。

在西方法律思想史上，从古希腊的亚里士多德开始，思想家始终关心的一个话题，便是国家必须有一部好的法律，法国近代思想家卢梭甚至更为明确地主张，公民只能服从善法而不能服从恶法。在这一意义上说，好的法律是现代民主与法治的前提条件。但是，拥有"善法"说起来容易，真正做到却不容易。对于处在转型过程中的中国社会来说，这要求我们的法治理念、立法技术都有实质性的进步。

中国是一个有着悠久的法治传统的国家，但在中国古代社会中，法律一直被认为是统治者治理国家的工具，"有生法，有守法，有法于法。夫生法者，君也；守法者，臣也；法于法者，民也"（《管子·任法》）。这种观念深刻地影响了当代中国的理论界。自20世纪50年代以来，几乎在任何一本有关法律的教科书中，法律都被解释为由统治阶级制定的用来镇压被统治阶级反抗的工具。确实地说，这种法律观念与中国传统的法

---

① Charles de Secondat, Baron de Montesquieu, *The Spirit of The Laws*, translated and edited by Anne M. Choler, Basia C. Miller and Harold S. Stone, Cambridge University Press, 1989, pp. 155–156.

律思想所遵循的是相同的逻辑，正是由于这种观念作祟，中国社会一直远离现代意义的法治。

现代社会的法律遵循的是与传统社会全然不同的法治理念。传统社会的法律强调社会成员的义务和统治者的权力，而现代社会的法律却旨在保护公民权利而限制执政者的权力。一言以蔽之，现代社会的法律是"权利本位"。现代社会的法律是约束社会生活的公共权威，它首先要保护的是每个社会成员的权利。因为法律是公共的权威，是现代法治国家的法律不能鼓励某些社会成员的偏好而抑制另一些社会成员的偏好，不能肯定某些社会成员的权利而否定另一些社会成员的权利。总之，法律不能成为一部分社会成员对另一部分社会成员进行掠夺的工具。

近代以来民主政治最有意义的成就，就是实现了民主与法治的均衡。在某种意义上说，民主与法治的基本精神就是对公共权力的有效限制。近代以来民主政治的发展历程告诉人们，在一个社会里，如果不把权力关进法律的笼子，即使这个社会有一个既定的民主程序，也不能保证这个社会有高质量的政治生活。

一段时间以来，在有关民主与法治的讨论中，有人以为，用宪法规范和保障民主，是资本主义国家特有的，"宪政的关键性制度元素和理念只属于资本主义和资产阶级专政，而不属于社会主义人民民主制度"①。这一说法是完全错误的。持这种观点的人显然不知道，民主政治所以必要，就在于约束现实生活的权力，从而防止公共权力被滥用。无论一个国家的具体国情如何，只要它选择了走向现代民主政治的发展道路，在这一方面就不会有例外。

党的十八届四中全会做出的《关于全面推进依法治国若干重大问题的决定》中指出："健全宪法实施和监督制度。宪法是党和人民意志的集中体现，是通过科学民主程序形成的根本法。坚持依法治国首先要坚持依宪治国，坚持依法执政首先要坚持依宪执政。全国各族人民、一切国家机关和武装力量、各政党和各社会团体、各企业事业组织，都必须以宪法

---

① 杨晓青：《宪政与人民民主制度之比较研究》，《红旗文稿》，2013 年 5 月 22 日。

为根本的活动准则,并且负有维护宪法尊严、保证宪法实施的职责。一切
违反宪法的行为都必须予以追究和纠正。"①明确指出了宪法之于社会主
义民主的重要意义,对致力于现代化的中国社会来说,社会主义民主政
治是否需要宪法的保障,党的十八届四中全会已经做出了明确而有力的
回答。无可怀疑的是,当代中国的民主政治建设和政治发展,同样需要民
主与法治的均衡。

①《中共中央关于全面深化改革若干重大问题的决定》,http://www.ce.cn/xwzx/gnsz/szyw/201311/
18/t20131118_1767104.shtml。

从传统的道义观念走向现代社会正义

在东西方政治思想史上，"正义"或者"道义"是全部政治哲学的核心主题，这一主题所体现的是人类不可放弃的道德诉求。以往一说到正义问题，人们大多从古希腊的政治哲学说起，却很少提及中国古代思想家的道义观念。实际上，和古希腊哲学家一样，中国古代思想家从很早的时候起，便已经关注到了社会正义的主题，只不过由于语言方面的原因，中国古代思想家所使用的概念不同于古希腊哲学家。虽然历史上东西方思想家所使用的概念不同，但是在追求符合道德的社会生活这一点上却是一致的。

近年来，随着改革开放日益深入，社会公正也日益成为理论界关心的主题。正如我们在以往的研究中指出的那样，虽然改革开放以来我们国家在经济与社会发展方面取得了令人瞩目的成绩，但是经济的发展并不能在根本上解决社会公正的问题，甚至在一定程度上使得社会公正问题愈加凸显，这是因为，按照近代正义理论家的观点，资源的适度稀缺是社会正义所以必要的基本前提，无论生产怎样发展，物质生活资料丰富到什么程度，都没有在根本上改变资源"适度稀缺"的状况，因而也无法消除人们对于社会公正的需求。[1]事实上，改革开放以来中国的经济发展，不仅没有消解人们对于社会公正的需求，反而使得社会公正问题在我们的社会生活中变得愈益重要。社会正义仍然是当代中国人面对的社会主题，什么是社会正义，在现实的社会生活中如何实现公平正义，这些历史上的人们曾经回答过的问题，我们仍然要做出回答，因为当代中国社会生活的质量，在很大程度上取决于我们对这些问题的认识和理解。而当代中国人对于这一问题的理解，又在很大程度上取决于我们如何理解中国古代思想家的道义观念。

---

[1] 参见孙晓春：《社会公正：现代政治文明的首要价值》，《吉林大学社会科学学报》，2005年第3期。

一、先秦儒家道义论的内涵及其逻辑进路

中国古代思想家所说的"道义"与古希腊苏格拉底哲学的"正义"是意义相同的概念,作为中国历史上最早思考社会政治生活中道德问题的思想家群体,先秦儒家对"道义"问题的关注比古希腊哲学家还要早些。生活在春秋战国时期特定历史环境下的先秦儒家,在吸收以往道义观念的基础上,形成了内容完备的道义理念。先秦儒家有关道义问题的认识,在根本上决定了秦汉以后儒家伦理政治学说的发展路向。

(一)道义概念的源流与先秦儒家的理性把握

中国古代道义观念的源头可以追溯到商末周初,这一观念是伴随着人们对社会政治生活正当性的认识而萌生的。从《尚书·洪范》所说的"无偏无党,王道荡荡"以及西周初年统治者提出的敬天保民、明德慎罚的思想主张来看,当时人们已经意识到了如何正当行使权力的问题。到了春秋时期①,如何使社会政治生活在道德上具有正当性,逐渐成为人们共同关心的问题,其表现就是"道"和"义"成为人们频繁使用的概念。

由于语言方面的原因,"道"与"义"在最初是被当作内容上既有区别又有联系的概念分别使用的。从《左传》《国语》等有关文献的记载来看,春秋时期的人们对这两个概念已经形成了一些基本的理解。在这一时期人们的观念中,"道"和"义"都具有规则的含义。关于"道",据《左传》桓公六年记载,随国大夫季良曾说:"臣闻小之能敌大也,小道大淫。所谓道,忠于民而信于神也。"据《左传》昭公二十五年记载,郑国大夫子大叔曾

---

① 为了行文方便,这里所说的"春秋时期",主要是指儒家学派形成以前的历史时期。虽然孔子生活在春秋末年,但本文所叙述的春秋时期人们的思想言论,通常不包括孔子的思想和观点。

说："夫礼，天之经也，地之义也，民之行也。"这里所说的"地之义"，也是把"义"看作人们应该遵循的规则。

"道"和"义"被理解为社会生活所应遵循的原则，也就自然而然地被看作是价值判断的标准。春秋时期的人们认为，只有符合"道"和"义"的生活才是有价值的生活，而违反"道"和"义"的社会生活状态或者个人行为便是"无道"或者"不义"。"无道""不义"的行为不仅在道德上是不可接受的，而且人们也相信，"无道""不义"必将招致不良的社会后果，即所谓"多行不义必自毙"。①

在春秋时期人们的观念中，"道"和"义"这两个概念也有细微的差别。在对"道"的理解方面，人们往往把"道"和"天"联系在一起，进而有了"天之道"的观念。如《左传》哀公十一年有"盈必毁，天之道也"；又如《左传》文公十五年记载，鲁国执政大夫季文子曾说"礼以顺天，天之道也"。这表明，人们在使用"道"的概念时，强调的是"道"的客观必然属性。与"道"的概念相较，"义"在大多数情况下不是具有客观必然意义的概念。据《左传》宣公十五年记载，解扬曾说："君能制命为义，臣能承命为信，信载义而行之为利。谋不失利，以卫社稷，民之主也。义无二信，信无二命。"把"义"与君主能够"制命"联系在一起、把"信"理解为臣下能够"承命"，表明当时人们是在特定的人际关系中理解"义"的概念的。在这里，"义"虽然也是人们应该遵守的道德规范，但它所指的是特定人际关系中的行为恰当或适当。

由于"道"和"义"这两个概念存在上述差别，当它们被用来说明人们的行为是否正当的时候，也隐含着不尽相同的逻辑。因为"道"是更具客观性的概念，其本身便意味着绝对意义上的正当，它既可以用来说明整体的社会政治生活状态，如所谓"天下有道"，也可以用来说明社会生活中的个人行为是否正当，例如称某一国君"有道"或者"无道"。而"义"则

---

① 《左传》中此类记载颇多，如《左传》僖公二年记载，晋国大夫荀息对虞公陈述假途灭虢的理由时称"虢为不道"；《左传》文公十六年记载，有"（宋）昭公无道"；《左传》文公二年记载，晋狼瞫语"死而不义，非勇也"；《左传》昭公元年记载，楚国令尹公子围擅权，晋国大夫叔向评论说"强以克弱而安之，强不义也。不义而强，其毙必速"。

不同,因为"义"不是绝对的客观原则和尺度,有关"义"与"不义"的判断,通常都要放在特定的人际关系中加以解释,如"君义臣行"(《左传》隐公三年)。同时,对"义"与"不义"的判断也离不开人与人之间的利益权衡,如前面引述的"信载义而行之为利",《左传》僖公二十七年又有"诗书,义之府也,礼乐,德之则也,德义,利之本也"。《左传》中"义"与"利""信"联系在一起的议论多见,这表明,春秋时期的人们在把"义"作为价值判断尺度的时候,主要是出于对行为主体间的适当性考虑。

虽然春秋时期的人们已经对"道"和"义"有了基本的理解,并且在此基础上形成了较为朴素的道义观念,但是由于这一时期的人们对"道"和"义"的分别使用和把握,在很大程度上妨碍了他们对道义问题的抽象理解。春秋时期的人们虽然常常用"有道""无道""义""不义"对社会政治生活中的具体行为做出判断,却很少就"道"和"义"的概念做出解释。由于缺少对概念定义的把握,在这一时期人们的观念里,"道"和"义"还不是普遍意义上的道德法则。当先秦儒家开始讨论道义问题的时候,他们所面对的便是这样的思想前提。这决定了先秦儒家一方面要遵循春秋时期人们对"道"和"义"概念的理解,另一方面又要通过进一步的理论思考,在更抽象的水平上实现对道义概念的把握。

沿袭以往人们对于"道"和"义"概念的理解,先秦儒家大多是分别使用"道""义"概念的,但较之以往,先秦儒家的一个重要进步便是他们开始尝试对这两个概念给出自己的定义。关于"道",《说文》解释"所行道也",《说文》为汉儒所作,但其释义却本于先秦儒家。关于"义",《礼记·中庸》解释"义者,宜也",唐人孔颖达解释说"宜,谓于事得其宜即是其义,故云'义者,宜也'",这一说法符合《中庸》的原意。这是古代中国人最早为"道"和"义"下的定义。

在对道义概念的理解方面,先秦儒家更有意义的进步,是他们把客观必然的含义赋予了"义"。孟子说:"仁,人心也;义,人路也。"(《孟子·告子上》)在另一处,孟子又说:"仁,人之安宅也,义,人之正路也。"(《孟子·离娄上》)孟子所说的"义"已不仅仅是"适当",它在某种程度上也具有了客观法则的含义,也就是说,符合"义"的行为既是适当的,也是符合客观法则的。

　　当战国儒家把"义"也理解为具有客观必然性的概念时,"道"和"义"之间的差别也逐渐变得不再重要。到了战国晚期,便有了把"道"和"义"合并在一起来使用的情形。荀子说:"志意修则骄富贵,道义重则轻王公。"(《荀子·修身》)《周易·系辞》也有"成性存存,道义之门",虽然按照传统的说法,《易传》为孔子所作,但从其行文与思想内容来看,其成书年代应该不会很早。"道"和"义"这两个概念被合并使用的情形,预示着人们对这两个概念的理解愈益趋近,更为注重这两个概念共有的"规则"含义。

　　通过对"道"和"义"概念的定义,先秦儒家在更抽象的水平上理解道义问题成为可能。虽然在许多时候,先秦儒家所说的"道",如"欲为君,尽君道,欲为臣,尽臣道"(《孟子·离娄上》)都是具体的"道",但有些时候他们所说的"道"和"义"也应被理解为抽象的概念。例如,孔子每每说"天下有道""天下无道",在评论齐、鲁等国的政治生活质量时,孔子又说:"齐一变至于鲁,鲁一变至于道。"(《论语·雍也》)对这句话,朱熹解释说:"道则先王之道也。"①其实,朱熹的说法并不符合孔子原意,在这里,"道"应该是抽象的概念。此外,孔子也常常说到"义",如"君子之于天下也,无适也,无莫也,义之与比"(《论语·里仁》),在这里,"义"也是抽象的概念。

　　当"道"和"义"被理解为抽象的概念的时候,人们便尝试脱离社会生活中的事实来说明道义原则。《论语·学而》记载,孔子学生有若曾说"信近于义,言可复也",对于这句话,自朱熹以后,历代注家大多做了错误的解释。如朱熹《集注》说:"信,约信也;义者,事之宜也;复,践言也……言约信而合其宜,则言必可践矣。"杨伯峻先生的《论语译注》也把这句话译为:"所守的约言符合义,说的话就能兑现。"②其实,"复言"是春秋时期的习语,其意为出言反复,《左传》僖公九年记载,晋国荀息曾说:"吾与先君言矣,不可以二,能欲复言而爱身乎?"又《左传》哀公十六年记载,叶公

---

　　① (宋)朱熹:《四书章句集注》,中华书局,2016年,第90页。
　　② 杨伯峻:《论语译注》,中华书局,2015年,第11页。

说:"吾闻胜也好复言……复言,非信也。"便是这方面的例证。有若这句话的意思是说,信接近于义但并不是义,有些时候诺言是可以不履行的。这是因为,信守诺言是社会生活中的具体行为,而"义"是规范社会行为的一般原则,"义"可以用来说明守信的行为是否正当,但却不可以反过来用诚实守信来说明"义"的原则。到了战国时期,孟子说"大人者,言不必信,行不必果,惟义所在"(《孟子·离娄下》),意亦如此。

遵守道义并不等于信守诺言,古希腊思想家也有与此相近的认识。柏拉图的《理想国》有一段关于正义是否就是"有话实说""有债照还"的议论:"譬如说,你有个朋友在头脑正常的时候,曾经把武器交给你,假如后来他疯了,再跟你要回去,任何人都会说不能还给他。如果竟还给了他,那倒是不正义的。把整个真实情况告诉疯子也是不正义的。"①这段话与有若的那句话有着相同的意义,这表明,在东西方思想家对道义或者正义问题进行思考的时候,把道德原则与具体的社会行为分离开来是他们的共同努力。

把"道"和"义"理解为抽象的概念,这对于先秦儒家来说尤其重要。思想家把"道"和"义"的概念从具体的社会条件下抽象出来,从而脱离对道义原则的相对性理解,在这样的思想过程中,道义原则才有可能被理解为普遍的道德法则。只不过由于形而上学素养的相对不足,这一思想过程并没有在先秦儒家那里得以完结。但对于中国传统道义理念的发展来说,先秦儒家已经迈出了十分重要的一步。

(二)先秦儒家对道义原则的理论阐释

在先秦儒家走上历史舞台,对社会政治生活的道德层面进行思考之前,古代中国的社会生活主要是在道德习俗的规范下运行的。人们对道德习俗的遵守更多的是由于习惯。虽然春秋时期的人们已经形成了朴素的道义观念,但是对于一些重要问题,如为什么要拥有符合道义的社会

---

① [古希腊]柏拉图:《理想国》,商务印书馆,1986年,第6—7页。

生活,道义原则之于社会生活的意义是什么,什么样的生活才是符合道义的生活,人们还未能给出合乎逻辑的回答。于是对道义原则的理论阐释便自然而然地成了先秦儒家的责任。

在春秋战国时期,对"道"的概念有着深刻理解的不止儒家,以老子为创始人的道家学派便曾在本体论的层面上对"道"做了论证。"有物混成,先天地生,寂兮寥兮,独立而不改,周行而不殆,可以为天下母。吾不知其名,字之曰道。"(《老子》第二十五章)在道家那里,"道"既是物质世界的本原,又是规范物质世界的根本法则。就对普遍必然性的关注而言,道家对"道"的理解是先秦儒家所未及的。但是道家学派在强调"道"普遍必然属性的同时,却认为"道"与现实生活中的伦理原则是根本对立的,"大道废,有仁义;慧智出,有大伪;六亲不和,有孝慈"(《老子》第十八章)。道家学派认为,要实现与"道"相符合的社会生活,就必须放弃人类在既往的生活实践中获得的全部文明成果,是所谓"绝圣弃智""绝仁弃义"。由于不承认作为普遍法则的"道"与人类社会伦理原则之间的联系,在如何增进社会生活质量,使社会政治生活在道德上来得正当这一问题上,先秦道家没有给出可靠的答案。

与道家学派相反,先秦儒家强调道义原则与现实社会生活之间的联系,试图通过现实的社会生活对道义原则做出解释:"仁之实,事亲是也,义之实,从兄是也,智之实,知斯二者弗去是也,礼之实,节文斯二者是也。"(《孟子·离娄上》)在先秦儒家看来,道义原则与现实生活中的伦理原则是一致的,符合道义的生活得以实现的途径,不是放弃既有的道德习俗和伦理原则,而是对伦理原则的完善。

人们不仅应该拥有符合道义的社会生活,而且拥有符合道义的社会生活也是完全可能的。这种可能性,或者如孟子所说,源自人"不虑而知""不学而能"的良知良能;或者如荀子认为的那样,在人的道德自觉不足依凭的情况下,通过礼义约束与道德教化实现。虽然先秦儒家对于人性善恶有着不同的认识,但是他们都对人类社会生活的道德前景充满希望。因此,他们也自觉地承担起了在理论上阐释道义原则的责任。

先秦儒家认为,道义是规范人类社会生活的根本原则,在社会生活中,道义具有绝对的优先性,甚至要比人的生命更为重要,孟子说:"生亦我所欲也,义亦我所欲也,二者不可得兼,舍生而取义者也。"(《孟子·告子上》)荀子也说:"荣辱之大分,安危利害之常体,先义而后利者荣,先利而后义者辱,荣者常通,辱者常穷,通者常制人,穷者常制于人,是荣辱之大分也。"(《荀子·荣辱》)道义优先是先秦儒家的一致认识。

道义原则拒绝对利益的权衡,"义之所在,不倾于权,不顾其利"(《荀子·荣辱》)。先秦儒家尤其重视义利之别,他们把对待义、利的态度当作区别君子与小人的根本标准。《论语·里仁》载孔子的话说:"君子喻于义,小人喻于利",清人刘宝楠《论语正义》引用范氏的话说:"弃货利而晓仁义,则为君子,晓货利而弃仁义,则为小人。"这一说法十分准确,所谓"晓货利而弃仁义",就是用利益的得失来权衡道义原则,这是先秦儒家坚决反对的。

先秦儒家不仅用道义原则判别君子、小人,同时也把道义原则当作判断社会政治生活善恶良劣的标准,符合道义的政治为"王道",反之便是"霸道","王道"是他们所能理解到的尽善尽美的政治生活。先秦儒家认为,践行"王道"是统治者无可推脱的道德责任,而"王道"政治的关键则是统治者以正当的方式获得权力和行使权力。先秦儒家认为,相对于"功利",道义原则具有绝对的优先性,如果违反了道义原则,任何成功都是没有意义的:"行一不义,杀一不辜而得天下,皆不为也。"(《孟子·公孙丑上》)先秦儒家虽然强调道义优先,但他们并不完全否认统治者在政治上获得成功的意义,在他们的观念中,符合道义的政治本来就应该是成功的,只不过"成功"要以合乎道义的方式来实现。先秦儒家之所以拒绝承认春秋时期的齐桓、晋文为"王道",就是因为在他们看来,齐桓、晋文实现霸业的方式不符合道义。即使儒家创始人孔子有些时候对管仲、齐桓公的霸业也有所称道,但在主导的方面,先秦儒家在道德层面上对齐桓、晋文为代表的五霸是否定的。到了战国时期,荀子和孟子都不约而同地说:"仲尼之徒无道桓、文之事。"(《孟子·梁惠王上》)至于儒家学派为何不谈春秋五霸,荀子说出了个中的道理:齐桓公虽然"有天下之大节",是"五伯之盛者",但却"非本政教也,非致隆高也,非綦文理也,非服人之心也",春秋五霸在本质上是"依乎仁而蹈利者也。小人之杰也"(《荀子·仲尼》)。当先秦儒家用道义的观点判别好的政治与不好的政治的时候,他们也就拒绝了结果主义的考虑。

符合道义的政治也要求统治者以合乎道德的方式对待民众。由君主专制的政治体制所决定,中国古代的国家不是公共意义上的国家,在古代中国人的观念中,统治者对国家的治理就是"治民"。由于这一原因,先秦儒家十分重视统治者治理国家的方式。孔子在评论春秋时期郑国的政治家子产时说:子产"有君子之道四焉,其行己也恭,其事上也敬,其养民也惠,其使民也义"(《论语·公冶长》)。这之中,"养民也惠""使民也义"强调的就是统治者善待民众的责任和义务。到了战国时期,孟子主张统治者应该施行仁政,而荀子则主张实行礼治,孟荀的主张虽然不尽相同,但在推崇"王道"、反对暴政这一点上却是一致的。

由于对符合道义的政治生活的强烈追求,先秦儒家深切关注民众的生存条件。在他们看来,改善民众的生存条件,至少不使民众生存条件恶化,是统治者无可逃脱的道德责任。孔子曾呼吁统治者对于民众应该"富之""教之"。孟子则认为,使民众"养生丧死无憾",便是"王道之始"。荀子认为使民众富足是国家富强之道,统治者应该按照礼的规定征取赋税。《大学》更直截了当地提出,专制国家不能与民众争夺财利,德为本,财为末,因此治理国家不应该以谋取财利为目的,"国不以利为利,以义为利也。长国家而务财用者,必自小人矣。彼为善之,小人之使为国家,菑害并至,虽有善者,亦无如之何矣。此谓国不以利为利,以义为利也"。荀子及《大学》的思想主张实际上已经涉及了社会财富应该如何分配的问题,虽然他们所理解到的分配原则远不是现代意义上的"公平分配",但就他们所生活的历史时代而言,反对专制国家与民争利,拒绝统治者把攫取财富作为国家治理的目的,无疑是具有积极意义的。

(三)先秦儒家道义论的逻辑进路及局限

在逻辑上说，我们之所以认为在社会生活中应该遵守道德原则,是因为在我们看来那些原则具有绝对的重要性。当先秦儒家倡导道义原则的时候,他们也需要说明道义原则之于社会政治生活的重要性。按照古代中国人的思维习惯, 就是要用普遍必然性的观点对道义原则做出解释,从而说明道义原则既是至高无上的,又是普遍的和永恒的,这在某种意义上就是近代思想家所说的"绝对"。事实上,先秦儒家在理论上阐释道义原则的过程,就是在观念世界里把他们所认可的道德原则推向"绝对"的过程。

先秦儒家有关道义原则的客观性论证,主要体现在对"道"的理解上。为了说明"道"是人们必须遵循的普遍法则,先秦儒家所做的主要努力便是为"道"找到一个神圣的来处,进而说明道义原则的至高无上,这是孔子及孟子和荀子的论证逻辑。

为了证明"道"是至高无上的普遍法则,先秦儒家把"道"还原到经验性的历史过程中加以解释,把"道"归结为"先王之道"。孔子的学生有若说:"礼之用,和为贵,先王之道斯为美。"(《论语·学而》)荀子则更进一步说:"先王之道,仁之隆也,比中而行之。曷谓中? 曰 :礼义是也。道者,非天之道,非地之道,人之所以道也。君子之所道也。"(《荀子·儒效》)儒家所说的"先王之道"是一个含义颇多的概念,它既是先王留下来的治国经验,也是先王所奉行的治国原则,先秦儒家认为,"先王之道"不仅是先王成功的原因,而且也适用于他们所生活的时代,只要以先王之道治国,便必然会实现天下大治。"尧舜之道,不以仁政不能平治天下,今有仁心仁闻,而民不被其泽,不可法于后世者,不行先王之道也。"(《孟子·离娄上》)"先王之道"是可以为万世效法的永恒法则。

先秦儒家论证道义原则的逻辑十分简单:作为普遍法则的"道"来自先王,因为以尧舜文武为代表的先王是神圣的,所以"道"也是至高无上的。这种推崇先王的思维方式,实际上根源于远古时代祖先崇拜的习惯。

商代后期甲骨卜辞中卜问祖先的记载表明,当时人们是把祖先当作神明来看待的。商王盘庚在向臣民述说迁殷的理由时以"古我先王"为说辞,《尚书》中保留的西周初年文献也有许多文、武膺天受命的说法。先秦儒家把道义原则托于先王,与远古时期祖先崇拜的习俗是一脉相承的。由于先秦儒家不像道家那样从本体论的层面来理解"道",先王便成为他们能够为"道"找到的最神圣的来源。可是,当先秦儒家把作为普遍法则的"道"还原于经验性的历史过程,把"道"等同于先王之道的时候,也在有意无意间遭遇了无法克服的理论困难。

首先,先秦儒家把"道"等同于先王之道,使得他们无法在普遍必然性的层面上对道义原则做出阐释。先秦儒家忽略了一个至关重要的问题,那就是他们所说的"先王",是一个从尧舜至文武的十分宽泛的概念。可是,这些"先王"所处的历史时代各不相同,他们的治国经验不过是特定历史条件下的具体实践,于是如何通过先王的具体实践来说明道义原则的普遍性,这本身便成为一个问题。事实上,当先秦儒家说"百王之道,一是矣"(《荀子·儒效》)的时候,他们也意识到每一个先王都有各自的特点。那么先王之中哪一个才真正值得效法,便成为儒家学派内部争论不休的问题。对于这个问题,孔子给出的答案便很是模糊。孔子用损益的观点解释三代及以前的历史,以为西周是最好的历史时代,但他又以为尧舜时代才是真正美好的时代,以为尧时的"韶乐"尽美尽善,而西周时期的乐曲"大武"却是"尽美矣,未尽善也"(《论语·八佾》)。尧舜、文武,哪一个时代的政治更好,在孔子那里是没有确切答案的。这一问题延至战国,便有了孟荀之间"法先王"还是"法后王"的争论。孟子"言必称尧舜",把尧舜当作先王的理想样本,而更晚一些的荀子则认为:"王者之制,道不过三代,法不二后王,道过三代谓之荡,法二后王谓之不雅。"(《荀子·王制》)如此意见分歧,恰恰表明了先秦儒家在理解道义原则的普遍性方面所存在的理论缺陷。

其次,先秦儒家把"道"理解为"先王之道",使得他们所倡导的道义原则无法有效地约束现实的政治生活。如何约束现实生活中的权力,是东西方思想家共同面对的主题。其实,先秦儒家用"先王之道"来说明

"道"的概念,通过先王的神圣来说明道义原则的至上,这一做法是很有深意的。他们的主观意图是要使道义原则对现实的政治生活具有可靠的约束力。而道义原则对现实生活的约束力,在很大程度上体现为对君主权力的约束。可是,先秦儒家却忽略了至关重要的一点,商周以来的人们强调先公先王的神圣性还别有另一方面的含义,那就是,先王的一切都是由今王继承的,即所谓"正体于上"(《仪礼·丧服》)。在逻辑上,今王是代理先王治理国家的,所以先王的神圣同样可以用来说明现今统治者的神圣。如果说"道"是先王留下来的法则,而今王却是先王权力的继承者。这样,君与"道"便有了共同的来源,二者之中哪一个更具至上的属性,便成为逻辑上难解的问题。事实上,在先秦儒家身后,历代儒家一直围绕君道关系这一问题争论不休,直至宋明时期,也没有人能够给出一个足以服人的答案。如此看来,先秦儒家把"道"等同于"先王之道",为道义原则设定了"先王"这一貌似神圣的来源,却在有意无意中消解了道义原则的至上性。这是先秦儒家未曾意识到的。

最后,先秦儒家通过经验性的历史过程理解道义原则,使得先秦儒家的伦理政治学说具有了浓重的复古倾向,这在根本上影响了儒家有关社会政治生活的价值判断。在政治哲学的意义上,思想家对道德原则的理论阐释,总是要涉及他们对社会政治生活的应然性判断。思想家在怎样的程度上理解了道德原则,也就会在怎样的程度上对应有的政治生活做出判断。先秦儒家理解道义原则的目的,最终也是要对他们所理解到的理想的政治生活做出说明。

在每一历史时代的思想家那里,理想的政治生活都是根据其所认定的道德原则所做的构想。所以历史上的思想家有关社会政治生活的应然判断,都不可避免地带有乌托邦色彩。古希腊的柏拉图便坦白地说到,他所设计的完美无缺的城邦不过是一种理念,这种城邦"无论在希腊还是在希腊以外的任何地方"都很难找得到。[1]作为理性思维的结果,理想的社会政治生活只存在于人们的观念世界里。可是当先秦儒家把道义原则

_____

① 参见[古希腊]柏拉图:《理想国》,商务印书馆,1986年,第137页。

理解为先王之道的时候，他们在认识上便走进了一个误区。在他们看来，他们所追求的理想的政治生活虽然与现实的政治生活迥然有别，但理想的政治生活并不是纯粹的主观想象，而是既往历史过程中的真实存在，先王统治下的社会便是理想社会的原型。实现理想的社会政治生活，无非是恢复那些曾经的历史片断。于是，"复古"便成为儒家学派共同的思想倾向。就价值指向而言，先秦儒家所关注的无疑是社会未来，但在理论上他们却要把社会推向往古，这不啻是荒诞的逻辑怪圈。先秦儒家的复古倾向深深影响了汉魏以后的历代儒家，人们对理想社会生活的追求愈是强烈，对现实的政治生活的批判愈是勇敢，其复古情趣也就愈是浓重。直到明清之际，人们仍然没有从这种复古情趣中走出来。

　　一般地说，古典时代是本体论哲学流行的时代。思想家的哲学思考大多是从对宇宙本体或者终极原因的追问入手的，古希腊以泰利士、德谟克利特为代表的自然哲学家以及苏格拉底时期的哲学家都大抵如此。本体论哲学在春秋战国时期主要是在道家的思想学说中体现出来的。先秦儒家之所以诉诸经验性的历史过程，用"先王之道"来诠释作为普遍法则的"道"，一个重要的原因是孔子及战国儒家的代表人物还没有养成形而上的思维方式，这使得他们无法用逻辑的方式对道义原则做出论证。所以，通过"先王之道"来说明作为普遍法则的"道"便成为先秦儒家无奈的选择。然而这种诉诸经验性历史过程的论证逻辑，显然无法满足在更抽象的水平上理解道义原则的需要，这决定了儒家本身也必然要从这种论证逻辑中走出来，同时也意味着从诉诸经验的论证逻辑向形而上学的论证逻辑之间的转换，事实上，这种转换在战国后期已经发生了，《礼记·中庸》有关"道"的普遍必然属性的认识及《易传》在本体论层面上对"道"的说明便是其具体体现。

　　关于"道"，《礼记·中庸》开宗明义地说："天命之谓性，率性之谓道，修道之谓教。"朱熹《集注》解释说："命，犹令也，性，即理也，天以阴阳五行化生万物，气以成形，而理亦赋焉，犹命令也。于是人物之生，因各得其所赋之理，以健顺五常之德，所谓性也……人物各循其性之自然，则其日用事物之间，莫不各有当行之路，是则所谓道也。"朱熹这段话显然加入了他自己的理解,战国儒家的认识能力并没有达到这一水平,不过《中庸》的作者脱离"先王之道"来说明"道",在"天命""性"与"道"这些概念之间建立起了某种逻辑关系,无疑较之孔子、孟子、荀子更进了一步。

与《中庸》一样,《周易·系辞》的作者也注重对"道"的普遍性属性的把握,并且从本体论的层面上对"道"做出了形而上学的解释:"形而上者谓之道,形而下者谓之器。"《系辞》所说的形而上之道实际上是被当作世界的终极原因看待的,它既是天地万物的本原,也是善的来源,世间万物的属性也是通过"道"获得的,即所谓"一阴一阳之谓道,继之者善也,成之者性也"(《周易·系辞上》)。由于"道"决定着世间万物的属性,它也决定着自然与人类社会的秩序。"道"所以是至高无上的普遍法则,不是因为它发端于先王,而在于它是世界的终极原则。

《周易·系辞》的形而上学思想是先秦儒家原本没有的。近年来,有学者认为《周易》的形而上学思想源于道家,《易传》是深受老庄和黄老学派影响的作品①,此说有一定的道理。不过,需要澄清的是,尽管《易传》的形而上学思想可能与道家存在某种联系,但并不能由此断定《易传》是道家学派的作品,因为《易传》的道德关注是道家学派所没有的。《易传》的出现,实际上是儒家有关道义问题的论证逻辑发生转换的标志。

在春秋战国时期的思想家群体中,儒家对社会政治生活中的道德问题有着强烈的关注,但囿于诉诸经验性的历史过程的论证逻辑,先秦儒家的代表人物孔子、孟子及荀子却缺少在抽象的水平上对道义问题的理解和把握。《中庸》及成书于战国时期的《易传》表明,人们已经意识到了用"先王之道"来理解道义原则的理论局限,并且在某种程度上接受了源自道家的形而上学思维方式,它预示着儒家的道德关注与形而上学的思想方式相结合的趋向,儒家的伦理政治学说也将随着二者的结合而开启哲理化的进程。可以说,先秦儒家在道义问题上论证逻辑的转换,恰恰是儒家伦理政治学说哲理化进程的起点,只不过,由于思维水平的限制及

---

① 参见陈鼓应:《〈老子〉与〈周易〉经传思想脉络诠释》,收录于《诠释与建构——汤一介先生 75 周年华诞暨从教 50 周年纪念文集》,北京大学出版社,2001 年。

社会历史环境的变化，这一转换过程并没有在先秦儒家那里完结，只能留待汉魏以后的思想家去完成了。

二、两汉以后儒家思想的哲理化进程与韩愈的道统学说

冯友兰先生在其 20 世纪 40 年代撰写的《中国哲学简史》一书中说：新儒家的开端可以上溯到韩愈、李翱，冯先生所说的新儒家，系指两宋时期的道学。冯先生认为，儒家的道统论在孟子的时候便已经有了一个大概，而韩愈受佛教禅宗的启发，对儒家"道统"做了大略阐述，到两宋形成了统一的思想体系。自是，宋明理学源自韩愈成为学界的基本共识。①不过值得注意的是，宋元时期的学者在追述道学源流的时候，却从未说到韩愈，元朝编撰的《宋史·道学传》叙述道学渊源只从北宋周敦颐说起，而宋儒如程氏兄弟和朱熹虽然对韩愈多所称道，但也不肯承认韩愈与道学的渊源关系。那么，韩愈的道统学说在儒家道义论的发展进程中的地位如何？宋代理学家在哪些方面继承了韩愈的道统学说？这些问题的解决，对于理解传统儒家的道义论有着十分重要的意义。

（一）儒家思想哲理化进程中的韩愈

形成于春秋战国时期的儒家学派对社会政治生活中的道德问题有着强烈的关注，如《汉书·艺文志》所说："游文于六经之中，留意于仁义之际。"道德问题成为思想家关注的主题，意味着人们对于优良的社会政治生活有了更深刻的理解，这是中国古代思想文化领域最具实质意义的进步。

---

① 关于韩愈与宋明理学之间渊源关系问题，近年来学界有许多著述论及，比较重要的有陈来：《宋明理学》，辽宁教育出版社，1991 年；张文利：《宋代理学视域中的韩愈道统》，《孔子研究》，2012 年第 1 期等。

在东西方思想史上,对道德问题的关注是儒家思想与古希腊的苏格拉底时期哲学的共同之点,但由于社会历史环境的原因,思想家思考道德问题的方式却存在着明显的差异。在古希腊,由于存在发达的数理科学和自然哲学,思想家养成了良好的逻辑思维方式,据亚里士多德的说法,苏格拉底是最早关心伦理问题的哲学家,他关注的是伦理问题的普遍性。①这种被名之为"形而上学(metaphysics)"的思维方式,就是通过对概念定义的理性把握,进而对社会政治生活中具体的道德问题做出判断。例如,《欧绪弗洛篇》的主题是欧绪弗洛与他的父亲是否虔敬的问题,苏格拉底认为,要判断一个人的行为是否虔敬,首先要弄清什么是虔敬。"苏格拉底要的不是许多虔敬,而是他们全都共有的单独形式或特性。"②在古希腊哲学家那里,把握了具有普遍意义的概念,也就有了对社会生活做出判断的尺度。

由于自然科学的相对不发达,春秋战国时期的儒家没有古希腊哲学家那样的形而上学素养,他们对社会政治生活的理解,大多是从社会政治生活中的具体事实入手的。据《论语》一书的记述,当孔子的学生与时人"问仁""问孝"的时候,孔子都给出了因人而异的回答。例如,关于仁,孔子或者说"克己复礼为仁",或者说"仁者,其言也讱",或者说"爱人"(《论语·颜渊》)。这种因人而异的解答可以说是"因材施教",但同时也反映出孔子并不是通过对概念的定义来理解伦理问题的。

当然,春秋战国时期的思想家并不是全然没有逻辑思维,道家学派的老子及儒家的《周易》所体现的形上思维都已经达到了很高的水平。《老子》一书对作为宇宙本体和普遍法则的"道"的阐释,以及《周易·系辞》所说的"形而上者谓之道,形而下者谓之器",都是很有价值的思维成果。不过,先秦道家对道德问题只是有着很弱的关注。《周易》虽然是儒家的作品,据说《易传》还是孔子所作,但是《周易》的形上思维并没有在孔子、孟子、荀子的思想学说中体现出来。逻辑思维与思想家的道德关注相

① 参见苗力田主编:《亚里士多德全集》第七卷,中国人民大学出版社,2000年,第3—4页。
② [美]特伦斯·欧文:《古典思想》,覃方明译,辽宁教育出版社,1998年,第88页。

分离,是中国传统思想形成时期的基本情形。

孔子每每说到"天下有道""天下无道",这里的"道"既是社会政治生活必须遵循的法则,也是政治评价的标准。孔子如此说,表明他已经意识到了普遍的道德法则对于社会政治生活的意义。如果说"天下有道"就是符合道义的社会政治生活状态的话,那么首先应该弄清"道"本身是什么,可这恰恰是先秦儒家所忽略的问题。直到战国末年,儒家学派并没有给出一个"道"的定义。通常情况下,作为国家治理原则的"道"大多被理解为"先王之道",此外还有"天道""地道""人道""君道""臣道"这样一些具体的道。其实,先秦儒家所追求的道义与古希腊哲学家所说的正义是有着相同意义的思想主题,柏拉图在《理想国》一书中论及讨论正义问题的方法时说,"我们当初研究最理想的正义本身的性质时,我们想要一个正义的样板",从而据以认识现实生活中的正义和不正义。①而春秋战国时期的儒家与古希腊哲学家的方法恰好相反,他们是通过对现实生活中的具体问题的解释,来理解关于社会政治生活的道德法则的。

由先秦儒家思想的哲理化程度所限,许多至关重要的政治哲学问题,诸如人类社会政治生活是否需要遵守普遍的法则,普遍道德法则与现实生活中的伦理原则是什么关系,人们应该用什么样的标准来判断现实社会的政治生活等,先秦儒家都没有做出逻辑化的回答。这在客观上决定了后世的儒家思想必然要经历一个哲理化的过程。

儒家思想的哲理化过程,实际上就是萌生于春秋战国时期的形上思维与思想家的道德关注相结合,从而在更抽象的水平上理解社会政治生活的过程。这个过程始于西汉中期,完结于宋代,两宋道学亦即理学的形成是这一过程完结的标志。而西汉董仲舒的天人合一论、魏晋时期的玄学思潮及韩愈的道统学说则构成了儒家思想哲理化进程的几个重要环节。

董仲舒从思孟学派以及春秋公羊学天人合一的观念出发,提出了"道之大原出于天,天不变,道亦不变"(《汉书·董仲舒传》)、"王道之三纲,可求于天"(《春秋繁露·基义》)的命题。董仲舒把现实生活中的伦理

---

① 参见[古希腊]柏拉图:《理想国》,王晓朝译,人民出版社,2003年,第460页。

原则与作为普遍法则的"道"联系在了一起,并且试图在终极的意义上说明人们应该遵守这些伦理原则的理由。

魏晋玄学是儒家思想哲理化过程中的一个插曲。就思想内容而言,玄学不属于儒家,但在儒家思想占据统治地位的历史背景下,玄学家有关名教与自然关系的论辩,对于儒家伦理政治学说的哲理化过程却有着重要的意义,它意味着,道家、《周易》的形上思维与儒家伦理关注的结合已经成为可能。

然而儒家思想的哲理化过程并没有在汉魏时期得以完成,董仲舒虽然意识到了天人在终极意义上是统一的,但由于逻辑思维能力的不足,他只能用简单的比附和天人感应来说明天人关系,结果导致汉代今文经学流于荒诞。魏晋时期的玄学对名教与自然的关系的讨论虽然很有意义,但他们更多接受的是庄子学派虚无怪诞的人生态度,这使得他们无法在道德层面上理解社会政治生活的真实意义。儒家思想的哲理化只能留待后世思想家完成。

韩愈是儒家思想哲理化过程中尤其重要的环节。在韩愈之前,长达几个世纪的战乱和分裂状态,使得儒家思想的哲理化过程事实上已经中断,再由于魏晋南北朝以来佛道二教的流行,儒家思想的统治地位也不断受到冲击。直到韩愈生活的唐中叶,这种情况仍然没有发生根本的改变。韩愈道统学说的提出,实际上是重启了儒家思想哲理化的进程。在这一过程中,他既要在理论上应付佛道二教的挑战,又要扬弃汉魏以来的儒家经术,韩愈在写给友人的一封信中说:"汉氏以来,群儒区区修补,百孔千疮,随乱随失,其危如一发引千钧,绵绵延延,浸以微灭。于是时也,而倡释老于其间,鼓天下之众而从之,呜呼,其亦不仁甚矣。释老之害过于杨墨,韩愈之贤不及孟子,孟子不能救之于未亡之前,而韩愈乃欲全之于已坏之后……使其道由愈而粗传,虽灭死万万无恨。"①韩愈这段话表达的不仅是传承儒家道统的自觉意识,更重要的是,他也清楚地表达了

① (唐)韩愈著,马其昶校注,马茂元整理:《韩昌黎文集校注》第三卷,上海古籍出版社,1986年,第215页。

否定汉儒的学术态度。

否定汉儒的思想倾向最早萌生于隋代的王通,但王通只是想要成为孔子那样的圣人,他续写了"六经",在学理上并没有更多的发明。而韩愈对汉儒的批评则是恰中汉代儒家经术的缺陷。两汉时期的经学,是秦代焚书坑儒之后特定历史条件下的产物,重于章句训诂的汉代经学,对于儒学的复兴及先秦儒家经籍的解读有着十分重要的作用,如果没有汉代的经学,很难想象儒学如何能够延续下来。但在另一方面,汉儒在把主要精力用于名物训诂的同时,却忽略了对义理的阐释,是所谓"章句小儒,破碎大道"。唐代贞观年间,颜师古、孔颖达作《五经正义》,对经义的阐释虽较之汉魏儒家更为详明,但因其株守"传以解经、疏不破注"的学术传统,在义理方面仍然没有实质性的进步。在汉魏以来的儒家经术已经无法推动传统政治思想发展的前提下,韩愈否定汉儒而回到先秦儒家,实际上就是要在汉魏以来的儒家经术之外另辟蹊径。

回到先秦儒家,也是一项对传统的儒家思想正本清源的工作。对于战国儒家中诸多的思想流派,韩愈至为推崇思孟学派的思想主张以及《大学》的修齐治平之道,对荀子以及汉代的扬雄则持以批判的态度,"荀与扬也,择焉而不精,语焉而不详"[1],韩愈的这一认识,深得北宋程氏兄弟的赞许,"至如断曰:'孟氏醇乎醇'。又曰:'荀与扬择焉而不精,语焉而不详。'若不是他见得,岂千余年后便能断得如此分明也"[2]。自两汉以来,儒家学派内部尽管存在着不同流派之间的理论分歧,但是像韩愈这样明明白白指斥荀子的并不多见,这表明,韩愈是汉魏以来最具批判精神的思想家之一。

韩愈否定汉儒的思想倾向与批判精神在很大程度上影响了两宋时期的思想家,到了北宋中期,革故开新在思想界蔚成风气。[3]两宋学者遍

---

[1] (唐)韩愈著,马其昶校注,马茂元整理:《韩昌黎文集校注》第一卷,上海古籍出版社,1986年,第18页。

[2] (宋)程颢、(宋)程颐:《二程集》,王孝鱼点校,中华书局,1981年,第5页。

[3] 关于这一点,刘泽华先生主编的《中国政治思想通史(宋元卷)》(中国人民大学出版社,2014)的导论中有过较为详细的说明。

注群经,他们打破了汉儒"疏不破注"的经学传统,以"六经注我"的态度
重新诠释儒家经典。到了南宋时期,朱熹甚至对古文《尚书》的真伪提出
怀疑,"汉儒以伏生之《书》为今文,而谓安国之《书》为古文。以今考之,则
今文多艰涩,而古文反平易"。并且指出,古文《尚书》中的孔安国序"绝不
类西京文字"①。关于古文《尚书》的真伪,朱熹虽然没下结论,但这个疑案
最终在清代学者那里得到了结论。

在历史上的任何时代,学术批判都是思想进步的重要条件。作为儒
家思想哲理化过程的结晶,两宋时期的道学是在学术批判的基础上建构
起来的,而学术批判的风气恰恰始于唐中期的韩愈。

韩愈在儒家思想哲理化进程中的重要性,可以从宋儒对他的评论中
得到证明。北宋大文学家苏轼称赞韩愈"文起八代之衰,而道济天下之
溺"②;程氏兄弟也说"韩愈亦近世豪杰之士。如《原道》中言语虽有病,然
自孟子而后,能将许大见识寻求者,才见此人"③。可见,对于韩愈的道统
学说,宋代理学家在总体上是肯定的。宋代理学家所以对韩愈多所赞誉,
是因为他们的思想学说在很大程度上受到了韩愈的影响。

(二)韩愈道统学说对宋代理学家的影响

宋代的道学或理学,是汉魏以来儒家思想哲理化过程的结晶,而韩
愈的道统学说则是两宋时期理学之前最为直接的理论存在。仅此而论,
韩愈的道统学说与两宋理学家的思想学说之间就有着不可割断的理论
关联。虽然不能说没有韩愈就没有两宋时期的道学,但韩愈的道统学说
对宋代理学家的影响却是不言而喻的。在以往有关韩愈的道统学说与宋
代理学家的思想学说关系的研究中,人们大都认为韩愈的道统学说开了
两宋道学的思想先河。但是韩愈的道统学说究竟在哪些方面影响了宋代
理学家的思想学说,则很少有人论及,而这恰恰是说明韩愈道统学说与

---

① (宋)朱熹:《晦庵先生朱文公文集》卷八十二,六安涂氏求我斋本。
② (宋)苏轼:《苏东坡全集》卷六十四,北京燕山出版社,2009年,第1684页。
③ (宋)程颢、(宋)程颐:《二程集》,王孝鱼点校,中华书局,1981年,第5页。

两宋道学之间渊源关系的关键。

韩愈道统学说对两宋理学家思想学说的影响主要体现为以下几个方面。

第一,韩愈把"道"确定为传统儒家思想的核心概念,并且把道德的内涵赋予了"道"的概念。

关于战国以后的儒学,《汉书·艺文志》说:"仲尼没而微言绝,七十子丧而大义乖。"班固所说与战国秦汉年间儒学的真实境况应该相去不远。其实,两汉以后的儒家思想所以不断受到来自佛道二教的冲击,不仅仅是因为儒家内部的理论分歧,更重要的是,儒家思想本身缺少一个可以统摄其全部思想学说的核心概念。儒家思想哲理化程度不高,在很大程度上也是由于这一原因。韩愈的道统学说恰好补上了儒家的这一短板。

在儒家思想发展的历史上,韩愈第一次把"道"理解为一个核心概念,在《原道》一开篇,韩愈便说:"博爱之谓仁,行而宜之之谓义,由是而之焉之谓道,足乎己无待于外之谓德。仁与义为定名,道与德为虚位。"①韩愈这句话,与《中庸》"天命之谓性,率性之谓道,修道之谓教"的表述方式很是接近。虽然韩愈在表述上有模仿《中庸》的痕迹,但他对"道"的概念的阐释却更进了一步。

"道"虽然是传统儒家常常用到的概念,但是先秦两汉儒家却很少说明"道"是什么。《中庸》"率性之谓道"一语虽然有说明"道"的概念的意味,但其语义却过于朦胧。朱熹《中庸章句》在"率性之谓道"句下解释说:"性即理也。天以阴阳五行化生万物,气以成形,而理亦赋焉……人物各循其性之自然,则其日用事物之间,莫不各有当行之路,是则所谓道也。"②这个意思是宋代理学家理解出来的,考诸汉魏以来历代注家的解释,并没有理解到这一水平。

---

① (唐)韩愈著,马其昶校注,马茂元整理:《韩昌黎文集校注》第一卷,上海古籍出版社,1986年,第13页。

② (宋)朱熹:《四书章句集注》,中华书局,2016年,第17页。

在对"道"的理解方面,韩愈的贡献在于他把"道"理解为一个高度抽象的概念,在韩愈这里,"道"不再是"天道""地道""君道""臣道""先王之道"之类具体的"道",而是独立于"君""臣""先王"所有这些实体的存在,这是先秦两汉儒家未曾有过的认识。

在中国思想史上,最早把"道"作为一个独立的概念加以阐释的是道家。韩愈把"道"作为一个独立的概念提出来,是不是受了道家的影响我们无从得知。为了避免这一嫌疑,韩愈在《原道》中特别说明了他所说的"道"与佛、老的差异,"凡吾所谓道德云者,合仁与义言之也,天下之公言也;老子之所谓道德云者,去仁与义言之也,一人之私言也"①。也就是说,佛教、老子的"道"是一个非道德的概念,韩愈所说的"道"则具有鲜明的道德属性。

先秦两汉儒家也承认"道"具有道德属性,但在他们的认识中,道所以具有道德属性,并不在于"道"本身,而是因为它附着在"君臣""父子""先王"这样一些实体上。而韩愈则把道德的内涵赋予了"道"本身,即所谓"仁与义为定名,道与德为虚位"。韩愈这句话的本意,是要说明仁义与"道""德"这两个概念不可分开来说,"道""德"是形式意义的概念,而仁义则是其真实的内容。虽然韩愈这句话后来也受到了宋代理学家的批评,如程氏兄弟说:"韩退之言'博爱之谓仁,行而宜之之谓义,由是而之焉之谓道,足乎己无待于外之谓德',此言却好。只云'仁与义为定名,道与德为虚位',便乱说。"②而南宋朱熹在与人评论《原道》开头这几句话时却说:"首句极不是,'定名''虚位'却不妨。"③大抵宋代理学家对《原道》所以不满意,是因为他们认为韩愈没有把"道"的概念与仁义之间的关系说得准确,但在强调"道"的道德属性这一点上,他们与韩愈并无二致。

第二,韩愈把"道"理解为普遍、永恒的道德法则,并且开启了"理一

① (唐)韩愈著,马其昶校注,马茂元整理:《韩昌黎文集校注》第一卷,上海古籍出版社,1986年,第13—14页。

② (宋)程颢、(宋)程颐:《二程集》,王孝鱼点校,中华书局,1981年,第262页。

③ (宋)黎靖德编:《朱子语类》卷一百三十七,中华书局,1981年,第3271页。

分殊"的思维方式。

在把"道"作为一个独立的概念加以理解,并且赋予其道德内涵的同时,韩愈也论证了"道"的普遍属性。韩愈认为,"道"是与人类社会生活息息相关的具有本原意义的法则,人类社会生活的方方面面都是"道"的体现,"其文:《诗》《书》《易》《春秋》;其法:礼乐刑政;其民:士农工贾;其位:君臣、父子、师友、宾主、昆弟、夫妇;其服:麻丝;其居:宫室;其食:粟米果蔬鱼肉。其为道易明,而其为教易行也"①。韩愈的这一说法,已经十分接近于宋代理学家的"理一分殊"。

关于"理一分殊",《宋史·道学传》说:"两汉而下,儒者之论大道,察焉而弗精,语焉而弗详……张载作《西铭》,又极言理一分殊之旨,然后道之大原出于天者,灼然而无疑焉。"实际上,宋代理学家就"理一分殊"这一命题表述得最清楚的是朱熹,"宇宙之间,一理而已,天得之而为天,地得之而为地,而凡生于天地之间者,又各得之以为性。其张之为三纲,其纪之为五常,盖皆此理之流行,无所适而不在"②。如果把朱熹这段话与上引韩愈《原道》中的那段话相对照,就不难发现,二者在理解方式上没有实质的差别,只不过,韩愈所说的"道"还没有抽象到宋代理学家那样的程度。

在我们的观念中,人类社会所以必须遵循普遍的道德法则,一个十分重要的理由就在于它既是普遍的,又是永恒的。为了论证"道"的永恒属性,不同于以往儒家把"道"混同于"先王之道"的思想传统,韩愈试图把"道"从经验性的历史过程中剥离出来。在《原道》中,韩愈描述了一个由尧舜至孔孟的道统传递谱系,"尧以是传之舜,舜以是传之禹,禹以是传之汤,汤以是传之文武周公,文武周公传之孔子,孔子传之孟轲"③。韩愈所说的"道"是一贯不改的法则,它与先秦儒家所说的"先王之道"并不是意义相同的概念,在韩愈这里,"道"不是先王的附属物,相反先王却是

---

①③ (唐)韩愈著,马其昶校注,马茂元整理:《韩昌黎文集校注》第一卷,上海古籍出版社,1986年,第18页。

② (宋)朱熹:《晦庵先生朱文公文集》卷七,六安涂氏求我斋本。

"道"的载体。在逻辑上,这个"道"既适用于尧舜,也适用于文武,同理也适用于韩愈所生活的时代。

虽然韩愈还是借用"先王"来说明道的重要性,但他在事实上已经把"道"与先王分离开来了,他所说的"道"已经不再是"先王之道"。如果说理想的社会生活应该是与"道"相符合的生活的话,那么实现这种社会生活的途径便不是先秦两汉儒家所主张的简单的复古。在这一意义上说,韩愈把"道"与"先王之道"区别开来的认识,是中国传统政治思想发展过程中有着重要意义的一步。宋代理学家实际上也是循着这一思路来阐释"道"的概念的。

第三,韩愈把"道"与"修身""治国"联系在一起,初步阐释了内圣外王的治理观念。

宋代理学家所倡导的内圣外王之道,本自《大学》。《大学》据传为曾子所作,但这篇文献并没有为两汉儒家所重视。最早发现《大学》的重要性的是韩愈,清人全祖望说:"自秦汉以来,《大学》《中庸》杂入《礼记》之中,千有余年无人得其藩篱,而首见之者,韩、李也。退之作《原道》,实阐正心诚意之旨,以推本之于《大学》。"①全氏所说至确。在《原道》中,韩愈引述了《大学》的一段话:"古之欲明明德于天下者,先治其国,欲治其国者,先齐其家,欲齐其家者,先修其身,欲修其身者,先正其心,欲正其心者,先诚其意。"这并不是对《大学》的简单复述,而是体现了他对传统儒家治理观念的重新理解。

先秦儒家所以重视个人的道德修养,主要是着眼于为政治国的需要,"自天子以至于庶人,一是皆以修身为本。其本乱而末治者,否矣"(《礼记·大学》)。人们所以要修身,是因为修身有利于安邦治国,把修身当作治国的手段虽然不能说在根本上是错的,但却很有一些功利性的考虑。韩愈把《大学》的"修齐治平"与"道"联系在一起,其本意虽然也还是在说明修身之于治国平天下的工具性意义,但在有意无意之间,他却为修齐治平设定了一个"道"的前提。这之中蕴含着一种新的理解:"修

---

① (清)全祖望:《鲒埼亭集》四部丛刊本。

身"所以是治国平天下的必要条件,是因为通过修身,人们可以使自己拥有与"道"相符合的道德品质。也就是说,"修身"并不是简单地服务于治国平天下的目的,而是个人在主观上与"道"认同、从而成为符合道义的人的过程,甚至"治国、平天下"也需要通过"道"来说明。

韩愈把《大学》的"修齐治平"与作为普遍道德法则的"道"联系在一起,这一认识对宋儒有着重要的启示性意义。及至北宋,被认为道学开山人的周敦颐作《通书》,认为"诚"是圣人与道的共同属性,一方面,他认为"道"是诚的本源:"大哉乾元,万物资始,诚之源也。"①另一方面,他又把获得"诚"的品质作为道德修养的目的:"诚,无为,几,善恶……性焉安焉之谓圣。"②并且认为圣人的责任就是循道治国:"天道行而万物顺,圣德修而万民化。"③周敦颐这一观念为后来的程朱等人继承下来:"先王之世,以道治天下。"④宋代理学家对"内圣外王"的理解所以能够达到先秦两汉儒家所不及的境界,归根结底是因为他们在"修齐治平"与道统之间建立起了逻辑关系,这在很大程度上得益于韩愈。

(三)宋代理学家对韩愈道统学说的超越

宋代理学家对韩愈虽然多所称道,但在叙述道学源流时,他们却从来不曾说到韩愈。实际上,宋代理学家虽然每每称道韩愈,但他们也在许多方面对韩愈提出了尖锐的批评。例如,程氏兄弟及朱熹都曾指责韩愈过于追求文章的华丽,而疏于穷究义理,程氏兄弟说"韩子之学华"⑤,朱熹更直截了当地说"韩文公第一义是去学文字,第二义方去穷究道理,所以看得不亲切"⑥。另外,宋代理学家也认为,韩愈虽然阐发了儒家道统,但其主观动机却是谋求做官,这种功利之心使得他不能身体力行

① (宋)周敦颐:《周敦颐集》卷二,陈克明点校,中华书局,1990年,第13页。
② (宋)周敦颐:《周敦颐集》卷二,陈克明点校,中华书局,1990年,第16页。
③ (宋)周敦颐:《周敦颐集》卷二,陈克明点校,中华书局,1990年,第24页。
④ (宋)程颢、(宋)程颐:《二程集》,王孝鱼点校,中华书局,1981年,第4页。
⑤ (宋)黎靖德编:《朱子语类》卷一百三十七,中华书局,1981年,第3261页。
⑥ (宋)黎靖德编:《朱子语类》卷一百三十七,中华书局,1981年,第3273页。

地践履道德法则，"如韩退之虽是见得个道之大用是如此，然却无实用功处。他当初本只是要讨官职做，始终只是这心。他只是要做得言语似六经，便以为传道。至其每日功夫，只是作诗、博弈、酣饮取乐而已。观其诗便可见，都衬贴那《原道》不起"①。诸如此类的指摘不胜枚举。不过，宋代理学家最主要的不满意之处，则是韩愈的道统学说与人性论仍有许多未尽之处，关于儒家道统，韩愈只是说了一个大纲，而在学理上远远不够细密。

宋代理学家至少在以下几个方面对韩愈的道统学说做了修正。

首先，宋代理学家对"道"的概念做出了更加抽象的理解。

韩愈道统学说的贡献在于他第一次把"道"作为一个抽象的概念提出来，并且试图在本原的意义上说明"道"是什么。但是，由于韩愈在先秦儒家那里找到的思想资源主要是《孟子》《大学》，从《原道》的行文风格来看，他所借重的文献还应该有《中庸》。如果仅着眼于对社会政治生活中道德问题的理解，这些文献的内容可谓丰富，但是如果要在最抽象的水平上说明"道"是普遍的法则，这些思想资源却远远不够。在《原道》中，韩愈杜撰了一个从尧舜到孔孟的代相传递的谱系，"尧以是传之舜，舜以是传之禹，禹以是传之汤，汤以是传之文武周公，文武周公传之孔子，孔子传之孟轲，轲之死，不得其传焉"②。韩愈的本意，是要借助这个道统传承谱系说明道既是至高无上的，又是普遍的和永恒的，可是韩愈并不知道，这样一个在圣王先贤手中传递，并且传递过程在某些时候还会中断的"道"，既算不得至高无上，也不够永恒。

与韩愈相比，两宋理学家所借用的思想资源更为丰富。两宋道学的开山人周敦颐，借助于《周易》的形而上学思维，从本体论的层面上对"道"做出了阐释，"无极而太极……太极动而生阳，动极而静，静而生阴，静极复动。一动一静，互为其根；分阴分阳，两仪立焉"③。周敦颐所

① （宋）黎靖德编：《朱子语类》卷一百三十七，中华书局，1981年，第3260页。
② （唐）韩愈著，马其昶校注，马茂元整理：《韩昌黎文集校注》第一卷，上海古籍出版社，1986年，第18页。
③ （宋）周敦颐：《周敦颐集》卷一，陈克明点校，中华书局，1990年，第3—4页。

说的"太极"，就是后来程朱等人所说的"道"或天理。周敦颐以后，从本体论的层面上理解"道"或"天理"是宋代理学家共同的认识路径，在宋代理学家看来，"道"是天地万物的本原，是天地所以为此天地的终极原因，如朱熹所说："未有天地之先，毕竟也只是理，有此理，便有此天地，若无此理，便亦无天地。无人无物，都无该载了，有理便有气流行，发育万物。"①从本体论的层面说明"道"的普遍属性，是先秦两汉儒家及韩愈所不及之处。

在论证"道"的永恒属性方面，宋代理学家既不满意于汉代董仲舒所说的"天不变，道亦不变"，因为在逻辑上，这句话的另一半是"天若变，道也会变"，也不满意于韩愈杜撰的道统传递谱系，因为这个传递谱系本身缺少历史的可靠性。从本体论的观念出发，宋代理学家把"道"或天理理解为无条件的存在，它不会因任何具体条件的变化而变化，甚至"万一山河大地都陷了，毕竟理却只在这里"②。朱熹这句话与董仲舒或韩愈最大的不同，就是"天变了，道也不变"。虽然这是一种唯心主义的理解，但必须承认的是，宋代理学家所理解的"道"，比汉唐儒家的"道"更具永恒的意义。

由于"道"被理解为无条件的存在，在宋代理学家的观念中，"道"与先王的关系也有了某种新的解释。传统儒家惯常的方式，是通过圣王的神圣来说明"道"的价值，在先秦两汉儒家那里，"道"在大多数情况下被归结为"先王之道"，虽然韩愈的道统学说已经有了把圣王与"道"分离开来的倾向，圣王先贤只是被理解为"道"的载体而不再是"道"的创造者和所有者，但他还是没有摆脱通过圣王来说明"道"的重要性的窠臼。宋代理学家在韩愈的认识基础上又前进了一步，北宋程氏兄弟说："天理云者，这一个道理，更有甚穷已？不为尧存，不为桀亡。人得之者，故大行不加，穷居不损。这上头来更怎生说得存亡加减？是佗元无少欠，百理具备。"③在另一处程氏兄弟又说："百理具在，平铺放着。几时道尧尽君道，

---

①② （宋）黎靖德编：《朱子语类》卷一，中华书局，1981年，第1页。
③ （宋）程颢、（宋）程颐：《二程集》，王孝鱼点校，中华书局，1981年，第31页。

添得些君道多,舜尽子道,添得些孝道多? 元来依旧。"①程氏这段话的意思很明确,"道"的存在并不以"圣王"为前提,"道"的内容也不会因为"圣王"的行为而发生改变。这样,"圣王"便没有了对于"道"的垄断权,他们所能做的只能是和常人一样去理解道德法则,他们也同样负有遵守道德法则的义务,出于同样的道理,古今帝王的所作所为也同样需要通过"道"来评价。虽然宋代理学家还没有能力从先秦儒家推崇尧舜、三代的圣王理想中走出来,但是秦汉以下的历代帝王却成了他们的批判对象,这是中国政治思想史上很有意义的进步。

其次,韩愈的道统学说在认识论方面存有局限,宋代理学家在认识论方面对韩愈的道统学说做出了修正。

人类社会的政治生活是否遵循普遍的道德法则? 传统儒家给出的答案是肯定的。当先秦儒家提出"道"的概念的时候,便认为"道"是可知的,孔子曾说:"朝闻道,夕死可矣。"(《论语·里仁》)孔子虽然没有说明如何能够"闻道",但却承认"道"是可知的。这一点对于传统儒家的伦理政治(或言政治伦理)学说尤为重要,这是因为,"道"如果不能为人们所认识,对于人类社会的政治生活来说也就毫无意义。不过在政治哲学意义上,承认"道"是可知的还不够,更进一步的问题是,人们如何使自己的认识达到作为普遍法则的"道"。

受《礼记·大学》的启示,韩愈十分注重个人修身的重要性,韩愈把个人的道德修养视为守道的基本条件,这在一定程度上摆脱了先秦两汉儒家效法先王的思维定式。不过,韩愈在《原道》中引述《大学》那段话的时候,略去了"格物致知"一节,这恰是宋代理学家所不满意的地方,朱熹甚至指斥为"无头学问"②。在宋代理学家看来,若要遵守天理,首先必须认识天理,所以,"格物致知"是第一位的事情:"物格者,物理之极处无不到也。知至者,吾心之所知无不尽也,知既尽则意可得而实矣。意既实则心可得而正矣。"③

---

① (宋)程颢、(宋)程颐:《二程集》,王孝鱼点校,中华书局,1981 年,第 34 页。
② (宋)黎靖德编:《朱子语类》卷一百三十七,中华书局,1981 年,第 3272 页。
③ (宋)朱熹:《四书章句集注》,中华书局,2016 年,第 4 页。

　　至于韩愈为什么会略去格物致知一节,陈来认为:"这显然是由于,在儒学复兴运动的初期,主要的任务是首先在政治上抨击佛教,恢复儒学在政治社会结构中的地位, 还未能深入到如何发展儒学内部的精神。"[①]这一说法并不确切,实际上,韩愈所以没有说"致知在格物",是因为他在认识论方面的局限。他还不知道,在如何遵守普遍道德法则这一问题上,个人的道德修养固然重要,但是对道的认知才是前提。也就是说,韩愈在认识论方面远没有达到宋代理学家的境界。

　　人们所以能够认识"天理",其根本原因在于人的理性能力。北宋程氏兄弟说:"'万物皆备于我,'不独人尔,物皆然。都自这里出去,只是物不能推,人则能推之。虽能推之,几时添得一分? 不能推之,几时减得一分? "[②]程氏兄弟这句话与亚里士多德所说的"那些靠表象和记忆生活的动物,很少分有经验,唯有人类才凭技术和推理生活"[③]有着相同的意义。较之韩愈的道统学说,宋代理学家显然更多地注意到了人的理性之于社会政治生活的意义。

三、儒家道义论的完备形式:宋代理学家的天理论

(一)宋代理学家对天理的形上论证

　　两宋时期的理学,发端于北宋的周敦颐,中经二程和张载,到了南宋时期的朱熹,终于发展成为一个完备的思想体系。在这一过程中,人们所使用的概念也有过一些变化。起初,基于对《周易》宇宙生成模式的理解,周敦颐把"太极"看作是宇宙的本体,周敦颐的学生程氏兄弟,则更多地

①　陈来:《宋明理学》,辽宁教育出版社,1991 年,第 26 页。
②　(宋)程颢、(宋)程颐:《二程集》,王孝鱼点校,中华书局,1981 年,第 34 页。
③　苗力田主编:《亚里士多德全集》第七卷,中国人民大学出版社,2000 年,第 4 页。

使用道或天理的概念。理学或道学也因此而得名。

关于宋代理学家所使用的这几个概念，南宋朱熹曾经做过说明，"太极只是一个理字"①，在另一处，朱熹还说："'由太虚有天之名'，这全说理，'由气化有道之名'，这说着事物上。"②可见，程朱所说的理实际上就是周敦颐所说的"太极"。关于道与理，朱熹也做了一些分辨："道须是合理与气看，理是虚底物事，无那气质，则此理无安顿处。"③又说："道是统名，理是细目""道字包得大，理是道字里面许多理脉。"④朱熹把太极与理看作是相同的概念显然是对的，不过他认为道与理是否是两个不同的概念却有斟酌的余地，因为宋代理学家，甚至是朱熹本人也是把理和道作为意义相同的概念来使用的。所以，朱熹强要分辨道与理这两个概念之间的差别是没有意义的。⑤

"天理"的概念最早是二程提出来的。程氏的弟子谢良佐曾说："明道尝曰：'吾学虽有所受，天理二字却是自家体贴出来。'"⑥而后来朱熹对于天理的理解也大抵来自二程。关于天理，程氏兄弟解释说："天理云者，这一个道理，更有甚穷已？不为尧存，不为桀亡。人得之者，故大行不加，穷居不损。这上头来更怎生说得存亡加减？是佗元无少欠，百理具备。"⑦程氏这段话的本意是说，天理是独立于人的意志的存在，它不会因为人的实践活动而发生改变。

与以往历代儒家相比，宋代理学家在认识所实现的最有意义的进步，就是他们不再像以往思想家那样，把道德原则与先王之道等同起来，而是把道或天理理解为独立于先王的普遍法则，历史上先王的行为也需要通过"道"或"天理"来评价。"夫有物必有则，父止于慈，子止于孝，君止

① (宋)黎靖德编：《朱子语类》卷一，中华书局，1981年，第2页。
② (宋)黎靖德编：《朱子语类》卷六〇，中华书局，1981年，第1431页。
③ (宋)黎靖德编：《朱子语类》卷七四，中华书局，1981年，第1896页。
④ (宋)黎靖德编：《朱子语类》卷六，中华书局，1981年，第99页。
⑤ 关于两宋理学家的天理论，参见孙晓春：《两宋天理论的政治哲学解析》，《清华大学学报》，2004年第4期。
⑥ (宋)程颢、(宋)程颐：《二程集》，王孝鱼点校，中华书局，1981年，第424页。
⑦ (宋)程颢、(宋)程颐：《二程集》，王孝鱼点校，中华书局，1981年，第31页。

于仁，臣止于敬。万物庶事，莫不各有其所。得其所则安，失其所则悖。圣人所以能使万物顺治，非能为物作则也。"①在伦理的层面上把道或理与先王之道彻底分离开来，从而使天理(亦即道)成了一个纯粹的抽象的概念，这一点是以往儒家所不及的。

宋代理学家较之以往思想家的另一个重要的进步，就是他们在观念上完成了天道与人道的统一。在以往的思想家那里，作为自然法则的天道与作为伦理原则的人道是相互分离的，尽管儒家思孟学派也曾认识到天与人之间的统一性，并且提出了天人合一的命题，可是从孟子到董仲舒，由于形而上学思维的相对不足，人们始终没有完成对这种统一性的合乎逻辑的论证。从本体论的观念出发，宋代理学家认为，天理不仅是规范社会生活的道德原则，而且也是世界的本原。

宋代理学家有关道德原则与自然法则的统一的论证，是通过对理气关系的讨论完成的。在中国传统思想中，"气"是一个物质的概念，北宋张载说："凡可状，皆有也，凡有，皆象也，凡象，皆气也。"②如果把张载对于气的认识概括为一句话，就是"盈天地之间唯气也"，这与《易传》所说的天地之间"唯万物"相比，抽象水平显然提高了一大截。当人们把世界的本原理解为物质的气以后，有关道气关系的讨论也就具备了基本的前提。

宋代理学家对理气关系的讨论最为精到的是朱熹。关于理气关系，朱熹首先承认了一个大前提，即物质意义的理与精神意义的气是不可分的统一体，理离不开气，气也离不开理，"天下未有无理之气，亦未有无气之理"③。在说明理气关系时，朱熹又进一步说道："理又非别为一物，即存乎是气之中。无是气，则是理亦无挂搭处。"④在朱熹看来，"理是虚底物事，无那气质，则此理无安顿处"⑤。在回答时人"先有理后有气"的问题时，朱熹也一口否定道："不消如此说。"如此看来，他并不承认有在物质原因之前有一个理存在。但是，在很多时候，朱熹则强调理与气的差别：

① (宋)程颢、(宋)程颐：《二程集》，王孝鱼点校，中华书局，1981 年，第 158 页。
② (宋)张载：《张载集》，章锡琛点校，中华书局，1978 年，第 63 页。
③④ (宋)黎靖德编：《朱子语类》卷一，中华书局，1981 年，第 2 页。
⑤ (宋)黎靖德编：《朱子语类》卷七四，中华书局，1981 年，第 1896 页。

"天地之间,有理有气,理也者,形而上之道也,生物之本也,气也者,形而下之器也,生物之具也。"①也就是说,理是决定物质属性的终极原因,而气则是决定物质形体的材料。

冯友兰先生在论及朱熹天理观的时候,曾经指出,宋代道学家关于理气关系的讨论,与亚里士多德很相像。②亚里士多德把事物所以产生的原因分为四种,即形式因、物质因、力因和目的因。形式因是事物的形式,即决定事物属性的原因,物质因是构成事物本身的材料,力因是使事物所以产生的力量,目的因是指事物所追求的目的。亚里士多德所说的四因,朱熹只说到了二个,即理和气,按照冯先生的说法,亚里士多德所说的形式因和目的因可以归结为理,而物质因和力因则可以归结为气。③亚里士多德与朱熹讨论的是同一个问题。

朱熹认为理是"虚底物事",也就是说理不是构成事物的材料,而是决定事物的本质和目的的原因。气是"形而下之具",是事物所以生成的物质原因。至于这两个原因的关系如何?是决定事物属性的原因在先,还是决定构成事物形体的原因在先,朱熹的认识与古希腊哲学家是一致的。在古希腊哲学家那里,人们大都认为事物的形式因先于物质因的,而朱熹则认为"理在气先",即决定事物属性的理是先于气而存在的。"理与气本无先后之可言,但推上去时,却如理在先,气在后相似。"④粗看起来,朱熹的这句话有些矛盾,既然已经承认理离不开气,"本无先后可言",可是又说理在气先,在以往有关朱熹天理论的研究中,人们也大多认为朱熹有关理气关系的说法是矛盾的。其实,朱熹这里所说的是问题的两个方面。"理气本无先后",说的是物质世界的事实,也就是说,物质的存在是一切原理所以能够存在的基础,如果没有了物质,"理"也无处依附,即所谓"无处挂搭"。而"理在气先",说的是理与气之间的逻辑。也就是说,理在逻辑上是先在的。例如,我们用木料做一张桌子,这张桌子可以分为

---

① (宋)朱熹:《晦庵先生朱文公文集》卷五八,六安涂氏求我斋本。

② 参见冯友兰:《中国哲学史新编》第五册,人民出版社,1988年,第165页。

③ 参见冯友兰:《中国哲学史新编》第五册,人民出版社,1988年,第166页。

④ (宋)黎靖德编:《朱子语类》卷一,中华书局,1981年,第3页。

两部分，一部分是构成桌子的材料，另一部分是关于桌子的原理。如果没有了构成桌子的材料，关于桌子的原理也就无法表现出来（无处挂搭），可是，在有了这些材料以后，我们为什么要用这些材料做成桌子，是因为在这之前有一个关于桌子的原理，如果没有了这个原理，就不可能用这些材料做成桌子，在这一意义上说，关于桌子的原理是逻辑先在的。朱熹所说的"理在气先"，所强调的也是理之于气的逻辑先在性。出于这样理解，朱熹才断言："若论本原，即有理然后有气。若论禀赋，则有是气，而后理随以具。"①

在宋代理学家看来，因为天理是逻辑先在的，所以，它也就在根本上决定着天地万物的基本属性。用朱熹的话说："未有天地之先，毕竟也只是理，有此理，便有此天地，若无此理，便亦无天地。无人无物，都无该载了，有理便有气流行，发育万物。"②这个逻辑先在的"天理"，便是天地所以为此天地的原因。"无此理，便无此天地"这句话，并不简单的是我们以往所说世界统一于精神还是统一于物质的问题，如果没有了这样的理，也就没有了这样的天地。总之，宋代理学家对于理气关系的讨论，其本意并不是为了说明世界是精神的还是物质的问题，而是要说明世界为什么会是这样一世界，天地间万物为什么会有如斯属性的问题。

从"理在气先"的观点出发，宋代理学家也把"天理"理解为永恒的存在，因而在根本上否定了以往思想家关于"道"的相对性理解。从先秦两汉儒家开始，人们便一直试图说明作为普遍法则的"道"是永恒的。汉代董仲舒说"天不变，道亦不变"，其主观目的就是要说明道的永恒属性。按照一般的理解，董仲舒所说的这种"天长地久"已经可以称之为绝对和永恒了，但在宋代理学家看来这远远不够，因为真正绝对和永恒的东西是不应该随天地的变化而变化的，于是朱熹又把董仲舒的认识向前推了一步，认为即使物质意义的天地变了，理也不会变。在《答刘叔文第二书》中说："未有此气，已有此性。气有不存，性却常在。"朱熹这里所说的性，实

---

① （宋）朱熹：《晦庵先生朱文公文集》卷五九，六安涂氏求我斋本。
② （宋）黎靖德编：《朱子语类》卷一，中华书局，1981 年，第 1 页。

际上也就是理。这是说气是变化的，而理却是永恒的。另一方面，如果现实的天地山河都没了，但是理却还存在。"及此气之聚，则理亦在焉……要之也先有理。只不可说是今日有是理，明日却有气。也须有先后。且如万一山河大地都陷了，毕竟理却只在这里。"①到了朱熹这里，"理"才真正地成了永恒不变的存在。

其实，古代思想家论证天理的永恒属性，无非是要在学理上说明，人们在社会生活中为什么要遵循道德原则。而在人们的观念中，人们必须遵守的道德原则，首先必须是永恒的和绝对的。宋代理学家对于天理的阐释，也就是要把他们所认可的道德原则推向绝对。在两宋思想家的逻辑中，现实生活中的道德法则所以是必须遵守的，就是因为它源自作为宇宙普遍法则的天理，因为天理本身是可靠的，所以这些法则也是可靠的，因为天理是至高无上的权威，而源自天理的道德法则也就是绝对的权威。

(二)王霸义利之辨：宋代理学家关于道义与事功的论争

在以往的中国思想史研究中，人们大多对传统儒家重道义轻功利的思想主张持否定意见，在 20 世纪 80 年代以来出版的几部《中国政治思想史》论著中，在论及宋代理学家的性理之学时，大多以为程朱学派是"空谈性命义理"，甚至认为是误国误民、反对富国强兵的空疏学问。以往人们对于儒家义利观的评价固然是深刻的，但今天看来，要理解宋代理学家重义轻利的思想主张，仍有许多问题需要解决。

实际上，传统儒家主张重道义、轻功利，在很大程度上是基于对义利关系的理解。《论语·里仁》载孔子的话说："君子之于天下也，无适也，无莫也，义之与比。"宋代朱熹就义与利这两个相对应的概念解释说："义者，天理之所宜……利者，人情之所欲。"朱熹的这一说法虽然加入了宋代理学家的理解，但应该承认，这一说法是与传统儒家基本的价值观念

---

① (宋)黎靖德编：《朱子语类》卷一，中华书局，1981 年，第 3 页。

是一致的。所不同的是，朱熹对于义和利理解更为明确，在他看来，义为天理之所宜，实际上就是普遍道德原则的体现。因此，相对于利，道义原则在任何时候都具有绝对的优先性。人们在社会生活中的任何行为，都必须以道义原则为依据。

传统儒家强调道义原则的优先性，并不是绝对排斥利，他们只是强调任何形式的利都必须符合道义原则。对于这一点，宋代理学家说得十分明确："阴之道，非小人也，其害阳，则小人也，其助阳成物，则君子也。利非不善也，其害义则不善也，其和义则非不善也。"①程氏兄弟在这里所说的应该是传统儒家的一贯思想，即在符合道义的前提下，利并非不善，但是只要违反了道义原则，任何形式的利都是不善的。在这一意义上说，儒家重义轻利，在根本上是主张利在任何情况下都必须符合道义的原则。这是因为，仅仅是利本身，并不能说明道德上的对错，而离开了道德上的对错，利便是没有意义的，所以利不能成为指导人们行动的根本原则。基于这样的认识，宋代理学家拒绝把利作为社会行动的依据，二程在解释孔子"君子喻于义，小人喻于利"一语时说："心存乎利，取怨之道也，盖欲利于己，必损于人。"②利所以不能成为人社会行动的依据，就是因为任何以逐利为目的的行为都有可能对他人的利益造成伤害。

宋代理学家强调道义原则的优先性，道义原则既是社会政治生活的根本法则，也是评价好的政治与不好的政治的绝对标准。宋代理学也把符合道德的政治称为"王道"，而把不符合道义的政治称之为"霸道"。

其实，"王道"与"霸道"的概念在很早的时候就已经提出了。《史记·十二诸侯年表》："晋阻三河，齐负东海，楚介江淮，秦因雍州之固，四国迭兴，更为伯主……是以孔子明王道于七十余君。"《史记·商君列传》记载商鞅在见秦孝公时，也曾先后为秦孝公讲述了王道和霸道。可见，王道、霸道的概念在战国中期以前就已经有了。不过，从《史记·商君列传》所记载的情况来看，当时王道和霸道还只是被理解为三王和五霸这两种政治

---

① （宋）程颢、（宋）程颐：《二程集》，王孝鱼点校，中华书局，1981年，第1170页。
② （宋）程颢、（宋）程颐：《二程集》，王孝鱼点校，中华书局，1981年，第1138页。

传统。王道也可以说成是成王之道,霸道便可以称之为称霸之道,也就是以齐桓晋文为代表的霸主所以能够成就霸业的方法。王、霸这两个概念所具有道德内涵却是由先秦儒家最先意识到的。

战国儒家的代表人物荀子和孟子的思想主张虽然有很大的不同,但他们都不约而同地否认霸道的合理性:"仲尼之门人,五尺之竖子。言羞称乎五伯,是何也,曰:然! 彼诚可羞称也。齐桓,五伯之盛者也,前事则杀兄而争国,内行则姑姊妹之不嫁者七人,闺门之内,般乐奢汰,以齐之分奉之而不足,外事则诈邾袭莒,并国三十五,其事行也若是其险污淫汰也。"(《荀子·仲尼》)战国儒家所以推崇王道而反对霸道,其根本原因就在于,他们认为霸道是不符合道义原则的政治。宋代理学家继承了先秦儒家的这一认识,朱熹在注释孟子"仲尼之徒无道桓文之事者"一语时,引述董仲舒的话说:"仲尼之门,五尺童子,羞称五霸,为其先诈力而后仁义也。"①

不过,尽管先秦儒家强调王霸在道德层面上的差异,但是人们最初只是根据历史上的三王和春秋五霸的历史事实来理解王道和霸道的,而并没为王道和霸道确定一个清晰的定义,到了两汉以后,当人们试图用王道和霸道的概念来说明现实生活中的政治的时候,便遇到了诸多难以解决的困难,究竟什么样的政治是王道,什么样的政治是霸道,不同的思想家便不可避免地出现了理论分歧,于是王霸之辨成为两汉以后政治思想的主题。关于这一点,南宋陈亮说:"自孟荀论义利王霸,汉唐诸儒未能深明其说。"②陈亮这段话基本符合实际先秦两汉以来历代儒家论辩王霸的实际。同时,陈亮这段话也说明,到了两宋时期,由于知识的增长和思想家在学理上的进步,人们对于王霸问题的理解达到了新的水平,他们对以往思想家的王霸之说并不满意。

宋代理学家在对王霸义利的认识方面的进步,首先体现在他们对于王霸标准的讨论上。

① (宋)朱熹:《四书章句集注》,中华书局,2016年,第207页。
② (宋)陈亮:《陈亮集》卷二十,中华书局,1974年,第281页。

　　什么样的政治是王道？王道与霸道之间的界限何在？评价王霸的标准是什么？两汉以后思想界一直争论不休。对于这一问题，人们有两种看法。一种观点认为，王道与霸道，在根本上是善政与暴政的差别，王霸之别如同泾渭，西汉时期的陆贾、贾谊、董仲舒，都持这种观点。另一种说法则以为王霸之间只不过是纯与不纯的问题，或者说只是程度的不同，而不存在本质的差别。这一说法始于东汉桓谭："王道纯粹，其德如彼，霸道杂驳，其功如此，俱有天下而君万民，垂统子孙，其实一也。"①先秦两汉思想家的这两种认识，也为宋代思想家继承下来。例如，北宋司马光便不承认王道与霸道之间有善恶之分，司马光以为，王道与霸道，皆"本仁祖义，任贤使能，赏善罚恶，禁暴诛乱。顾名位有尊卑，德泽有深浅，功业有巨细，政令有广狭耳，非若白黑、甘苦之相反也"②。而以程朱为代表的理学家则认为：王道是"得天理之正，极人伦之至"的政治，而霸道则是"用其私心，依仁义之偏者"。③南宋朱熹更明确地说："天理人欲之分，则有毫厘必计，丝发不差者。"④也就是说，王霸之间不得有半分含混。⑤

　　上述两种观点所体现的是两种完全不同的价值取向。王霸之分是善恶之别的说法，尽管也把"王道"依托于尧舜之道和三代之治，但人们所说的三代以上的政治只不过是一种理想化的政治，实际上，"王道"是人们在主观上设想的尽善尽美的政治，由于古代中国人重视参验的思想传统，人们不得不把这种政治依托于往古的历史存在。按照这种"想定"的完美无缺的政治，至少可以说，三代以下的任何历史时代的政治都是不尽如人意的。而"王霸无异道"说法的着眼点则不是"应该的政治"与历史事实之间的差别，持这种观点的思想家，把自己的注意力完全集中在历史事实本身，他们只是把三代的政治与三代以下的政治进行简单的比较，把王霸之

① (汉)桓谭：《桓子新论》，中华书局民国线装本，第 5 页。

② (宋)司马光编撰，(元)胡三省音注：《资治通鉴》卷二七，中华书局，1956 年，第 881 页。

③ (宋)程颢、(宋)程颐：《二程集》，王孝鱼点校，中华书局，1981 年，第 450 页。

④ (宋)朱熹：《晦庵先生朱文公文集》卷三十六，六安涂氏求我斋本。

⑤ 关于历史上的王霸之辨，参见孙晓春：《王霸义利之辨述论》，《吉林大学社会科学学报》，1992 年第 3 期。

别仅仅看作是"功业"的大小。是以道德意义上的正当还是帝王的成功作
为判断好的政治的标准,是这两种思想主张的根本分歧所在。

南宋时期,朱熹与陈亮曾就王霸问题有过一场辩论,这场辩论实际
上就是上述两种价值取向的冲突。朱熹在给陈亮的信中说:"尝谓天理、
人欲二字,不必求之于古今王佰之迹,但反之于吾心义利邪正之间,察之
愈密则其见之愈明,持之愈严则其发之愈勇。"①而陈亮在给朱熹的信中
则反驳道:"诸儒自处者曰义曰王,汉唐做得成者曰利曰霸。"②在朱熹看
来,"汉唐之世其间不无小康",但是由于汉唐之君的所作所为完全出于
利欲之心,汉唐在政治上所获得的成功,只不过是在某些方面"与天理暗
合",所以三代以下的政治在本质上是霸道而不是王道。其实,这一说法
并不是朱熹本人的创造,早在北宋时期,二程之中的某一位便曾有过相
似的言论:"三代之治,顺理者也。两汉以下,皆把持天下者也。"③而陈亮
最不能接受的则是程朱学派"三代以道治天下,汉唐以智力把持天下"的
说法,在他看来,"汉唐之君本领非不洪大开廓,故能以其国与天地并立,
而人物赖以生息"④。总之,汉唐的政治是否王道,并不在于诸儒怎么看,
而在于其实际的事功。陈亮的友人陈傅良在给陈亮的信中对陈亮的观点
做了概括,即"功到成处,便是有德,事到济处,便是有理"⑤,斯言至确。

在新中国建立以来的思想史研究中,对于这场争论,人们大多认
为,朱熹的王道论是义理空谈,而陈亮则是主张实功实利,这在某种程
度上也是20世纪以来在整个世界流行的功利主义政治哲学影响的结
果。确实地说,人们以往对于朱熹王道论的评价是不公允的。应该承认,
朱熹以"吾心义利邪正"作为判断政治善恶的标准,是更为深刻的认识,
这一观点的重要价值在于,他们试图在古今帝王的功业之外建立一个
理性的标准,"敛然于规矩准绳,不敢走作之中,而其自任以天下之重

① (宋)朱熹:《晦庵先生朱文公文集》卷三十六,六安涂氏求我斋本。
②④ (宋)陈亮:《陈亮集》卷二十,中华书局,1974年,第281页。
③ (宋)程颢、(宋)程颐:《二程集》,王孝鱼点校,中华书局,1981年,第127页。
⑤ (宋)陈亮:《致陈同甫书》,《陈亮集》卷二一附,中华书局,1974年,第331页。

者,虽贲、育莫能夺也"①。这之中所体现的恰恰是思想家对于理性的信仰。理性是最高的权威,即使是历史上那些成功的帝王也必须接受理性法庭的审判。政治的善恶之所以不能用帝王的事功来说明,就是因为他们不肯承认"胜者王侯败者寇"。这正是以陈亮为代表的功利主义思想家所不及之处。②

从中国传统政治思想的发展过程来看,由于道义优先的思想蕴含着对现实生活的批判精神,明末清初的思想家也更多地继承了这一思想,如黄宗羲说:"王霸之分,不在事功而在心术。事功本之心术者,所谓'由仁义行',王道也;只从迹上模仿,虽件件是王者之事,所谓'行仁义'者,霸也。"③黄宗羲的这一说法与宋代的程朱学派并无二致。

其实,关于王霸义利之间关系,朱熹的一段话说得十分清楚:"仁义根于人心之固有,天理之公也,利心生于物我之相形,人欲之私也。循天理则不求利而自无不利,徇人欲则求利未得而害已随之。"④如果把朱熹的这段话与康德的实践哲学相对照,就不难发现,二者之间有着惊人的相似之处。实际上,朱熹所说的"天理之公",也就是康德哲学中的理性法则,而所谓的"人欲之私",就是康德所说的"感性法则",人们之所以要循天理而不是循人欲,就是因为人的欲望不能成为普遍的道德原则的根据。

程朱学派把天理与人欲、道义与功利对立起来,并不是绝对地排斥"功利",他们所强调的只是道义优先的原则,换言之,就是只有符合道义原则的利才是可以接受的,而他们所反对的是不符合道义原则的"利"。在他们看来,如果循天理,即使不求利也自会有利,而徇人欲则是求利而反受其害。利不过是符合道义的政治的必然结果,不能成为政治的终极目的。政治在本质上是伦理的,而不是功利的。

---

① (宋)朱熹:《晦庵先生朱文公文集》卷三十六,六安涂氏求我斋本。
② 关于朱陈之间的争论,参见孙晓春:《王霸义利之辨述论》,《吉林大学社会科学学报》,1992 年第 3 期。
③ (清)黄宗羲:《黄宗羲全集》第一册,浙江古籍出版社,1985 年,第 51 页。
④ (宋)朱熹:《四书章句集注》,中华书局,2016 年,第 202 页。

　　程朱学派的这一观点,可以归结为"国不以利为利",这一思想实际上源自《礼记·大学》。《礼记·大学》在阐述道义原则与功利之间的关系时说:"道得众则得国,失众则失国,是故君子先慎乎德,有德此有人,有人此有土,有土此有财,有财此有用,德者本也,财者末也,外本内末,争民施夺,是故财聚则民散,财散则民聚。"因此,《礼记》的作者得出结论说:"据土子民,治国治众者,不可以图利。"

　　为众治国不可以图利,一方面可以理解为不与民争利,另一方面则强调为民谋利。汉代董仲舒曾经从天人合一的观点出发,阐述了统治者不能与民争利的道理:"天亦有所分予,予之齿者去其角,傅其翼者两其足,是所受大者不得取小也。古之所予禄者,不食于力,不动于末,是亦受大者不得取小,与天同意者也。"(《汉书·董仲舒传》)董仲舒这段话浅白了些,用"天有所分予"来说明不能与民争利的道理,也明显欠说服力。但是董仲舒主张"诸有大俸禄,亦皆不得兼小利、与民争利业"(《春秋繁露·度制》)却无疑是有道理的。两宋思想家在董仲舒的这一认识的基础上更进一步,"不与民争利"不仅适用于董仲舒所说的"有大禄"的个人,也应该是治理国家的根本原则。

　　朱熹在解说《大学》"国不以利为利"一节时,对于许多重要的历史事件都做了新的解释:"秦发闾左之戍,也是利;堕名城,杀豪杰,销锋镝,北筑长城,皆是自要他利。利,不必专指财利。"[1]另外,朱熹也指责了汉武帝用桑弘羊实行盐铁官营的行为"如桑弘羊聚许多财,以奉武帝之好,若是絜矩底人,必思许多财物,必是侵过着民底,满着我好,民必恶"[2]。今天看来,或许我们有十足的理由不同意朱熹对于上述历史事件的评论,但是,他所阐述的道理却是清楚的,即专制国家不能无限制地侵夺民众的利益,即使是出于国家富强的目的,任何不符合道义的手段也都是不能接受的。

　　在目前流行的历史教科书里,朱熹所指责的那几件事,如商鞅变法、盐铁官营等,大多是为所人们肯定的。在今人看来,这些历史事件都

[1][2] (宋)黎靖德编:《朱子语类》卷十六,中华书局,1981年,第367页。

是富国强兵的大计，这或许就是人们认为程朱学派空谈义理、反对富国富民的原因。其实，仔细考察就不难发现，前引朱熹的这些话，并没有反对富国强兵、绝对排斥利的意思。他所强调的无非是道义优先的原则，在逻辑上，国家的富强，只能通过合乎道义原则的方式来实现，如果违背了道义原则，富强就没有任何意义。这一点是功利主义思想家认识不到的。

四、传统儒家道义观念的局限及其现代转换

综上所述，作为中国历史上最早关注社会政治生活道德层面的思想家群体，春秋战国时期的儒家在继承以往道义观念的基础上，对道义问题进行了系统的理论思考。但是，由重视经验的思想方式所致，先秦儒家更多的是通过经验性的历史过程理解道义原则的。先秦儒家把道义原则等同于先王之道，这使得儒家的道义理念具有浓重的复古倾向。两汉以后，伴随着儒家思想的哲理化进程，再经汉代的董仲舒和唐代的韩愈，到了宋代，理学家终于在更抽象的水平上对道义原则做出了理论阐释。传统儒家追求符合道德的社会生活，重道义、轻功利，认为道义原则在社会生活中具有绝对的优先性，把道义原则作为判断好的政治与不好的政治的绝对标准。不过，儒家的道义观念毕竟是产生于中国古代社会中的，由社会历史条件和思维方式的限制，传统儒家的道义观在以下几个方面有着明显的局限性，这在客观上决定了儒家的道义观念并不完全适应当代中国社会政治发展的需要。

首先，儒家道义观念在本质上是与中国古代社会的君主专制制度相适应的，并不能直接地成为当代中国法治国家建设的思想资源。

传统儒家追求符合道义的生活，但在他们看来，符合道义的社会生活必须是君臣父子各得其宜的生活，历代儒家所理解到的道义原则有一个不可或缺的组成部分，就是君主专制制度的存在。道义原则与现实生

活中的纲常伦理在本质上是一致的。例如,汉代董仲舒为了论证道义原则的永恒属性,提出了"道之大原出于天,天不变,道亦不变"(《汉书·董仲舒传》)的命题,但与此同时,董仲舒又说:"凡物必有合;合必有上,必有下……阴者,阳之合,妻者,夫之合,子者,父之合,臣者,君之合……王道之三纲,可求于天。"(《春秋繁露·基义》)董仲舒在论证道义原则的普遍性与至上性的同时,也论证了君主专制制度的合理性。虽然古代思想家也主张统治者以符合道德的方式对待民众,希望民众能够过上衣食富足的生活,但所有这一切都依赖于君主专制制度。传统儒家的基本的价值取向,决定了儒家的道义观念不可能完全适应当代中国法治国家建设的需要。

近代以来,中国社会在政治、经济、思想文化等各个层面都发生了深刻的变化。尤其重要的是,辛亥革命推翻了清王朝的统治,结束了几千年来的君主专制制度,而五四新文化运动以后,科学、民主的价值理念在中国社会中日益深入人心。虽然在最抽象的水平上来理解,以往的思想家同我们一样,都在追求着优良的社会生活,都认为人类应该拥有符合道德原则的生活,但是由于价值取向的不同,我们所理解到的优良的社会生活与古代思想家也有着本质的不同。因此,即使传统儒家的道义观念有着诸多有益的思想成分,但是对于致力于现代政治国家建设的我们来说,却不可以把儒家道义观念简单地继承下来。

其次,儒家的道义观念体现着中国传统的群体本位的认知路向,这意味着中国古代思想家并没有认识到民众的权利,而权利恰恰是现代正义理念不可或缺的理论前提。

群体本位是中国传统政治思想的根本特点之一。中国古代思想家观念中,作为社会政治生活主体的"人"大都是集合的概念,如果说传统儒家所理解到的符合道义的政治生活就是统治者以符合道义的方式对待民众的话,他们所理解到的"民"也是集合的概念。确切地说,传统儒家主张统治者应该以符合道德的方式对待民众,实际上就是希望统治者能够善待作为整体存在的民众,承担起统治者对于民众的责任,这在古代社会的历史条件下无疑是有意义的。然而现代意义的社会公正却有着全然不同于此的认知路向,在近代以来的正义理论家那里,社会成员是作为个人来被理解的,社会公正不仅是作为整体意义的民众受到公平的对待,更重要的是,社会生活中的每一个人都受到公平的对待。传统儒家把民众作为整体来理解,虽然也认识到了民众利益的重要性,但是,他们却在有意无意之间忽略了社会生活中每一个人的权利。由于传统儒家没有认识到个人的权利,所以儒家道义观念与现代的正义理念是无法简单地实现对接的。

最后,传统儒家道义观念的理论前提,是对人不平等的假定,这决定了传统儒家的道义观念与现代的社会正义有着本质的不同。

虽然传统儒家追求符合道义的社会生活,但是他们却没有认识到,符合道义的社会生活与平等是分不开的。传统儒家从来没有认识到平等对于人类社会生活的意义,他们甚至认为人本来应该是不平等的。

传统儒家所生活的中国古代社会,是有着森严等级结构的社会,面对严重的社会不平等的现实,历代儒家更多看到的是不平等的合理性,不仅如此,从春秋战国时期的儒家开始,人们便一直在为社会不平等做着理论上的论证。例如,孔子当年在论到人与人之间的差别时说:"生而知之者,上也;学而知之者,次也;困而学之,又其次也;困而不学,民斯为下矣。"(《论语·季氏》)孔子这段话,实际上是以人与人之间存在着智力差别为理由来说明人与人之间的不平等是合理的。孔子这一思想为秦汉以后历代儒家继承下来,其中最有代表性的便是西汉董仲舒、唐代韩愈的性三品说。"性之品有上中下三。上焉者,善焉而已矣,中焉者,可导而上下也,下焉者,恶焉而已矣。"[1]按照韩愈的观点,人在本性上是有着等第差别的,上等人的本性是善,下等人的本性是恶,而中等人的本性则是可导而上下,既可以为善,也可以为恶,而人性的善恶之别,便决定了现实生活中的等级差别。到了南宋,朱熹又用禀气的观点对品性说做了进一步的论证,"人之禀气,富贵、贫贱、长短,皆有定数寓其中……或贵而

---

[1] (唐)韩愈著,马其昶校注,马茂元整理:《韩昌黎文集校注》第一卷,上海古籍出版社,1986年,第20页。

为栋梁,或贱而为厕料,皆其生时所禀气数如此定了"①。总之,人的等级差别是与生俱来的。

由于没有对平等的认识和理解,维护等级结构与等级制度便成为传统儒家基本的价值取向。传统儒家所倡导的道义原则,便成了维护等级结构与秩序的工具。这与现代人所追求的社会公正是全然不同的。

自由平等是现代意义的社会公正的基本价值取向。在我们的观念中,我们所以追求公平正义,是因为社会生活中的每个人都是自由平等的主体,每一个人的权利都需要受到社会的保护,在我们的理性所能达到的境界里,公平正义的社会生活是每一个人都受到公平对待的生活,而不是古代思想家所想象的那样以服从为基本特征的社会生活。所以,对于当代中国人来说,要实现公平正义的社会生活,不能寄希望于简单地继承传统儒家道义观念,而应该是在批判地继承传统儒家道义观念的基础上,吸收和借鉴近代正义理论家的思想遗产,从而建构我们自己时代的正义。

---

① (宋)黎靖德编:《朱子语类》卷四,中华书局,1981年,第81页。

后　记

　　2014 年,我承担了国家社科基金年度重点项目"中国传统政治思想现代转型的价值重构研究",本书就是该项目的最终成果。本书力图从政治学研究的视角,围绕自由、平等、民本、道义(正义)这几个思想主题,对中国传统政治思想与观念的源流及其近代转变做出说明。在近代部分,我们主要选取严复、康有为、梁启超、孙中山等几位思想家为样本,通过对他们思想学说的分析,来说明中国近代思想界在西方近代思想影响下所发生的变化。虽有挂一漏万之嫌,但在我看来,作为中国近代史上最有影响的思想家,他们代表了近代中国政治思想的主导方面。

　　在课题研究期间,西北政法大学的张师伟教授、赣州师范高等专科学校的徐忱教授承担了民本、自由两个主题的研究工作。由于他们的鼎力相助,课题才得以顺利结项。不过,由于我们对一些问题的理解不尽相同,在本书出版之前,我又重新写了些东西,把他们两位的文字置换了出来。在这里,谨对他们两位致以谢意。

　　凡事必有遗憾。在书稿付梓之际,才发现本书有许多不尽人意之处。例如,为了说明不同的问题,有些文献资料被重复使用,也有些内容因为理论方面的关联而反复叙述,就问题的讨论而言是必要的,但如假以时日,应该是可以避免的。另外,校书如扫秋叶,文字舛误在所难免,如果没有因此而影响读者阅读的话,谨对您的学识和理解力致以敬意。

　　在本书编辑出版过程中,天津人民出版社提供了巨大的帮助,天津人民出版社副社长沈海涛、第五编辑室主任金晓芸、编辑燕文青等同志在内容审改、引文核对、文字校订方面做了大量的工作,正是由于他们的帮助,本书才得以面世。在这里,作为本书作者,我也代表本书的读者向他们致以真诚的谢意。

孙晓春谨识

2023 年 2 月 19 日